Abgeordnete des Deutschen Bundestages
Aufzeichnung und Erinnerungen

Abgeordnete des Deutschen Bundestages
Aufzeichnungen und Erinnerungen

Herausgegeben vom

Deutschen Bundestag
Wissenschaftliche Dienste
Abteilung Wissenschaftliche Dokumentation

Band 1

Josef Felder
Hans Dichgans
Johann Cramer
Emilie Kiep-Altenloh

Abgeordnete des Deutschen Bundestages

Aufzeichnungen und Erinnerungen

Band 1

Josef Felder
Hans Dichgans
Johann

Harald Boldt Verlag · Boppard am Rhein

CIP-Kurztitelaufnahme der Deutschen Bibliothek

Abgeordnete des Deutschen Bundestages: Aufzeichn.
u. Erinnerungen / hrsg. vom Dt. Bundestag,
Wissenschaftl. Dienste, Abt. Wissenschaftl.
Dokumentation. – Boppard am Rhein: Boldt

NE: Deutschland ⟨Bundesrepublik⟩ / Bundestag /
Wissenschaftliche Dienste

Bd. 1. Josef Felder, Hans Dichgans, Johann
Cramer, Emilie Kiep-Altenloh. – 1982.
   ISBN 3-7646-1819-1

NE: Felder, Josef [Mitverf.]

ISBN: 3 7646 1819 1

1982
© Harald Boldt Verlag · Boppard am Rhein
Alle Rechte vorbehalten · Printed in Germany
Herstellung: boldt druck boppard gmbh

Vorwort

Am 10. Mai 1966 brachten die Abgeordneten Professor Dr. Carlo Schmid, Dr. Thomas Dehler und Dr. Hans Dichgans einen Entschließungsantrag im Deutschen Bundestag ein, in dem angeregt wurde, ein Archiv „Erinnerungen von Abgeordneten" anzulegen und Auszüge aus diesen autobiographischen Berichten zu veröffentlichen.
Ich freue mich, daß nach einer langen Vorbereitungszeit nun der erste Band dieser Erinnerungen erscheint.
Die Autoren haben öffentliche Ämter bekleidet und die Entwicklung der Bundesrepublik Deutschland mitgestaltet; ihr Leben hat seinen Niederschlag in öffentlichem Handeln gefunden. Ihre Erlebnisberichte enthalten individuelle Stellungnahmen und Wertungen, verleihen aber damit den historischen Ereignissen erst das persönliche Element, das dem Historiker eine umfassende Würdigung erlaubt und ihn vor der Gefahr bewahren kann, hinter vielen Daten und Zahlen — etwa über Wahl — oder Abstimmungsergebnisse — den Menschen als Handelnden zu vergessen.
Die Veröffentlichung dieser autobiographischen Aufzeichnungen kommt auch dem Bedürfnis entgegen, sich intensiver mit der Entstehung und der Geschichte der Bundesrepublik Deutschland zu beschäftigen, wobei die Autoren dieses Bandes auch die Weimarer Republik und die Zeit des Nationalsozialismus mit einbeziehen und aus unmittelbarem Erleben beschreiben. Diese Aufzeichnungen bilden deshalb sowohl einen Beitrag zur Zeitgeschichte als auch zu einer detaillierteren Parteien- und Parlamentsgeschichte.
In diesem ersten Band kommen vier ehemalige Abgeordnete zu Wort.
Josef Felder hat als Abgeordneter der Sozialdemokratischen Fraktion 1932/33 noch dem Deutschen Reichstag angehört; 12 Jahre, von 1957—1969 war er dann Abgeordneter des Bundestages.
Hans Dichgans (CDU), einer der Initiatoren des Projektes „Abgeordnetenerinnerungen", war von 1961—1972 Mitglied des Deutschen Bundestages. Er verstarb nur wenige Tage nach Abschluß des Manuskripts seiner Erinnerungen.
Josef Cramer (SPD) gehörte dem Deutschen Bundestag von seiner Gründung 1949—1972 an.

Frau Emilie Kiep-Altenloh (FDP) war ebenfalls Mitglied des Reichstages von 1930–1933 und gehörte der Fraktion der Staatspartei an. Von 1961–1965 war sie Mitglied des Deutschen Bundestages.

Allen Autoren sei herzlich gedankt, daß sie sich der Mühe unterzogen haben, ihre Erinnerungen aufzuzeichnen und sie für die Veröffentlichung im Rahmen dieser Reihe zur Verfügung zu stellen.

Der Dank gilt auch Herrn Dr. Ernst-Willi Hansen, Herrn Prof. Dr. Eberhard Pikart und Herrn Dr. Klaus Stadler, die an den Vorarbeiten zur Abfassung der Manuskripte mitgewirkt haben.

Bonn, im März 1981

Richard Stücklen
Präsident des Deutschen Bundestages

Inhalt

Josef Felder Seite 9
Hans Dichgans Seite 81
Johann Cramer Seite 225
Emilie Kiep-Altenloh Seite 315
Register Seite 345

Josef Felder

Josef Felder

Josef Felder

Josef Felder

Josef Felder
SPD

Geb. am 24. August 1900 in Augsburg; seit 1920 Mitglied der SPD, 1924—33 Redakteur der „Schwäbischen Volkszeitung" Augsburg, 1930—33 Stadtrat in Augsburg.
1932 Mitglied des Reichstages; nach Aberkennung des Mandats im Juni 1933 Flucht nach Österreich, im Februar 1934 nach Brünn und Prag; Juni 1934 illegale Rückkehr nach Deutschland, Verhaftung, bis 1936 Konzentrationslager Dachau, nach der Entlassung bis Kriegsende kaufmännische Tätigkeit.
1955—57 Chefredakteur des „Vorwärts",
1957—69 Mitglied des Bundestages.
Josef Felder lebt in München.
Die erste Fassung des Manuskripts entstand unter Mitarbeit von Dr. Klaus Stadler. Sie wurde vom Autor überarbeitet und erheblich erweitert.

INHALT

	Seite
Mein Weg: Buchdrucker – Journalist – SPD-Politiker	15
Die Revolution in München	16
Räterepublik – Beobachtungen	17
USPD-Beitritt – Wechsel zur MSPD	18
Tätigkeit beim Parteiorgan „Schwäbische Volkszeitung" – Politische Aktivitäten in Augsburg und Schwaben	19
Gegen Hitler und die Nazi-Bewegung	21
Die SPD in Augsburg – Differenzen um den Panzerkreuzer	23
Die SPD in der Weimarer Zeit	25
Die Reichstagswahl vom 6. November 1932 – Kandidatenaufstellung – Wahlkampf	28
Kein Ausweg unter Kanzler Schleicher	32
Die Machtergreifung Hitlers – Reaktion der SPD	33
Der 17. Mai 1933 und das Verbot	42
Gegen Bernt Engelmanns These	44
Ein notwendiger Nachtrag	45
Die Gleichschaltung Bayerns am 9. März 1933	47
Tragische Tage und Stunden	50
Der Freitod Antonie Pfülfs	51
Debatte um die Emigration	52
Letzte Reichskonferenz der SPD	52
Weimar und Bonn – Rückblickende Betrachtung	53
Berufsverbot – Emigration – Wien	56
Dollfuß-Putsch – Prag – Zurück nach München – Verhaftung	58
Entlassung – Existenz bis Kriegsende	60
Lizenzträger für den „Südost-Kurier"	61
Chefredakteur und Politiker	64
1955 bis Ende 1957 Chefredakteur des „Vorwärts"	65
Die SPD seit 1949 – Opposition gegen Adenauer	67
Meine Bundestagszeit 1957–1969	67
Bemerkungen aus parlamentarischem Erleben	74
1970–1980 – Der Pensionist	77
Auswahlverzeichnis weiterer Veröffentlichungen von Josef Felder	79

MEIN WEG:
BUCHDRUCKER – JOURNALIST – SPD-POLITIKER

Ich – Josef Felder – kam am 24. August 1900 in Augsburg als erster von in zwei Ehen gezeugten elf Kindern des 1905 nach München und 1908 nach Mindelheim (Schwaben) verzogenen Kaufmanns Josef Felder zur Welt. Ab Mai 1906 besuchte ich in München die 1. und 2., ab 1908 in Mindelheim die 3. bis 5. Klasse der Volksschule, anschließend 2 Jahre die Tagesfortbildungsschule, einen heute nicht mehr bestehenden Schultyp mit Realschulfächern. 1913 begann die gründliche Ausbildung zum Buchdrucker im Verlag des Mindelheimer Anzeigeblattes, die 1917 vor der Handelskammer für Schwaben und Neuburg mit der Prüfungsnote 1 abgeschlossen wurde. Neben der Lehrzeit liefen private Kurse in Englisch und Französisch und ich bemühte mich auch in anderen Fächern lebhaft autodidaktisch, bei schon starkem Interesse für politische Vorgänge, zum Beispiel Verfolg der Zeitungsberichte über die Balkankriege, die Sitzungsperioden der Kammer der Bayerischen Reichsräte und der Tätigkeit des Zentrums im Bayerischen Landtag.

Vom Mai bis Oktober 1918 war ich in Baden-Baden in der Akzidenz- und in der Zeitungsabteilung des „Badener Tagblatt" tätig. Dabei hatte ich laufend Einblick in die Listen der feudalen Gäste des damals nur von gut Betuchten besuchten, vornehmen Bades. Eine Reihe von Beobachtungen im Verlaufe des letzten Kriegsjahres, erhärtet durch Debatten am privaten, immer kärglicher werdenden Mittagstisch mit österreichischen Künstlern des Kurtheaters, die auf die horrenden Klassenunterschiede hinwiesen, veränderten allmählich meine durch die schulische Erziehung geprägte nationale Grundhaltung. Der Vater stand schon drei Jahre als Kriegsfreiwilliger an der Frankreichfront, ich glaubte noch bis zur Mitte des Jahres an die deutschen Heeresberichte, störte mich aber immer mehr an dem unbekümmerten Treiben der zahlreichen Offiziere, höheren Beamten und den Managern der Kriegsindustrie. An klaren Tagen war der Kanonendonner vom nahen Elsaß herüber zu hören, doch das beeindruckte die festlich gekleideten Damen und Herren, die bei den Konzerten berühmter Dirigenten im Kurpark promenierten und nachher in geschlossenen Clubräumen speisten, wenig, während die Verpflegung der auf Papierstoff-Kleidung angewiesenen heimischen Bevölkerung vorwiegend aus Bodenrüben bestand. Baden-Baden hatte den Charakter einer Sanitätsstadt. Nur einigemale mußte Luftalarm gegeben werden, wenn feindliche Flugzeuge das nahe Rastatt oder Karlsruhe ansteuerten. Ende August 1918 ließen die Heeresberichte trotz aller Verschleierung ahnen, daß die Lage an den Fronten einer Krise zuneigte. Als schließlich der Durchbruch der englischen Tanks bei Arras erfolgte, standen Bevölkerung und Kurgäste eines Tages vor einem Plakat, das zu einer Versammlung in den Kursaal dringend einlud. Vor einer großen Menschenmenge verkündete der später dem Reichsbanner Schwarz-Rot-Gold nahestehende General Deimling, der Krieg sei verloren. Ich war ebenso schockiert wie alle Anwesenden und die Nachricht verbreitete sich rasch in der Stadt und ihrer Umgebung.

Die Erkenntnis, in welch unverantwortlicher Weise die Bevölkerung mit den Durchhalteparolen getäuscht worden war und wie sehr auch noch im Krieg Klassengegensätze eine Rolle spielten, zeigte mit ihrer demorailisierenden Wirkung die Bereitschaft zu Diskussionen — nun auch auf den Straßen — und bereitete die Basis für republikanische Tendenzen vor. Die einsetzende Aktivität von Sozialdemokraten und USP-Leuten verstärkte die Forderung nach einem „Frieden unter allen Umständen". Widerstand aus den sogenannten nationalen, bürgerlichen Parteien bemerkte ich damals weder in Baden-Baden, noch später in München, solange es keine Räteregierung gab.

Die Revolution in München

Im August 1918 noch in der Garnisonsstadt Rastatt gemustert und kv. befunden — bei der ersten Musterung 1917 in Mindelheim wurde ich zurückgestellt — verließ ich Baden-Baden Ende Oktober, um ein Angebot in dem angesehenen Münchener Kunst- und Buchverlag Kastner & Callway anzunehmen. Der Gestellungsbefehl zum 2. Infanterie-Regiment München war auf den 11. November 1918 datiert. Am 7. November begab ich mich mit meinem soeben von dreijährigem Frontdienst in Frankreich zurückgekehrten Vater auf die Münchner Theresienwiese. Die Unabhängigen Sozialisten unter der Führung des früheren „Vorwärts"-Redakteurs und Schriftstellers Kurt Eisner und die Sozialdemokraten unter ihrem Landesvorsitzenden Erhard Auer hatten zu großen Demonstrationen aufgerufen. Den in den Garnisonen der Stadt stationierten Soldaten war vom Stadtkommandanten jede Teilnahme streng untersagt worden. Aber die Theresienwiese wimmelte trotzdem förmlich von Soldaten, von denen einige kleine rote Flaggen mit sich führten.

Eisern stand mit dem blinden Bauernbundsführer Gandorfer auf der Anhöhe, einige hundert Meter entfernt von ihnen Erhard Auer. Während Auer in einer längeren Rede den sofortigen Friedensschluß forderte und dann mit seinen Anhängern einen großen Demonstrationszug durch die Stadt bis zum Friedensengel an der Isar führte, verkündete Eisner plötzlich, daß nun sofort gehandelt werden müsse. Gandorfer versicherte den Zuhörern, daß die bayerischen Bauern die Stadtbevölkerung unterstützen würden. Eine große Menschenmenge folgte der Aufforderung Eisners zu revolutionärer Erhebung. Bei der in der Nähe gelegenen Trappentreu-Schule schlossen sich die kasernierten Soldaten an und lieferten Waffen. Der Zug bewegte sich dann zur Max II-Kaserne. Auch dort traten, nach kurzer Auseinandersetzung mit einer Gruppe von Offizieren, die Mannschaften an die Seite der Stürmenden. Ich ging mit meinem Vater zurück in die Stadt und erfuhr erst am nächsten

Morgen durch die Proklamation in den „Münchner Neuesten Nachrichten" von dem völligen Gelingen der Revolution, der Einsetzung einer provisorischen Regierung und der Bildung eines Arbeiter- und Soldaten-Rates.

Räterepublik — Beobachtungen

Die Räterepublik erlebte ich in München noch während meiner Tätigkeit bei Kastner & Callway, ebenso den Einmarsch der Freikorps unter den Generälen von Oven und Möhl Anfang Mai 1918. Die Belegschaften der Münchener Betriebe mußten zwar gegen Ende der kommunistischen Herrschaft zwangsweise an Demonstrationszügen teilnehmen, doch bestand darüber hinaus kein Zwang zu irgendeiner Beteiligung am politischen Geschehen. Es gab nächtelange Diskussionen auf Straßen und Plätzen, und hier trat auch in bürgerlichen Gruppierungen die immer schärfere Ablehnung der „roten Herrschaft" zutage. Eine erkennbare politische Willensbildung von unten nach oben — zentraler Bestandteil eines Rätesystems — gab es nach meiner Erinnerung nicht. Wohl aber eine zuletzt fast tägliche Befehlsausgabe vom Balkon des Wittelsbacher Palais aus in der Münchener Briennerstraße. Die schweren Kämpfe vom 1.–3. Mai 1918 zwischen sog. „weißen Truppen" und den Spartakisten konnte ich zeitweise in München-Giesing von der Wohnung meiner Verwandten aus verfolgen.
Die Frage, ob die Entwicklung zur Räterepublik vermeidbar gewesen wäre, ist schwer zu beantworten. In vielen Versammlungen, die ich vor der Wahl zum 1. Bayerischen Landtag im Januar 1919 besuchte, trat der Gegensatz zwischen den führenden Männern der Mehrheitssozialdemokratie, Auer, Timm, Roßhaupter, und Kurt Eisner, der mit dem Arbeiter-, Soldaten- und Bauernrat zunächst die Wahl eines verfassungsgebenden Landtags hinauszuzögern versuchte, dann aber doch bereit war, sein Amt zur Verfügung zu stellen, immer stärker in Erscheinung.
Zweifellos hätte die erste Sitzung des Parlaments im Februar 1919 zur Umbildung der Revolutions-Regierung geführt, wobei der sozialdemokratische Innenminister Auer mit Sicherheit an der Stelle Eisners zum Ministerpräsidenten einer Koalitionsregierung von Sozialdemokraten und Bayerischer Volkspartei gewählt worden wäre. Die Nachricht, daß Eisner auf dem Wege zum Parlament von dem Grafen Arco-Valley erschossen wurde, löste in den Münchener Betrieben ungeheure Erregung und sofortige Arbeitsniederlegung aus. Die erste Landtagssitzung endete nach Schüssen auf Auer, den bürgerlichen Abgeordneten Osel und einen Major Jahrreiß mit großem Tumult. Das Parlament stob in Panik auseinander. Ich war Augenzeuge der Protestkundgebung im Deutschen Theater, bei der nun schon spartaktistisch-kommunistische Gruppen in den Vordergrund traten.
Auer wurde „als Verräter an der Sache des Sozialismus", den ein beträchtlicher Teil der Arbeiter- und Soldatenräte im Sinne eines Rätesystems zu verwirklichen trachtete, bezeichnet.

Für ein solches System war jedoch in den breiten Bevölkerungsschichten keine Basis gegeben. Eine gemäßigte linke Regierung hätte sicher wirtschaftliche und soziale Maßnahmen einleiten können. Eisner war ein friedfertiger Mann, jedoch im Bereiche seiner Macht nicht frei von Illusionen, während Erhard Auer nicht verwinden konnte, daß die Revolution die von ihm gewünschte revolutionäre Entwicklung im Sinne einer paralamentarischen Demokratie überrollte. Für eine solche Entwicklung hätte er sogar den Fortbestand der Monarchie, ähnlich wie Friedrich Ebert im Reich, in Kauf genommen.
Auf Grund einer Verfügung des Demobilmachungsamtes nach dem Sturz der Räteregierung zur Freimachung von Arbeitsplätzen für heimkehrende Soldaten, schied ich am 19. Juli 1919 aus den Diensten der Firma Callway aus und kehrte nach Mindelheim zurück. Es war für die damaligen politischen Verhältnisse bezeichnend, daß in den Zeugnissen von Arbeitnehmern, so auch bei mir, der Passus enthalten war: „Das Verhalten während der politischen Unruhen war einwandfrei."
Als Nachwirkung der Räterepublik ergab sich eine konservative bis reaktionäre Entwicklung bei der Leitung vieler Betriebe. In Mindelheim war ich bei der zweitgrößten örtlichen Zeitung bis Februar 1920 tätig, um dann bei dem Verlag Reuss & Itta in Konstanz an der technischen Herstellung des Bodensee — Jahrbuches mitzuwirken. 1921 wieder bei den „Mindelheimer Neuesten Nachrichten", übernahm ich die Lokal- und Stadtratsberichterstattung für diese Zeitung bis Ende 1921, um dann, nach einer mehrmonatigen Wanderschaft durch große Teile des Reiches, bis Anfang 1924 im großen elterlichen Textilgeschäft buchhalterisch behilflich zu sein.

USPD-Beitritt — Wechsel zur MSPD

Die politischen Erlebnisse in München und die Beschäftigung mit der Geschichte der SPD hatten mich bei aller Ablehnung kommunistischer Tendenzen doch zu der Überzeugung gebracht, daß ein entschlossener sozialistischer Kurs gesteuert werden müsse. Hier erschien mir nun die Haltung der Mehrheits-Sozialdemokraten zu zögernd und tastend. So organisierte ich mich im Juli 1919 bei der USP und gründete eine Ortsgruppe in Mindelheim, die zunächst ein starkes Echo fand. Die von der Münchener Zentrale gesandten Redner waren aber in ihrer persönlichen Haltung und mit ihrer demagogischen Zielsetzung, besonders der spätere USP-Reichstagsabgeordnete Wendelin Thomas, so wenig anziehend für die Mehrheit der Arbeiterschaft, daß sich Austritte aus dem Ortsverein mehrten. Dazu kam nun die Diskussion der „Leitsätze über die Bedingungen der Aufnahme in die Kommunistische Internationale" vom 6. 8. 1920. Ich lehnte in einem Referat die 21 Moskauer Thesen scharf ab, und da sich trotzdem in der Ortsgruppe noch eine knappe Mehrheit für die Leitsätze fand, schied ich aus der USPD aus und ging zur

MSPD. Sie übertrug mir in Kenntnis meiner Aktivität und rednerischen Begabung rasch die Organisation einer Gruppe der Sozialistischen Arbeiterjugend am Ort, was nicht nur heftigen Widerstand aus katholischen Kreisen der Stadt, sondern auch den gescheiterten Versuch auslöste, das Geschäft meines Vaters, der inzwischen ehrenamtlich für den Reichsbund der Kriegsbeschädigten agitierte, zu boykottieren.
Von Mitte 1921 bis Anfang 1924 war ich Korrespondent der sozialdemokratischen „Schwäbische Volkszeitung" in Augsburg, nahm ferner laufend an der politischen Agitation teil, zunächst gegen die Bayerische Volkspartei, und dann besonders gegen die stärker in Erscheinung tretende NSDAP. Organisiert im Verband der deutschen Buchdrucker seit 1917, forderte ich als Gewerkschafter und als Ortsvereinsvorsitzender der SPD bei Beginn des zunächst auch von der Partei und den Gewerkschaften gebilligten passiven Widerstands gegen die Besetzung des Ruhrgebiets durch die Franzosen, daß der Protest nicht in Nationalismus ausarten dürfe. Zur Absicherung am Ort erzwang ich mit den Mindelheimer Sozialdemokraten, vom bürgerlichen Oberbürgermeister der Stadt als zweiter Redner neben dem Bezirksamtmann zu der Protestversammlung der Bevölkerung zugelassen zu werden. In der Folge erhielt ich massive Drohbriefe einer starken Nazigruppe in Bad Wörishofen, die dazu führten, daß meine Wohnung während des Hitlerputsches 1923 von bewaffneten Parteifreunden bewacht wurde.

Tätigkeit beim Parteiorgan „Schwäbische Volkszeitung" —
Politische Aktivitäten in Augsburg und Schwaben

Die schwäbische SPD war auf mich aufmerksam geworden und holte mich 1924 in die Redaktion der Augsburger Parteizeitung, deren Verbreitungsgebiet den ganzen Regierungsbezirk Schwaben und Neuburg, von Augsburg bis Lindau und bis Neu-Ulm, umfaßte.
Ich übersiedelte mit meiner Familie, Frau und zwei Söhnen, nach Augsburg und erlernte, zeitungstechnisch voll ausgebildet, nun auch die redaktionelle Tätigkeit von der Pike auf: Kommunalreporter, Lokalredakteur, Provinzredakteur und schließlich politischer Redakteur unter dem Chefredakteur und Reichstagsabgeordneten Georg Simon (Schwaben), der als Parlamentarier und Stadtrat viel abwesend war, so daß mir im Laufe der Verhärtung des politischen Kampfes allmählich die politische Führung der Zeitung zufiel.
Neben meiner redaktionellen Tätigkeit war ich in den 22 Augsburger Partei-Sektionen und in ganz Schwaben fast zehn Jahre als meistbeschäftigter und gefragter Referent tätig. 1929 wurde ich auch Mitglied des Augsburger Stadtrates. In den kommunalen Ausschüssen für Kunst und Wissenschaft sowie für Leibesübung und Körperpflege setzte ich mich sowohl für die Subvention des finanziell gefährdeten Augsburger Stadttheaters, als auch für die Schaffung besserer Sport- und Badegelegenheiten für die Bevölkerung mit

Nachdruck ein. Mit einer von mir im Juli 1927 durch Aufrufe in meiner Zeitung veranlaßten Demonstration von 8000 Augsburgern am Wertachkanal, bei der ich als Redner auftrat, erreichte ich anschließend mit meinen SPD-Kollegen im Stadtrat gegen die BVP den Beschluß zur Errichtung eines Familienbades. Im Stadtrat polemisierte ich gelegentlich auch gegen meinen Onkel, der in den Reihen der Bayerischen Volkspartei saß. Politische Höhepunkte in der Auseinandersetzung mit den Gegnern waren von 1924 bis 1933 die Versuche der regierenden BVP, die bayerische Verfassung, beschlossen noch unter dem SPD-Ministerpräsidenten Hoffmann in Bamberg, in reaktionärem Sinne zu revidieren und einen Staatspräsidenten einzusetzen. Dagegen wandten wir uns gemeinsam mit dem Bayerischen Bauern- und Mittelstandsbund. 1926 ging es um das Volksbegehren zur Fürstenenteignung. In vielen Versammlungen in Schwaben fand unsere Agitation lebhafte Zustimmung, doch machte sich bei der Entscheidung schließlich der „moralische" Einspruch des Reichspräsidenten Hindenburg bemerkbar, so daß im Reich statt der benötigten 20 Millionen Stimmen nur etwa 15 Mill. aufzubringen waren.

Die Versammlungstätigkeit der Partei war außerordentlich lebhaft. Die Bevölkerung war ja zur politischen Information auf die kommunalen und sonstigen Mandatsträger und auf die Zeitungen angewiesen, da der Rundfunk zunächst keine und später nur eine sehr begrenzte Rolle spielte.

Die SPD beschäftigte 1927 in Kiel auf dem Parteitag die Verabschiedung eines schon lange geforderten Agrar-Programms, das ich dann in Bauernversammlungen auf dem Lande vertrat. Im Reichstag waren Sozialpolitik und Schutzzoll-Gesetzgebung des Bürgerblocks Anlaß zu Debatten in den Parteisektionen. Dazwischen lagen Landtags- und Reichstagswahlen und das wachsende Erfordernis, die Nazibewegung zu bekämpfen. Dieser Aufgabe widmete ich mich journalistisch und agitatorisch besonders. Es war dabei erfreulich, von dem Chefredakteur der „Augsburger Postzeitung", dem Organ der katholischen Intelligenz in Süddeutschland, Alfons Wild, unterstützt zu werden. Bei der Gedenkfeier für den verstorbenen ehemaligen Reichskanzler Müller (SPD) im Augsburger Gewerkschaftshaus erschien Alfons Wild. Im Gespräch mit mir meinte er: „Wir kämpfen zwar auf verschiedenen Ebenen, doch in der Abwehr gegen die NSDAP sind wir einig."

Seit 1926 war ich stellvertretender Vorsitzender der Ortsgruppe Augsburg des Reichsverbandes der Deutschen Presse und hielt in dieser Eigenschaft die Grabrede für den plötzlich verstorbenen Pressekollegen, der noch kurz vor seinem tragischen Tod 1932 in einer Serie von Leitartikeln Nazi-Rosenbergs „Mythus des 20. Jahrhunderts" mit wissenschaftlicher Akribie widerlegt hatte. Auf dem Friedhof wurde ich dem bayerischen Innenminister Dr. Stützel vorgestellt, der mir erklärte: „Verlassen Sie sich darauf, gegen die Nazis werden wir schießen, wenn es eines Tages erforderlich sein wird."

Die Entwicklung in Bayern verlief dann bekanntlich unter dem ewig zögernden, sehr konservativen Ministerpräsidenten Dr. Held leider anders.

Gegen Hitler und die Nazi-Bewegung

Ich hatte Hitler schon zu Beginn seiner verhängnisvollen Tätigkeit kennengelernt, und zwar in seiner ersten großen Versammlung im Jahre 1920 im Münchener Hofbräuhaus, die ja mit einem Riesentumult und Schlägereien endete. Schon damals fand ich Hitler als Person ungemein abstoßend. Die programmatischen Formulierungen, die er unter dem Einfluß seines damaligen Theoretikers Gottfried Feder vortrug, waren wirr. Aber er besaß die Gabe, demagogisch Schlagworte zu formulieren und sie mit Emphase in die Menge zu schleudern. So verließ ich als Zwanzigjähriger die Versammlung mit dem unbehaglichen Gefühl, dieser Mann könne eine Gefahr für die junge Demokratie werden, wenn es ihm gelänge, breitere Wirkung zu erzielen.

Die Basis für den Hitlerputsch 1923 hatte die reaktionäre Regierungskoalition der Bayerischen Volkspartei mit den Deutschnationalen geschaffen. Bayern war durch die jahrelange Begünstigung aller rechtsradikalen Agitatoren der Geheimorganisation „Consul", der Völkischen Kampfbünde, ja sogar der nach Bayern geflüchteten Fememörder, zu einer „Ordnungszelle" besonderer Art geworden. Im Reich kam immer mehr die Meinung auf, daß man als Demokrat in Bayern seines Lebens nicht mehr sicher sei. Nicht nur Hitler und seine Kumpane forderten den „Marsch auf Berlin" und die Einsetzung eines Reichsdirektoriums. Auch der von der Volkspartei-Regierung eingesetzte, äußerst reaktionäre Generalstaatskommissar von Kahr beschäftigte sich mit dieser Zielsetzung und ignorierte alle Maßnahmen der Reichsregierung bis zu dem verfassungswidrigen Versuch, die bayerische Reichswehr-Division in Sonderverpflichtung zu nehmen.

Die Eifersucht unter den Reaktionären, das ständige Lauern, wer an die Spitze der Aktion trete, ließ dann Hitler im Verein mit Ludendorff vorzeitig losschlagen. Die jäh betrogenen Gesinnungsfreunde, denen noch staatliche Machtmittel zur Verfügung standen, brachten dann den Putsch zum Scheitern.

Nach Hitlers Verhaftung schien – und dies war ein verhängnisvoller Trugschluß der Sozialdemokraten in Bayern und im Reich – die Nazigefahr überwunden zu sein. Tatsächlich brach die NSDAP in Gruppen auseinander, doch verstand es Hitler nach seiner vorzeitigen Entlassung aus der Haft in der Festung Landsberg, sie rasch wieder zu einigen. Er ging dabei persönlich rücksichtslos vor.

So mußte sich denn die SPD bald wieder mit der Hitlerbewegung beschäftigen. Ihre Hinweise auf die wirtschaftspolitischen Thesen der Nazis, ihre Autarkiepläne, fanden in der Öffentlichkeit wenig Anklang. So richtete sich unser heftiger Widerstand hauptsächlich gegen den zunehmenden Antisemitismus der Nazi-Bewegung und ihren Nationalismus, hier vor allen Dingen gegen ihre abgründige, verlogene These vom „November-Verbrechen der Erfüllungspolitiker."

In Bayern wurden im Laufe der Jahre, insbesondere aber seit 1932, die überwiegend protestantischen Gebiete viel anfälliger für den Nazismus als die katholischen. Dies war nicht zuletzt darauf zurückzuführen, daß eine große Zahl von Pastoren aus dem deutschnationalen Lager stammte und rasch zu Hitler überging.

Es gibt eine graphische Darstellung zu den Reichstagswahlen von 1932 in Bayern, die darüber Aufschluß gibt. Die Universität Erlangen wirkte besonders im Sinne des Nationalismus. Ich hatte in diesen Jahren oft, vor allem auf dem Lande, heftige Auseinandersetzungen mit den Nazis, die unsere Versammlungen zu stören versuchten. Schon 1928 hatte es nach meiner Rede zum Verfassungstag in Lindau am 11. August einen heftigen Zusammenstoß mit dem dortigen Oberbürgermeister Siebert, dem späteren Nazi-Ministerpräsidenten Bayerns, gegeben. 1932 von ihm wegen der redaktionellen Deckung eines Informanten verklagt, erhielt ich vom Amtsgericht Lindau eine Geldstrafe von 600 Mark wegen Beleidigung. Das Gericht lehnte aber die Anklage wegen Verleumdung – die nach einer Verordnung Brünings nur mit Gefängnis geahndet werden konnte – als unbegründet ab. Die im Gerichtssaal anwesenden Nazis schäumten vor Wut.

In Augsburg wandten wir uns im Zeichen der „Eisernen Front" sehr energisch gegen die örtliche Nazi-Bewegung. In Massenversammlungen sprachen Dr. Kurt Schumacher (Stuttgart) und der ehemalige Reichskanzler Dr. Wirth vom Zentrum.

Ich hatte, nachdem eine meiner Versammlungen von den Nazis unter der Führung des späteren Gauleiters in Schwaben, Wahl, gesprengt worden war, in meiner Zeitung ein Streitgespräch mit den Nazis vorgeschlagen. Meine Bedingungen lauteten: der in Aussicht genommene große Saalbau wird je zur Hälfte von Sozialdemokraten und von Nazis besetzt. Es gibt gleiche Redezeiten für beide Seiten. Juden muß der Zutritt gestattet sein. Die Nazis antworteten mit einem Flugblatt: „Heraus, Ihr feigen Brüder von der ‚Schwäbischen Volkszeitung'. Vor allem warten wir auf Herrn Felder!"

Meine Bedingungen nahmen sie bis auf die Judenklausel an und bezeichneten uns dabei als „kapitalistische Judenschutzgruppe". So kam die Auseinandersetzung mit dem Reichstagsabgeordneten der NSDAP, Gottfried Feder, nicht zustande. Die Augsburger SPD plakatierte daraufhin nach meinem Entwurf eine Reihe verfänglicher Fragen an Goebbels. Die Plakate wurden in der Nacht von der SA wieder abgerissen.

Nach meiner Einlieferung in das KZ Dachau sorgten 1934 schwäbische Nazi-Funktionäre durch Intervention bei dem Kommandanten Däubler dafür, daß ich vier Wochen gefesselt in Bunkerhaft kam und auch sonst erheblichen Schikanen ausgesetzt war.

Die SPD in Augsburg — Differenzen um den Panzerkreuzer

Wenn ich auf die allgemeine politische Aufklärungsarbeit der Augsburger und der schwäbischen SPD in der Zeit von 1924 bis 1932 zurückblicke, so kann ich sagen, daß sie äußerst intensiv war, wobei sie maßgeblich von der hervorragenden Stadtratsfraktion der SPD Augsburg getragen wurde. Der 2. Bürgermeister der Stadt, Dr. Friedrich Ackermann, gehörte auch dem Bayerischen Landtag an. Er war Städt. Finanz- und Kulturreferent und unter seiner Ägide entwickelte sich ein bedeutsames Kulturleben.

Die Stadtratsfraktion unter Führung des Metallarbeiterfunktionärs Wernthaler und die Partei unter dem Landtagsabgeordneten Clemens Högg — er starb im KZ — sorgten laufend für kommunale und sonstige politische Initiativen. Die Augsburger SPD blieb frei von Flügelkämpfen, die gelegentlich in München sichtbar wurden. Sie war auch zeitweise viel progressiver als die Münchener SPD. Der Besuch der Versammlungen war ausgezeichnet, die Information durch die Mandatsträger im Stadtrat, Landtag und im Reichstag sehr umfassend und häufig.

Die sozialdemokratische „Schwäbische Volkszeitung", von mir allmählich moderner und nachrichtlich umfangreicher gestaltet, wies zwar eine gute Verbreitung auf, ihre Abonnentenzahl lag jedoch erheblich unter der der bürgerlichen Zeitungen am Ort. Leser unserer Zeitung waren vorwiegend Arbeiter und Angestellte, die auch das Publikum unserer Versammlungen stellten. Unter den Mittelständlern und den Intellektuellen gab es verhältnismäßig wenig SPD-Mitglieder. Ich gehörte zum progressiven Flügel der Partei, was mehrfach beim Landesvorsitzenden und einigen Mitgliedern des Bezirksvorstandes Oberbayern-Schwaben — als Partei-Redakteur war ich Angestellter der Partei — Unbehagen auslöste. Dies zeigte sich besonders bei dem Fall „Panzerkreuzer oder Kinderspeisung" vor dem Wahlkampf 1928. Die sozialdemokratischen Minister im Kabinett Hermann Müller hatten bei der Haushaltsberatung der Einsetzung einer 9 Millionen — Rate für den Bau eines Panzerkreuzers — Gesamtkosten 80 Millionen — zugestimmt, obwohl Mittel im Reichshaushalt für die Schulkinderspeisung gestrichen werden sollten. Die Mehrheit der SPD-Abgeordneten wandte sich gegen diese Entscheidung.

In der Arbeiterstadt Augsburg kam größte Erregung auf. Unser Reichstagsabgeordneter Georg Simon wurde aufgefordert, zu einer Massenveranstaltung von Partei und Gewerkschaften von Berlin nach Augsburg zu kommen und sich zu verantworten. Man hatte gehört, daß er in dieser Frage „schwankend" sei. Er sicherte schließlich für seine Person die Ablehnung der Kabinettsvorlagen im Plenum zu.

In München war der Landesvorsitzende Erhard Auer über diesen Vorgang empört. Er sandte den Münchener Abgeordneten Unterleitner, einst im bayerischen Revolutions-Kabinett Sozialminister der USP und nun längst im Sinne Auers tätig, zu Versammlungen nach Schwaben, um für den Panzerkreuzerbau Verständnis zu wecken. Ich veröffentliche in meiner Zeitung die lokalen Berichte über Unterleitners Referate ungekürzt, gestattete mir jedoch den Zusatz, daß man in Augsburg und Schwaben ganz anders über diese Frage denke. Das führte zu einer stürmischen Sitzung im Bezirksvorstand Oberbayern — Schwaben und zu der Äußerung Auers: „Wenn dieser junge Mann in Augsburg sich weiter so verhält, dann muß er weg!" Die Genossen aus Augsburg und Schwaben lehnten aber jeden Versuch ab, auf die Haltung ihrer Zeitung im Sinne einer Zensur aus München Einfluß zu nehmen. Sie billigten bis auf wenige Ausnahmen auch den Abdruck von informierenden Artikeln der in der SPD mehr nach links tendierenden „Chemnitzer Volksstimme" oder der „Leipziger Volkszeitung". Mit der Pressekommission meiner Zeitung hatte ich auf kulturpolitischem Gebiet manchen harten Strauß auszufechten, so, als ich — wenn auch etwas gemildert — den „Bolwieser" von Oskar Maria Graf in den Romanteil übernahm.

Beim SPD-Parteitag 1929 in Magdeburg, dem nach dem Rechenschaftsbericht des Kanzlers Müller die Richtlinien für ein Wehrprogramm der SPD vorlagen, war ich Mitglied der neunköpfigen Delegation des Wahlkreises 24 Oberbayern-Schwaben. Sie wurde angeführt von Erhard Auer, dem Landessekretär Georg Keil und dem Münchener Parteichef Thomas Wimmer, nach 1945 Oberbürgermeister in München. Bei der stürmischen, auf hohem Niveau stehenden Auseinandersetzung über die Regierungspolitik Müllers und die Wehrrichtlinien im besonderen, fand der Delegierte Dr. Eckstein aus Breslau starken Beifall mit folgenden Sätzen:

„Unter Führung des Parteivorsitzenden Müller haben wir 1928 das Wahlversprechen gegeben, den Panzerkreuzer nicht zu bauen. Unter dem Kanzler Müller wird er gebaut. Unter Führung des Parteivorsitzenden Müller haben wir das Wahlversprechen der Kinderspeisung gegeben, unter dem Kanzler Müller werden die Mittel dafür gestrichen. Unter der Führung des Parteivorsitzenden Müller haben wir das Wahlversprechen gegeben, den Reichswehr-Etat auf 500 Millionen zu senken, unter dem Kanzler Müller wird dieses Versprechen ebenso wie das der Demokratisierung der Reichswehr nicht eingelöst."

Eckstein wurde — ebenfalls unter lebhafter Zustimmung — erwidert, daß es sich eben um eine Regierungskoalition der SPD mit bürgerlichen Parteien handle und die SPD nicht in der Mehrheit sei.

Das Wehrprogramm wurde von dem Reichstagsabgeordneten Wilhelm Dittmann vorgetragen — er starb hochbetagt später als Emigrant in der Schweiz — vom preußischen Innenminister Carl Severing sowie besonders nachhaltig von dem Reichstagsabgeordneten Julius Leber unterstützt. Korreferent war Dr. Paul Levi, früher KPD, der das Wehrprogramm scharf ablehnte. Es entwickelte sich ein großes geistiges Duell, in dessen Verlauf auch der Stuttgarter Parteiredakteur Dr. Kurt Schumacher das Wort ergriff. Er gab eine hinreißende soziologische Schilderung der jahrhundertealten reaktionären Traditionen des preußischen Offizierskorps und meinte dann, die SPD müsse davon ausgehen, daß alle Parteiprogramme der SPD die Bejahung des Wehrgedankens enthalten, zumindest aber ihn nicht ausschließen. Es sei aber eine abwegige Behauptung, nun zu sagen, ohne detaillierte Wehrrichtlinien hätten wir nicht genügend Legitimation innerhalb der Partei, und nicht den ausreichend festen Boden für unsere parlamentarische Arbeit.

„Der Vater des Wehrprogramms ist der Panzerkreuzer A. Die Erleichterung für kommende Entscheidungen, die manche von diesen Richtlinien erwarten, werden nicht eintreten. Ich glaube, daß die Grundsätze des Parteiprogramms zur praktischen Politik genügen, und meine, daß die Fahne, unter der die Arbeiter der sozialdemokratischen Politik folgen werden, die Fahne der Kriegsverhinderung mit allen Mitteln ist."

Auch Dr. Schumacher erntete starken Beifall. Carl Severing erklärte, die Partei brauche die Zusammenarbeit mit der Reichswehr nötig, wenn sie reale Macht erlangen und auch behalten wolle. Nur in Zusammenarbeit mit dem bürgerlichen Reichswehrminister Groener könne mit der „Republikanisierung der Reichswehr" begonnen werden. Leber nannte die Spannung zwischen Reichswehr und Arbeiterschaft einen gewaltigen Passivposten der Republik, der nicht zuletzt auch auf das Konto der SPD gehe. Emphatisch rief Leber aus: „Denken Sie darüber nach und ziehen Sie daraus die Konsequenzen. Ist an der Spannung die Reichswehr allein schuld? Derjenige, der diese Frage mit einem glatten Ja beantwortet, muß ein ziemlich hartes Gewissen haben."

Mich beeindruckte diese Debatte außerordentlich, doch neigte ich nach Abwägung aller Argumente schließlich Schuhmacher zu; daher rührte dann auch unsere persönliche Bekanntschaft. Die Wehrrichtlinien wurden schließlich mit 242 zu 147 Stimmen angenommen. Von den 9 Delegierten meiner Delegation stimmten 6, darunter Auer und Wimmer, mit Ja und 3 mit Nein, darunter ich. Die Nein-Stimmen erregten das Mißfallen Auers, der in seiner autoritären Art eine widersprüchliche Haltung nur schwer ertragen konnte.

Auseinandersetzungen zwischen Pragmatikern und Progressiven hat es in der SPD auch in der Weimarer Zeit gegeben, aber nach meiner Meinung ist in den letzten Jahren der Stil der Auseinandersetzungen schlechter geworden. Die Solidarität war einst größer, und man verstand sich nach einem Schlagabtausch persönlich wieder gut. Erhard Auer hatte ja auch beträchtliche politische Verdienste. Er wirkte auf das Bürgertum.

Interessant ist, daß das Soldatengesetz der Bundesrepublik weitgehend den Wehrrichtlinien der SPD von 1929 entspricht.

Die SPD in der Weimarer Zeit

Aussagen über die SPD in der Weimarer Zeit sind notwendigerweise sehr subjektiv, weshalb ich mich auf einige Andeutungen beschränke.

Ein entscheidendes Problem der Partei war sicher, daß ihr Image und auch ihr Selbstverständnis nicht immer mit ihrer praktischen Politik übereinstimmten. Wir hatten immer noch den Charakter einer Klassenpartei, über Marxismus wurde viel geredet und geschrieben, in der praktischen Politik jedoch versuchten wir alle Möglichkeiten auszuschöpfen, die zu politischer Wirkung führen sollten. So stand das Handeln der SPD unter dem Zwang der Verhältnisse und wich von unserer Programmatik ab. Es bestand oft ein Bruch zwischen Breitenwirkung im Volk und Selbstverständnis als Klassenpartei. Der Begriff „Volkspartei" war damals noch nicht gebräuchlich, obwohl das „Heidelberger Programm" schon Ansätze zeigte.

Die fortschreitende Rechtsentwicklung von 1920 bis 1933, die Nachwirkungen des Hitler-Putsches und der kommunistischen Unruhen in Sachsen, Thüringen und im Ruhrgebiet, die Inflation und später die durch die internationale Währungskrise bedingte, sprunghaft anwachsende Arbeitslosenziffer verhinderten, daß die Partei ein längerfristiges Konzept entwickeln konnte, das sich deutlicher von den Vorstellungen der Bürgerblock-Parteien und dann auch von der Deflationspolitik des Kanzlers Brüning unterschied. Ein wirklich umfassendes Sozialisierungs-Programm war meiner Erinnerung nach nicht vorhanden. Gute Ansätze dazu versandeten schon bald nach 1919 in der sogenannten Sozialisierungs-Kommission. Die SPD hatte in den 14 Weimarer Jahren keine Regierungsmehrheit und war nur zeitweise, nicht viel mehr als insgesamt drei Jahre an Regierungen beteiligt, wobei sie 1928 bis 1930 letztmals einen Kanzler stellte. Die Wandlung von der Klassen-Partei zur Volkspartei fand je erst 1959 mit dem „Godesberger Programm" ihren vorläufigen Abschluß. Ich glaube nicht, daß eine derartige Entwicklung uns Sympathien bei der Arbeiterschaft gekostet und daß wir deshalb Stimmen an die Kommunisten verloren hätten. Sicher ist jedoch, daß wir die Basis der Partei zur Mitte hin nicht wesentlich verbreitern konnten. Es ist nicht unwahrscheinlich, daß ab 1932 aus dem Arbeitslosenheer von 6 Millionen Abwanderungen geringeren Ausmaßes zur NSDAP und zu den Kommunisten erfolgten. Das Wahlergebnis vom 5. März 1933 zeigte jedoch die unerschütterte Position der SPD.

Die entscheidenden Fehler hat die Partei sicher in den ersten Jahren der Republik gemacht. Die wahrscheinlich günstigste Gelegenheit, nach dem Zusammenbruch des Kapp-Putsches das Steuer energisch herumzuwerfen, ist nicht genutzt worden. Damals hat Friedrich Ebert — das ist trotz seiner so großen Verdienste festzuhalten — zu sehr gezögert.

Problematisch war auch, den ersten Wehrminister der Republik, Gustav Noske, fallen zu lassen. Psychologisch schien das begreiflich, weil die von den Freikorps begangenen Ausschreitungen von der Arbeiterschaft in Verkennung der Situation dem Minister angelastet wurden. Verhängnisvoll war dann seine Ersetzung durch den bürgerlichen Wehrminister Gessler, der dem Chef des Heeres, Generaloberst Seeckt, zu großen politischen Spielraum gewährte. So wurden monarchistische Tendenzen bewußt gefördert und die Soldaten von der politischen Mitwirkung beim Aufbau und der Ausgestaltung der jungen Demokratie ausgeschlossen.

Für den Verlauf der politischen Entwicklung waren natürlich auch die Ergebnisse der ersten Wahlen zur Nationalversammlung und zu den Reichstagen von 1920 und 1924 von Bedeutung. Die Mandatsziffern brachten der SPD Enttäuschungen, denn die Ausdehnung des Wahlrechts auf die Frauen und jeden Bürger ab 20 Jahren, das die Volksbeauftragten verordnet hatten und das dann Gesetz wurde, ist besonders von den Frauen nicht in unserem Sinne honoriert worden. Ein sonst wohl sicherer Wahlsieg der Linken ging verloren.

Mit vielen Parteifreunden habe ich damals öfter die Frage diskutiert, ob es nicht klüger gewesen wäre, das Frauenwahlrecht zu diesem Zeitpunkt noch nicht zu verkünden. Aber eine Partei, die diese Forderung Jahrzehnte hindurch als essentiell bezeichnet hatte, konnte wohl in dem Augenblick, in dem sie kurzfristig wirklich Macht ausübte, nicht anders handeln.

Bei den Wahlergebnissen spielte eine Rolle, daß weite Kreise des Volkes, nicht nur das Bürgertum, noch dem obrigkeitsstaatlichen Denken verhaftet und deshalb anfällig waren für die zielbewußte Verleumdungskampagne, die von den Gegnern der Demokratie unter den Schlagworten des Hoch- und Landesverrats der „November-Parteien" und des „Dolchstoßes gegen die Front" betrieben wurde.

Auf der anderen Seite konnte die Linke, gespalten in KPD und SPD, wegen der unüberwindbaren ideologischen Gegensätze keine Einheitsfront zur Verteidigung der Republik bilden.

Die SPD war deshalb 1932 beim Papen-Putsch gegen die Regierung Braun-Severing in einer sehr schwierigen Situation. Obwohl die Arbeiterschaft damals gespalten war, hätte man nach meiner Meinung den Versuch des Widerstands gegen den infamen Verfassungsbruch und Staatsstreich des Kanzlers Papen wagen müssen. Schließlich stand die preußische Schutzpolizei auf Seiten der Regierung Otto Braun. Vielleicht hätten damals die über den Renegaten Papen empörten süddeutschen Länder in eine Abwehrfront einbezogen und die bewußte Täuschung des Reichspräsidenten durch Papen und seine deutschnationalen Helfershelfer einer breiten Öffentlichkeit geoffenbart werden können. Selbst im Falle einer Niederlage wäre die psychologische Situation der Demokraten für die Folgezeit günstiger gewesen.

Das preußische Kabinett Braun baute — in völliger Verkennung der Situation — nur auf sein Recht und wandte sich an den Staatsgerichtshof, der dann mit einer grotesken Entscheidung den politischen Wirrwarr noch verstärkte. Er bestätigte der von Papen mit Hilfe des Art. 48 abgesetzten Regierung des Sozialdemokraten Otto Braun, nach wie vor zur Vertretung des Landes Preußen im Reichsrat bevollmächtigt zu sein, beließ aber Papen und Reichsinnenminister Bracht als Kommissare im Amt.

Die Frage, ob die Sozialdemokratie am 20. Juli 1932 nicht alles aufs Spiel setzen mußte, bleibt offen. Sie wird sicher rückblickend auch heute noch von vielen Sozialdemokraten und den Historikern unterschiedlich beantwortet. Ich neigte damals mehr zum Ja.

Als ich bei Beginn des Dollfuß-Putsches im Februar 1934 auf dem Wege zur „Arbeiterzeitung" in Wien war, die gerade von der Polizei besetzt wurde, sagte mir ein SPÖ-Funktionär: „Jetzt geht es los, aber wir werden im Gegensatz zu Euch kämpfen, selbst wenn wir untergehen sollten."

Die Reichstagswahl vom 6. November 1932 — Kandidatenaufstellung — Wahlkampf

Der am 31. Juli 1932 neu gewählte Reichstag erwies sich als völlig arbeitsunfähig. 230 Nazis und 89 Kommunisten legten ihn praktisch lahm. Die Sozialdemokraten hatten mit 133 Mandanten angesichts des Ansturms der beiden extremen Parteien zwar einen Wahlerfolg erreicht, konnten ihn aber nun nicht ausnützen. Schon am 12. September kam es bei dem Versuch, Papens Notverordnungen aufzuheben, zur Auflösung des Reichstags. Die Neuwahl wurde auf den 6. 11. 1932 angesetzt. Noch Ende September erfolgte in der SPD die Nominierung der Kandidaten.
Im Wahlkreis 24 (Oberbayern-Schwaben) — es gab ja das reine Verhältniswahlsystem — verabschiedete der Bezirksparteitag die Liste. Es war üblich, daß auf dieser Liste die Münchener SPD die erste, die Augsburger die zweite Stelle besetzte. Der Parteitag hatte zwar volles Entscheidungsrecht, respektierte aber gemeinhin die Vorschläge aus Oberbayern und Schwaben.
Meine intensive politische Tätigkeit hatte schon Anfang 1932 bei den Augsburger und schwäbischen Genossen den Wunsch ausgelöst, den Abgeordneten Simon durch mich abzulösen, was dann auch im September von einer Delegiertenkonferenz in Augsburg beschlossen wurde — gegen eine Stimme. Die schwäbischen Ortsvereine traten dieser Entscheidung einhellig bei. Beim Landesvorsitzenden Auer löste dieses Ergebnis Mißfallen aus und so machte er kurz vor Beginn des Parteitags den Versuch, die schwäbischen Delegierten, ohne die Augsburger und mich zu informieren, in einer Sonderbesprechung zu bewegen, meine Kandidatur abzulehnen und Simon nochmals aufzustellen. Er kassierte jedoch eine totale Niederlage. Mir wurde sofort zuverlässig berichtet, daß er in einem Zornesausbruch den Schwaben zurief: „Dann fahrt's es halt künfti glei mit dem Kinderwagl eini". (Übersetzung: Man solle die Leute dann lieber gleich mit dem Kinderwagen in den Reichstag fahren.) Als die Liste, die damals Dr. Wilhelm Hoegner anführte, schließlich verabschiedet wurde, begrüßte Auer dann auch meine Kandidatur.
Wie das Beispiel zeigt, waren die Differenzen um Kandidaturen damals nicht weniger stark als heute und die jüngeren Genossen — ich war damals 32 — hatten es schwer, sich gegen die alte Garde durchzusetzen.
Den Wahlkampf führte ich in der Hauptsache gegen die Nazis, wobei ich ihr nationalistisches Programm und ihren Rassismus angriff und möglichst oft auch auf die außenpolitischen Akzente hinwies, die Hitler in seinem Buch „Mein Kampf" gesetzt hatte und die, falls sie in praktische Politik umgesetzt werden würden, zum Krieg führen mußten.

Depremierend war, daß ich in vielen Versammlungen bei der These „Hitler bedeutet den Krieg" keine einhellige Zustimmung fand, ja daß selbst manche Sozialdemokraten meinten, so schlimm werde es schon nicht werden. Besonders im Bürgertum, aber auch teilweise in der SPD, herrschte die naive Vorstellung, Hitler werde sich in einer Koalitionsregierung rasch abnützen.
Hitlers Buch „Mein Kampf" war sicher auch von vielen Sozialdemokraten nicht gelesen worden, oder man hat die Hinterhältigkeit seiner Thesen nicht recht gewürdigt. Aber der Fanatismus, mit dem die Nazis den Slogan „Deutschland erwache, Juda verrecke", in den Wahlkampf warfen, zeigte, wohin die Reise gehen sollte.
Bei den stürmischen Auseinandersetzungen erlebte ich 1931/32 oft im Allgäu, daß die Polizei schon lebhaft mit den Nazis sympathisierte. Die noch nach der Brüning-Verordnung erforderliche Überprüfung der Versammlungsteilnehmer auf Waffenbesitz wurde nur bei den Sozialdemokraten genau genommen.
Am 6. November 1932 wurde ich als Spitzenkandidat der SPD für den Regierungsbezirk Schwaben in den Deutschen Reichstag gewählt. Von den Kandidaten, die nachstehend auf dem historischen Stimmzettel verzeichnet sind, lebt gegenwärtig (1981) nur noch der Verfasser dieser Niederschrift.
Mit dem Augsburger Reichstagsabgeordneten Hans Beimler hatte ich im Stadtrat von Augsburg — er war einer der drei KPD-Leute — erhebliche Kontroversen. Beimler entkam auf abenteuerliche Weise aus dem Konzentrationslager Dachau und fiel später im spanischen Bürgerkrieg gegen Franco.
– Dr. Luppe war Oberbürgermeister von Nürnberg.
Thälmann, Höllerzeder und Haussmann wurden von den Nazis ermordet.
Die neue sozialdemokratische Reichstagsfraktion zeigte in ihrer altersmäßigen und soziologischen Zusammensetzung wenig Veränderungen gegenüber ihren Vorgängern. Die 121 Abgeordneten gliederten sich wie folgt:

30—40jährige: 16
40—50jährige: 40
50—60jährige: 53
60—70jährige: 12

Die führenden, besonders erfahrenen und mit wenigen Ausnahmen pragmatisch denkenden Köpfe befanden sich unter den 50—70jährigen. So waren der hervorragende Sozialpolitiker Wissell 63, Scheidemann 67, unser temperamentvoller Außenpolitiker Dr. Breitscheid 58, Dittmann 58, die Gewerkschaftsführer Graßmann und Husemann 59, Carl Severing 57 und Paul Löbe 57. Von den 13 Frauen der Fraktion waren 10 über 50 Jahre alt. Die Fraktion zählte 19 Akademiker, darunter den international bekannten Wirtschaftswissenschaftler Prof. Baade, sowie die Doktoren Breitscheid, Hilferding, Schumacher, Hertz, Hoegner, Mierendorf, Leber, Löwenstein, Marum, Völter und Staudinger. Zu 30 Gewerkschaftssekretären, alle aus Arbeiterberufen, mit Kursen auf Partei- und Gewerkschaftsschulen, kamen mit glei-

Wahlkreis Oberbayern-Schwaben, November 1932

1	**Nationalsozialistische Deutsche Arbeiter-Partei (Hitlerbewegung)** Hitler — Dr. Frick — Göring — von Epp	1 ◯
2	**Sozialdemokratische Partei Deutschlands** Dr. Hoegner — Felder — Unterleitner — Frau Maas	2 ◯
3	**Kommunistische Partei Deutschlands** Thälmann — Beimler — Höllerzeder — Haußmann	3 ◯
5	**Kampffront Schwarz-Weiß-Rot** von Papen — Dr. Baerwolff — Winter — Weißbeck	5 ◯
6	**Bayerische Volkspartei** Dr. Horlacher — von Lex — Wiedemann — Schwarzer	6 ◯
7	**Deutsche Volkspartei** Zapf — Frau Dr. Wolf — Bayer — Hanigk	7 ◯
8	**Christlich-Sozialer Volksdienst (Evangelische Bewegung)** D. Strathmann — Behrens — D. Müller	8 ◯
9	**Deutsche Staatspartei** Dr. Luppe — Kalbskopf — Rohmeder — Frau Maurer	9 ◯
10	**Bayerischer Bauern- und Mittelstandsbund (Deutsche Bauernpartei)** Dr. Jehr — Kling — Hartl — Zimmermann	10 ◯

cher Herkunft 21 Parteisekretäre. Daneben hatten wir 30 Journalisten, die vorwiegend an den etwa 196 Parteiblättern arbeiteten, meist aus dem Buchdruckgewerbe stammend. Zu 6 Schriftstellern, 6 Lehrern und 6 Angestellten kamen 3 Hausfrauen.

Der Block der Gewerkschafts- und Parteisekretäre mit 51 Abgeordneten hatte somit ein besonderes Entscheidungsgewicht, zumal er gelegentlich auch mit Unterstützung aus den Reihen der Parteiredakteure rechnen konnte.

Schumacher sah diese Fraktion nach ihrer altersmäßigen und beruflichen Gliederung als zu „statisch" geworden und im Hinblick auf die sich verschärfende politische Situation als zu wenig handlungsfähig an. Aus Bemerkungen, die er mir und anderen jüngeren Abgeordneten gegenüber machte, wurde dies deutlich. Nachdem die neuen Mitglieder sich in der ersten Sitzung der Fraktion vorgestellt hatten und dort einiges Gemurmel über ihre „Jugendlichkeit" laut wurde – mit mir waren noch zwei 32jährige in das Parlament eingezogen – sagte Schumacher uns Jüngeren, wir sollten öfter zusammenkommen und eine Art „Arbeitsgemeinschaft" bilden, denn bei den kommenden politischen Auseinandersetzungen sei eine aktive Gruppe innerhalb der Fraktion unbedingt von Nöten.

Dabei war Schumacher ein absolut loyales Fraktionsmitglied. Aber er war – entsprechend seiner Haltung auf dem Parteitag in Magdeburg 1929 – der Meinung, daß die Fraktion sich bisher parlamentarisch und auch in der Öffentlichkeit nicht in genügender Schärfe gegen die Nazis gewandt habe. Auch Dr. Hoegner war dieser Meinung. Er hielt im Oktober 1930 – führende Fraktionsmitglieder hatten dazu „keine Lust" – eine große Rede gegen die blutrünstigen Ausführungen des Nazi-Abgeordneten Gregor Strasser. Diese Rede löste ein gewaltiges Echo im Reich aus. Die gleiche Wirkung hatte 1932 Schumachers Abrechnung mit Goebbels und seiner Fraktion, wobei er den Nazis attestierte, daß ihre Haltung ja den ständigen Appell an „den inneren Schweinehund" bedeutete.

Unermüdlich forderte Schumacher damals die intensive Vorbereitung der Gewerkschaften und der Parteiorganisationen auf die wahrscheinlich kommende außerparlamentarische Auseinandersetzung. Die Fehler, die die Fraktion 1930 begangen habe und die mit der Sprengung der Regierung Müller zum Einzug von 107 Nazis in den Reichstag führten, hätten mit der Tolerierung des Kabinetts Brüning ihre Fortsetzung gefunden. Schließlich habe man 1923 beim Papen-Putsch keine Kraft zum Widerstand mehr gehabt. Über dieses Kapitel äußerte sich Schumacher zu mir auch im KZ Dachau.

Der Papen-Putsch wurde in der November-Fraktionssitzung nochmals erörtert. Die anwesenden Abgeordneten Otto Braun und Carl Severing fanden dabei schärfste Kritik. Man habe sich einfach aus dem Amt jagen lassen, ohne Widerstand zu leisten. Ein Generalstreik sei ja schließlich nicht ganz aussichtslos gewesen. Braun und Severing traten dieser Meinung mit einer eingehenden Schilderung der dramatischen Vorgänge bei ihrer Amtsenthebung im Juli 1932 und den damals gegebenen Machtverhältnissen entgegen. Dabei wiesen sie besonders auf die Verhältnisse auf dem Arbeitsmarkt und auf die der Befehlsgewalt des Reichspräsidenten unterstehende Reichswehr hin.

Die Spaltung der Arbeiterschaft und die Tatsache, daß die KPD die Sozialdemokraten als Sozialfaschisten bezeichnete und gemeinsam mit den Nazis gegen die preußische Regierung operierte, habe den Erfolg eines „Generalstreiks" als äußerst zweifelhaft erscheinen lassen. Wegen der vorauszusehenden schweren Opfer unter der Arbeiterschaft sei ein Bürgerkrieg nicht zu verantworten gewesen. So sei nur die Anrufung des Staatsgerichtshofes geblieben. Die Fraktion – ich erinnere mich an die große Betroffenheit, die im Fraktionssaal herrschte – nahm die Berichte schließlich resignierend zur Kenntnis.

Severing weilte 1951 zur Kur in Bad Reichenhall. Wir diskutierten in meiner Wohnung unter anderem auch die Problematik von 1932. Meine Frage, ob er noch immer an der auch in seinem Buch ‚Mein Lebensweg' niedergelegten Meinung festhalte, bejahte er damals zwar grundsätzlich, meinte aber dann, angesichts der Ströme von Blut, die der von Hitler entfachte Krieg zur Folge gehabt habe, gewinne auch bei ihm die Argumentation jener an Bedeutung, die das Wagnis des Widerstandes gefordert hätten.

Die Fraktion der SPD hatte in den ersten Dezembertagen 1932 eben in ziemlich depressiver Stimmung die politische Situation erörtert, als plötzlich die Nachricht vom Sturz des Kanzlers Papen eintraf. Es ging ein Aufatmen durch die Reihen. Die Stille einiger Sekunden unterbrach dann die sonore Stimme des Parteivorsitzenden Otto Wels: „Genossen, ich glaube, wir sind jetzt über den Berg!" Dr. Schumacher zu mir: „Wir sind erst am Fuße des Berges!"

Wahrhaftig, das deutsche Volk wäre damals über den Berg gewesen — ohne einen Papen, ohne einen Hugenberg, Schacht und Seldte. Vor allem aber ohne einen Papen, jenen überaus eitlen, unwahrhaftigen, skrupellosen Vertreter der deutschen Herrenkaste, der seinen Sturz nicht verwinden konnte und deshalb zu seinem entscheidenden Intrigenspiel beim „alten Herrn", dem Stahlhelm-Ehrenpräsidenten und lieben Gutsnachbarn der preußischen Junker ansetzte: bei Exzellenz von Hindenburg. Durch Papen wurde der Bandenführer Hitler Kanzler und der vorher verächtlich abgelehnte „Gefreite" Oberster Befehlshaber der Wehrmacht. Durch Papen, durch Hugenberg, durch Seldte, durch Schacht. Wie nett die Gliederung stimmte: Herrenklub, Großindustrie, Militarismus, Großfinanz! So kamen die Deutschen nicht über den Berg, sondern vor neue gewaltige Berge. Sie bestanden aus Schutt und Trümmern.

Kein Ausweg unter Kanzler Schleicher

Es zeigte sich inzwischen, daß hinter den Widerstandsparolen keine einheitlich geleitete Organisation stand. Soweit meine Kenntnis reicht, hatte das Reichsbanner in völlig ungenügendem Maße Waffen, im Gegensatz zum Schutzbund der österreichischen Genossen. So konnte angesichts der Erklärungen der SPD-Spitze und der Gewerkschaften die letzte Hoffnung nur auf einen eventuell doch noch funktionierenden Generalstreik gesetzt werden. Hier bildeten das Heer der Arbeitslosen und die Kommunisten die große Unbekannte. Später hörte man, der erste Sekretär der Sowjetbotschaft in Berlin habe dem in letzter Minute wegen einer einheitlichen Abwehr bei den Kommunisten vorfühlenden sozialdemokratischen Chefredakteur Stampfer gesagt, seine Regierung sei der Meinung, daß Deutschland nun durch die faschistische Welle hindurch müsse. Hitler hatte um diese Zeit noch keinen gleichgeschalteten Beamten-Apparat. Mit einem gleichzeitigen Ausfall der ganzen Verwaltung im Falle eines Generalstreiks wäre der Widerstand wohl

selbst dann erfolgreich gewesen, wenn die Reichswehr unter General Blomberg Hitler gestützt hätte. Spekulationen dieser Art erschienen den Genossen in der Parteizentrale sicher unhaltbar. Denn die Nazis hatten ja längst unter den Beamten und Angestellten eine Menge Parteigänger und noch mehr solche, die um ihre Positionen bangten und deshalb die weiteren Ereignisse „Gewehr bei Fuß" abwarteten. Bei der Führung der Gewerkschaften und bei einem Teil der SPD-Fraktion glaubte man zeitweise, mit dem neuen Kanzler Kurt Schleicher einen Ausweg aus der völlig verfahrenen parlamentarischen Situation zu finden. Schleicher baute auf den stärker gewordenen Gegensatz zwischen Hitler und Gregor Strasser und außerdem hatten die Nazis bei der Novemberwahl ja 34 Mandate verloren und waren sehr schwer verschuldet. Eine Unterredung zwischendem SPD-Fraktionssprecher Breitscheid und Schleicher verlief für die Sozialdemokraten unbefriedigend, die nun den kommunistischen Mißtrauens-Antrag im Dezember-Reichstag ablehnten und den Kanzler, der sich in einer Rundfunkrede als sozialer Regierungschef präsentierte, Ende Januar 1933 im Parlament selbst hören wollten. Er hatte ja seit seiner Ernennung nur eine Politik des Lavierens betrieben.
Über die „3 Tage Reichstag" berichtete ich am 16. Dezember 1932 auf einer großen SPD-Versammlung und betonte dabei die Notwendigkeit des Kampfes gegen die antiparlamentarischen Kräfte, also die Nazis und die Kommunisten, die sich mit ihrer Taktik ja gegenseitig in die Hände spielten.
Der Reichstag hatte sich bis Ende Januar 1933 vertagt.
Am 29. 1. 1933 übernahm ich nach einstimmiger Wahl durch die Delegiertenversammlung den Vorsitz der Augsburger SPD und nahm sofort Einfluß auf die Umbesetzung der örtlichen Reichsbannerführung, die mir angesichts der Brisanz der Situation als zu „lahm" erschien.

Die Machtergreifung Hitlers — Reaktion der SPD

In der Nacht vom 29. 1. 1933, also unmittelbar nach meiner Versammlungsrede, fuhr ich mit Dr. Wilhelm Hoegner und Hans Unterleitner nach Berlin. Die für den Vormittag anberaumte Fraktionssitzung fand jedoch nicht statt, weil Kanzler Schleicher beim Reichspräsidenten weilte und die Fraktion abwarten wollte. Schleicher bekam die gewünschte Auflösungsorder für den Reichstag nicht.
Am frühen Nachmittag kehrten wir nach einem wegen der vielen Nazi-Embleme in den Straßen bedrückenden Spaziergang in das Reichstagsgebäude zurück und trafen in der Vorhalle auf den eben ernannten neuen Innenminister Frick. Schleicher war also gestürzt, die Leute um Papen und Hugenberg hatten mit ihren Intrigen und ihren infamen Schwarzmalereien, zum Beispiel die unmittelbare Bedrohung des Reiches durch den Bolschewismus, die Ernennung Hitlers zum Reichskanzler durchgesetzt. In der Fraktionssitzung der SPD herrschte tiefe Empörung, auch über den Reichspräsi-

denten, dem man Eidbruch vorwarf. Es gab Rufe: „... und für den Mann sind wir 1932 in den Wahlkampf gezogen!"

Fraktion und Parteivorstand formulierten eine Erklärung folgenden Wortlauts: „Jeder Versuch der Regierung, ihre Macht gegen die Verfassung anzuwenden oder sich gegen sie zu behaupten, wird auf den äußersten Widerstand der Arbeiterklasse und aller freiheitlich gesinnten Volkskreise stoßen. Zu diesem entscheidenden Kampf sind alle Kräfte bereitzuhalten."

Vorausgegangen war schon am 25. Januar eine Erklärung des Parteivorstandes: „Die Proklamierung des sogenannten staatlichen Notstandes würde auf einen Staatsstreich hinauslaufen und einen rechtlosen Zustand schaffen, gegen den jeder Widerstand erlaubt und geboten ist."

Nach der Sitzung der Fraktion am 30. 1. reiste ein Teil der Abgeordneten in ihre Heimatorte ab, während einige noch in Berlin blieben, um den Fortgang der Ereignisse zu beobachten. Es kam ja dann am Abend zu einem gewaltigen Aufmarsch von SA und SS, die an Hindenburg und Hitler vorbeidefilierten. Ich war mit einigen Fraktionskollegen auf der Straße und beobachtete den Rummel. Wir hatten unsere Parteiabzeichen abgenommen, um uns vor Anpöbeleien zu schützen. Die Reaktion der Bevölkerung war nach meiner Erinnerung sehr unterschiedlich. Vielen Passanten stand der Schrecken über diese Entwicklung im Gesicht, andererseits gab es hell auflodernde Begeisterung. Nach dem Fackelzug waren alle Bierlokale überfüllt, es wurde von SA und SS unbändig gesoffen wie auf einer wilden Siegesfeier.

Ich fuhr am nächsten Tag nach Augsburg und traf im Zug Frau Lang-Brumann, eine BVP-Abgeordnete, Lehrerin und frühere Münchner Stadträtin, der ich sagte: „Die Geister, an deren Erscheinen auch Ihre Partei nicht unbeteiligt war, werden Sie nicht mehr loswerden." Aus ihrer lächelnd gegebenen Antwort wurden die Illusionen, die im Zentrum und der BVP verbreitet waren, deutlich: „Auch ihr Sozialdemokraten seid 1919 noch wilde Männer gewesen und wir haben Euch dann an die Kette gelegt. Genau so werden wir es mit Hitler und den Nazis auch machen. Unser Prälat Kaas verhandelt ja bereits mit Hitler".

In Augsburg hatte ich mit der örtlichen Reichsbannerführung und den Partei- und Gewerkschaftsspitzen Vorbereitungen getroffen, um einem Nazi-Putsch in der Stadt mit Gewalt begegnen zu können. Wir arbeiteten einen Plan für die Verteidigung der Parteidruckerei und des Volkshauses aus. Hinter allen Vorbereitungen stand jedoch notwendigerweise das Warten auf zentral gesteuerte Maßnahmen.

Die Bevölkerung Augsburgs war in ihrer Mehrheit nicht nationalsozialistisch, auch nicht am 30. Januar 1933. Die Nazis hatten deshalb nach der Machtergreifung in Bayern am 9. März bei uns einige Schwierigkeiten, wichtige Positionen sofort in die Hände zu bekommen. Sie waren im Gegensatz zu der SPD am Ort und den Gewerkschaften organisatorisch schwach. Eine Chance zum Widerstand wäre hier bei zentraler Steuerung durchaus gegeben gewesen.

Nach dem 30. Januar setzte eine große Versammlungswelle der Partei und der „Eisernen Front" im ganzen Reich ein, an der alle Funktionäre beteiligt waren. Kurt Schumacher, den ich nach Augsburg geholt hatte, sagte dort vor Tausenden: „Wenn die Nazis uns die letzten Rechte nehmen wollen, dann müssen sie dies im offenen Staatsstreich tun. Und den brauchen wir, um unsere außerparlamentarische Aktion voll entfalten zu können."

Die gleiche Auffassung vertrat auch ich in Großveranstaltungen in Bayreuth, ferner am 3. Februar in Dessau, wo die Nazis während des Referats in das Versammlungslokal schossen, vor mehreren tausend Hörern in Chemnitz und in einer Kundgebung auf einem Platz in Stuttgart, die von Erwin Schoettle, dem späteren Bundestagsabgeordneten und -vizepräsidenten, geleitet wurde. Ich stand auf einem Lastwagen. Der „Eisernen Front" gegenüber waren die Nazis aufmarschiert. An manchen Orten wurde ich vor den Versammlungen von bewaffneten Reichsbannerleuten am Zug abgeholt und danach wieder zur Bahn gebracht.

Die politische Situation war fieberhaft geworden, doch es herrschte Zuversicht, daß im richtigen Augenblick von der Partei und den Gewerkschaften das Widerstandssignal gegeben werde. Ich erinnere mich an den Ausspruch des Vorsitzenden der Eisenbahnergewerkschaft anläßlich einer Beratung der Partei mit dem ADGB in den Februartagen 1933: „Genossen, wenn es losgeht und das Zeichen von der Zentrale gegeben wird, fährt keine Lokomotive mehr. Das versichere ich Euch im Namen der Eisenbahner."

Umso tiefer war die Enttäuschung, als am 28. Februar 1933, nach dem Reichstagsbrand vom Vortrage, Hitler bei Hindenburg jene Notverordnung durchsetzte, die alle in der Verfassung von Weimar verbürgten Grundrechte der Staatsbürger aufhob. Sicher erwartete damals eine überwältigende Mehrheit der Parteimitglieder und der Gewerkschafter, daß nunmehr das in Aussicht gestellte „Signal" gegeben werden müßte. Die Führung vertraute jedoch auf den 5. März, denn sie war der Meinung, daß Hitler gegen die demokratischen Parteien keine Mehrheit im neuen Reichstag erhalten werde und daß dann die Aufhebung der Notverordnungen erzwungen werden könne.

Der Wahlkampf zum 8. und letzten Reichstag der Weimarer Demokratie am 5. März 1933 zwang die demokratischen Parteien in die Defensive gegen den unter nationalsozialistischer Führung stehenden und zielbewußt agierenden staatlichen Machtapparat, besonders den des Landes Preußen, in dem ja Göring mit Hilfe einer Notverordnung bereits seine Hilfspolizei gebildet hatte, während Innenminister Frick mit einer Reihe von Presseverboten gegen die Sozialdemokratie vorging. Außerdem handhabte die Regierung den Rundfunk autoritär im Sinne der Verbreitung unsinnigster Verleumdungen auch gegen Zentrum und Bayerische Volkspartei, und es gab selbst für Brüning keine Möglichkeit, sich über den Rundfunk an die Bevölkerung zu wenden. Aber die Organisationen der demokratischen Parteien waren noch unerschüttert.

Es wurde also gewählt, wobei das Wahlgeheimnis doch noch einigermaßen funktionierte. Und die Wähler standen in imponierender Weise wie eine Mauer um die großen Parteien links von der NSDAP. Die zu einfache Rechnung Hitlers war nicht aufgegangen. Nur mit den 8 Prozent der Kampffront „Schwarzweißrot" der Herren Hugenberg und Papen zusammen konnte die *einfache* Mehrheit mit etwas über einem Prozent erreicht werden. Zu einer zu verfassungsändernden Beschlüssen ausreichenden Zweidrittelmehrheit führte also nur der Weg über das Zentrum und die Bayerische Volkspartei, die 14 Prozent der Stimmen zählten. Die Sozialdemokraten schlugen sich angesichts der systematischen Diffamierung mit 18 Prozent hervorragend. 7 247 965 Stimmen sicherten 120 Mandate gegenüber 121 Mandaten im November 1932. Die Kommunisten verloren zwar über eine Million Stimmen, beantworteten aber die laufende Massenverfolgung, die sie schon der meisten ihrer Führer beraubt hatte, immerhin noch mit der beachtlichen Stimmenzahl von 12 Prozent. Ihre Wahlbeteiligung hatten die Nazis im Kabinett ja doch mit der Kalkulation durchgesetzt, die eventuelle Abwanderung kommunistischer Stimmen zu den Sozialdemokraten zu verhindern. Göring stellte nach der Wahl den kommunistischen Abgeordneten keine Fahrkarten und Ausweise für den Reichstag aus.

Das Wahlergebnis vom 5. März 1933 bestätigte mit aller Deutlichkeit Fakten, die der verdienstvolle, von den Nazis amtsenthobene einstige Ministerialdirektor Arnold Brecht in seinen Lebenserinnerungen hervorgehoben hat:

> „Man sucht sich in der Tradition bürgerlicher Kreise (nicht in der Wissenschaft) gern damit zu trösten, daß die Nationalsozialisten ihren Hauptzuzug nicht aus den Bürgerklassen, sondern von arbeitslosen Arbeitern erhalten hätten, die hofften, unter einem Regime Hitler endlich wieder Arbeit zu bekommen. Aber es ist ein Irrtum, anzunehmen, daß der Hauptteil oder auch nur ein entsprechend großer Teil der (zuletzt über 17 Millionen) nationalsozialistischer Wähler von den 6 Millionen Arbeitslosen stammte. Die meisten Arbeiter blieben auch als Arbeitslose bei ihren traditionellen Parteien. Das zeigt sich daran, daß die Gesamtheit der sozialdemokratischen und kommunistischen Stimmen nicht abnahm und daß in den meisten Wahlkreisen mit besonders viel Industrie, wie dem Ruhrgebiet und Berlin, auch in Hamburg, die Nationalsozialisten relativ schlecht fuhren. Umgekehrt beweist der phänomenale Rückgang der Deutschnationalen von 103 Sitzen im Reichstag von 1924 auf 37 im Juli 1932 und der noch stärkere Rückgang der Deutschen Volkspartei von 51 auf 7, daß der Wählergewinn der Nationalsozialisten zu erheblichen Teilen aus bürgerlichen und landwirtschaftlichen Kreisen stammte[1]."

---

[1] Arnold Brecht, Mit der Kraft des Geistes. Lebenserinnerungen 2. Hälfte, 1927–1967. Stuttgart 1967, S. 262.

Soweit Dr. Arnold Brecht. Hitler, entschlossen, die Macht nicht mehr aus den Händen zu geben, war zunächst im Kabinett unsicher über die neu zu beschreitenden Wege. Er wollte ja dem In- und Ausland sein Handeln als absolut „gesetzmäßig" offerieren und deshalb kam es ihm im Verein mit Göring und Frick darauf an, das Ermächtigungsgesetz, das ohne tiefschürfende Beratung in Eile entworfen wurde, ohne Skandal über die parlamentarische Hürde zu bringen. Mit Vorbedacht wurde deshalb dafür gesorgt, die Zahl der Gegenstimmen vor dem Zusammentritt des Reichstags „lautlos" zu vermindern. 120 sozialdemokratische Abgeordnete standen gegen 288 Nazis. Durch eine flagrante Verletzung des Artikels 76 der Reichsverfassung sorgten im Geschäftsordnungsausschuß des Reichstags die Nazis dafür, daß — es war ein ungeheuerlicher Rechtsbruch — bei Bestimmung der Zweidrittelmehrheit auch „nicht anwesende Abgeordnete" mitgezählt wurden. Alles kam jetzt auf die Haltung von Zentrum und Bayerischer Volkspartei an.

Am 21. März 1933 inszenierten die neuen Herren den widerlichen Staatsakt in der Garnisonskirche von Potsdam und klassifizierten ihn mit Hitler und Hindenburg zum „Tag der nationalen Erhebung". Wie zum Hohn war der SPD-Fraktion auch die Einladung zugegangen. Sie flog ohne Debatte in den Papierkorb. Zentrum und Bayerische Volkspartei fuhren im Postomnibus, den man gütigst für sie bereitgestellt hatte und in dem sie sich zunächst gegen den Versuch von Kriminalpolizei, sie nach Waffen zu durchsuchen, wehren mußten, nach Potsdam. Dies geschah, obwohl Göring schon mit Entlassungen bei den Beamten begonnen hatte. Auch der Oberbürgermeister von Köln, Konrad Adenauer, hatte sein Amt schon am 13. März verloren, und der bisherige Zentrumsabgeordnete Hermes war verhaftet worden.

Die SPD-Fraktion hatte am 22. und am Vormittag des 23. März noch eingehend über ihre Haltung zum Ermächtigungsgesetz beraten. Es handelte sich um die Entscheidung darüber, ob die Fraktion überhaupt an der Sitzung teilnehmen solle. Es gab einige Kollegen, darunter vor allem den Reichsbanner-Vorsitzenden Höltermann, die hartnäckig die Meinung vertraten, dem Präsidenten Göring eine scharfe Entschließung zu übermitteln und dann abzureisen. Diese Meinung fand keine Mehrheit. Otto Wels, der Vorsitzende der Partei, der im Verlaufe des Wahlkampfes von dem Nazi-Abgeordneten Dr. Ley tätlich angegriffen worden war, wehrte sich ebenso wie der um viele Jahre jüngere Dr. Schumacher energisch gegen ein Fernbleiben von der Sitzung. Die Abgeordnete aus Schleswig-Holstein, Luise Schröder, nach dem Zusammenbruch 1945 kurzfristig Oberbürgermeisterin von Berlin, und dann auch noch Mitglied des ersten Bundestages, geriet in Erregung. Sie sprang auf und forderte leidenschaftlich: „Keiner darf fernbleiben! Ich gehe hinüber und wenn sie mich in Stücke reißen. Man muß vor aller Welt den Nazis widersprechen und mit Nein stimmen." Auch Clara Bohm-Schuch wandte sich zornig gegen Höltermann. Jeder Satz der Rede, die Otto Wels halten wollte, wurde nun in reger Diskussion abgewogen und so ergab sich jenes historische Dokument, das für alle Zeiten ein glänzendes Zeugnis ablegt für das Rechts- und Staatsgefühl der großen Partei der deutschen Linken. Der Entwurf entstand ja aus der tiefen Empörung eines im Herzen der Berliner Arbeiterschaft wurzelnden demokratischen Parteiführers.

Der Zentrumsabgeordnete Joos, ein sehr achtbarer christlicher Arbeiterführer aus Köln, nahm während unserer Fraktionssitzung mehrmals Verbindung mit uns auf, um uns über den Verlauf der Beratungen beim Zentrum zu unterrichten. Wir hörten, daß sich im Gegensatz zu dem Prälaten Kaas verschiedene prominente Zentrumsabgeordnete unter der Führung Brünings bei einer Probeabstimmung gegen das Diktaturgesetz gewandt hatten.

Schließlich habe man sich aber darauf geeinigt, zunächst die Rede Hitlers anzuhören und dann nochmals zu beraten. Man wartete inzwischen nervös — und wie sich kurz vor der Abstimmung zeigte, vergeblich — auf die von Kaas geforderte und von Hitler heuchlerisch zugesagte Beruhigungspille in der Form einer Erklärung, die die baldige Wiederherstellung der wichtigsten staatsbürgerlichen Freiheiten und Staatsbürgerrechte verbürgen sollte.

Die Ankündigung der Kanzlerrede hatte auf dem weiten Gelände zwischen dem durch Brand schwer beschädigten Reichstagsgebäude und der provisorisch für die Tagung des Plenums hergerichteten Krolloper eine riesige Menschenmenge in Bewegung gesetzt. Agitatorn der NSDAP peitschten sie unaufhörlich mit Zurufen auf. Sprechchöre brandeten zu den Fraktionszimmern, die teilweise im Reichstag noch benutzbar waren, hinauf, um den Abgeordneten der bürgerlichen Mitte und der SPD begreiflich zu machen, daß der Reichstag bewußt unter äußersten Druck gesetzt werde: „Wir wollen das Ermächtigungsgesetz, sonst gibts Zunder! Nieder mit den roten Schuften und Landesverrätern!" Kein Wunder, daß die unheimliche Situation in der SPD-Fraktion psychische Belastungen und so bei manchen die Meinung auslöste, in die Krolloper hinüberzugehen, bedeute vielleicht Selbstmord.

So wurde der Weg vom Wallotbau zur Krolloper zum Dornenpfad. Die Schutzpolizei hielt nur eine schmale Gasse in der Menschenbrandung für die Abgeordneten frei. Vor uns gingen die Deutschnationalen, die auch eine Fraktionssitzung abgehalten hatten. Der SPD-Abgeordnete Dr. Wilhelm Hoegner, der ebenso wie Dr. Schumacher durch seine Reichtstagsrede gegen die Nazis und seine Referententätigkeit im ganzen Reichsgebiet bei den Nazis besonders gehaßt war, rief einem Deutschnationalen empört zu: „Was nun geschieht, ist auch Ihr Werk, können Sie es je verantworten?" Unmittelbar vor dem Portal der Krolloper erlebten wir die Verhaftung des ehemaligen Ministers Carl Severing. Auf Intervention von Göring kam er wieder frei und konnte nachträglich noch seine Neinstimme abgeben. Der ebenfalls verhaftete Abgeordnete Dr. Julius Leber kam nicht frei.

Hitler ließ wie ein Star auf sich warten. Die Abgeordneten zeichneten sich in die Anwesenheitsliste ein, bewitzelt von schlaksigen SA- und SS-Führern, die aus dem ganzen Reich eingeladen waren, um dem großen Schauspiel beizuwohnen. Die Minister und Abgeordneten der Deutschnationalen Volkspartei wurden — für uns eine besonders interessante Wahrnehmung — von ihren NSDAP-Kollegen förmlich gemieden. Ich erinnere mich genau an den Ausspruch eines SA-Obergruppenführers, der in der Nähe des deutschnationalen Ministers Hugenberg stand, als dieser sich einzeichnete. Halblaut und hämisch zwinkernd sagte der SA-Bonze zu seiner Begleitung: „Diesen alten Fuchs werden wir auch bald abservieren!" Dabei hatte doch Hitler im Vorzimmer des Reichspräsidenten am 30. Januar 1933 mit feierlichem Handschlag zu Hugenberg gesagt: „Herr Geheimrat, ich werde mich nie von meinen Mitarbeitern trennen!"

Hitler und sein Gefolge kamen in Parteiuniform im Sturmschritt und mit erhobener Hand. Die Botschafter und Gesandten der fremden Mächte und die sonstige Prominenz erwarteten ihn in den vollgepfropften Logen stehend, während die gestiefelten Nazis die Haken zusammenschlugen wie eine preußische Gardekompanie. Die bürgerliche Mitte und die SPD nahmen sichtlich betroffen und schweigend Platz. Der Diktator war eingerahmt von Papen und Hugenberg. In der Mitte hinter der Regierungsbank thronte auf besonders erhöhtem Podest vor dem riesigen, die ganze Wandfläche des Saales einnehmenden Hakenkreuz, der Reichstagspräsident Hermann Göring in großer Gala.

In diesem Augenblick geschah etwas Ungewöhnliches: SA- und SS-Leute betraten in völlig unzulässiger Weise den Raum der Abgeordneten und bildeten einen dichten Kordon um die Sitze der SPD. Ihre gezischten Drohungen und billigen Witze verstummten erst, als Hitler mit seiner programmatischen Rede begann. Bei jedem seiner sarkastischen Hiebe gegen die SPD fieberten die braunen Gäste um uns und es sah mehr als einmal so aus, als könnten sie den Zeitpunkt einer „persönlichen Abrechnung" mit uns nicht erwarten. Aber Hermann Göring hielt sie mit einer Handbewegung und ironischem Lächeln immer wieder in Schach. Sehr auf das noch schwankende Zentrum gezielt, gab Hitler in gemäßigter Tonart innen- und außenpolitische Zusagen, verbunden mit dem Hinweis auf das Weiterbestehen von Reichstag und Reichsrat und die Rechte des Reichspräsidenten. Abschließend drohte er aber den Parteien für den Fall der Ablehnung des Ermächtigungsgesetzes unverhohlen mit Gewalt.

Die Sitzung wurde nun für die Dauer von etwa drei Stunden unterbrochen, um den Fraktionen – im alten Reichstag – Zeit für ihre Schlußberatungen zu lassen. Warnend, ja beschwörend kam der Abgeordnete Joos nochmals zu uns: „Reist ab oder sagt ja, Ihr seid in Lebensgefahr!" Auch der Zentrumsabgeordnete Dr. Dessauer warnte einige Kollegen. Die Fraktion billigte einige Abwesenheitsmeldungen für jüdische Kollegen aus menschlich sehr erklärbaren Gründen. Über 20 Abgeordnete befanden sich in „Schutzhaft", so daß die verbleibenden 94 nun die endgültige Entscheidung zu treffen hatten. Es kam zu einem dringenden Appell jüngerer Abgeordneter, Otto Wels solle die Antwort der SPD an Hitler an sie abgeben. Auch Dr. Schumacher war dazu bereit. Mit klarer, zornbebender Stimme antwortete der Parteiführer: „Kein anderer als ich hat in dieser schweren Stunde die Verpflichtung, das

Nein der Sozialdemokratie auszusprechen. Auf jede Gefahr hin werde ich es tun." Noch einmal wurde unsere Erklärung überprüft und nach kurzer Debatte ein Satz gestrichen, der die verfassungswidrige Behandlung der Kommunisten enthielt. Mit Nachdruck betonten einige Redner die schwere Mitschuld der Kommunisten an dem Zusammenbruch der Weimarer Demokratie. In der gegebenen Situation würde eine aus Rechtsbewußtsein bedingte Verwahrung für sie äußerst provokativ auf die Nazis wirken und zu einem Kesseltreiben gegen die SPD-Funktionäre im ganzen Reiche benützt werden. Wahrscheinlich würde dann die Rede von Wels in einem ungeheueren Tumult untergehen.

Am Spätnachmittag des 23. März erhielt sofort nach Sitzungsbeginn Otto Wels unter gespanntester Aufmerksamkeit des Hauses das Wort.

Würdevoll, äußerst beherrscht und ohne jedes Zeichen von Furcht stand er am Rednerpult. Unser Beifall zu besonders markanten Sätzen löste Zischen und Zwischenrufe um uns herum aus, während die Nazi-Abgeordneten sich überraschend ruhig verhielten. Göring winkte der SA wiederholt unwillig ab und sagte dann mit schneidender Stimme: „Die Abrechnung ist Sache des Führers!" Hitler machte einen nervösen Eindruck, notierte eifrig auf kleine Zettel und schüttelte mehrmals den Kopf. Wels konnte seine Rede mit den höchst eindrucksvollen, prophetischen Worten beenden:

> „Die Verfassung von Weimar ist keine sozialistische Verfassung. Aber wir stehen zu den Grundsätzen des Rechtsstaates, der Gleichberechtigung, des sozialen Rechtes, die in ihr festgelegt sind. Wir deutschen Sozialdemokraten bekennen uns in dieser geschichtlichen Stunde feierlich zu den Grundsätzen der Gerechtigkeit und der Menschlichkeit, der Freiheit und des Sozialismus. Kein Ermächtigungsgesetz gibt Ihnen die Macht, Ideen, die ewig und unzerstörbar sind, zu vernichten. Sie selbst haben sich ja zum Sozialismus bekannt. Das Sozialistengesetz hat die Sozialdemokratie nicht vernichtet. Aus neuen Verfolgungen kann die deutsche Sozialdemokratie neue Kraft schöpfen. Wir grüßen die Verfolgten und Bedrängten. Wir grüßen unsere Freunde im Reich. Ihre Standhaftigkeit und Treue verdienen Bewunderung. Ihr Bekennermut, ihre ungebrochene Zuversicht verbürgen eine hellere Zukunft."

Höhnisches Gelächter der Rechten übertönte unseren Beifall und dann stürzte Hitler förmlich ans Rednerpult: „Spät kommt Ihr, doch Ihr kommt!" Und nun folgte eine Flut von böswilligen Behauptungen und Anklagen gegen die Sozialdemokratie, unter völliger Mißdeutung politischer und geschichtlicher Fakten. Zwischenrufe aus den Reihen der SPD mischten sich mit den Heil- und Bravo-Rufen der Rechten. Göring zu uns gewandt: „Ruhe! Jetzt rechnet der Führer ab!" Die bürgerliche Mitte verhielt sich schweigend. Hitler wußte in diesem Augenblick, daß bei Zentrum, Bayerischer Volkspartei und Staatspartei die Entscheidung bereits in positivem Sinne für seine

Diktaturvorlage gefallen war. So umging er in listiger Weise die dem Zentrum wiederholt zugesagte schriftliche Botschaft mit den geforderten Rechtssicherungen. Den Sozialdemokraten aber rief er am Schluß seiner Rede höhnisch zu: „Sie, meine Herren, werden nicht mehr benötigt! Ich will gar nicht, daß Sie für das Gesetz stimmen! Deutschland soll frei werden, doch nicht durch Sie!"
Prälat Kaas bekundete nun mit bewegter, von Zweifeln und Sorgen erfüllter Stimme die Zustimmung des Zentrums. Die Bayerische Volkspartei hielt es für zweckmäßig, nicht ihren langjährigen Fraktionsvorsitzenden, den Bamberger Prälaten Leicht, sondern den kriegsbeschädigten Max-Joseph Ritter von Lex ans Podium zu bemühen. Für die 5 Staatsparteiler sprach der Altliberale Dr. Reinhold Maier. Die Zweidrittelmehrheit war gesichert. Die namentliche Abstimmung leitete Göring mit einigen schwülstigen Sätzen ein. Während die Auszählung erfolgte, wurden im Rekordtempo alle vorliegenden Anträge an die „zuständigen Ausschüsse" überwiesen. Sie enthielten unsere Forderung nach Entlassung der verhafteten Abgeordneten, aber groteskerweise auch ein Ersuchen eines Hamburger Staatsanwaltes, die Strafverfolgung des Hamburger Gauleiters, des Abgeordneten Kaufmann, wegen Ordensschwindels zu genehmigen. Die in Haft befindlichen Abgeordneten seien doch gut aufgehoben, sagte sarkastisch der Nazi-Schriftführer und der Fraktionsvorsitzende Frick nickte ihm zu. In diesem Augenblick winkte Göring Paul Löbe zu sich heran und meinte großzügig: „Empfehlen Sie Ihren Leuten, nach der Beendigung der Sitzung noch im Hause zu bleiben, denn draußen ist eine große Menschenansammlung, die den Führer sehen will. Es könnte Schwierigkeiten geben." Gegen die im Flüsterton von Löbe weitergegebene „Empfehlung" wandte sich flüsternd sofort Wilhelm Hoegner. Er meinte, nach der Räumung der Tribünen, der Abfahrt der ausländischen Diplomaten und dem Weggang der übrigen Abgeordneten ergäbe sich für die Nazis die beste Gelegenheit, willkürlich mit uns zu verfahren.
Inzwischen verkündete Präsident Göring mit triumphierender Stimme und brausendem Beifall der Rechten das Abstimmungsergebnis: 444 Ja gegen 94 Nein. Hitler hatte seine „legale" Vollmacht. Die historische Sitzung war etwa um 19.45 Uhr zu Ende, draußen war Dämmerung, die ganze Front der Krolloper blockierten elegante, große Autos der vermeintlich ans Ziel gelangten preußisch-deutschen Herrenklasse und der aus vernebelter Masse emporgestiegenen wirklichen Gewinner. Wir strebten in aller Eile zu den Seitenausgängen, um uns dann in einem vereinbarten Lokal zu treffen.
Den hünenhaften Schmidt-Köpenick, den sozialdemokratischen Vertreter der Landarbeiter im Parlament, hatte die Menge erkannt und überschüttete ihn mit wüsten Beschimpfungen. Wieder dröhnten die ganze Nacht hindurch die Kampflieder der braunen Bataillone durch die Straßen Berlins.
Die meisten Abgeordneten der SPD konnten nach der Rückkehr in die Heimat nicht mehr in ihre Wohnungen zurück. Sie wechselten fast täglich ihre Quartiere, manche auch die Heimatstadt oder das Land. Wir Bayern fuhren

zunächst nach Hannover. Dort — welch eine groteske Zeit — war das Gewerkschaftshaus noch von den Sozialdemokraten besetzt. Die SA hatte sich noch nicht herangewagt und wir wurden mit unserem Kampfruf „Freiheit" begrüßt. Am Rhein entlang ging es zurück nach München in die diversen Verstecke.
Unklar ist das Schicksal eines Antrages der SPD-Fraktion, der besagte: „Die Reichsregierung Hitler genießt nicht das Vertrauen des Reichstages". Ich erinnere mich genau daran, daß in der Fraktionssitzung vom 23. 3. Breitscheid zu den jüngeren Abgeordneten kam und 15 Unterschriften, die nach der Geschäftsordnung erforderliche Zahl, einholte. Auch ich unterschrieb. Aber ich kann nicht mehr mit Sicherheit behaupten, ob unser Mißtrauensantrag sich in der Sitzung unter den übrigen schon genannten anderen Anträgen befand oder ob er vielleicht gar nicht mehr zugelassen war. Dafür würde sprechen, daß ein gedrucktes Antrags-Formular bis heute nicht auffindbar gewesen ist. Denkbar wäre auch, daß die sozialdemokratischen Abgeordneten die entsprechenden Formulare selbst vernichtet haben, nachdem das Ermächtigungsgesetz angenommen war.

Der 17. Mai 1933 und das Verbot

Am 22. Juni 1933 verkündeten Presse und Rundfunk ein Verfügung des nationalsozialistischen Innenministers Dr. Frick, die in provokanter Formulierung die Deutsche Sozialdemokratische Partei als staats- und volksfeindlich erklärte und ihr damit jede weitere Betätigungsgrundlage entzog. Die sozialdemokratischen Mandate für den Reichstag, die Landtage und die Gemeinde- und Kreisverwaltung verloren mit sofortiger Wirkung ihre Gültigkeit, jede publizistische Tätigkeit von Sozialdemokraten oder Gewerkschaftern stand unter schwerster Strafandrohung. Das schon am 9. Mai 1933 vom Generalstaatsanwalt beim Landgericht I in Berlin beschlagnahmte Vermögen der SPD, ihrer Zeitungen und Druckereibetriebe, doch auch das der freien Gewerkschaften und des Reichsbanners konnte nun auf der „Rechtsgrundlage" der Frickschen Verfügung endgültig zu Gunsten des Reiches eingezogen werden. Die braunen Machthaber scheuten auch nicht davor zurück, die aus den jahrzehntelangen Beiträgen der Mitglieder des Vereins Arbeiterpresse — im weitesten Umfange gehörten dazu auch alle besoldeten Partei- und Gewerkschaftsfunktionäre — sorgsam betreuten Vermögenswerte, die der Altersversorgung dienten, mit dem frechen Raubgriff des Führers der NS-Deutschen Arbeitsfront, Dr. Ley, zu kassieren. Die fadenscheinige Begründung für den unerhörten Eingriff in die Rechtsstaatlichkeit, die die bisherigen Maßnahmen der Nazis seit der Verordnung vom 28. Februar, der Beseitigung der verfassungsmäßigen Grundrechte der Staatsbürger und der Verabschiedung des Ermächtigungsgesetzes vom 23. März 1933, nun krönen sollte, gab Dr. Frick mit dem Hinweis auf die Tätigkeit sozialdemokratischer Führer im Ausland.

In diesem Zusammenhang muß die Entwicklung in der SPD und vor allem in ihrer Reichstagsfraktion in der Zeitspanne vom 23. März bis Mitte Juni 1933 einer Betrachtung unterzogen werden. Sie zeigt nämlich die schwere innere Krise, in die die führenden Gremien zwangsläufig geraten waren, dieses jähe Auf und Ab an Hoffnung, Enttäuschungen, auch personeller Art, und die bittere Erkenntnis, für den unabweisbar werdenen Übergang zur Illegalität völlig unvorbereitet zu sein. Am 30. April hatte Otto Wels als taktische Schutzmaßnahme für die Parteiorganisation für sich den Austritt aus der Sozialistischen Internationale erklärt, am 27. April bestätigte eine Reichskonferenz den bisherigen Parteivorstand und wählte die schon im Ausland befindlichen Genossen MdR Sollmann-Köln und MdL Böchel-Chemnitz hinzu. Schon Anfang Mai verließen dann auf dringenden Wunsch und einstimmigen Beschluß der Funktionäre die Parteivorstandsmitglieder Wels, Vogel, Stampfer, der Chefredakteur des „Vorwärts", und der Parteikassierer Crumenerl Berlin, um in Prag und in Saarbrücken Verbindungsstellen zur Partei einzurichten. Die in ihrem Umfang erstaunliche Tatsache, daß bei den Post-, Telegrafen-, ja sogar in einigen Fällen bei Polizeibehörden und bei den Zollämtern noch im Amt befindliche Genossen unerschrocken Beihilfe leisteten, ermöglichte nicht nur einen regen Brief- und Telegramm-Verkehr zwischen Berlin, Saarbrücken und Prag, sondern auch die wiederholte Ein- und Ausreise führender Genossen.

Die in Saarbrücken und Prag weilenden führenden Genossen, zu denen inzwischen auch Westphal, Dr. Rinner, Dr. Hertz, Erich Ollenhauer und die Berliner Abgeordneten Künstler und Litke gestoßen waren, vertraten schon im Mai 1933 mit großem Nachdruck die Meinung, daß eine Parteiarbeit in Deutschland nicht mehr möglich sei. Es bestehe die Gefahr, jeden Kredit bei den Arbeitern zu verlieren und in einen immer schlechteren Ruf bei den Sozialdemokraten im gesamten Ausland zu kommen. Es sei also unumgänglich, den Sitz des Parteivorstandes der SPD offiziell nach Prag zu verlegen und dies auch der Weltöffentlichkeit bekanntzumachen. Zu diesem Zeitpunkt, am 11. Mai 1933, war Hitler außenpolitisch in Schwierigkeiten geraten, da England und Frankreich sich plötzlich lebhafter mit der SA und der SS befaßten, diese Verbände als militärische Formationen betrachteten und Sanktionen nach den Bestimmungen des Versailler Vertrages erwogen. Hitler wurde nervös und berief nun zum 17. Mai den Deutschen Reichstag ein, um mit einer sogenannten Friedensrede die Westmächte zu beruhigen, was ihm ja auch leider gelang. Für die SPD-Fraktion, die am 16. Mai zusammentrat, kamen Stunden schwerster seelischer Belastung jedes einzelnen Fraktionsmitgliedes. Sollte und konnte man der von den Nazis und den bürgerlichen Parteien vorgelegten Friedensresolution zustimmen, die von einer das Leben der Nation entscheidenden Frage der Gleichberechtigung des deutschen Volkes sprach? Der stellvertretende Parteivorsitzende Vogel und Chefredakteur Stampfer eilten aus dem Ausland herbei, übten stärksten Druck auf die Fraktion aus, setzten sich aber in einer von persönlichen

Spitzen nicht freien Redeschlacht nicht durch. Zu der Mehrheitsauffassung, daß die immer für die Erhaltung des Friedens tätig gewesene Sozialdemokratie sich hier einer positiven Haltung nicht entziehen könne, trat die Befürchtung, daß bei einem Nein eine neue große Terrorwelle gegen die SPD zu erwarten sei. Der Ausweg zur Abgabe einer eigenen Erklärung blieb versperrt. Paul Löbe kam von der Ältestenratssitzung des Parlaments, in der Dr. Frick höhnisch erklärt hatte, eine eigene Erklärung der SPD werde verhindert und im übrigen stünde das Leben der Nation höher als das Leben einzelner Menschen. In der aufkommenden Depression empfahlen einige Genossen, abzureisen oder gleich den Freitod zu wählen. Schließlich fiel die Entscheidung mit etwa 65 gegen 8 Stimmen für die Teilnahme an der Sitzung für ein Ja, das die Nationalsozialisten überraschte, für uns aber einen unsagbar beklemmenden Vorgang zur Folge hatte. Während Präsident Göring emphatisch „von der Einheit der Nation" sprach, erhob sich der Tyrann Hitler und klatschte den Sozialdemokraten zu. Nur einige von uns sangen beim Deutschlandlied mit, beim Horst-Wessel-Lied waren wir schon draußen, diesmal unbehelligt von den Nazis, unseren Treffpunkten zueilend. Quälende Zweifel über die Zweckmäßigkeit der getroffenen Entscheidung erfaßten alle Mitglieder der Fraktion und verstärkten andererseits die Auflehnung gegen die Beschlüsse des Parteivorstandes in Prag.

Ich traf mich nach der Sitzung mit einigen Kollegen in einer Gaststätte. Der Nürnberger Abgeordnete Schneppenhorst — in der Revolutionszeit 1918/19 Kriegsminister in Bayern — meinte: „Daß wir zugestimmt haben, daran werden die Nazis, psychologisch gesehen, zugrundegehen." Ich antwortete ihm, daß ich ein sehr deprimierendes Gefühl hätte und jede Hoffnung auf eine für uns günstige Veränderung der Situation als illusionär betrachte. Die anderen, vorwiegend bayerischen Kollegen stimmten mir zu. Ernst Schneppenhorst wurde kurz vor Ende des Krieges von den Nazis umgebracht.

Es hat keinen Sinn zu verschweigen, daß bei den Entscheidungen der Fraktion vom 23. März und vom 17. Mai 1933 auch Erwägungen des Überlebens, der weiteren Existenz und der Sicherung der Familien mitspielten, ja daß Angst schon im Hinblick auf die Berichte, die wir über Grausamkeiten der SA und SS erhalten hatten, nicht zu verdrängen war.

Gegen Bernt Engelmanns These

Trotzdem ist mit allem Nachdruck den Thesen des Schriftstellers Bernt Engelmann zu widersprechen, die SPD-Fraktion habe durch ihre Teilnahme an der ‚historischen Stunde' der Abstimmung bekundet, daß sie das Ermächtigungsgesetz für nicht verfassungswidrig hielt, bereit gewesen sei, eine loyale Opposition zu bilden und keinen Anstoß genommen hätte an der verfassungswidrigen Behinderung zahlreicher Abgeordneten der Linken.

Selbst der der SPD gegenüber sehr kritische Literat Kurt Hiller hat kurz vor seinem Tod in einer politischen Betrachtung festgehalten: „Auch wer zur

Sozialdemokratie von damals und zu der von heute mit guten Gründen kritisch steht, hat ihre saubere, ja vorbildliche Haltung am 23. März 1933 rückhaltslos anzuerkennen. Umso abscheulicher ist das Versagen der 97 anderen." Ich füge bei — und dies war auch damals mein und meiner Kollegen einheitlicher Standpunkt —: Über 7 Millionen sozialdemokratische Wähler haben uns nach einem sehr schweren Wahlkampf ihre Stimme gegeben. Sie konnten erwarten, daß ihre gewählten Abgeordneten nicht etwa vor den Nazis davonlaufen, sondern daß sie solange als irgendmöglich ihre Stimme gegen die Beseitigung des verfassungsmäßig noch bestehenden Parlaments erheben. Wir haben beim Zusammentritt des Reichstags ja auch sofort die Entlassung verhafteter Kollegen gefordert, ohne für unseren Antrag die Unterstützung des Zentrums und der Bayerischen Volkspartei zu erhalten.

Ein notwendiger Nachtrag

Bei der Niederschrift des Augenzeugenberichtes über die schicksalhaften politischen Ereignisse in den nun mehr als 45 Jahre zurückliegenden Wochen vom 5. bis 23. März 1933 stieß der Verfasser bei der Lektüre einschlägiger Kapitel in den Memoiren einst führender Politiker und der ebenso umfangreichen wie beachtlichen Forschungsergebnisse namhafter Historiker auf einige Absätze, die besonderer Beleuchtung Wert erscheinen.
Da ist in dem 1966 erschienenen interessanten Werk „Deutsche Militärgeschichte" von Dr. Carl Hans Hermann, damals Lehrer an der Führungsakademie der Bundeswehr unter anderem zu lesen:
„Das Überraschende an der Entwicklung des Loyalitätsproblems (gemeint ist die Haltung der Reichswehr im Weimarer Staat) bleibt, daß bei den wenigen Männern, die in einer engen Bindung zum Staat standen, die bisherige Kühle und Distanz wich und ein fast leidenschaftliches Ringen um die Rettung der Republik einsetzte. Schleicher, der jahrelang eine Verhandlungsgrundlage mit der Sozialdemokratie angestrebt und sich um einen Kontakt mit den Gewerkschaften bemüht hatte, aber immer wieder abgewiesen worden war, bot in der Stunde, die über die Zukunft oder den Untergang des Rechtsstaates entschied, den Sozialdemokraten die Hand. Er erfuhr von Breitscheid (Fraktionsführer der SPD) eine Ablehnung, die unwiderruflich den letzten Ausweg verschüttete — ein Bündnis des Soldaten mit dem Sozialisten."
Dr. Hermann zitierte den General wörtlich: „In einer Verranntheit, wie sie in der Geschichte aller Parteien mir sonst nicht bekannt geworden ist, widersetzten sich Leute, die sich einbildeten, Führer zu sein, der letzten Möglichkeit, sich und ihre Einrichtungen vor der drohenden Vernichtung zu retten."
Diese maßlos überhebliche und historisch sicher nicht haltbare Feststellung des politisierenden Generals entschieden zurückzuweisen, bedeutet keine Ablenkung von Fehlern der Sozialdemokratie, deren schwerster zweifellos

das frühzeitige Verlassen der Reichsregierung im Jahre 1930 gewesen ist. Aber es war Schleicher, der am 12. Juli 1932 mit dem Reichskanzler von Papen und dem deutschnationalen Reichsinnenminister von Gayl zum Reichspräsidenten von Hindenburg nach dem Landgut Neudeck fuhr, um von ihm unter Vortäuschung wahrheitswidriger Tatbestände jene Notverordnung zu erhalten, die den Staatsstreich Papens vom 20. Juli 1932 gegen die sozialdemokratisch geführte Preußische Staatsregierung ermöglichte. Und es war Schleicher, der sofort beim Reichspräsidenten Widerspruch gegen die Auflösung der SA und SS erhob, die angesichts der ungeheuerlichen nazistischen Terrorwelle im Reiche noch im April 1932 von seinem Vorgänger General Groener und sozialdemokratischen Ministern durchgesetzt worden war. Schleicher intrigierte und lavierte am laufenden Band. Er stürzte Brüning, er stürzte Papen und er war schließlich als Kanzler in der „entscheidenden Stunde" *gar nicht mehr bündnisfähig*, da ihn ja die Erzreaktionäre Papen und Hugenberg bei Hindenburg schon ausgespielt hatten. Es ist mehr als naheliegend, daß Schleicher, der sich in der Ablehnung der parlamentarischen Demokratie weitgehend mit den Leuten von rechts einig war, nach dem Scheitern seines Versuches, die Nazis zu spalten, dem Sozialdemokraten Dr. Breitscheid „Bedingungen" unterbreitete, die mit der politischen auch die *moralische* Kapitulation der großen deutschen Arbeiterpartei wahrscheinlich auf Jahrzehnte bedeutet hätte. Dr. Breitscheid verlor sein Leben nach der Auslieferung aus dem besetzten Frankreich in einem deutschen Konzentrationslager. Es gibt wohl keine Aufzeichnungen über sein letztes Gespräch mit Schleicher und über die Auseinandersetzung Breitscheids mit dem verdienten, doch bereits schwankend gewordenen Gewerkschaftsführer Leipart. Dies ist im Interesse der Wahrheitsfindung bedauerlich, ändert aber nichts an der Tatsache, daß Schleicher und seine Reichswehr das Vertrauen der Arbeiterschaft längst verscherzt hatten.

In seinem offensichtlichen Bemühen, die Haltung der Reichswehrführung in ihrem angeblich „so leidenschaftlichen Ringen um die Rettung der Republik" zu rechtfertigen, schreibt Dr. Hermann in seiner „Militärgeschichte": „Als Ende Januar 1933 der Augenblick nahte, wo die Loyalität nicht mehr angerufen wurde, weil sich ein legaler Weg aus dem Engpaß öffnete, da blieb dem Chef der Heeresleitung zu dem kommenden Mann (Hitler) wahrhaftig nicht mehr zu sagen übrig, als dies: „Wenn Sie legal zur Macht kommen, soll es mir recht sein. Im anderen Fall werde ich schießen!"

Nun, Hitler ging den „legalen" Weg mit der Vorlage des Ermächtigungsgesetzes, das selbst der unentwegte Monarchist Dr. Brüning als „das ungeheuerlichste und demütigendste Dokument" bezeichnete, das jemals einem Parlament unterbreitet wurde. Unter Führung des Prälaten Kaas fand es ja die Billigung des Zentrums und der Mittelparteien am Abend des 23. März 1933. Dies und die „Rechtfertigung", die Kaas später dafür fand, ist wohl die schwerste Belastung, die die große Partei des deutschen Zentrums für immer in ihrer insgesamt bedeutsamen Geschichte zu verzeichnen hat. Denn der Zentrumsführer, der die *wahren* Fakten der Weimarer Zeit sehr wohl kannte, vertuschte sie mit der Erklärung:

„Das unleugbare Übermaß formaler Freiheiten, die überall auf dem rein staatlichen, wirtschaftlichen, sozialen und kulturellen Gebiet zu Entartungen und Schwächungen geführt haben, wird eine herbe, vorübergehend zweifellos auch übertriebene staatliche Diziplinierung all dieser Lebensgebiete ablösen. An die Stelle des demokratischen Homöopathen wird vorübergehend der scharfe Zugriff des Operateurs treten, der auch vor lebensgefährlichen Eingriffen nicht zurückschrecken wird. *Das Zentrum sagte Ja dazu, denn nur ein Ja konnte schöpferisch sein.*"

Schöpferisch??! Konzentrationslager, Justizwillkür, Rassenkampf, totalitäre Einheitspartei, völlige Entrechtung der Staatsbürger! Die Reichswehr aber stand auch unter Blomberg und Reichenau „Gewehr bei Fuß", wie vorher unter Schleicher. Dann aber ließ sie sich von dem größenwahnsinnigen Diktator in einen Angriffskrieg führen, der Deutschland, unter Millionenopfern deutscher und fremder Armeen, an den Rand des Abgrundes führte.
Das Ende der Weimarer Demokratie bleibt Mahnmal für unsere demokratischen Parteien und ihre alten und jungen Wähler von heute.

Die Gleichschaltung Bayerns am 9. März 1933

Augsburg war die erste bayerische Stadt, in der am frühen Morgen des 9. März 1933 auf öffentlichen Gebäuden die Hakenkreuzfahne gehißt wurde. Gegen 6 Uhr erhielt ich von unserem in großer Erregung eintreffenden Reporter, dem Referendar Schlelein, die Nachricht von den Vorgängen in der Stadt. Wenige Minuten später kam ein Telefonanruf aus München. Der Landesvorsitzende der SPD, Erhard Auer, der gute Verbindungen zur Bayerischen Landespolizei hatte, wußte schon von dem Vorgang in Augsburg. Er bat mich, ihn auf dem Laufenden zu halten und meinte, dem Spuk werde rasch ein Ende bereitet werden. Ich ließ das Druckereigebäude unserer Zeitung in der Rosenaustraße 40 in Verteidigungsbereitschaft setzen. Große Bleiklötze wurden als Wurfgeschosse bereitgelegt, die Türen gesichert. Dann begab ich mich sofort in das Gewerkschaftshaus in der Eisenhammerstraße. Dort empfingen mich schon junge Genossen mit dem Ruf: „Wir erwarten von Dir, dem neugewählten Vorsitzenden der Augsburger Partei, daß nun gekämpft wird." Inzwischen trafen die Vorsitzenden der freien Gewerkschaften, an ihrer Spitze der Metallarbeiterführer und SPD-Fraktionschef Karl Wernthaler, im Volkshaus ein. Es gab erregte Beratungen, die dann zu dem Ergebnis führten, es müßten die Maßnahmen in München und auch das vereinbarte Signal der ADGB-Spitze aus Berlin abgewartet werden. Mir wurde der dringende Rat erteilt, vorerst meiner Wohnung fernzubleiben und die Unterkunft bei einem politisch nicht so bekannten Kriegsbeschädigten,

der sich angeboten hatte, zu nehmen. Inzwischen hatten sich die Nazis, die sich an das Gewerkschaftshaus tagelang noch nicht heranwagten, auch nicht an die Druckerei, zu einem Demonstrationszug durch die Stadt formiert. Die Machtverhältnisse in München klärten sich ja erst im Laufe des Nachmittags und Abends nach dem Umfall der Regierung der Bayerischen Volkspartei, dem Versagen der Landespolizei und der Reichswehrdivision, die entsprechende Order aus Berlin hatte. In Augsburg versuchte eine Sturmabteilung der Braunen, mich zu fassen, griff aber auch in den folgenden acht Tagen ins Leere. Die Genossen schirmten mich fabelhaft ab und ich konnte so immer nachts Quartiere bei bestimmten Bürgern wechseln. Ein Pendeldienst von Reichsbannerkameraden versorgte mich mit Informationen und hielt die Verbindung zu meiner Frau aufrecht. Es war grotesk, durch geheime Boten die neue Ausweis- und Fahrkarte für den Reichstag zugestellt zu erhalten. Unsere Redakteure Ulrich und Brunner waren zunächst noch unbehelligt, Chefredakteur Simon wurde zuerst verhaftet. Die „Schwäbische Volkszeitung" erschien am 9. März als Frühzeitung noch. Sie enthielt folgende Meldung: „Heute morgen um 4 Uhr wurde auf dem Perlachturm eine Hakenkreuzfahne gehißt, gegen 8 Uhr 30 eine solche auf dem Rathaus. Eine Stunde später wurde am Rathaus eine zweite Fahne gehißt und dazu eine schwarz-weiß-rote und eine weißblaue Flagge. Nachdem Versuche gescheitert waren, auf gütlichem Wege die SA zur Wiedereinziehung der Flaggen zu veranlassen, wurde der Ältestenausschuß des Stadtrates zusammengerufen, um zu der Angelegenheit Stellung zu nehmen. Der Ältestenausschuß beschloß mit überwiegender Mehrheit, gegen die Beflaggung des Rathauses und des Perlachturms, zu der eine Genehmigung der städtischen Stellen weder nachgesucht noch erteilt war, Protest zu erheben, im übrigen jedoch die weitere Entwicklung der politischen Verhältnisse abzuwarten."
Unser Parteisekretär, der Landtagsabgeordnete Clemens Högg, hatte schon einige Tage vorher im Zug von München nach Augsburg schwere Drohungen der Nazis gegen mich belauscht und drängte nun, mich aus dem Augsburger Versteck nächtens wegzubringen in sein früheres Urlaubsquartier bei einem Bauern in Markt Oberdorf. Das gelang mit dem Auto. Eine Rückkehr nach Augsburg erschien unmöglich. Die Nazis machten immer wieder Besuch in meiner Wohnung in der Hindenburgstraße, riefen meine sehr gefaßte und tapfere Frau oft auch nachts an, um ihr zu sagen, „daß aus mir sofort Kleinholz gemacht würde", wenn sie mich faßten. Später erfuhr ich im KZ. Dachau von einem strafweise dort eingelieferten Augsburger SA-Mann, daß ich zu Tode gequält worden wäre, wenn ich der SA gleich in den ersten Tagen in die Hände gefallen wäre. Sie hätten sich ein bestimmtes Verfahren ausgedacht gehabt. Später hörte ich auch, meine Nichtverhaftung nach den Reichstagssitzungen vom 23. März und 17. Mai 33 sei auf die irrige Annahme in Augsburg zurückzuführen, ich sei gleich nach dem 9. März in die Schweiz geflüchtet. Nähere Forschungen wurden anscheinend verbummelt und außerdem wechselte ich ja auch in München laufend die Unterkunft. Vor der Ein-

berufung des neuen Reichtags fuhr ich unter Vorsichtsmaßnahmen von Markt Oberdorf nach München, wohin inzwischen auch meine Familie geflüchtet war. Wir trafen uns in abgelegenen Straßen, zuweilen auch im Isargelände. Die Augsburger Parteizeitung wurde am 14. März endgültig verboten. Auch hier stützten sich die Behörden auf die „Verordnung zum Schutz von Volk und Staat", die ja mit dem Verfassungsartikel 48 und seinem Mißbrauch am 28. Februar erlassen war und alle Grundrechte der Bevölkerung beseitigte. Schon im Wahlkampf 1933 hatten die Augsburger Sozialdemokraten keine Presse mehr zur Verfügung. Sie hielten sich trotzdem hervorragend.

Wenige Tage vor dem 9. März 1933 waren mit Otto Wels auch Breitscheid, Crispien, Hilferding, Vogel, Berlins Polizeipräsident Grzesinski und Löbe zu Beratungen mit Erhard Auer, Dr. Hoegner und den Parteisekretären Nimmerfall und Keil in dem Münchener Versteck erschienen. Otto Wels fuhr aber schon am 8. März nach Berlin zurück. Er glaubte nicht daran, daß Bayern sich gegen die Nazis halten könnte, während Erhard Auer selbst nach dem 9. März noch auf eine Wende – und sei es nun über eine Betreuung von Kronprinz Rupprecht – hoffte. Die Übernahme der Staatsgewalt durch die Nazis vollzog sich am 9. März 1933 am Spätnachmittag nach der Einsetzung des Reichskommissars Ritter von Epp. Das Ultimatun an die Regierung des Ministerpräsidenten Held war ja in Übereinstimmung mit der Reichsregierung erfolgt, Innenminister Dr. Stützel gab keinen Schießbefehl an die Landespolizei, die an sich schon nicht mehr zuverlässig war, denn sie griff auch nicht ein, als die SA-Banden schon nachmittags das Gewerkschaftshaus belagerten und die abziehenden Arbeiter und Funktionäre tätlich schwer behelligten. In dem abgeschirmten Raum des Münchener Künstlerhauses, der sogenannten Muschel, konnte durch einen Hinterausgang das rasche Verschwinden von Sitzungsteilnehmern gesichert werden. Das Bedienungspersonal der Gaststätte hielt zur SPD und warnte rechtzeitig. Auch nach dem 17. Mai 1933 fanden in der „Muschel" noch immer geheime Zusammenkünfte statt. Flugblätter wurden entworfen, die Frage der Weiterkassierung von Parteibeiträgen erwogen. Im April hatte Erhard Auer, der im Münchener Rathaus schwer mißhandelt worden war, zu mir gesagt: „In sechs Wochen bist Du wieder auf Deinem Redaktionssessel in Augsburg." Ich antwortete: „Das ist nun der Gipfel Deiner Illusionspolitik." Auer hoffte jetzt auf die Reichswehr. Es gab ja dem Vernehmen nach Pläne, durch die Ausrufung der Monarchie in Bayern den ganzen süddeutschen Raum zum Aufstand gegen die Nazis zu veranlassen. Im Bürgertum war eine Tendenz untergründig vorhanden, die mit der Restauration der liberalen bayerischen Monarchie sympathisierte und wir wissen aus Gesprächen, daß auch die Gewerkschaften in Bayern unter bestimmten Voraussetzungen sich einem letzten Widerstand mit Rupprecht gegen Hitler nicht versagt hätten. Bestimmte Hoffnungen stützten manche Sozialdemokraten auch auf die latenten Spannungen zwischen der SA und der SS, die Hitler ja 1934 bei der Röhmrevolte mit mörderischer Gewalt beseitigte. Unsere Zusammenkünfte, einmal sogar im hinteren Raum des Domes — wurden immer gefährlicher.

Tragische Tage und Stunden

Am 10. März hatte sich Waldemar von Knoeringen, der junge, vitale Redner des Münchner Reichsbanners und der SPD, auf dringende Empfehlung des Landesvorsitzenden Erhard Auer nach Österreich abgesetzt, um Verbindungen mit der sozialistischen Partei Österreichs aufzunehmen. Nach der Gleichschaltung der Länder und Gemeinden und der Neuzusammensetzung des Landtages, der Stadt- und Gemeinderäte — also ohne Wahl — nach der am 5. März 1933 erreichten Stimmenzahl überstürzten sich die schlimmen Ereignisse. Im Bayerischen Landtag gab Ende April der sozialdemokratische Abgeordnete Roßhaupter die Begründung für das Nein der bayerischen SPD zum „Bayerischen Ermächtigungsgesetz". Der schwer mißhandelte Erlanger Abgeordnete Poeschke kam aus dem KZ Dachau zur Sitzung, der von den Nazis zusammengeschlagene Münchener Gewerkschaftsvorsitzende Gustav Schiefer lag im Krankenhaus, der SPD-Parteisekretär Nimmerfall wurde verhaftet und in Dachau später bis zum Wahnsinn gequält. Wilhelm Hoeger wurde aus dem Staatsdienst entlassen und mußte sein Landtagsmandat niederlegen.
Den 1. Mai 1933 — den Hitler ja als Köder für die Arbeiterschaft zum Staatsfeiertag erklärt hatte — „feierte" ich mit Erhard Auer, Wilhelm Hoegner und mehreren Münchener SPD-Funktionären in einer abgelegenen Gastwirtschaft im Stadtteil Nymphenburg. Es war ein heimliches Treffen, während im Zentrum der Stadt die Kolonnen der Werktätigen zur Feier unter den Naziemblemen marschierten. Am 2. Mai hörten wir dann in unserem Versteck von der Verhaftung der Gewerkschaftsführer, die ja Ende März noch mit einer für die SPD unerträglichen Anbiederung an Hitler ihre Organisationen und ihr Vermögen vergeblich zu retten versucht hatten. Ihre bekundete Lösung von der SPD in letzter Stunde und ihre offensichtliche Bereitschaft zu einer etwa ständestaatlichen Ordnung, wie sie nun auch den christlichen Gewerkschaften vorschwebte, nützte nichts. Die Nazis wollten die völlige Unterwerfung der Arbeiter unter ihr Befehlssystem. Auch die Loyalitätserklärung der Fuldaer Bischofskonferenz vom 28. März 1933 konnte die schwierige Entwicklung für die katholische Kirche trotz Konkordatsabschluß nicht aufhalten. Die große Sünde des ADGB von 1933 glich der bedeutende und mutige Gewerkschafter Wilhelm Leuschner mit seinem und einer Anzahl von Getreuen geführten illegalen Kampf gegen das 3. Reich mehr als aus. Er brachte ihm den Tod. Auch die Kirche bezahlte mit dem so achtenswerten, viele Opfer erfordernden Abwehrkampf vieler Priester.

Der Freitod Antonie Pfülfs

Ich erinnere mich an einen Besuch bei der Reichstagsabgeordneten Antonie Pfülf, die — sie war Volksschullehrerin — von 1919 bis 1933 den Wahlkreis Niederbayern-Oberpfalz mit großer Sachlichkeit und Energie für die SPD vertrat. Sie stammte aus einem sehr konservativen Offiziers-Hause — ihr Vater war zuletzt Kommandierender General — und verfocht mit Leidenschaft sozialdemokratische Politik. Das Versagen der Arbeiterbewegung im Kampf gegen Hitler hatte sie seelisch besonders schwer getroffen und sie suchte nach der Sitzung des Reichstags vom 23. März auf der Heimreise den Freitod, wurde aber gerettet. Paul Löbe, der Toni Pfülf besonders schätzte, besuchte sie in ihrer Wohnung in der Kaulbachstraße in München, um sie zu beschwichtigen, und ich folgte ihm einige Tage später. Beim Gespräch über die Situation nach dem 17. Mai 1933, der Abstimmung über die heuchlerische Friedensformel Hitlers, meinte Toni Pfülf: „Daß ich jetzt meine berufliche Existenz verliere, das ist unerheblich, ja selbst wenn ich künftig Straßen fegen müßte. Aber daß eine so große Partei wie die SPD und die Millionen der Gewerkschafter nicht mit Gewalt das abzuwehren versuchten, was jetzt geschieht, das ertrage ich nicht. Und wenn unsere Abgeordneten-Kollegen nochmal nach Berlin gehen, dann bin ich nicht mehr dabei." Sie zeigte mir eine Schachtel Tabletten. Bei Beginn der letzten Fraktionssitzung der SPD am 10. Juni 1933 in Berlin verkündete Paul Löbe den wenige Stunden zuvor erfolgten Freitod von Antonie Pfülf. Vielleicht hatte sie irrtümlich angenommen, es käme nochmal zu einer Reichstagssitzung.

Als die Fraktion zum 10. Juni 1933 nach Berlin einberufen wurde, ahnte keiner der nun noch 73 Teilnehmer, daß es die letzte Sitzung sein würde. Es herrschte eine sehr depressive Stimmung und es war allen im Fraktionszimmer unbehaglich zumute. Paul Löbe bat nach der Ehrung für Antonie Pfülf dringend, keinerlei Aufzeichnungen zu machen, da ja die Gefahr der Verhaftung nicht auszuschließen sei. Die sich nun entwickelnde höchst dramatische Debatte ließ mich der Versuchung nicht widerstehen, auf den Knieen heimlich mitzustenografieren. In München übertrug ich die Aufzeichnungen sofort in Maschinenschrift und (eingenäht in meinen Anzug) gelangte das Protokoll über das Karwendelgebirge mit in die Emigration. In all den folgenden Jahren blieb es versteckt, so daß es das einzige authentische Protokoll über diese historische Sitzung ist. Sein Inhalt wurde mir nach dem Krieg von damals noch lebenden Sitzungsteilnehmern bestätigt[2].

---

[2] Veröffentlicht in: Erich Matthias, Rudolf Morsey, Das Ende der Parteien. Düsseldorf 1960; seit 1979 als Taschenbuch greifbar und höchst informativ über die Parteien von Weimar.

Debatte um die Emigration

Es ist interessant, wie leidenschaftlich in dieser letzten Fraktionssitzung die Frage der Zweckmäßigkeit der Emigration im negativen Sinne erörtert und die Handlungsvollmacht des Prager Parteivorstandes gerade von jenen prominenteren Genossen verneint wurde, die sich nach nur wenigen Tagen, nämlich am 22. Juni 1933 selbst in aller Eile zur Flucht ins Ausland entschließen mußten, um ihr Leben zu retten. Immer noch spielten bei den gereizten Auseinandersetzungen im Berliner Fraktionszimmer die diversen, mehr oder minder beglaubigten Nachrichten über Zersetzungserscheinungen im Lager der SA und der SS auf Widerstände in Reichswehrkreisen und bei bestimmten bürgerlichen Gruppen eine Rolle. Lipinski-Leipzig zitierte den Oberbürgermeister Gördeler, der ihm gesagt habe, der jetzt von den Nazis beschrittene Weg führe auch kommunalpolitisch ins Chaos und der Tag sei nicht ferne, wo man die SPD zur Aufräumung eines wirtschaftlichen Schutthaufens benötigte. Paul Löbe erklärte: „Ich werfe den Genossen draußen nichts vor, aber auch ich empfinde, daß ihnen das Gefühl dafür verloren gegangen ist, was bei uns möglich ist und was nicht. So kann es denn sein, daß es zu einer Trennung mit alten Freunden kommt."
Eine nach Prag entsandte Einigungs-Delegation war bis zum Schluß der Fraktionssitzung noch nicht zurückgekehrt. Der scharfen Ablehnung einer „Emigrantenpolitik" durch prominente Redner, neben dem Volkswirtschaftler Heinig auch Dr. Wilhelm Hoegner, trat Dr. Kurt Schumacher vermittelnd entgegen. Er wollte vermieden wissen, daß versucht wurde, Kompetenzansprüche für die Führung moralisch zu untermauern. Die Partei habe ja Wels, Stampfer und Crumenerl, den Parteikassierer, nach einstimmigem Beschluß hinausgesandt. Es sei unbedingt nochmal der Versuch zu unternehmen, mit den Genossen draußen zu reden. Im übrigen sei mit der Organisierung der illegalen Tätigkeit schon viel zu viel Zeit verloren gegangen. Man dürfe nicht übersehen, daß der Faschistisierungsprozeß beim Bürgertum bereits seinen Höhepunkt überschritten habe. Für uns aber gäbe es keine Möglichkeit der Versöhnung mit dem Faschismus.
Die Fraktion beschloß schließlich einmütig: „Der Sitz des Parteivorstandes ist Deutschland. Sollte sich mit den im Auslande weilenden Mitgliedern des Parteivorstandes eine Einigung nicht erzielen lassen, haben die verantwortlichen Instanzen der Partei und der Reichstags-Fraktion rasch zusammenzutreten und die erforderlichen Maßnahmen zu treffen. Die Fraktion soll am 1. Juli 1933 wieder tagen."

Letzte Reichskonferenz der SPD

Am 19. Juni 1933 wählte eine neue Reichskonferenz der SPD einen neuen Parteivorstand, dem die Genossen Westphal, Reimer, Stelling, der ehemalige Ministerpräsident von Mecklenburg-Schwerin von 1921—24, Paul Löbe und

der Vorsitzende der sozialdemokratischen Landtagsfraktion in Preußen, Szillat, angehörten. Der Frick-Erlaß vom 22. Juni 1933 setzte jedoch — sicher längst genau geplant und aus außenpolitischen Rücksichten nur um einige Wochen verschoben — jeder offenen Tätigkeit der deutschen Sozialdemokratie ein jähes, wie sich nach Jahren des Grauens zeigte, aber doch nur zeitweises Ende. Eine Verhaftungswelle großen Stils setzte ein, die Brutalität in den Konzentrationslagern nahm erschreckende Ausmaße an und auch prominente Abgeordnete der sich unter Druck selbst auflösenden bürgerlichen Parteien blieben, wenigstens für einige Zeit, von Haft und Verfolgung nicht verschont. Der SPD-Abgeordnete Johannes Stellung wurde grausam zusammengeschlagen, zerstückelt und in einem Sack dann ins Wasser geworfen.
Unsere Bruderparteien registrierten die deutschen Vorgänge mit größter Spannung und Beunruhigung. Man würdigte unsere moralische Haltung am 23. März 1933, lehnte aber die Entscheidung vom 17. Mai 1933 weitgehend ab und zeigte viel Verständnis für die einst führenden Genossen in Prag und in Saarbrücken.

Weimar und Bonn — Rückblickende Betrachtung

Eine rückschauende Betrachtung auf die Weimarer Zeit zwingt zu der Frage: Gab es nach dem Zusammenbruch des Kaiserreiches und der völligen militärischen Niederlage, von den Rechtskreisen mit unhaltbaren, aber verleumderisch wirksamen Argumenten bestritten, überhaupt eine Chance für die von der SPD gewollte, auch vom Kongreß der Arbeiter- und Soldatenräte 1919 mit großer Mehrheit bejahte parlamentarische Demokratie? Konnte die junge Republik verfassungsrechtlich und machtpolitisch so fundamentiert werden, daß trotz der enormen finanziellen Belastung durch einen irrsinnigen, von den Alliierten aufgezwungenen „Friedensvertrag" der dringend erforderliche soziale, wirtschaftliche und kulturelle Neubau zu sichern war? Klare Fakten erweckten Zweifel: Die Wahlen zur verfassunggebenden Nationalversammlung ergaben zwar eine republikanische, aber keine sozialistische Mehrheit. Trotz Frauenwahlrecht und Jungwählerstimmen erfüllten sich die Erwartungen der SPD nicht, noch weniger bei den folgenden Wahlen zum Deutschen Reichstag. Somit waren Koalitionen mit bürgerlichen Parteien zwangsläufig gegeben. Während zunächst mit dem Zentrum und den Demokraten in den von den Sozialdemokraten Scheidemann, Bauer und Müller geführten Regierungen ein republikanisch-demokratischer Kurs gesteuert wurde, drängten sich in der Folgezeit von 1920 bis 1933 die antirepublikanische Deutsche Volkspartei und zeitweise auch die erzreaktionäre Deutschnationale Volkspartei in die Regierung. An den 15 Kabinetten von 1920 bis 1933 war die SPD nur wenig mehr als drei Jahre beteiligt. In Preußen erzielten wir unter der Führung von Otto Braun zwar bis 1932 eine kontinuierliche

Regierungsführung, doch auch dort war die SPD auf die Koalition mit dem Zentrum und den Demokraten angewiesen.

Die in ihren Grundzügen moderne, fortschrittliche Verfassung des Deutschen Reiches vom 11. August 1919, vom ersten Reichspräsidenten Friedrich Ebert unterzeichnet, entbehrte leider bestimmter Sicherungen gegen antidemokratische Entwicklungen und unterscheidet sich hier wesentlich vom Grundgesetz der Bundesrepublik. Vielleicht — und dies erscheint mir als ein entscheidender Fehler der damals noch von Sozialdemokraten geführten Kabinette — hätte die durch einen umfassenden Generalstreik rasch niedergeworfene Kapp-Lützwitz-Revolte im Jahre 1920 die Möglichkeit eröffnet, die Verfassung im Sinne solcher Möglichkeiten zu ergänzen oder diese sogar außerparlamentarisch zu erzwingen. Als verhängnisvoll erwies sich im Laufe des politischen Ringens um den Ausbau der Republik neben dem Verzicht auf eine Prozentklausel bei den Wahlen, daß der Artikel 48 der Verfassung kein ihn einschränkendes Vollzugsgesetz fand. „Das Nähere bestimmt ein Reichsgesetz", so lautete der letzte Satz des berüchtigten Artikels, doch dieses Gesetz wurde nie beschlossen. So diente der Artikel 48 nicht nur zu hochpolitischen Entscheidungen der Regierung, sondern auch zur Durchsetzung — und hier auch manchmal positiv — währungspolitischer, steuerrechtlicher und sozialpolitischer Gesetze, die später aber eine Periode von Notverordnungen einleiteten. Der Reichstag konnte sie zwar mit einfacher Mehrheit aufheben, doch eine Mehrheit war in den letzten Jahren des Weimarer Parlaments immer weniger erreichbar.

Die Erinnerung an diese Vorgänge hat wohl zweifellos die Väter unseres Grundgesetzes mit Recht sehr beeinflußt. Auch in der jahrelangen und oft heftigen Debatte über die Notstandsgesetzgebung der Bundesrepublik wurde der Weimarer Artikel 48 häufig als Argument benutzt.

Es fehlte in der Weimarer Verfassung auch eine klare Entscheidung zur Flaggenfrage. Ein schwächlicher Kompromiß bei der Handelsflagge hat sich im Abwehrkampf gegen die nationalistische Rechte psychologisch verhängnisvoll ausgewirkt und einmal sogar zum Sturz eines Kanzlers beigetragen. Problematisch waren auch die Bestimmungen der Verfassung über die Volkswahl des Reichspräsidenten und über den Volksentscheid. In den von politischen Emotionen erfüllten Jahren 1925 bis 1932 hätte eine Präsidentenwahl nach dem Muster unseres Grundgesetzes sehr wahrscheinlich die zweimalige Wahl Hindenburgs vereitelt. Der Volksentscheid erwies sich selbst bei der weitgehend populären Frage der Fürstenabfindung als nicht erfolgreich, funktionierte jedoch auch nicht als demagogisches Mittel der Rechten beim Youngplan. Ich meine, es sollten keine Änderungen des Grundgesetzes zur Wahl des Bundespräsidenten erfolgen. Auch ein Volksentscheid erscheint mir für den Bund als wenig erstrebenswert, wenn er sich auch vielleicht im überschaubaren Rahmen der Länder als sinnvoll erweisen kann. Sicher erweisen sich beim Parlamentarismus von heute Schwächen, die der Abhilfe bedürfen. Vor allem sollte unter möglichster Verhinderung der Zahl der Beamten durch ein erweitertes Auswahlverfahren und durch eine vorhergehende umfassendere Information der Öffentlichkeit die Qualität der Abgeordneten gesteigert werden.

Beim Vergleich zu Weimar weisen die Ausgangspositionen für den Aufbau einer parlamentarischen Demokratie doch wesentliche Unterschiede auf. In ihrem ständigen Existenzkampf konnte die Weimarer Republik nur in beschränktem Maße wichtige Forderungen der Verfassung im sozialen und rechtlichen Bereich erfüllen. Durchgreifende Reformen auf dem Gebiet der Schul- und Familienpolitik, der Gleichberechtigung der Frau, der Steuerpolitik, des Gesundheitswesens, eines neuen Strafrechts und der Rentengesetzgebung blieben trotz fleißigster Arbeit des Parlaments im Parteistreit hängen oder wurden garnicht angegangen. Von besonderer Tragik war, und hier ist die SPD mitschuldig, das Unvermögen, die Reichswehr fest an die Republik zu binden. Hier wurde schon am Anfang versäumt, dem Parlament einen kontrollierenden und bestimmenden Einfluß auf die Truppe zu verschaffen. Auch Sozialdemokraten glaubten, ohne die Mitwirkung der Soldaten im verfassungsmäßigen Leben des Staates auskommen zu können. Der erste Reichswehrminister Gustav Noske, dem die Arbeiterschaft unberechtigt die leider schweren Übergriffe der Freikorps bei der Niederwerfung der Räterepublik in Bayern, der kommunistischen Aufstände im Ruhrgebiet, in Sachsen und Thüringen anlastete — in München hatten sie 21 friedliche katholische Gesellenvereinler ermordet — hatte gewarnt. Nach seinem gegen den Willen Eberts von der SPD und den Gewerkschaften erzwungenen Rücktritt gab es keinen sozialdemokratischen Wehrminister mehr, der gegen den „Staat im Staate" des Heereschefs von Seeckt Front gemacht hätte. Mit dem Gesetz über die Bildung der „vorläufigen Reichswehr" vom 6. März 1919 und dem Wehrgesetz der Republik vom 23. März 1921 war den Soldaten jede politische Betätigung verboten. Die höheren Offiziere aber trieben unter diesem Deckmantel ihre eigene geheime Politik. In der Außenpolitik störten die Rechtsparteien laufend in unverantwortlichster Weise die zähe Verständigungs- und Versöhnungspolitik Stresemanns und Brünings, die mit Deckung der SPD zur frühzeitigen Rheinlandräumung, zum Eintritt Deutschlands in den Völkerbund und schließlich zur Vereinbarung einer Abschlußzahlung bei den Reparationen führte, die so schwer auf der deutschen Wirtschaft gelastet hatten. All dies geschah vor dem Machtantritt Hitlers. In der Bundesrepublik von heute gab und gibt es zwar auch erhebliche außenpolitische Gegensätze, doch die Partner — Regierung und Opposition — handeln aus grundsätzlicher Übereinstimmung zur Republik und zur Demokratie. Ein entscheidender Unterschied zu Weimar.

Berufsverbot — Emigration — Wien

Noch vor der letzten Sitzung der Reichstagsfraktion erhielt ich vom Landesverband der Bayerischen Presse, dessen Mitglied ich seit 1926 war, ein Rundschreiben mit der Mitteilung, der Verband habe am 30. April 1933 beschlossen, Juden und Marxisten vom Verband auszuschließen. Falls ich weiterhin Mitglied bleiben wolle, sei die Beantwortung folgender Fragen nötig: „Waren oder sind Sie Mitglied einer marxistischen Partei, der KPD oder der SPD? Stehen Sie auf dem Boden der marxistischen Weltanschauung? und so weiter." Das bedeutete ein Berufsverbot für mich und alle sozialdemokratischen Journalisten und so war die Beantwortung des Fragebogens überflüssig. Die Presse war nun schon weitgehend gleichgeschaltet und es mußte nur noch der Griff nach „störrigen" Verlegern kommen, die langsam enteignet wurden.

Natürlich spielte auch die Existenzfrage bei den Erwägungen über die Emigration mit. Dazu kam, daß für führende Sozialdemokraten damals die Gefahr der Verhaftung und die Verbringung in das Konzentrationslager offenkundig war. Es gab nur die Alternative: Flucht ins Ausland oder für vielleicht längere Zeit ein Untertauchen im Lande, verbunden etwa mit illegalen Teilen der SPD. Kurt Schumacher versuchte dies und mußte leider mit 10-jährigem, seinen Körper langsam zerstörenden KZ-Aufenthalt bezahlen. Ich habe 1974 in einem Film eine mit ihm im KZ Dachau erlebte Episode, die seine besondere Unerschrockenheit bezeugte, geschildert. Der Film wurde vom ZDF ausgestrahlt.

Nach der Junisitzung in Berlin wechselte ich in München wieder meine Quartiere. Mit der Familie traf man sich heimlich und im Brennpunkt der Erörterung stand nun die weitere Entwicklung, die von meiner politisch klar denkenden Frau vor allem unter dem Gesichtspunkt meiner persönlichen Sicherung betrachtet wurde. Sie gab mir freie Hand für den Augenblick der Gefahr, für den ich mit meinem Bruder Anton, einem erfahrenen Bergsteiger, alle Vorbereitungen traf.

Am 22. Juni 1933 verkündeten die „Münchner Neuesten Nachrichten" den Erlaß des Innenministers Frick mit dem Verbot der SPD und der Aberkennung aller ihrer Mandate im Reich und in den Ländern. Wir brachen sofort auf und fuhren nach Garmisch. Inzwischen liefen die Massenverhaftungen an. Mit viel Glück erreichten wir nach vielstündigem Marsch — bei für die Jahreszeit außergewöhnlich schlechter Witterung — die hübsch eingerichtete Jagdhütte Ludwigs II. und später die unmittelbar an der österreichischen Grenze 2300 m hoch gelegene Meilerhütte. Die dort bereits stationierten SA-Posten waren mit Suff und Kartenspiel beschäftigt, hielten uns für harmlose Touristen und verzichteten auf jede Kontrolle. Wir übernachteten mit ihnen und verschiedenen Hochtouristen im gleichen Lager und setzten uns gegen 5 Uhr früh — sie schnarchten noch und wir hätten sogar ihre Gewehre mitnehmen können — heimlich über das große Schneekar nach Oberleutasch ab. Ich fuhr

über Wörgl nach Wien, mein Bruder kehrte über Kiefersfelden nach München zurück und redete sich bei den Grenzposten mit dem durch die Witterungsverhältnisse auf die österreichische Seite erzwungenen Abstieg heraus. Hitler hatte ja damals die sogenannte 1000-Markssperre gegen Österreich verhängt. Ich bekam später im KZ. Dachau einen amtsrichterlichen Strafbefehl zugestellt. 5000 RM wegen Grenzvergehens oder vier Wochen Haft. Die Bürokratie funktionierte und ich wurde während der KZ-Haft tatsächlich von den SS-Schergen für vier Wochen in das Amtsgerichtsgefängnis Dachau verbracht und pünktlich wieder abgeholt. Im Gefängnis konnte mich meine Frau besuchen, was im Lager ja völlig unmöglich war.
In Wien erwarteten mich schon die aus der Augsburger Zeit her bekannten Schauspieler-Freunde. Ich bekam sofort Kontakt mit der SPÖ und in der Redaktion der „Arbeiterzeitung" interviewte mich eine Gruppe amerikanischer Professoren. In einem ganzseitigen Artikel schilderte ich die letzten Vorgänge im Reich und in Bayern unter dem Decknamen Hans Hartmann.
Waldemar von Knoeringen und der mir persönlich ebenfalls gut bekannte Schriftsteller Oscar Graf weilten schon in Wien und dann kam nach einer ebenfalls anstrengenden und gefährlichen Bergwanderung unser Dr. Wilhelm Hoegner. An einem heißen Julinachmittag referierte ich im drangvoll engen Saal der SPÖ-Bildungszentrale. Es waren Stunden der Erregung, denn auch für die SPÖ mehrten sich die Schwierigkeiten. Aus dem Hintergrund des Saales kam der General Körner auf mich zu und sagte förmlich beschwörend: „Genosse Felder, das kann und darf bei uns nicht passieren." Ich hatte vor dem Gesamtvorstand der Wiener Partei gesprochen und war dann kurz darauf im Club der SPÖ-Nationalräte im Parlament, gemeinsam mit Dr. Hoegner, der dort eindrucksvoll sprach. Tiefe Erschütterung in allen Parteigremien. Dr. Hoegner wurde als Parteisekretär nach Innsbruck versetzt, sprach auch noch auf einem Parteitag der SPÖ warnend, konnte im Februar 1934 aber nach kurzer Haft in die Schweiz entkommen. Ich betätigte mich vom Juli 1933 bis kurz vor dem Dollfußputsch als SPÖ-Referent in allen Stadtteilen Wiens, in St. Pölten und in Jugendlagern auf dem Semmering und im Wiener Wald. Bei allen Debatten wurde die Entschlossenheit kund, unbedingt bewaffneten Widerstand zu leisten, wenn die Dollfußregierung gegen die Partei und den Schutzbund, dessen Auflösung ihr praktisch mißlungen, mit Gewalt losschlagen sollte. Unsere Versammlungen konnten schon seit Monaten nurmehr in geschlossenen Räumen gegen Vorweis des Parteibuches und bei staatspolizeilicher Überwachung durchgeführt werden.
In Wien lebte ich von Vortragshonoraren der Bildungszentrale, der Betreuung durch Dr. Stern und meinen Künstlerfreunden, so daß ich — wie auch Knoeringen — unabhängig war von bestimmten, leider etwas unvorsichtig operierenden Emigrantengruppen.

Dollfuß-Putsch — Prag — Zürich nach München — Verhaftung

Im letzten Viertel des Jahres 1933 verschärfte sich die politische Situation in Österreich erheblich, der Druck der Heimwehren auf den autoritären Kanzler Dollfuß nahm zu. Der erzreaktionäre Fürst Starhemberg und der Major Fey drängten auf Aktionen gegen die SPÖ und lösten damit am 12. Februar 1934 den Bürgerkrieg aus. Ich war gerade auf dem Weg zur „Arbeiterzeitung", als dort die Panzerautos der Polizei vorfuhren. Die Redakteure hatten sich noch in Sicherheit bringen können. Ein zu seinem Alarmplatz eilender bekannter Gewerkschafter rief mir zu: „Nun ist es auch bei uns soweit. Aber wir werden kämpfen und wenn wir untergehen sollten." Vier Tage brauchte Dollfuß, bis in Wien und in Teilen des Landes der heroische Widerstand der sozialistischen Schutzbündler gebrochen war. Die Rache der Sieger war furchtbar. Der christlichsoziale Kanzler Dollfuß ließ selbst einige Schwerverletzte auf der Bahre zum Galgen tragen. Es gab insgesamt über 1000 Opfer. Ich blieb nach den Kämpfen noch etwa zwei Wochen in Wien, vermittelte den Briefverkehr zwischen dem von der Heimwehr gesuchten und bis zu seiner Flucht nach Brünn in der Leopoldvorstadt versteckten Leiter der Arbeiter-Hochschule, Dr. Luitpold Stern, und seinen Angehörigen im Währinger Bezirk. Dann aber sah ich die eigene Sicherheit gefährdet. Mit meinem Reichstagsausweis, den ich nicht abgeliefert hatte, meldete ich mich im Lobkowitz-Palais beim Gesandten der Tschechoslowakei, dem Sozialdemokraten Dr. Fierlinger. Er ließ mir am nächsten Tage durch sein Generalkonsulat in Schönbrunn einen tschechischen Paß ausstellen, mit dem ich ungehindert nach Brünn fuhr. Etwa 14 Tage blieb ich im Lager der österreichischen Schutzbündler, die sich kämpfend über die Grenze durchgeschlagen hatten. Inzwischen hatte der Uniaversitätsprofessor Theodor Hartwig, mit dem ich über meine Wiener Freunde gut bekannt war, für mich in Prag ein Quartier neben seiner Wohnung in Prag-Device besorgt. Somit war ich auch in Prag deutschen Spitzeln in den dortigen Emigrantenquartieren entzogen. Ich nahm Kontakt auf zur SOPADE, dem emigrierten SPD-Vorstand, und meldete mich bei Otto Wels. Dr. Paul Hertz bot mir die Mitarbeit beim illegalen „Vorwärts" an, die ich vor einer persönlichen Entscheidung über mein Bleiben in Prag nicht aufnahm. Natürlich hatte ich auch Kontakte zu einigen emigrierten Genossen, die mich über die Möglichkeiten illegaler Arbeit über die bayerische Grenze informierten. Ich traf mehrmals mit Waldemar von Knoeringen zusammen, der in Neuern, nahe der Grenze, wohnte und von dort aus die illegalen Gruppen in Bayern mit Material versorgte. Auf seine dringende Empfehlung hin hielt ich mich aus dieser Tätigkeit heraus. Außer meiner Familie in München waren ja auch meine Eltern und meine zahlreichen Geschwister — alle entschiedene Nazigegner — gefährdet. Die Sorge um sie ließ mir keine Ruhe und so fuhr ich einmal mit dem falschen Paß nach München-Obermenzing. An der Grenze verlief die Kontrolle überraschend gut, denn die Gestapo fand mich beim Blättern in ihrem Fahndungsbuch nicht.

Später erfuhr ich, daß eine Suchmeldung an die Schweizer Grenze gegangen war. In München lebte ich vier Wochen versteckt, entschied mich — kurz nochmal in Prag — nach Absprache mit Knoeringen zur endgültigen Rückkehr, unter Inkaufnahme eines hohen Risikos. Nach wenigen Tagen Aufenthalt im Gebirge erfolgte die Verhaftung.

Bei den Verhören durch die Gestapo in der Münchener Briennerstraße stellte sich erstaunlicherweise heraus, daß über meine politische Tätigkeit in Österreich kein Material vorlag. Mein Deckname hatte also vor der Nachforschung geschützt und ich konnte auch mit dem Hinweis ablenken, daß ich zuletzt Geschäftsführer in einem Kabarett war. Dabei funktionierte ich unter meinem richtigen Namen. Nach einigen Tagen Aufenthalt in einer Zelle des Münchener Polizeipräsidiums, in der die Wanzen zahlreich herumspazierten und an deren Wand der inhaftierte KPD-Abgeordnete Beimler sinnreich den Satz gekritzelt hatte: „Alles ist vergänglich, selbst lebenslänglich", wurde ich mit einem PKW nach Augsburg gebracht. Der Augsburger SS-Mann, der neben dem Fahrer saß, beschimpfte mich unaufhörlich und meinte, ich würde als einer der größten Hetzer in Schwaben die Stadt Augsburg wohl nicht mehr lebend verlassen. Es seien alle die Artikel vorhanden, die ich gegen den Führer und seine Bewegung geschrieben habe. Der neben mir im Fond des Autos sitzende Kriminalbeamte beschützte mich bis zur Ablieferung in die Augsburger Polizeizelle und sorgte anschließend für meine Überstellung in das Landgerichtsgefängnis. Zwei erfahrene, mir persönlich bekannte Beamte der politischen Polizei vor der Machtergreifung sorgten nach mehreren Verhören dafür, daß ich nach München abtransportiert wurde, ehe der Nazigauleiter Wahl, einst Stadtratskollege, von einer Reise zurückkam. Sie konnten allerdings nicht verhindern, daß ich auf dem „Schub" mit einem Sittlichkeitsverbrecher zusammengekettet, von meiner Vaterstadt „verabschiedet" wurde. Wenige Tage später kam ich mit einer größeren Zahl von „Politischen" auf einem Lastwagen fahrend und von der Bewachung beschimpft, in das Konzentrationslager Dachau. Ich blieb dort bis zu meiner Entlassung im Februar 1936. Mehrere schwäbische Nazis, die dort Wachfunktionen ausübten, erkannten mich sofort und sorgten für einen „freundlichen" Empfang.

Am 24. 12. 1934 holte man mich mittags zum Kommandanten, einem Zollsekretär aus Deggendorf, namens Däubler. Er ordnete Dunkelarrest an. Einer der drei Bunkerwächter schloß mich an eine Kette an und entfernte den Strohsack von der Pritsche mit den Worten: „Du benötigst ihn nicht, denn du kommst hier doch nur noch als Leiche heraus!" Ich hörte aus der Wachzelle die Weihnachtslieder aus dem „Volksempfänger" ebenso herübertönen wie das Rasseln der Ketten aus den etwa 16 Bunkerzellen. Ein besonders übler, meist betrunkener Wärter forderte mich in der „Heiligen Nacht" dreimal zum Selbstmord auf. Wenn ich dazu zu feige sei, so werde er es tun. Er zeigte mir dann, wie man sich am besten aufhängen könne. Meine Nerven hielten auch weiteren Schikanen stand.

Es gab nur jeden vierten Tag miserable Verpflegung, sonst nur Wasser und Brot. Ich wurde lungenkrank, kam aber dann plötzlich und ohne Erklärung vom Bunker wieder ins Lager zurück, nachdem ich vier Wochen im Dunkelarrest gesessen hatte. Der Kommandant, der gerade einen „guten Tag" hatte, genehmigte meine Verlegung in eine Sonderabteilung des Reviers, die dort liegende Münchener Kommunisten mit einem Schild „Achtung Infektionsgefahr" versehen hatten. Das schützte uns vor SS-Besuchen, da die SS-Leute größte Angst vor Anstreckung hatten. Zum Arbeitsdienst mußten wir Lungenkranke nicht ausrücken. Ich sollte nach einiger Zeit untersucht werden, was aber übersehen wurde. So hatte ich das nach Lage der Dinge kaum faßbare Glück, bis zu meiner Entlassung aus dem KZ in der Lungenabteilung zu verbleiben.

In der ersten Zeit gab es in meiner Baracke erhebliche Spannungen mit den Kommunisten. Die Spaltung der politischen Linken zeigte sich auch hier noch und ließ begreiflich erscheinen, daß unter solchen Voraussetzungen die Weimarer Republik keine Chance hatte, durch eine Zusammenarbeit mit den Kommunisten gerettet zu werden.

Über die Erlebnisse während meines Lageraufenthaltes und auch über die Gespräche mit Kurt Schumacher, der 1935, von einem anderen Lager kommend, in Dachau eingeliefert wurde, ließen sich mehrere Seiten schreiben. Ich will in diesem Zusammenhang darauf verzichten.

Entlassung — Existenz bis Kriegsende

Durch Vermittlung meines Bruders forderte mich der an sich völlig unpolitische Chef einer Münchener Textil- und Sportfirma als Buchhalter an. Er hatte als hervorragender Sportler, auf den die Nazis Wert legten, gute Verbindungen zu Persönlichkeiten der SS und so setzte er gegen starke Widerstände aus Augsburg meine probeweise Entlassung aus dem KZ durch. Längere Zeit stand ich noch unter Polizeiaufsicht. Die Firma belieferte die Wehrmacht mit Ski-Ausrüstung und Bekleidung und so wurde ich bei der ersten Musterung unabkömmlich, bei zwei weiteren nur av (arbeitsverwendungsfähig Heimat) gestellt. Nach den schweren Bombenangriffen auf München übersiedelte der Betrieb 1944 nach Oberaudorf am Inn. Dort erlebte ich mit meiner Frau das Kriegsende, nachdem eine Einberufung zum Volkssturm nicht mehr wirksam geworden war. Im Schneegestöber des 2. und 3. Mai 1945 kamen die Einwohner des Ortes und die Hunderte evakuierter Frauen und Kinder noch in große Gefahr. Sich absetzende SS-Einheiten wollten zunächst noch verteidigen. Die Vorhuten der 7. US-Armee reagierten mit einigen Panzergranaten und massiver ultimativer Drohung. Wir verbrachten eine Nacht im Schnee auf der bewaldeten Anhöhe, bis die Truppen im Ort einrückten. Der „Wehrwolf" hatte vorher noch einige Personen nach Kiefersfelden verschleppt.

Der Firmenchef kam für kurze Zeit in den sogenannten automatischen Arrest der Amerikaner, wurde bei der Entnazifizierung aber voll entlastet. Er hatte auch einen Juden beschäftigt und begünstigt. Mich ernannte die Militärregierung in der Zwischenzeit zum Treuhänder des Betriebes. Anfang 1946 kamen meine beiden Söhne aus der Kriegsgefangenschaft zurück. Die Tatsache, daß sie drei Jahre als Hochgebirgsjäger an besonders schwierigen Frontabschnitten eingesetzt waren und ferner der Umstand, daß ich in Oberaudorf von allen Verbindungen mit der Großstadt abgeschnitten war, ersparte mir nach einer Mitteilung der Gestapo die Inhaftnahme nach dem Attentat vom 20. Juli 1944 auf Hitler. In München hatte ich vor Kriegsausbruch einmal heimlich den früheren Abgeordneten Clemens Högg und auch den früheren Stadtratskollegen und christlichen Arbeitersekretär Adlhoch getroffen. Sie waren beide aus dem Lager entlassen, wurden jedoch wahrscheinlich in Augsburg denunziert und wieder verhaftet. Sie kamen nicht mehr lebend aus dem KZ nach Hause. Eine gegen mich gerichtete Denunziation eines üblen Betriebsangehörigen ging ins Leere. Der Firmenchef bewahrte mich vor einem zweiten hochgefährlichen KZ-Aufenthalt.

Lizenträger für den „Südost-Kurier"

Aussichten für die Rückkehr in den journalistischen Beruf ergaben sich bald ohne mein Zutun. In Augsburg wurde die „Schwäbische Landeszeitung", heute „Augsburger Allgemeine", von der Militärregierung lizensiert. Meine Augsburger Parteifreunde machten auf mich aufmerksam. Ich hörte von Debatten unter den Augsburger Presseoffizieren über mich nach einem Vortrag, den ich im Oktober 1945 dort in einer großen Versammlung gehalten hatte. Bei der Beurteilung der Weimarer Zeit grenzte ich mich lebhaft von den Kommunisten ab und sprach von ihrer Schuld an der Spaltung der Arbeiterbewegung. Einige der anwesenden Presseoffiziere waren Anhänger von Volksfrontvorstellungen, die in der US-Zone ja vorübergehend auch zur Lizensierung von Kommunisten führten. Die Augsburger Lizenz erhielt der Sozialdemokrat und frühere Redakteur der „Chemnitzer Volksstimme", Kurt Frenzel. Ihm wurde gleichberechtigt beigegeben der katholische Publizist Wilhelm Naumann, den ich noch aus seiner Tätigkeit bei der „Neuen Augsburger Zeitung" in der Weimarer Zeit persönlich kannte.
Anfang 1946 plante die „Information Control Division" München unter Oberst McMahon und seinen Mitarbeitern Davidson, Felsenthal und Langendorf die Herausgabe einer Zeitung für die Südostecke Bayerns. Nach Vorbesprechungen mit mir und dem als einstigen Verfolgten wieder in sein Amt als Oberbürgermeister der Stadt Traunstein eingesetzten, der CSU zugehörenden Rupert Berger, wurde aus technischen Gründen als Verlagsort Bad Reichenhall bestimmt und dem dortigen Altverleger Wiedemann unter finanziell für ihn recht tragbaren Bedingungen ein Zwangspachtverhältnis

auferlegt. Als gemeinsam mit mir vorgesehenem Lizenznehmer sollte Berger sein Bürgermeisteramt aufgeben, da die Amerikaner es als nicht vereinbar mit der Position eines Zeitungsverlegers betrachteten. Bergers Parteifreunde rieten dem Wechsel ab, da sie Berger bereits als Kandidat für die Wahl zum ersten Bayerischen Landtag nominiert hatten. So war ich zunächst der alleinige Herausgeber und Chefredakteur der Tageszeitung „Südostkurier" für die Landkreise Traunstein, Berchtesgaden, Laufen und Altötting. Die 18. Zeitung der US-Zone erschien ab 10. Mai 1946 mit einer Auflage von etwa 60 000. Mein verlegerisches und redaktionelles Konzept zielte auf eine Synthese zwischen einem regionalen Heimatblatt und einem großstädtischen Organ mit starker politischer Aktivität und schneller Nachrichtenvermittlung. Tendenz: unabhängig, jedoch linksliberal-demokratisch. Ich beschäftigte eigene Korrespondenten in Bonn und München und förderte — von allen Parteien des Landtags anerkannt — die Entwicklung des neuen bayerischen Parlamentarismus durch breiteste Berichterstattung und Kommentierung. Waren in der unmittelbaren Nachkriegszeit die technischen Schwierigkeiten schon sehr groß, so kamen infolge der Entnazifizierungsbedingungen auch redaktionelle hinzu und außerdem hatten wir die wohl bunteste Leserschaft Bayerns zu verzeichnen. Die Südostecke war ja als der letzte noch zu verteidigende Zufluchtsort des Tyrannen gedacht und so strömten viele höhere und mittlere einstige „Gefolgsleute", verstärkt dann durch die Sudetenflüchtlinge, in die Berchtesgadener Ecke des mit den Amerikanern sehr gewandt „operierenden" Landrates Jacob, mit dem nach anfänglichen Differenzen der „Südostkurier" ein ebenso gutes Verhältnis fand, wie mit den meisten Bürgermeistern der vier Landkreise. In Traunstein fand ich freundliche Verbindung mit Graf von Roedern, dem ehemaligen Kaiserlich-Preußischen Reichsschatzsekretär, der als Ehrenbürger der oberbayerischen Gemeinde Bergen die Hilfe meiner Zeitung für seine Moorkultivierung fand. Den ehemaligen Reichskanzler Dr. Luther, die Herren hatten Gutshöfe, unterstützten wir bei seinen Traunsteiner Vorträgen über Weimar und die Fragen des Wahlrechts. In Berchtesgaden aber gab es wegen der von uns nachdrücklichst geforderten Sprengung der Hitler-Ruinen auf dem Obersalzberg längere Zeit erhebliche Auseinandersetzungen mit den zugewanderten Nationalisten, die den Einheimischen suggerierten, der „Südostkurier" schädige den Fremdenverkehr des Berchtesgadener Landes. Tatsächlich ging es uns um die Unterbindung eines „Führerkults" auf dem Obersalzberg und wir nahmen dafür auch wirtschaftliche Boykottversuche und schwere Bedrohungen in Kauf.

SPD und CSU setzten über ihre Minister bei den Amerikanern gemeinsam die Sprengung der Ruinen durch. Ein zweiter Lizenzträger wurde mir auf Wunsch der CSU schon im Sommer 1946 von der Militärregierung zugestellt. Herr Heinrich Haug, Verfolgter der Nazis, war ein loyaler, integrer Redakteur aus Altötting, stand jedoch leider oft zu sehr unter dem Druck seiner Parteifreunde, die ihm vorwarfen, die redaktionelle Haltung des „Südostkurier" zu wenig im Sinne der CSU zu beeinflussen. Hier zeigte sich die Schwäche der US-Lizenzierungssystems, die dauernd Kompromisse erforderte. Mein Leitartikel stand nach Parteitagen oft gegen den anderen Leitartikel auf der gleichen Seite. Im übrigen gaben die hochinteressanten Flügelkämpfe in der CSU, in der Bayernpartei, der Wirtschaftspartei des Zynikers Loritz, aber auch in der SPD und F.D.P. von 1946 bis 1954/55 Anlaß zu ausgiebigster Betrachtung. Mit vollem Recht kann der einstige „Südostkurier" in Anspruch nehmen, für jeden Historiker und Publizisten auch heute noch eine Fundgrube zu sein.

Mein Partner Haug schied nach dem Erlaß der Generallizenz 1949 aus dem Unternehmen aus, sein Anteil wurde dem Betrieb entzogen, der nun auch acht Konkurrenten erhielt. Die Auflage sank unter 20 000. Es war nicht gelungen, bis zum Erlaß der Generallizenz, die eine Schwenkung der amerikanischen Pressepolitik um 180 Grad bedeutete, eigene Druckereien zu bauen oder wenigstens eine günstige Ausgangsposition für die Ende 1954 erforderlichen Verhandlungen mit den Altverlegern zu schaffen, in denen die ausgelaufenen Zwangspachtverträge mehrerer Lizenz-Zeitungen durch akzeptable freiwillige Verträge ersetzt werden konnten.

In diesem Zusammenhang ist ein Blick auf die grundsätzliche Pressepolitik der US-Militärregierung zu richten. Soweit ich über die damaligen Verhältnisse in den zwei anderen Zonen informiert bin, möchte ich den Freiheitsraum, der Verlegern und Chefredakteuren in der US-Zone gewährt wurde, wohl als den weitestgehenden bezeichnen. Wenig erfreulich war für die Parteien die Nichtzulassung von eigenen Organen. Die SPD insbesondere protestierte auf ihrer Landeskonferenz im Juni 1948 in Fürth, daß 125 000 Sozialdemokraten in Bayern und 800 000 sozialdemokratische Wähler kein eigenes Sprachrohr hätten. Der von der Besatzungsmacht erwogene Gedanke einer Probeabstimmung über die Presse sei für die SPD unannehmbar und unmoralisch. Es wurde die baldige Zulassung eines Landesorgans gefordert und der Befürchtung Ausdruck gegeben, daß zumindest Teile der erwarteten 10 Millionen Reichsmark Wiedergutmachung für neun in Bayern von den Nazis vernichteten Betrieben in den Druckereien der lizenzierten Zeitungen versickern wurden. Für den „Südostkurier" war ein Entschädigungsfall nicht gegeben. Parteigelder erhielt er nicht, die Kalkulation der Kosten für einen Druckereibau und für die Amortisation erschien der Höhe nach nicht vertretbar, ein Angebot des Verlegers Dr. Kapfinger, Passau, lehnte ich ab und so stellte ich die Herausgabe der Zeitung am 1. Januar 1955 ein. Auf der ersten Seite der letzten Ausgabe bekundete der Bayerische Ministerpräsident Dr. Wilhelm Hoegner:

> „Der Südostkurier" erscheint nicht mehr. Für seine vielen Leser bedeutet das einen schmerzlichen Verlust. War doch der „Südost-Kurier" ein Blatt, das seine politische und kulturelle Aufgabe im Gebiet zwischen Inn und Salzach und darüber hinaus glänzend erfüllt hat. Gerade der bayerischen Politik hat es hervorragend gedient und so viel zu der

Aufklärung der Staatsbürger beigetragen. Die Demokratie hat nicht nur eine Zeitung, sondern einen ihrer mutigsten Vorkämpfer verloren."

Aus New York schrieb der Schriftsteller Oscar Maria Graf unter anderem: „Ich bekam durch diese Zeitung stets so etwas wie einen frischen Windzug aus der Südostecke meiner Heimat und ich war froh, daß sich dort Menschen mit all ihrer Überzeugungstreue für die wirkliche demokratische Erneuerung einsetzten."
Die Frage bleibt offen, ob mit einer Hilfe der SPD, die ja — wie sich bis heute leider erwiesen hat — in ihrer Medienpolitik nicht glücklich war, der SOK auf die Dauer als progressives Organ in der Südostecke Bayerns hätte gehalten werden können. Es fehlte das industrielle Hinterland und ich weiß als einer der späteren Treuhänder (1960—1974) des einst bedeutsamen sozialdemokratischen Organs „Fränkische Tagespost" in Nürnberg, daß auf die Dauer gegen die mit modernen technischen Mitteln arbeitenden großen Zeitungen nicht mehr aufzukommen ist. Das entschuldigt nicht die seit Erlaß der General-Lizenz begangenen Versäumnisse der SPD auf dem Gebiet der Presse. Hier die Kausalität zu prüfen, doch auch die Entwicklung der Lizenzzeitungen darzustellen, ist einige Dissertationen sicher wert.

Chefredakteur und Politiker

Noch als Treuhänder eines Textilbetriebes trat ich nach dem Kriegsende, Mitte 1945, in der ersten öffentlichen Versammlung der neugegründeten SPD Rosenheim als Redner auf. Im gleichen Jahre holten mich noch alte Parteifreunde aus meinem Wahlkreis vor 1933 nach Kaufbeuren, Augsburg, Memmingen und Lindau. Während des Bundestagswahlkampfes 1949 unterstützte ich rednerisch SPD-Kandidaten in einer Reihe von Orten, selbst in der von Bad Reichenhall aus, wo ich ja inzwischen als Verleger und Chefredakteur amtierte, weit entfernten Eifel. An allen Parteitagen der SPD im Bund und in Bayern nahm ich als Kommentator oder später auch als Delegierter teil. Einer meiner ersten Leitartikel im SOK. galt 1946 der entschiedenen Absage an die von dem Münchener Chirurgen Dr. Lepsche ins Leben gerufene, bald von den Amerikanern verbotenen Königspartei. Dr. Kurt Schumacher bat mich 1946/47 um pressemäßige Unterstützung gegen Bestrebungen, die auf die Bildung einer eigenen bayerischen Sozialdemokratie abzielten. Damals bestanden erhebliche Spannungen zwischen Dr. Wilhelm Hoegner und Dr. Schumacher, doch akzeptierte schließlich Hoegner den offenkundig gewordenen Mehrheitswillen der bayerischen SPD für eine Bundespartei. 1948 wurde ich mit Edmund Goldschagg von der Süddeutschen Zeitung begutachtend zu Fraktionsberatungen über ein bayerisches Pressegesetz in den Landtag eingeladen. In Bad Reichenhall, Berchtesgaden, Trostberg und Traunstein polemisierte ich in größeren Versammlungen gegen damals führende Vertreter der CSU und der Bayernpartei, Dr. Lacherbauer und Dr. Baumgartner. Im SOK. erhielt der politische Gegner aber jeweils breitesten Raum für die Bekundung seiner politischen Ziele. Die Ausgewogenheit der Berichterstattung blieb bei unserem unabhängigen Organ weitgehend gewahrt. Die erste Verbindung mit ausländischen Kollegen ergab sich 1948, kurz vor der Währungsreform, durch eine gemeinsame Einladung der Züricher Tageszeitungen an die Chefredakteure Dr. Buttersack (München), Dr. Drexel (Nürnberg), Dr. Falk (Kempten) Frenzel (Augsburg) und Felder (Reichenhall). Wir konnten den Lesern unserer Zeitungen interessante wirtschaftliche und politische Aufschlüsse vermitteln, die sich während der Reise in die auch vom 2. Weltkrieg verschonte Schweiz ergeben hatten. — Die ersten zehn Jahre nach dem Zusammenbruch der Hitlerei und dem Wandeln eines betrogenen Volkes am wirtschaftlichen Abgrund bedingten auch für die Zeitungsleute eine besonders aufreibende Tätigkeit.

Das auf Initiative amerikanischer und englischer Verleger gegründete Internationale Presse-Institut mit dem bis heute unablässig und zähe verfolgten Ziel der Sicherung der Pressefreiheit in der Welt, hielt seine erste konstituierende Tagung 1952 in Paris ab. Ich wurde dort mit einigen bundesdeutschen Kollegen Mitglied. Der Sitz des Instituts ist Zürich, das Sekretariat, das einen monatlichen Report in englischer Sprache für die zahlreichen Verleger und Journalisten der freien Welt herausgibt, befindet sich in London. Seit fast 30 Jahren bin ich Mitglied des Internationalen Presseclubs München und für die gleiche Zeit ehrenamtlicher Aufsichtsrat der „Deutsche Nachrichten-Aktiengesellschaft" Frankfurt, Nachfolgerin der einstigen DENA-Genossenschaft der Verleger in der US-Zone.

1955 bis Ende 1957 Chefredakteur des „Vorwärts"

Nach der Einstellung meiner Tageszeitung in Bad Reichenhall war ich mit Beginn des Jahres 1955 frei für eine neue redaktionelle Aufgabe, die mir der damalige Pressechef der SPD, Fritz Heine, und Schatzmeister Alfred Nau anboten und die der Parteivorstand einhellig billigte, nämlich die durch einen starken Linkskurs des Redaktionsleiters sich entwickelnde Redaktionskrise zu beheben, die der alte Friedrich Stampfer als den vierten „Vorwärts"-Konflikt in der Zeit seines Lebens bezeichnete. Zu den Richtlinien von Fritz Heine unterbreitete ich eine Reihe von Vorschlägen, die nach der personellen Seite, Redaktionsetat und Zahl der Mitarbeiter, ihre zu enge Grenze durch die ungünstige Finanzsituation des Verlages fanden. Der bisherige Chefredakteur Gerhard Gleißberg und ein weiterer Redakteur verließen das „Zentralorgan der Sozialdemokratischen Partei Deutschlands", das nun nicht mehr „Neuer Vorwärts", sondern schlicht nur „Vorwärts" mit dem Untertitel „Sozialdemokratische Wochenzeitung" hieß. Mein Konzept lautete unter anderem: „Bindung an die Partei, aber mit einem möglichst erweiterten redaktionellen Spielraum, also größere Entscheidungsfreiheit, die auch Kritik an der Partei, an ihren Funktionären, ja selbst an ihren Beschlüssen gestattet. Die Grenze liegt dabei allerdings bei allen grundsätzlichen Entscheidungen, die nach Parteiprogramm, Parteitags- und Vorstandsbeschluß, eben nach demokratischem Mehrheitswillen, gefällt werden. Doch sollte der Weg nicht zur „Funktionärspresse" führen. In einer ansehnlichen Sondernummer, die wir zum 80jährigem Jubiläum des SPD-Hauptorgans im Oktober 1956 unter Mitwirkung Friedrich Stampfers herausgaben, beschäftigte sich mein Ressortleiter für die Innenpolitik, Paul Mayer, mit kritischen Leserbriefen zur Neugestaltung der Wochenzeitung, um dann als Meinung der Gesamtredaktion zu bekennen: „Der Vorwärts ist immer eine politische Aufgabe gewesen. Sollte sie verfälscht oder auch nur verwässert werden, er müßte aufhören, der „Vorwärts" zu sein." Bei der Jubiläumsfeier in Bad Godesberg, dem neuen Sitz der Redaktion, bezeichnete der Präsident des Bundesverbandes Deutscher Zeitungsverleger, Dr. Hugo Stenzel-Frankfurt, bei seiner Glückwunschadresse den Zeitungstitel als Richtungsschild und Symbol. Nur dann, wenn man sich der Bedeutung dieses Symbols bewußt sei, würden die oft leider nur so dahingeplärrten Worte „vorwärts" Sinn und Inhalt gewinnen für die weitere Entwicklung unseres Volkes. Der Vorsitzende und zwei weitere Vorstandsmitglieder der Partei zeichneten als Herausgeber und Gesellschafter und somit war der „Vorwärts" nach wie vor eine wichtige Stimme der SPD. Als sein Chefredakteur war ich zu allen Sitzungen des Parteivorstandes zugelassen und dies vermittelte mir — auch oder gerade bei vertraulichen Verhandlungen — tiefere Eindrücke in die Struktur und in das Handeln der Partei. Nach der verlorenen Bundestagswahl 1957 gewann infolge Bewilligung neuer Mittel die Planung auf redaktionelle und umfangmäßige Erweiterung des „Vorwärts" Auftrieb. Mein Bemühen, wenn irgend möglich, nochmal eine parlamentarische Tätigkeit ausüben zu können, war inzwischen erfolgreich. Die Erlanger Abgeordnete Käte Strobel wechselte in einen für die Direktwahl aussichtsreicheren Wahlkreis ihrer Vaterstadt Nürnberg und mich, den Schwaben, setzten der Oberbürgermeister Poeschke, Erlangen, und der Nürnberger Bürgermeister Haas bei den kritischen Franken durch. Beide Parteifreunde kannten meine Tätigkeit vor 1933. Ich bat also beim „Vorwärts" um freundliche Entlassung, mit der Zusage, die Redaktion als im September 1957 gewählter Abgeordneter noch bis zum Ablauf des Jahres zu führen. Am Silvestertag 1957 erlitt ich im Redaktionszimmer einen Herz-Hinterwand-Infarkt, der, lebensbedrohend, meine unmittelbare Einlieferung in die Bonner Klinik auf dem Venusberg erforderte. Dort behandelte mich mit großer Sorgfalt der führende Mediziner Prof. Dr. Martini. — Bei der Rückschau auf drei volle Jahre beim „Vorwärts" will ich sie in meiner Erinnerung nicht missen, auch wenn es nach den gegebenen Umständen nicht immer glückliche Tage und Stunden waren. Aber ich gehörte eben doch einmal für längere Zeit zum Redaktionskörper des traditionsreichsten Organs der Sozialdemokratie, dessen bedeutendster Chefredakteur einst Friedrich Stampfer und dessen erster Lizenzträger beim Neubeginn 1948 Kurt Schumacher war, den ich seit 1929 meinen Freund nennen durfte.

Die SPD seit 1949 – Opposition gegen Adenauer

Die SPD, die sich nach 1945 erst allmählich von der reinen Arbeitnehmerpartei zur linken Volkspartei entwickelte, setzte ab 1949 in der ersten Legislaturperiode des frei gewählten Bundestages planwirtschaftliche Thesen gegen die marktwirtschaftlichen der Regierung Adenauer, deren Erfolge ohne den Marshall-Plan und die disziplinierte Haltung der Gewerkschaften nicht möglich gewesen wären. Politisch lebten wir ja noch bis 1955 unter dem Besatzungsstatut und große Teile der Bevölkerung wandten sich, von der SPD parlamentarisch lebhaft unterstützt, gegen die nach dem Koreakrieg 1952 enstandene NATO. Der Wunsch nach Verständigung mit den Sowjets fand besonderen Anklang nach einer 1952 an die Alliierten gerichteten Note der Russen, die unter anderem das Zugeständnis für freie Wahlen in Gesamtdeutschland enthielt, dies unter der Voraussetzung, daß die Bundesrepublik der NATO fernblieb. Adenauer reagierte nicht und wandte sich mit Nachdruck unserer Westorientierung zu. Es gab große Auseinandersetzungen im Bundestag über die dann von den Franzosen abgelehnte integrierte Verteidigungsgemeinschaft und dann über die Bildung der Bundeswehr. Sicher war es ein entscheidender Fehler der Außenpolitik Adenauers, nach der Wiedererlangung unserer staatlichen Souveränität ab 1955 sehr eigenwillig geführt, mit den Sowjets garnicht über die Realisierung ihrer Vorschläge zu verhandeln. Es hätte sich dann gezeigt, ob sie ernst gemeint waren. 1955 mußte ja Adenauer unter ungünstigeren Verhältnissen nach Moskau reisen und schließlich die Aufnahme diplomatischer Beziehungen gegen die so dringend wünschenswerte Heimkehr der deutschen Kriegsgefangenen einhandeln. Bei den Bundestagswahlen 1953 und 1957 wandte sich die CDU/CSU vorwiegend gegen die SPD und Adenauer scheute nicht in aller Öffentlichkeit die absurde, aber für ihn sehr wahlgünstige Behauptung, ein Sieg der SPD bedeute den Untergang Deutschlands. Noch im „Südostkurier" und dann im „Vorwärts" habe ich die Haltung der SPD zu den hochpolitischen Ereignissen vertreten.

Meine Bundestagszeit 1957–1969

Die Wahlkreiskonferenz nominierte mich in Fürth mit großer Mehrheit zum Kandidaten der SPD für den Wahlkreis Erlangen, zu dem außer der Stadt auch die Landkreise Lauf-Hersbruck und Neustadt an der Aisch gehörten. Ab 1965 gehörte Erlangen wahlpolitisch zu Nürnberg-Land. Nach der Überwindung meines Herzinfarkts widmete ich mich – über die Liste gewählt – mit voller Kraft meinen Aufgaben im Wahlkreis und im Parlament. Die ersten großen Versammlungen galten Adenauers Kampagne gegen die SPD.

Wenige Tage nach der Adenauer-Rede in Erlangen antwortete ich im vollbesetzten Redoutensaal der Stadt und bezog mich dabei auf die geschichtliche

Leistung der Partei für Frieden und Freiheit. Mein Partner von der CSU, der Abgeordnete Dr. Dollinger, führte den Wahlkampf sehr fair mit wirtschaftspolitischen Fragen. Wir bemühten uns beide bei aller sachlichen Gegensätzlichkeit um ein erträgliches Wahlkampfklima.

Beim Rückblick auf meine 12 Jahre Bundestag bleiben natürlich einige besonders bedeutsame Entscheidungen des Plenums und der jeweils dazu vorangegangenen Fraktionsdebatten in lebhafter Erinnerung. So wichtig dabei aber die Stimme des einzelnen Abgeordneten ist, so verlagert sich doch das Hauptgewicht seiner Tätigkeit in die Ausschüsse, denen er je nach Neigung und nach den Zweckmäßigkeitserwägungen seiner Fraktion zugehört. Manche Kollegen streben hier meist zuviele Ausschüsse an und müssen nach kurzer Zeit feststellen, daß sie überbelastet sind. So kam meine Fraktion allmählich zu der Bestimmung, daß mit unumgänglichen Ausnahmen nurmehr ein ordentlicher Sitz in einem Ausschuß und eine Vertretung in einem anderen zulässig ist. Ab 1957 Mitglied im Ausschuß für Kulturpolitik und Publizistik, später umbenannt in den Ausschuß für Bildung und Wissenschaft, behandelte ich als Stellvertreter im Innenausschuß für kurze Zeit die sehr schwierigen Probleme, die sich in dem in meinem Wahlkreis befindlichen Ausländer-Flüchtlingslager Zirndorf ergaben. Mitte 1960 wurde ich dann auf Wunsch von Fritz Erler ordentliches Mitglied des Verteidigungsausschusses, dem ich bis zu meinem Ausscheiden aus dem Bundestag mit großem Interesse angehörte. Nur 20 Mitglieder der Fraktion hatten ja bei der historischen Entscheidung vom März 1956 die Zustimmung der SPD zur Änderung des Grundgesetzes abgelehnt, die praktisch unsere Einschaltung in den demokratischen Aufbau der Bundeswehr und in die staatsbürgerliche wie soziale Absicherung der Soldaten bedeutete. Im Blick auf die Versäumnisse von Weimar interessierte mich die weitere Entwicklung auf dem wehrpolitischen Gebiet sehr und so arbeitete ich auch gern in dem entsprechenden Arbeitskreis der Fraktion unter Karl Berkhan mit. Drei Verteidigungsminister, Strauß, von Hassel und Schröder, sowie ihre jeweiligen Staatssekretäre, einer davon ist heute Bundespräsident, erlebte ich vor dem Ausschuß bei zeitweise sehr lebhaften Beratungen und Auseinandersetzungen. Die Abgeordneten Dr. Jäger und Dr. Zimmermann von der CSU führten über jeweils längere Zeit den Vorsitz. Die Problematik „Innere Führung" und die wiederholt umstrittene Tätigkeit von vier Wehrbeauftragten im Verlauf von zehn Jahren spielten neben den oft sehr kontroversen Auffassungen über die Ausrüstung der Bundeswehr — Starfighter, HS 30, U-Boote — eine beherrschende Rolle. Dazu kamen einige Generalskrisen — verbunden mit Rücktritten — und selbst Sondersitzungen des Ausschusses zwischen den Wahlperioden, die ja nach Artikel 45 a des Grundgesetzes möglich sind. Meine Mitarbeit im Kulturpolitischen Ausschuß hatte ich inzwischen auf Pressefragen und auf das Problem „Stiftung Preußischer Kulturbesitz" beschränkt. In dieser Angelegenheit kam ich einmal kurz im Plenum zu Wort.

Nach der bedeutsamen Neuorientierung der Partei und Fraktion, die Herbert Wehner mit seiner Aufsehen erregenden Rede Ende Juni 1960 vor dem Plenum eingeleitet hatte, war ab 1962 auch der Haushalt des Verteidigungsministeriums für die SPD kein Tabu mehr. Bei den Beratungen übernahmen wir eine Reihe von Kapiteln, wobei mir die Soldatenverpflegung und das Sanitätswesen zufielen.
Die Versuche alter, sehr konservativer Militärs und Journalisten, von außen in die Bundeswehr mit Vorträgen, Büchern und Zeitschriften im Sinne überlebter Tradition hineinzuwirken, veranlaßten mich wiederholt, mit voller Deckung meiner Ausschußgenossen, zu scharfer Kritik. Ich erreichte, daß Minister von Hassel einen der zivilen Referenten von der offiziellen Vortragsliste der Bundeswehr strich. Ich erinnere mich auch an die erregten Debatten, die der Verteidigungsausschuß nach den reaktionären öffentlichen Äußerungen des Generals Grashey, nach der „Studie" des Generals Schnez und nach der Haltung des Generals Trettner zur ÖTV führte. Es war wahrlich im Lauf der Jahre sehr viel los im Ausschuß und die Beratungen nahmen jeweils ganze Tage in Anspruch. Interessante Informationen über waffentechnische, taktische und strategische Fragen fielen natürlich weitgehend unter die Bestimmung „vertraulich", was die Öffentlichkeitsarbeit im Wahlkreis mehr hemmte als dies für die Kollegen in anderen Ausschüssen zutraf. Allerdings hat unsere Ministerialbürokratie immer noch einen übertriebenen Hang zur Geheimnistuerei und so las man trotzdem bisweilen mit Überraschung in den Zeitungen, was den Stempel „vertraulich" oder gar „geheim" aufwies.

Eine Reihe von Truppenbesuchen in verschiedenen Garnisonen, vorwiegend während der Parlamentsferien, verbunden einige Male mit Vorträgen, die ich zum Thema „SPD und Landesverteidigung" hielt, Teilnahme an Truppenübungen und Besuche bei der „Schule für Innere Führung" in Koblenz, erweiterten das Blickfeld für die parlamentarische Arbeit.
Ein dreiwöchiger Besuch Israels in den ersten Monaten des Jahres 1960 vermittelte starke Eindrücke von der Zähigkeit und Entschlußkraft, mit der dieses ringsum von Feinden bedrängte schöne Land an die Meisterung landwirtschaftlicher und industrieller Aufgaben herangeht. Gespräche mit der damaligen Staatsführung brachten den Hinweis auf technische Planungen, die sicher heute längst verwirklicht sind, die uns aber damals schon als militär-strategisch geboren erschienen. Der israelische Gesundheitsdienst und die Bildungsarbeit der Arbeiterpartei imponierten uns. Von Vorbehalten gegen uns Deutsche war nichts zu bemerken. In Nazareth empfing uns der arabische Bürgermeister, in der Hafenstadt Haifa erläuterte uns der Chef der Verwaltung stolz umfassende Baumaßnahmen. Drei Kollegen unserer fünfköpfigen Reisegruppe, Herold, Könen und Keuning, hat im Laufe des letzten Jahrzehnts der Tod mitten aus ihrem politischen Wirken geholt. Nur der Kollege Hörauf und ich sind von der einstigen Delegation übrig geblieben.

In meiner Eigenschaft als Mitglied des Verteidigungsausschusses war ich im Sommer 1960 bei einer Übung unserer Minensuchboote. Sie war nach der Fahrt zum Skagerak mit einem Gespräch auf der Fregatte des damaligen Marinebefehlshabers verbunden, dem der Wehrbeauftragte von Grolmann beiwohnte.
Im Juli 1961 folgte dann der Nord-Atlantic-Trip der Nato-Parlamentarier. Von der Bundesrepublik gehörten zu der Gruppe Franzosen, Engländer, Niederländer, Dänen, Belgier, Kanadier und Griechen, der Vize-Admiral Hellmuth Heye und Wilhelm Probst, beide Abgeordnete der CDU sowie Heinz Poehler und Josef Felder, Abgeordnete der SPD. Unser mehrwöchiges Programm führte nach einer Sitzung in Ottawa in das große Infanterie-Center der USA nach Fort Benning im Staat Georgia. Hier wurde uns die Ausbildung der Eliteeinheiten, der Ranger, sehr drastisch vor Augen geführt. Die weiteren Etappen waren Omaha — Luftverteidigungsbefehlsstand im tiefen Bunker — und an der kalifornischen Küste die mit ihrer Realistik uns beklemmende Darbietung einer amphibischen Landeoperation — Schiffe, Hubschrauber, Sturmboote. Auch die in ihren verschiedenen Basen entlang der Küste gezeigten versenkbaren mächtigen Atomraketen verstärkten unseren Wunsch, es möge nie zur Anwendung so furchtbarer Waffen kommen.

In lebhafter und besonders erfreulicher Erinnerung bleibt der 21. Juli 1961 mit dem Empfang der NATO-Parlamentarier im Weißen Haus bei Präsident Kennedy. Ich staunte mit meinen deutschen Kollegen über die so zwanglose, herzliche Art, mit der hier ein mit so großer Machtfülle ausgestatteter Mann mit seinen Besuchern verkehrte und zog Vergleiche zu der oft unangenehmen obrigkeitsstaatlichen Steifheit unserer protokollarischen Gebräuche. Zur Rückreise nach Paris stellte Präsident Kennedy den NATO-Parlamenariern seine eigene Maschine, Number one, zur Verfügung.
1967 flog ich mit einer Delegation des Verteidigungsauschusses unter der Leitung des Kollegen Rommerskirchen (CDU) wieder in die USA. Wir waren in Washington die ersten Gäste in dem gerade erst fertiggestellten, später ja so „berühmt" gewordenen Watergate-Hotel. Einer Reihe von Gesprächen bei verschiedenen wichtigen Dienststellen der USA-Armee, die mit unseren in den Staaten zur Ausbildung befindlichen Soldaten zu tun hatten, folgten Empfänge im Pentagon und in der Deutschen Botschaft. Wir hatten zur Reise absichtlich eine alte DC 6 der Luftwaffe benützt, wie sie seit Jahren zum Transport unseres Ausbildungspersonals und auch ihrer Frauen nach Arizona und El Paso benützt wird. Im eisigen Schneesturm erlebten wir um Mitternacht die zweite Zwischenlandung in Gander. Bei den weiteren Flügen über das riesige Land kamen wir zu der Meinung, daß es schon aus Zeitgründen und auch aus Gründen erhöhter Sicherheit zweckmäßig sei, die Soldaten künftig mit Düsenmaschinen zu befördern.
Wenn ich mich recht erinnere, stimmten wir im Ausschuß einer entsprechenden Anschaffung zu. Bei unseren Piloten in Arizona und bei den Raketen-

soldaten, die in der Wüste um El Paso übten, hatten wir Unterhaltungen, die sich auch um ihre Unterbringung drehten. In Philadelphia empfing uns in seinem Zweigwerk der Präsident M. Allen von der BOEING COMPANY. Filmvorträgen über die Produktion der weltbekannten Flugzeugwerke folgte eine Fahrt in Elektroautos durch die riesigen Montagehallen. Hubschrauber 107 der New York Airways setzte uns dann nach einem hochinteressanten Flug von Philadelphia nach New York auf dem Landeplatz des Wolkenkratzers der PAN AM, direkt über dem Zentralbahnhof, ab. Eine Besichtigung der Sitzungssäle der UN und ein Besuch bei der Deutschen Vertretung gehörten ebenso zu unserem Reise-Programm wie einige Tage vorher das Capitol in Washington und, verbunden mit einer für uns angesetzten feierlichen Kranzniederlegung, der Heldenfriedhof von Arlington. Bei der LOCKHEED-GEORGIA COMPANY wurde uns die große Transportmaschine Starlifter und die gerade in Bau befindliche zweistöckige Galaxi 5 vorgeführt. Beim abendlichen Gespräch am Kai des Yachthafens von Burbank fiel ich — von den Umstehenden bis zu meinem Hilferuf unbemerkt — rückwärts in das tiefe und im März ja noch sehr kalte Wasser. Ich hielt mich schwimmend bis mich der Kollege Richter fassen und herausziehen konnte. Im Hotel in Los Angeles wurde über Nacht meine völlig durchnäßte Kleidung wieder in Ordnung gebracht. Mit einem Besuch bei den Sikorky-Helicopter-Werken in Stratford endete das mit vielen Briefings — Unterrichtungen — zeitweise sehr ermüdende Reiseprogramm, das wohltuend aufgelockert wurde mit dem Flug über die grandiose Landschaft des Grand Canyon, wobei die Bundeswehrpiloten unsere DC 6 mit fliegerischer Bravourleistung auf einem sehr kleinen Sportflugplatz aufsetzten. Unsere Delegation, von der CDU die Abgeordneten Rommerskirchen, Damm, Petersen, Draeger, von der SPD Felder, Richter, Bals, Iven, von der F.D.P. Ollesch, kehrte mit starken Eindrücken von dieser Reise nach Bonn zurück und wertete verschiedene Fakten aus dem Bericht aus, den der Kollege Petersen dem Ausschuß vorlegte.
Ich hatte Anfang Januar 1969 Gelegenheit, mich bei der Debatte über den Bericht des Wehrbeauftragten im Plenum in längeren Ausführungen mit dem leidigen Kapitel „Innere Führung" zu befassen. Die „Frankfurter Rundschau" würdigte sie mit einer vollen Seite. NATO-Parlamentarier-Tagungen in Brüssel waren vorangegangen und nun nahm ich noch — meine Bundestagstätigkeit beendend — an der NATO-Tour 1969 zu den europäischen Kommandozentralen teil. Vom 1. bis 13. September 1969 weilte ich mit meinen ausländischen Kollegen im NATO-Hauptquartier Shape, in Brunssum (Belgien), beim CENTAG-Kommando in Heidelberg, auf dem Truppenübungsplatz Grafenwöhr bei Nürnberg, in der früheren NATO-Schule Oberammergau, bei den kanadischen Luftwaffe in Lahr, in Bergen-Hohne, dem Quartier des Verteidigungsministers Dr. Schröder, der zum Manöver der Bundeswehr angereist war, in Bergen (Norwegen) beim Kommando Nord-Europa, in London beim Kommando Atlantik, in Neapel, beim Kommando Südeuropa, in Rom bei der NATO-Schule. Die holländische Luftwaffe setzte eine DC 6 für die

verschiedenen Flug-Etappen ein, die ja nach dem deutschen Raum über Norwegen nach England und von dort über Frankreich nach Neapel und Rom führten. In Brüssel war die Tour am 13. September zu Ende. Mit einer Truppenparade großen Stils, die mein holländischer Kollege und ich etwas „überzogen" fanden, wollte der Kommandeur des Abschnitts Südeuropa in Neapel seine Gäste ehren, und so blieb unserem international erfahrenen Kollegen Dr. Kopf (CDU) als Delegationsleiter nichts anderes übrig, als gemessenen Schrittes neben dem italienischen General die Parade abzunehmen. Meine Erkenntnisse im Verteidigungsausschuß spielten auch eine Rolle bei den Fragestunden des Bundestages, an denen ich von 1958 bis 1969 intensiv teilnahm. Neben Erfordernissen meines Wahlkreises behandelte ich hauptsächlich allgemein interessierende Problem auf sozialem, wirtschaftspolitischem und kulturellem Gebiet, wobei ich auch oft von der Möglichkeit Gebrauch machte, mich in den Fragenkreis anderer Kollegen ergänzend einzuschalten. Ich halte die „Fragestunde" und die leider erst sehr spät eingeführte „Aktuelle Stunde" für eine wichtige Reform des parlamentarischen Betriebes. Die Kontrolle der Regierungsbürokratie wird durch die Auskunftspflicht verstärkt, die bei den Fragen der Abgeordneten besteht. Die Wahlkreisarbeit der Mandatsträger wird jedenfalls erleichtert.

Laufende Berichterstattung vor den Delegierten auf Konferenzen und Tagungen, gelegentliche Pressekonferenzen und erweiterter Information der Öffentlichkeit dienende Versammlung hielt ich für meine vorrangige Verpflichtung. Ich machte immer wieder die Erfahrung, daß vor großen politischen Entscheidungen der Fraktion den oft skeptischen Mitgliedern der Partei und den Wählern freimütig die Beweggründe unseres Handelns oder unserer Pläne erläutert werden müssen. Das traf ja vor allem bei der Notstandsgesetzgebung zu, ferner bei der durch die „Spiegel"-Affaire ausgelösten Krise der Regierung Adenauer 1962, bei der Bildung der Großen Koalition 1966 und bei der Bildung der sozialliberalen Koalition 1969, die die alte und die neu gewählte Fraktion noch gemeinsam akzeptierten.

Bei der Notstandsgesetzgebung, die sich ja über Jahre hinzog, erreichten mich Stapel von Protestresolutionen aus den Betrieben, bei der Bildung der Großen Koalition sandte die Landesdelegiertenversammlung des SHB ein beschwörendes Telegramm an alle bayerischen SPD-Abgeordneten mit der Forderung, doch mit der F.D.P. zusammenzugehen.

Die Wogen glätteten sich bald nach den Beschlüssen in Bonn und allmählich sah die Mehrheit in der Partei ein, wie wichtig es war, 1966 die Bundesrepublik aus der wirtschaftlichen Krise zu führen und zugleich die SPD nach der jahrelangen Verteufelung durch Adenauer und seine Mannschaft als absolut regierungsfähig öffentlich auszuweisen. Das hatte besonderen Sinn für die Wahl 1969. Die ganztägigen, bis tief in die Nacht hinein andauernden Fraktionssitzungen 1962, mit der Ablehnung, in ein Kabinett Adenauer einzutreten und die Diskussionen vor der Entscheidung für das CDU/CSU/SPD-Kabinett Kiesinger riefen jeweils bis zu 60 Redner auf den Plan. Die Bayern, hier geführt von Franz Marx, München, wollten sich mit einem Minister Strauß nur schwer abfinden. Gegen eine etwaige Regierungsbeteiligung mit Adenauer hätte ich sicher gestimmt. Sie scheiterte ja schon an den Sachfragen. Dagegen entschied ich mich im Dezember 1966 für das Kabinett Kiesinger, das mit 340 gegen 109 Stimmen bei 23 Enthaltungen in den Sattel gehoben wurde. Bei den Bundespräsidentenwahlen, von denen drei in meine Bundestagszeit fielen, stimmte ich zweimal mit Enthaltung, obwohl 1964 die Fraktion die Wahl Lübkes empfohlen hatte. Bei der Notstandsgesetzgebung hatte ich zuerst gegen die sogenannten „Schubladengesetze" gestimmt, die dann ja auf sozialdemokratischen Druck hin zurückgezogen wurden. Meine Zustimmung, nach vielen, bei der Opposition durchgesetzten wichtigen Abänderungen, wobei sich besonders die Kollegen Matthöfer und Gescheidle betätigten, habe ich vor mir selbst schriftlich eingehend begründet, wobei ich vor allem auch die Sicherung der Pressefreiheit im Spannungsfall im Auge hatte. Ich zitiere aus meiner Begründung: „Ich hatte mir zunächst die Frage vorzulegen, ob meine Neinstimme am 23. März 1933 nicht auch zwingend meine Neinstimme bei der dritten Lesung der Notstandsgesetze erfordere. Dabei kam ich zu folgender Erwägung: Das schwere Versäumnis der Weimarer Republik, ausreichende verfassungsrechtliche Sicherungen gegen einen Mißbrauch des Artikels 48 nicht schon im Frühstadium der reaktionären Entwicklung getroffen zu haben, darf keine Wiederholung finden. Ein demokratisches Parlament muß rechtzeitig Schranken setzen, die schwer oder garnicht übersteigbar sind. Wie eigenartig war und ist doch die Situation im Vergleich zu 1933. Damals stand leider die Mehrzahl der Studenten und Professoren völlig im Banne der faschistischen Ideologie Hitlers, damals war die Kraft und die Entschlossenheit der Arbeitnehmer zum Generalstreik in der entscheidenden Stunde gelähmt durch den jahrelangen eigenen Zwiespalt und gerade da fehlte den Vorgängern der Naziregierung, solange sie noch zur Demokratie standen, ein Ausführungsgesetz zum Artikel 48, das den Mißbrauch dieses ominösen Paragraphen hätte verhindern können. Während der Schlußberatungen zu den Notstandsgesetzen der Bundesrepublik wandten sich rebellierende Studenten und Professoren gegen den Versuch eines demokratischen Parlaments, aus der geschichtlichen Vergangenheit zu lernen und sich künftig nicht mehr von den Feinden der Demokratie überrumpeln zu lassen. Ist es nicht klar, daß Verfassungsänderungen heute äußerst schwierig sind und daß deshalb mit der Entscheidung des 30. Mai 1968 ein historisch bedeutsamer Abschnitt in unserer parlamentarischen Demokratie begann? Wer es ernst mit ihr meint, der wird bei Abwägung einiger Mängel der Notstandsgesetze den überragend positiven Fakten der Vorlage den Vorrang zubilligen. Ich habe dies jedenfalls — 60 Jahre im politischen Leben stehend und deshalb nicht ohne Erfahrung — getan und dies führte zu meinem bewußten Ja!" Helmut Schmidt, der Fraktionsvorsitzende der SPD, erwähnte bei seiner Zustimmungsrede zum Gesetz ausdrücklich auch meine Begründung. Dies löste lebhaften Beifall im ganzen Hause aus.

Die Außenpolitik, heute mehr denn je in engem Zusammenhang mit der Verteidigungspolitik und mit den Fragen der Rüstungskontrolle und der Abrüstung stehend, interessierte mich in meinem politischen Leben immer sehr. Dazu kam seit der Spaltung Deutschlands ja noch die Problematik mit der DDR, verschärft in der Zeit des Kalten Krieges, gemildert durch die Vertragspolitik der sozial-liberalen Koalition. Zuvor hatten in fast auswegloser Situation die Sozialdemokraten einen Versuch mit dem sogenannten Deutschlandplan gemacht. Kaum war er am 18. März 1959 veröffentlicht, fiel die Regierung Adenauer hemmungslos über seinen, die Bundesrepublik ja in keiner Weise bindenden Inhalt her. Die Regierungsparteien sprachen von der Kapitulation der SPD vor der SED, von Verrat. Da sich mit Behauptungen dieser Art im Bundestag mein Wahlkreisnachbar, der Freiherr zu Guttenberg, besonders hervortrat, schlug ich ihm ein Streitgespräch vor, das die Problermatik wenigstens sachlich klären sollte. Guttenberg nahm an und so führten wir in seinem Wahlkreis, in der Stadt Herzogenaurach, das Scharmützel durch. CSU und SPD luden ihre Anhänger in einen großen Saal gemeinsam ein und so sprachen wir vor etwa 1000 Hörern mit festgesetzten Redezeiten und abwechselndem Vorsitz zwischen dem CSU-Landrat und seinem Vize von der SPD. Die Diskussionsredner durften nur das gesetzte Thema berühren. Es lief alles gut und sehr fair, wenn natürlich die Standpunkte offen blieben. Aber sie waren der demagogischen Ummantelung entkleidet. Man trennte sich ruhig.

Von 1960 bis 1968 war ich Mitglied des Bezirksvorstandes Franken und des Landesausschusses der SPD Bayerns und wirkte so auch all die Jahre bei den politischen und organisatorischen Entscheidungen dieser Körperschaften mit.

Bemerkungen aus parlamentarischen Erleben

Imperatives Mandat? Nein, dreimal Nein! Gewiß, es gab und wird es manchmal wieder geben, daß gegen eine Vorlage, einen Gesetzentwurf eine größere Bewegung der Abhlehnenden steht. Dann muß argumentativ auch mit dem Wahlkreisabgeordneten sachlich gerungen werden. Aber befehlen kann und soll die Basis nicht. Nach vier Jahren hat sie alle Macht, den ihr mißliebig gewordenen Abgeordneten an einem neuen Mandat zu hindern. Und wie ist das eigentlich mit der Basis? Verändert sich zum Beispiel in einem Ortsverein die Zusammensetzung der Mitglieder nicht mehr oder weniger laufend? So ist es dann auch meist mit der Einstellung zu bestimmten Fragen. Und es gibt zuweilen auch ein Umdenken. Als ich nach der Verabschiedung der Notstandsgesetze den Delegierten in meinem Wahlkreis ausführlich nochmals das Für und Wider erläutert hatte und inzwischen genau das *nicht* eingetreten war, was bei der emotionalen Aufheizung der Gefühle prophezeit worden war, zum Beispiel sofortige Beschlagnahme von Autos und Lastwagen, da trat Ruhe und Gelassenheit ein. Vielleicht sollten in den

Wahlkreisen die Abgeordneten der Koalition und der Opposition vor sehr wichtigen Entscheidungen Hearings abhalten, um so die Information der Wahlbürger zu verbessern. Das müßte aber auch gelten für die Bewertung der Gefahren von links und rechts, mit dem Willen, nicht auf einem Auge blind zu sein. Was das in manchen Fällen vielleicht günstig wirkende und bremsende Ventil „Bürgerinitiative" betrifft, nun, es darf auch nicht zu einer Art Nebenparlament werden.

Das Petitionswesen soll in den Ländern und im Bund den Bürgern informativ viel näher gebracht werden, denn sie kennen noch zu wenig die Handhabung ihres nicht unbedeutenden staatsbürgerlichen Hilfs- und Schutzrechtes.

Der Petitionsausschuß des Bundestages müßte aber auch noch weitergehende Rechte erhalten. Dies gilt auch für eine Neuregelung der Rechte und Pflichten für die Mitglieder parlamentarischer Untersuchungsausschüsse. Die bisherigen Ergebnisse sind denkbar ungenügend.

Das Amt und die Tätigkeit der jeweiligen Wehrbeauftragten ist positiv zu bewerten. Aber auch hier gäbe es noch wichtige Verbesserungen, die ja von den Amtsinhabern wiederholt angesprochen wurden. Wenig bekannt ist, welch eminent fördernde Rolle einst dem Abgeordneten Ernst Paul, der in der sozialdemokratischen Partei der Tschechoslowakei führend gewesen war, als Mitglied des Verteidigungsausschusses zufiel.

Die Ernennung parlamentarischer Staatssekretäre ist nicht nur eine gute Rekrutierungsstelle für ministrablen Nachwuchs geworden, sondern hat auch die Verbindung zwischen Regierung und Parlament erleichtert, die beamteten Staatssekretäre wohl auch entlastet.

Das Lobbywesen und das Kapitel Beraterverträge verdient nach wie vor höchst mißtrauische Beachtung und schärfste Korrektur. Nur wenn hier keine neuen Skandale mehr in Erscheinung treten können, rechtfertigt sich eine angemessene und gute finanzielle Entschädigung der Abgeordneten, die von jedwedem Wink mit der Brieftasche oder dem Scheckbuch frei bleiben müssen. Natürlich spielt hier auch das Erfordernis, die Kandidaten noch besser auszuwählen und zu prüfen, mit herein.

Die Ausschußarbeit muß auch in Zukunft die Hauptaufgabe des Parlaments bleiben. Nur so ist die wirksame Kontrolle der Regierung gesichert. Die seit Jahren in der Öffentlichkeit immer wieder erörterte und kritisierte ungenügende Präsenz der Abgeordneten bei der Tagung des Plenums wird wohl auch künftig noch die Fraktionsführungen beschäftigen. Aber eine Schwerpunktverlagerung vom Arbeitsparlament auf ein Redeparlament — Beispiel England — wäre doch sehr problematisch.

Die Arbeitsbedingungen für die Abgeordneten verbesserten sich gegen Mitte der siebten Legislaturperiode erheblich durch den Ausbau des wissenschaftlichen Hilfsdienstes und die Einführung von Assistenten. Schon unter dem Bundestagspräsidenten von Hassel waren fortschrittliche Maßnahmen eingeleitet worden, die Präsident Stücklen weiter fördert.

Was die freie Entscheidung des Abgeordneten nach Artikel 38 des Grundgesetzes betrifft, so kann ich mich nicht erinnern, je von der Fraktionsführung unter Druck gesetzt worden zu sein. Das gilt jedenfalls in meiner Zeit auch für alle meine Kollegen. Es gilt nur, eine abweichende Meinung, Entscheidung des Gewissens, rechtzeitig und offen der Fraktion kundzutun, damit sie vor Überraschungen im Plenum bewahrt bleibt. Das muß auch künftig so sein. Im Blick auf die skandalösen Fälle des plötzlichen Fraktionswechsels sollte ernstlich erwogen werden, ob die Geschäftsordnung, vielleicht sogar das Grundgesetz, bestimmte Sicherungen zuläßt. Die „Wanderer" aus der SPD waren nie bewußte Sozialdemokraten. Es ging bei ihnen nicht um eine Gewissensfrage. Übersteigertes persönliches Geltungsbedürfnis und reine Job-Gesinnung, bei einem Mann sogar hemmungsloser Nationalismus, waren die Triebkräfte. Ein Grund mehr für die Delegierten der Wahlkreise, bei der Kandidatenaufstellung „auf Herz und Nieren" zu prüfen. In diesem Zusammenhang ist auch die Wahrnehmung wenig erfreulich, daß Abgeordnete, die auf eine neue Kandidatur freiwillig verzichten, dann vor dem Fernsehen Fraktion und Partei zumindest unfreundlich behandeln. Die Rücktrittsbegründungen sind wenig überzeugend, vor allem nicht für einen alten Sozialdemokraten, der selbst erlebt hat, was für die Partei in früheren Jahrzehnten an Hingabe geleistet werden mußte und dies natürlich ohne die Hilfsmittel unseres technischen Zeitalters. Ich kann zum Beispiel auch nicht verstehen, daß ein Wahlkreis ohne zwingende Not abgegeben wird und dadurch der Partei verloren geht.

In bester Erinnerung bleiben mir beim Rückblick auf meine Bundestagsjahre: Erich Ollenhauer, der sehr kluge, integre und auch menschlich-gütige Partei- und Fraktionsvorsitzende, der ungemein begabte, glänzende Redner Fritz Erler, persönlich kühl und sorgsam abwägend bei Kontakten, Helmut Schmidt, ein Fraktionsvorsitzender von überragender Intelligenz und brillanter Verhandlungskunst, Herbert Wehner, der tiefschürfende, politische Analytiker mit großer, leidvoller Erfahrung und unbeugsamem Willen, unter einer rauhen Schale der inneren Güte nicht fremd: last not least Willy Brandt, der impulsive Parteivorsitzende und drängende Außenminister. Als er Bundeskanzler wurde, ging ich gerade in Pension. Ich denke an den geistvollen Carlo Schmid, den langjährigen Bundestagsvizepräsidenten, deutsch-französischen Koordinator und Präsidenten des Seniorenrates der SPD, dem auch anzugehören ich als große Ehre empfinde. Gustav Heinemann konnte ich bei der Bundespräsidentenwahl in Berlin noch meine Stimme geben. Sehr schätzte ich auch Schmidt-Vockenhausen, Dr. Friedrich Schäfer, Erwin Schoettle, den Haushaltsexperten, um nur einige von vielen tüchtigen, liebenswerten Kollegen und Freunden zu nennen.

Aber auch der politische Gegner, präsentiert von zwei Parteien, die sich ohne Einschränkung zum parlamentarisch-demokratischen Rechtsstaat bekennen, der erfreulichste Unterschied zu Weimar, verdient in meiner Erinnerung respektvolle Erwähnung: Konrad Adenauer, Dr. Erhard, Heinrich von Brentano, Dr. Schröder, Strauß, Barzel, von Hassel, Stücklen, Carstens, Guttenberg von der CDU/CSU, Dr. Dehler, Scheel, Genscher von der F.D.P. Sie alle erlebte ich in meiner Zeit amtierend und in oft hartem Meinungsaustausch mit uns Sozialdemokraten. Es gab ja Debatten mit Niveau bei wichtigen Entscheidungen im Plenum. Eine große Koalition gab es auch als Vorläufer zur sozial-liberalen, die ich nicht mehr im Parlament genießen konnte.

1970—1980 Der Pensionist

Nicht ein Tag der bisher 10 Jahre umfassenden Pensionistenzeit brachte mir Langeweile. Ich war — und bin noch immer — als Referent und Diskussionspartner tätig und verfolge aufmerksam die politischen Vorgänge in den Parteien, im Bund und in den Ländern, besonders aber das außenpolitische Geschehen. In den ersten Jahren nach der Einleitung der Ostpolitik der Regierung Brandt-Scheel und dann Schmidt-Genscher vertrat ich in einer Reihe von Arbeitnehmer-Seminaren die Verhandlungsergebnisse, später die innerdeutschen Bemühungen, das Abkommen über Berlin, den Vertrag mit Polen, unsere Haltung in der NATO zum wichtigsten Bündnispartner USA, zu Frankreich und zur Europäischen Gemeinschaft. Beim Wahlkampf 1976 konnte ich dem Erlanger Kandidaten, dem Abgeordneten und Staatssekretär Dr. Haack, meinem Nachfolger im Wahlkreis, mit einigen Versammlungen dienen. Während des Bundestagswahlkampfes 1980 sprach ich in Seniorenversammlungen in Kiel, Augsburg, Weilheim, Passau und im Münchener Wahlkreis von Justizminister Dr. Vogel. Im Rahmen der Bildungsarbeit der Friedrich-Ebert-Stiftung referierte ich in Bernried und auf der Vollmar-Akademie in Kochel über Parteigeschichte, über das Godesberger Programm und den demokratischen Sozialismus, insbesondere aber, und hier aus eigenem Erleben, über die letzte Phase der Weimarer Republik. Bei den jungen Jahrgängen der Seminarbesucher nimmt das Interesse an unserer geschichtlichen Vergangenheit sichtlich zu. Auch bei Vorträgen in Ortsvereinen der SPD und bei Gruppen von Zeitungsvolontären konnte ich große Aufgeschlossenheit feststellen. Für diese politische Aufklärung stehe ich jetzt auch nach meinem 80. Geburtstag weiterhin zur Verfügung, solange die physischen Voraussetzungen dafür vorhanden sind.

Als letztem noch lebenden Reichstagsabgeordneten aus der Gruppe der 94, die am 23. März 1933 namentlich Nein zu Hitlers Ermächtigungsgesetz sagten, bereitete mir die Partei am 26. August 1980, zwei Tage nach meinem Geburtstag, im Ollenhauerhaus in Bonn einen mich überwältigenden Empfang, zu dem trotz der Wahlkampfzeit eine überraschend große Zahl von Kollegen und Parteifreunden erschien. Auch meine Vaterstadt Augsburg war vertreten. Willy Brandt sprach als Parteivorsitzender herzliche Worte des Dankes, die ich in meiner Erwiderung auf alle meine damaligen Koallegen ausdehnte, denn nur so konnte ich die Ehrung seelisch verkraften. Am 30. August folgte in Erlangen in Anwesenheit des Landesvorsitzenden der SPD Bayerns und des Bundesministers Dr. Haack eine weitere Ehrung, an der nicht nur aus meinem einstigen eigenen Wahlkreis, sondern auch aus angrenzenden Gebieten viele Parteifreunde und Mitstreiter teilnahmen. Helmut Rothemund überreichte mir dabei die Georg-von-Vollmar-Medaille, gestiftet für besondere Verdienste um die Bayerische Sozialdemokratie. Neben dem Bayerischen Verdienstorden von 1964 und dem Großen Verdienstkreuz mit Stern der Bundesrepublik, verliehen 1969 und 1980, nimmt die Gedenkmedaille an den bedeutenden bayerischen Parteivorsitzenden und Abgeordneten der politischen Kampfzeit um die Jahrhundertwende bis nach dem ersten Weltkrieg einen besonders hohen Rang bei mir ein. Sie grenzt den letzten Abschnitt meines verwunderlich langen Lebens ab, das ohne Schwanken den humanitären, sozialen und kulturellen Zielen der Sozialdemokratie gewidmet war und ist.

AUSWAHLVERZEICHNIS
WEITERER VERÖFFENTLICHUNGEN VON JOSEF FELDER

„Das dramatische Ende von Weimar". In: „Arbeiterzeitung", Wien, Juli 1933.
„Wie war das am 23. März 1933?". In: „Südostkurier", 12. und 15. 2. 1947.
„Das Kabinett in Gefahr". In: „Südostkurier", 7. 5. 1947.
„Bewährungsfrist". In: „Südostkurier", 14. 5. 1947.
„Die treibende Kraft". In: „Südostkurier", 16. 5. 1947.
„Der Steg zerbrach". In: „Südostkurier", 7. 6. 1947.
„Nürnberg". In: „Südostkurier", 28. 6. 1947.
„Das Programm Nr. 2". In: „Südostkurier", 19. 7. 1947.
„Regierungskrise?". In: „Südostkurier", 13. 9. 1947.
„Kein Ausnahmeschutz für Politiker". In: „Südostkurier", 15. 11. 1947.
„Die bayerischen Separatisten". In: „Südostkurier", 10. 12. 1947.
„Der ‚Staatsstreich' Dr. Schäffers". In: „Südostkurier", 18. 1. 1948.
„Der Schatten über der CSU". In: „Südostkurier", 28. 1. 1948.
„Angriff und Abwehr". In: „Südostkurier", 11. 2. 1948.
„Der neue Abschnitt". In: „Südostkurier", 1. 9. und 4. 9. 1948.
„Von den ‚bayerischen Löwen' bis zur KPD". In: „Südostkurier", Nr. 64 bis 68, Folge V am 4. 9. 1948.
„Wie bisher: Fester Kurs!". In: „Südostkurier", 31. 12. 1948.
„Für die Freiheit der Presse". In: „Südostkurier", 4 Abhandlungen am 19. 1., 22. 1., 24. 1., 26. 1. 1949.
„Bayerns Senat zum Pressegesetz". In: „Südostkurier", 29. 1. 1949.
„Der Reichstag beugt sich brutaler Gewalt". In: „Fränkische Tagespost" und „Erlanger Volksblatt", 22. 3. 1963.
„Der Reichstag kapituliert". In: Augsburger Allgemeine, Jg. 1973, Nr. 64, Fränkische Tagespost, März 1973.
„Schleicher wälzt die Schuld von sich". In: „Vorwärts", 1973, Nr. 12.
„Vor 40 Jahren ließ Hitler die SPD verbieten". In: „Vorwärts", 21. Juni 1973.

Verhandlungen des Deutschen Bundestages. Stenographische Berichte — Plenarprotokolle:

3. Wahlperiode
Zum Bundeshaushalt 1960: Ersuchen an die Bundesregierung zum Erlassen der Satzung für die Stiftung „Preußischer Kulturbesitz", 112. Sitzung, S. 6334 D f.

5. Wahlperiode
Jahresbericht 1967 des Wehrbeauftragten des Deutschen Bundestages. Ausführliche Behandlung der Fragen der inneren Führung. 207. Sitzung, S. 11224 B ff.

Hans Dichgans

Meinen Enkeln
Jan, Robert, Katharina und Paul
gewidmet

Dr. Hans Dichgans
CDU

Geb. am 16. Mai 1907 in Wuppertal-Elberfeld; juristisches Studium in Freiburg, Paris und Bonn; 1933–45 Verwaltungsbeamter im Reichsdienst; von 1946 an in verschiedenen Bereichen der Wirtschaft, seit 1953 in Organisationen der Stahlindustrie;
1955 Vorsitzender der Bezirksgruppe Lohausen-Stockum der CDU; 1957–62 Mitglied des Beratenden Ausschusses bei der Europäischen Gemeinschaft für Kohle und Stahl in Luxemburg; 1961–70 Mitglied des Europäischen Parlaments,
1961–1972 Mitglied des Bundestages.
Hans Dichgans verstarb am 21. März 1980.
Bei der Abfassung des Manuskripts wurde der Autor von Prof. Dr. Eberhard Pikart beraten.

INHALT

	Seite
Vorwort	89

Herkunft und Bildungsgang 91

    Politisches Erbe 91
    Die Familie 91
    Gymnasium 92
    Erste Berührung mit der Politik 93
    Juristerei 94
    Bei der Osthilfe in Stettin 97
    Bei der Reichswehr 98
    Nationalsozialismus 100
    Bei der Reichsbahn und beim Reichskommissar für die Preisbildung 104
    Praxis in der Wirtschaft 106
    Politische Anfänge 108
    Arbeit in der CDU 108
    Kirchenpolitik 109
    Der Weg zur Kandidatur 111
    Die innere Lobby 113
    Widerstände 115

Die Bonner Szene 116

    Erste Eindrücke im Bundestag 116
    Der Plenarsaal 119
    Die Präsenz 120
    Parlamentarische Rhetorik 122
    Beginn der Arbeit 124
    Der Wissensstand 125
    Wissensquellen im eigenen Lebensbereich 126
    Solidarität 127

Die großen Rollen 131

    Der Präsident des Bundestages 131
    Bundeskanzler Konrad Adenauer 134
    Adenauer als Repräsentant des bürgerlichen Zeitalters ... 136
    Das Ende der Adenauer-Zeit 139

Seite

Bundeskanzler Ludwig Erhard 144
Bundeskanzler Kurt Georg Kiesinger 153
Bundeskanzler Willy Brandt 155
Die Bundespräsidenten 157

Schwerpunkte der Arbeit 161

Europäische Politik 161
Das Europäische Parlament 164
Arbeit in der Straßburger Fraktion und in den Ausschüssen . . . 167
Möglichkeiten europäischer Politik 169
Europäische Münzen 172
Steuerpolitik 174
Umsatzausgleichsteuer und Mehrwertsteuer 176
Deutschlandpolitik 179
Reisen in die DDR 181
Die Dresdner Oper 185
Polen 187
Wirtschaftspolitik 194
Röhrenembargo 196
Mitbestimmung 198
Wirtschafts- und Sozialrat 200
Die Interparlamentarische Arbeitsgemeinschaft 202
Das Fluglärmgesetz 205
Rechtspolitik 206
Bundestag und Bundesverfassungsgericht 209
Revision des Grundgesetzes 209
Bildungspolitik 212
Verkürzung der Studienzeiten 214
Die Ausbildung der Juristen 216
Außenpolitik 217
Anstöße 219

Die Technik der parlamentarischen Arbeit 221

Die Geschäftsordnung 221
Drucksachen und Informationen 225
Politikberatung 227
Die Heinzelmännchen 230
Grenzen der Hilfe 232

  Seite

Der menschliche Bereich 234

   Die Abgeordneten als menschliche Gemeinschaft 234
   Der Abgeordnete als Ombudsmann 236
   Die Beziehung zum Wähler 237
   Nachbarschaft 238
   Streitgespräche mit der Jugend 239
   Publikationen 245

Ausgang 248

   Abschied aus dem Bundestag 248
   Abschließende Betrachtungen 249

Auswahlverzeichnis weiterer Veröffentlichungen von Hans Dichgans . . 251

VORWORT

Wer hat noch ein eigenes, fundiertes Urteil über unseren künftigen Bedarf an Energie; über die Gefahren von Atomkraftwerken; über die realen Möglichkeiten alternativer Lösungen? Wer versteht genug von der Problematik einer gesicherten Finanzierung künftiger Sozialleistungen?
Vor 25 Jahren gab es politische Grundentscheidungen, bei denen die Bürger sich ein eigenes Urteil bilden konnten: Zusammenschluß in Europa, beginnend mit der Gründung einer Montanunion Kohle und Stahl, die eine völlig neue Form übernationaler Souveränität schuf. Entscheidung für den Westen, mit der Bereitschaft, die Position der Bundesrepublik durch Wiederbewaffnung zu verstärken, auf die Gefahr hin, die Wiedervereinigung Deutschlands dadurch zu erschweren.
Ob andere Entscheidungen bessere Ergebnisse hätten bringen können, mag offen bleiben. Aber die Problematik, die Gründe dafür und dagegen, waren den Bürgern verständlich.
Heute reicht die eigene Sachkunde in der Politik nicht mehr aus. Wir sind in zunehmendem Maße auf das Vertrauen zu Experten mit höherer Sachkunde angewiesen. Immer stärker kommen unsere Wahlen auf Bekundungen eines solchen Vertrauens heraus. Nicht so sehr Zustimmung zu einem präzisen Programm, sondern Ausdruck des Vertrauens zu bestimmten Personen und deren Fähigkeit, in künftigen, schwierigen Lagen, die im Augenblick noch nicht vorauszusehen sind, die bestmöglichen Lösungen zu finden und durchzusetzen.
Die Mehrheit des Bundestages legt dann am Ende fest, was geschehen soll. Was der Bundestag leistet und versäumt, beruht auf dem Zusammenwirken von gut 500 Abgeordneten. In der vierten Wahlperiode, meiner ersten, waren es 521, später 518, wegen des Fortfalls von Überhangmandaten. Seit der Gründung des Bundestages waren es insgesamt fast 1800.
Wie sie sich in den Abstimmungen verhalten, beruht in erster Linie auf der Struktur ihrer Persönlichkeit, auf Herkunft und Bildungsgang, mit einem Element von Gefühlen, auch Vorurteilen. Ein Bauer sieht die Welt anders als ein Buchdrucker. Gewiß wirken in der Diskussion über die jeweilige Problematik auch die Sachargumente. Wenn sie jedoch das entscheidende Gewicht hätten, das ihnen die Theorie des Parlamentarismus zuschreibt, dann müßte es weit öfter wechselnde Mehrheiten geben, die sich quer durch die Fraktionen zusammenfänden. Solche Fälle sind jedoch sehr selten. Meist ist die Solidarität wirksamer als die Argumentation.
Die menschliche Substanz der Abgeordneten ist also die Grundlage der deutschen Politik.
Die meisten Bürger wissen nur wenig von ihren Abgeordneten. Was in den amtlichen Handbüchern des Deutschen Bundestages steht, liefert oft nur

magere Informationen über den Aufstieg in den Organisationen der Partei und über den Werdegang im Beruf.
Die Problematik der Arbeit eines politischen Parlaments läßt sich am ehesten an konkreten Situationen, an charakteristischen Erfahrungen, an Lebensläufen verschiedener Art deutlich machen, als Summe einer Vielzahl unterschiedlicher Meinungen und Wertungen. Material zu Antworten auf die Frage: welche Art von Menschen sind das, die Abgeordneten, die unsere Politik bestimmen?
In diesem Sinne hat der Bundestag am 27. Mai 1966 beschlossen:
> Der Präsident des Deutschen Bundestages wird gebeten, ein Archiv „Erinnerungen von Abgeordneten" anzulegen.

Damit folgte er einem Entschließungsantrag der Abgeordneten Professor Carlo Schmid (SPD), Thomas Dehler (F.D.P.), Hans Dichgans (CDU/CSU) und weiterer 17 Genossen. Die beiden ersten Unterzeichner waren damals Vizepräsidenten des Deutschen Bundestages. Eugen Gerstenmaier hatte vom Stuhl des Präsidenten seine Zustimmung erkennen lassen. Der Beschluß wurde bei der dritten Beratung des Entwurfs des Haushaltsgesetzes 1966, Einzelplan „Deutscher Bundestag", gefaßt.
Professor Karl Carstens, damals Präsident des Deutschen Bundestages, erinnerte mich 1978 an diesen Beschluß und regte an, ich möge Erinnerungen zu Papier bringen.
Ich war von 1961 bis 1972 Mitglied des Deutschen Bundestages (4. bis 6. Legislaturperiode), von meinem 54. bis zu meinem 65. Lebensjahr, Mitglied der Fraktion CDU/CSU, auf der Landesliste Nordrhein-Westfalen gewählt. Von 1961 bis 1970 war ich daneben Mitglied des Europäischen Parlamentes in Straßburg.
Wer einen Abgeordneten anschaulich machen will, muß auch über seine Herkunft und seinen Bildungsgang berichten, über die Erfahrungen, die er in den Bundestag mitbrachte, über die Kräfte, die sein Leben und seine Anschauungen formten. Im Text sind als Momentaufnahmen, als Abbildungen sozusagen, Auszüge aus einigen meiner Reden zitiert.

HERKUNFT UND BILDUNGSGANG

Politisches Erbe

Neigung zur Politik lag in der Familie. Die Großväter, 1844 und 1851 geboren, hatten beide im Sinne der katholischen Interessen politisch gearbeitet. Beide hatten in den Jahren des Kulturkampfes, an die sie sich bilderreich erinnerten, in katholischen Organisationen führend mitgewirkt und den Aufschwung der Zentrumspartei miterlebt, die zeitweise die stärkste Fraktion im Deutschen Reichstag gebildet hatte. Von den politischen Fehden der siebziger Jahre des vorigen Jahrhunderts, von ihren dramatischen Höhepunkten, habe ich als Kind im Familienkreise oft erzählen hören. Die preußische Regierung hatte den Kölner Erzbischof auf die Festung Minden abgeführt; damals waren alle preußischen Erzdiözesen und viele Pfarrstellen verwaist, weil keine neuen Bischöfe, keine neuen Pfarrer bestellt werden durften; die katholischen Geistlichen bildeten zeitweise die stärkste Gruppe der politischen Gefangenen in Preußen. Die Erinnerungen an diese Zeiten harten politischen Kampfes waren in alten Zentrumsfamilien ebenso lebendig wie in alten sozialistischen Familien, die unter dem Sozialistengesetz gelitten hatten.

Die Familie

Bei den vier Urgroßvätern nennen die Sterbeurkunden folgende Berufe: Fabrikarbeiter, Maschinenwärter, Stellmacher und Schlosser. Keiner von ihnen hatte es zu einer selbständigen Existenz gebracht. Bei den früheren Vorfahren tauchen zahlreiche Berufe aus dem Handwerkerstande auf. Einer war Kaffeemühlenkastenmacher.
Die beiden Großväter hatten in ärmlichen Anfängen als Laufjungen begonnen, waren aber dann später selbständige Kaufleute in eigenen Geschäftsgebäuden geworden.
Mein Vater, Apotheker, 1877 geboren, war der erste Akademiker in der Familie, der einzige in seiner Generation. Er war Apotheker geworden, weil man dazu nur die mittlere Reife (Abschluß der Untersekunda) benötigte. Das Studium setzte das Bestehen einer staatlichen Prüfung zum Apothekergehilfen voraus; Befähigung zu einer Tätigkeit, mit der sich auch ein Teil der Studienkosten finanzieren ließ. Als angestellter Apotheker arbeitete er zunächst in Interlaken, dann in Hamburg. Im Jahre 1905, mit 28 Jahren, wurde er Verwalter der Apotheke des Städtischen Krankenhauses in Elberfeld.
Der preußische Innenminister berief ihn 1912 für fünf Jahre in den Apothekerrat, ein Mandat, das 1917 erneuert wurde. 1913 promovierte er zum Dr.

phil. an der Universität Bern (in Deutschland war das nicht möglich, weil er kein Abitur besaß). 1916 bestand er in Bonn die Hauptprüfung für den Beruf des Nahrungsmittelchemikers. Er wurde dann Direktor des Nahrungsmittelchemischen Untersuchungsamtes der Stadt Elberfeld. 1932 machte er sich in einer eigenen Apotheke in Düsseldorf selbständig.

Gymnasium

Mein Vater schickte mich auf das humanistische Gymnasium unserer Heimatstadt, das auch er schon besucht hatte, eine Schule, 1592 errichtet, mit den Schwerpunkten Latein und Griechisch, aus einer alten reformierten Stiftung stammend.
Bei griechischen Plato-Texten wurde damals das meiste von dem diskutiert, was man heute zur Gesellschaftskunde rechnet, und diese Verbindung von Philologie und Sachdiskussion habe ich als sehr fruchtbar empfunden.
Französischen Unterricht hatten wir vier Jahre lang, englischen drei Jahre. Was ich dort gelernt habe, bot einen guten Einstieg in spätere eigene Sprachstudien. Die künftigen Theologen lernten Hebräisch als fünfte Fremdsprache.
Wir waren daran gewöhnt, daß man nachmittags Schularbeiten zu machen hatte, bei großen Hausaufsätzen zuweilen bis in die Nacht hinein. Aber ich kann mich an keinen Fall erinnern, in dem ein Mitschüler über unerträgliche Schulbelastung geklagt hätte. Schon der Sextaner lernte, daß man sich im Gymnasium nur bei einem ausreichenden Maß von häuslichem Fleiß halten konnte. Aber auch: daß die Aufgaben bei mittlerer Intelligenz bewältigt werden konnten, wenn man stetig arbeitete. Und dieses Arbeiten wurde systematisch eingeübt.
Wir halfen einander nach Kräften. Von dem schädlichen „Notenehrgeiz", den ein preußisches Kultusministerium schon im Jahre 1832 verurteilt hatte, war bei uns nichts zu spüren.
Mein besonderes Interesse galt den Fächern Deutsch und Geschichte. Die Bibliothek des Elternhauses war bescheiden. Aber ich war von früher Jugend an häufiger Gast der Borromäus-Bibliothek unserer Laurentiuskirche, die einen beträchtlichen Bücherbestand bereithielt, von Abenteuergeschichten bis zu großen historischen Werken. Bald wurde ich auch in der gut bestückten Stadtbücherei heimisch.
In unserem Gymnasium dachte niemand daran, daß die Schule uns auf einen bestimmten Beruf vorzubereiten hätte. Wir lernten, daß man präzise arbeiten müsse, und dafür sind die komplizierten Regeln der lateinischen Grammatik ein vorzüglicher Lehrstoff. Wer es gelernt hat, daß sich wichtige Probleme nicht mit einer flüchtigen Bemerkung bewältigen lassen; daß man Tatsachen und Argumente in intensiver Arbeit zusammensuchen und sorgfältig gegeneinander abwägen muß; wer ferner in der Lage ist, seine Über-

legungen überzeugend darzustellen, hat sich eine Grundlage geschaffen, die er überall im Leben braucht, im Beruf und auch in der Politik.
Alles hängt mit allem zusammen, die griechische Grammatik auch mit der Naturwissenschaft. Mein Klassenkamerad und Freund Hans Sachsse wurde als Chemiker Mitglied des Vorstandes einer großen Aktiengesellschaft und schrieb dann später noch als Professor ein mächtiges Buch über Naturphilosophie. Das war der Bildungshorizont eines alten humanistischen Gymnasiums.

Erste Berührung mit der Politik

Mein Vater war 1910 Mitglied der Zentrumspartei geworden. Im November 1918 wurde er zum Vorsitzenden seiner Bezirksgruppe gewählt. Nach kurzer Zeit kam er in den Stadtrat, die „Stadtverordnetenversammlung", wie es damals hieß. Zeitweise war er auch passives Mitglied des „Reichsbanners Schwarz-Rot-Gold", das Sozialisten und Zentrumsleute zur Abwehr von Schlägergruppen der Extremisten rechter und linker Färbung gegründet hatten. In der Weimarer Zeit war er viele Jahre Vorsitzender der Zentrumsfraktion im Wuppertaler Stadtrat, bis er Juli 1933 sein Mandat niederlegen mußte.
Er war auch von 1920 bis 1933 Mitglied des Rheinischen Provinziallandtages.

An der politischen Arbeit meines Vaters war ich schon als Schüler beteiligt. Ich trug Einladungen zu Versammlungen aus. Ich stand vor Wahllokalen, um Stimmzettel zu verteilen. Jeder Wähler mußte damals einen gedruckten Stimmzettel seiner Partei in einen Umschlag stecken. Die alten Parteien, fleißiger als heute, unterhielten in allen Wahllokalen Schreiber, welche in ihren Listen die Abstimmenden ankreuzten. Gegen 14 Uhr begann dann die Aktion der „Schlepper", welche die säumigen Wähler zur Wahl aufforderten. Bei dieser Tätigkeit habe ich in jungen Jahren in viele Wohnungen hineingesehen.
Die Dienstwohnung des Krankenhausapothekers lag in einem Bezirk, in dem es neben mittelständischen Häusern auch zahlreiche triste Arbeiterwohnungen gab. Soziale Wirklichkeit: in diesen Ein- und Zweizimmer-Wohnungen sah man, wie kümmerlich viele Arbeiter leben mußten. Ich habe noch das Bild eines Dachzimmers vor Augen, wo eine kranke Frau, die vor kurzem entbunden hatte, auf Matratzen unter einer Dachschräge lag, unmittelbar unter den Dachziegeln.
Als Student half ich meinem Vater bei der Vorbereitung seiner Reden, die er in Wahlversammlungen zu halten hatte. Ich lernte dabei große Redner kennen. Josef Wirth und Heinrich Brüning, beide Reichskanzler der Weimarer Zeit, habe ich als Gäste in unserer Wohnung erlebt.
Die Welle der politischen Leidenschaften schlug auch in unser Gymnasium hinein. Im Januar 1923 hatte die französische Armee über das Gebiet hinaus,

das nach dem Versailler Vertrag besetzt werden durfte, das gesamte Ruhrgebiet in Besitz genommen. Dabei war jedoch, mit Rücksicht auf die Engländer, der Bereich Wuppertal ausgespart worden. Die Städte Barmen und Elberfeld bildeten damals die westliche Spitze des noch unbesetzten Gebietes.

Zahlreiche Behördenchefs, von den Besatzungsmächten ausgewiesen, fanden hier eine erste Unterkunft und konferierten auch mit meinem Vater. Im großen, gefährlich überfüllten Saal der Elberfelder Stadthalle erlebte ich die Trauerfeier für Albert Leo Schlageter, den die Franzosen wegen eines Attentates auf eine Eisenbahnlinie erschossen hatten. Der katholische Caritasdirektor Hans Carls hielt eine leidenschaftlich anklagende Trauerrede.

Manche Klassenkameraden kamen mit Revolvern zur Schule, und zuweilen ging auch ein Schuß los, ein Vorgang, bei dem in einer anderen Schule ein Schüler zu Tode kam. Einige wenige Schüler trugen auch ein Hakenkreuz, Kennzeichen militanter Nationalisten. Die Stärke der antisemitischen Komponente war uns damals nicht bewußt. In meinem Gymnasium hatte ich niemals einen jüdischen Klassenkameraden. In anderen Klassen gab es jüdische Schüler. Wir betrachteten sie, soweit wir überhaupt an Unterschiede dachten, als eine religiöse Minderheit, in einem Status, wie ihn zur Schulzeit meines Vaters auch die Katholiken an unserem evangelisch-reformierten Gymnasium gehabt hatten.

Ich war damals Mitglied der links-katholischen Jugendbewegung „Quickborn", die Gymnasiasten mit jungen Arbeitern zusammenführte. Romano Guardini war einer der Führer dieser Bewegung. Ich habe ihn bei Vorträgen und Gesprächen unter der alten Linde in unserer Burg Rothenfels am Main erlebt. Zuweilen trug ich auch die entsprechende romantische Kleidung, den „Wanderkittel", ein primitives, über einer kurzen Cordhose zu tragendes Leinenhemd, das die Mutter schneiderte und das man nach individuellen Wünschen färben ließ.

Ich war ein überzeugter Anhänger der Weimarer Republik und gehörte deshalb zum linken Flügel meiner Schulklasse. Dort haben wir uns trotz aller politischer Meinungsverschiedenheiten menschlich vorzüglich verstanden. Fanatiker gab es bei uns nicht.

1925 bestand ich mein Abitur, mit 17 Jahren, was damals häufig vorkam.

Juristerei

Noch bis in die Oberprima hinein hatte ich Ingenieur werden wollen. Mein Vater redete mir das aus. Er meinte, ich solle doch Verwaltungsjurist werden, Oberbürgermeister etwa, eine Position anstreben, die dem langjährigen Stadtverordneten besonders begehrenswert erschien.

Dieses Amt verband damals im Rheinland die Spitze der städtischen Exekutive mit dem Vorsitz in der Stadtverordnetenversammlung, nach heutiger

nordrhein-westfälischer Terminologie also Oberbürgermeister und Oberstadtdirektor in einer Person.
Unter den rheinischen Oberbürgermeistern gab es große Männer mit weithin bekannten Namen. Konrad Adenauer war der mächtigste unter ihnen.
In Freiburg, wo ich mich in der Juristischen Fakultät hatte einschreiben lassen, konnte man sich damals noch zu einem freiwilligen Semestral-Examen melden, das sich in einem formlosen Gespräch mit einem Professor vollzog. Am Ende meines ersten Examens kam ich auf diese Weise zu unserem Deutschrechtler, Freiherr von Schwerin. Er fragte mich, was ich denn werden möchte. Meine Antwort: „Bürgermeister in Husum oder deutscher Konsul auf den Fidschi-Inseln" amüsierte ihn sichtlich. Offenbar hatte er Verständnis für Romantik. (Ich habe weder die Stadt Husum noch auch die Fidschi-Inseln je kennengelernt.)
Das juristische Studium begann damals mit den historischen Fächern, der deutschen Rechtsgeschichte und dem römischen Recht. Das Recht nicht als eine Summe von Vorschriften, die man auswendig zu lernen hat, sondern als eine Summe von Problemen des menschlichen Zusammenlebens. Welche Lösungen hat man im Laufe der Jahrhunderte für diese Probleme gefunden, im Bereich des Personenrechts, des Vertragsrechts, des Sachenrechts? Welches sind die Vorteile und die Nachteile der verschiedenen Lösungen? Besonders reizvoll die unterschiedliche Behandlung der gleichen Probleme im römischen und im deutschen Recht, von Montag bis Freitag je eine Vorlesung: 7.15 Uhr morgens deutsche Rechtsgeschichte beim Freiherrn von Schwerin, einem brillanten, hochgebildeten Lehrer. Einen Teil seiner Vorlesung absolvierte er, indem er, die Hände auf dem Rücken, in einem Mittelgang zwischen den Studentenbänken auf und ab ging, bekümmert darüber, daß die Studenten so wenige Zwischenfragen stellten. Zwei Stunden später bei dem Romanisten Otto Lenel, einem kleinen alten Mann, der — so schien es — das corpus iuris auswendig wußte. Da beide Professoren auch das geltende Bürgerliche Recht in ihre Ausführungen einbezogen, bot der dreifache Aspekt der Problematik einen schlechthin idealen Unterricht.
Einen ähnlich starken Eindruck habe ich später nur noch von Carl Schmitt in Bonn erhalten. Seine große Vorlesung Staatsrecht habe ich zweimal gehört. Es waren zwei sehr verschiedene Vorlesungen, keineswegs ein Vortragen des gleichen Manuskripts. Auch hier ging es immer wieder darum zu zeigen, wo die Probleme liegen und wie man sie lösen kann, jeweils mit der Problematik, die jede der denkbaren Alternativen auf ihre Weise zu bewältigen hat.
Mein erstes Studienjahr in Freiburg erscheint mir im Rückblick wie eine Bilderbuchgeschichte. Exzellente Vorlesungen. Ausblicke in andere Disziplinen. Hermann Kantorowicz sprach über die deutsche Kriegsschuld, abwägend, aber überwiegend kritisch, was seiner Vorlesung Störungen eintrug. Gelegentlich an Nachmittagen eine Stunde bei dem Philosophen Edmund Husserl. Wir hörten ihn mit hohem Respekt, da uns sein Ruhm bekannt

war. Aber wir verstanden ihn nicht. Schopenhauer, meinte ich jugendlich kritisch, hätte besseres Deutsch formuliert. Medizinische Freunde nahmen mich zuweilen mit in ihre Vorlesungen.

Ein französischer Sprachkurs, zu dem mir mein Vater geraten hatte, brachte unter einem temperamentvollen Wiener Lektor nicht nur neue Kenntnisse, sondern auch die Motivation, sich intensiver mit dieser brillanten Sprache zu befassen.

Aber nicht nur Studium. Auch gute Freunde, denen ich lebenslang verbunden blieb, darunter Franz Meyers, später Ministerpräsident in Düsseldorf.

Ich wurde Mitglied der kurz vorher gegründeten, modern orientierten katholischen KV-Korporation „Flamberg". Obwohl sie sich mit dem Namen eines alten Schlachtschwertes bezeichnete, war sie friedlich gesonnen. Sie war so modern, daß sie gelassen auch meine puritanische Haltung tolerierte, die aus Quickborn-Tagen eine entschlossene Ablehnung von Alkohol und Tabak durchhielt.

Im Wintersemester 1926/27 wurde ich dort zum Senior gewählt,

Der Schwarzwald, Wanderungen, im Winter mit Skiern, romantische Feste, vielstündige nächtliche Gänge quer durch die Stadt, hin und zurück, mit gewichtigen Gesprächen. Studentenzeiten einer vergangenen Epoche.

Ein Sommersemester an der Ecole de droit in Paris war juristisch wenig fruchtbar, erfüllte mich aber mit Respekt vor der hochgezüchteten Eloquenz, der straffen Gliederung des Vortrages, der Bedeutung, die man dort der rhetorischen Darstellung beimaß. Als ich mich im Frühling 1926, siebeneinhalb Jahre nach Beendigung des Krieges, zu einem Sprachkurs der Alliance française einschreiben lassen wollte, der alt-berühmten französischen Sprachschule, erhielt ich von einer freundlichen Empfangsdame den überraschenden Bescheid, Deutsche würden in diese Kurse nicht aufgenommen. Aber die Empfangsdame fand das selbst so absurd, daß sie mir sagte, sie werde meinen Fall zum Anlaß nehmen, noch einmal nachzufragen, und in der Tat erhielt ich dann einige Zeit später die Zulassung, zusammen mit einem Freunde: wir waren die beiden ersten Deutschen, die dieser hohen Ehre für würdig befunden wurden.

Meine ersten persönlichen Kontakte zu Franzosen fand ich in der linkskatholischen Bewegung „Le Sillon", die der Pazifist Marc Sangnier gegründet hatte. Der Bonner Professor Hermann Platz hatte die Verbindung vermittelt. Es waren ernsthafte junge Leute, welche die Diskussion oft mit der Verlesung von Bibeltexten begannen. Sie pflegten sich zur Begrüßung und zum Abschied auf die Wangen zu küssen.

Im Beratenden Ausschuß Kohle und Stahl und im Europäischen Parlament stieß ich Jahrzehnte später auf Kollegen, die ebenfalls dort mitgearbeitet hatten. Sie begrüßten den Syndikus der Stahlindustrie überrascht als alten Mitkämpfer.

Sonst gab es nur wenig Kontakte mit Franzosen, aber ergiebige Studienfreundschaften mit Engländern und Italienern, Jugoslawen und Tschechen. Man lernte, daß diese Freunde viele Dinge ganz anders sahen, als wir sie zu sehen gewohnt waren.
Abschluß des juristischen Studiums in Bonn. Promotion bei dem Handelsrechtler Professor Heinrich Göppert über das Thema „Die rechtliche Regelung der Arbeitergewinnbeteiligung", eine rechtsvergleichende Arbeit, die 25 Jahre später bei der Diskussion über die Mitbestimmung überraschend ausgegraben wurde. Göppert war der letzte königlich-preußische Handelsminister gewesen und deshalb mit „Exzellenz" anzureden, was er jedoch ohne Feierlichkeit entgegennahm. Als Assistenten arbeiteten damals in der Bonner juristischen Fakultät Ernst Friesenhahn und Ernst-Rudolf Huber, mit denen ich auch später freundschaftlich verbunden blieb.
Nach der Referendarausbildung legte ich im November 1932 in Berlin das Assessorexamen ab. Zur Vorbereitung hatte ich einige Monate in Berlin gelebt, den Repetitor gehört und auch meine Examensarbeit geschrieben. Das Jahr 1932 brachte bei allem materiellen Elend eine Blüte des kulturellen Lebens, die in allen Memoiren aus der Zeit glanzvoll sichtbar wird, bei Carl Zuckmayer ebenso wie bei Elisabeth Bergner. Ich erlebte die große Schauspielerin im Staatstheater als Hanna Elias in „Gabriel Schillings Flucht" und beteiligte mich stürmisch an dem allgemeinen Beifall. Eine Leihbücherei, auf die neueste Literatur spezialisiert, wurde eifrig genutzt.

Bei der Osthilfe in Stettin

Die preußische Justiz eröffnete mir verbal günstige Aussichten, konnte mir aber konkret vorerst nur ein unbezahltes Kommissorium bieten, wie man das damals nannte, eine Möglichkeit, als Volontär zu arbeiten. Daraus sollten dann möglichst bald bezahlte Kommissorien werden, jedoch ohne verbindliche Zusage.
Überraschend erhielt ich jedoch eine Position als Kreditreferent beim Reichskommissar für die Osthilfe, in der Landstelle Stettin, die für die Provinz Pommern zuständig war, für 200 Mark im Monat. Am 2. Januar 1933 trat ich meinen Dienst in Stettin an.
Der Reichskommissar für die Osthilfe bearbeitete die Entschuldung der Landwirtschaft. Die Landstelle war eine neue, mit viel Jugend besetzte Behörde. Sie hatte ein neues Gesetz auszuführen. Es gab noch keine Erfahrungen, die den Referenten hätten helfen können. Das ergab reizvolle Möglichkeiten eigener Gestaltung. Mir wurde zunächst der Großgrundbesitz der Kreise Naugard, Stargard und Köslin zugewiesen. Später kamen die Kreise Stolp, Lauenburg und Rügen hinzu.
Ich kam nach Stettin ohne Vorkenntnisse in Fragen der Landwirtschaft und des Kreditwesens. Man meinte damals, ein tüchtiger Assessor müsse sich

in jede Form von Verwaltungsarbeit hineinfinden. Besichtigungen der Güter, lange Gespräche in den Gutshäusern, an denen auch die Familien beteiligt waren. Rasch bauten sich die Vorurteile ab, die ein katholischer Rheinländer, in einer Großstadt aufgewachsen, gegen die Pommern zu haben pflegte. Die Gutsbesitzer erwiesen sich durchweg als ernsthafte und fleißige Leute, die zu wirtschaften verstanden. Viele von ihnen waren zahlungsunfähig geworden, weil die Weltwirtschaftskrise Erwartungen zerstört hatte, die vorher von der Regierung aufmunternd genährt worden waren.

Ein Kreditreferent, der das Vertrauen seines Behördenchefs besaß, war weitgehend selbständig. Ich durfte unter bestimmten Bedingen Staatshilfen in der Form zinsloser, nur bedingt rückzahlbarer Kredite zusagen, auch Forderungen von Gläubigern kürzen oder zeitweise zinsfrei stellen, wenn sie voraussichtlich bei einer Zwangsversteigerung ausgefallen wären. Mit 25 Jahren habe ich vielstündige Verhandlungen geführt, die oft zu einhellig akzeptierten Entscheidungsplänen führten. Dabei handelte es sich häufig um Güter in Größenordnungen von 5 000 ha und darüber, Familienbesitz, über Jahrhunderte durchgehalten. Die Osthilfe-Aktion, später politisch lebhaft kritisiert, erwies sich als segensreich. Die entschuldeten Güter gesundeten rasch. Soweit ich weiß, hat das Reich späterhin die Kredite dieser Hilfsaktionen fast vollständig zurückerhalten.

Wie bei allen Finanztransaktionen großen Stils waren auch bei der Osthilfe Betrügereien nicht auszuschließen. In meinem Referat habe ich keinen Fall erlebt.

Bei der Reichswehr

Der Beginn meiner Arbeit in Stettin fiel in eine schwere politische Krise. Das Deutsche Reich, seit mehr als sechs Monaten ohne parlamentarisch fundierte Regierung, in einem hoffnungslosen Kampf gegen eine Wirtschaftskrise, die mehr als 6 Millionen Arbeitslose immer mehr in extreme Positionen treiben ließ. Dazu Sorgen wegen der äußeren Sicherheit, Furcht vor polnischen Gewaltaktionen.

Der Versailler Vertrag, damals von allen Deutschen als schmähliches Unrecht empfunden, hatte zu besonders heftigen Diskussionen über die neue deutsche Ostgrenze geführt. Mit dem Verlust von Elsaß-Lothringen hatten wir uns trotz aller Reden über die alte deutsche Geschichte dieses Landes murrend abgefunden, weil die Mehrzahl der Bewohner offenbar die Verbindung mit Frankreich vorzog.

Bei der Ostgrenze war das jedoch anders. Wir erinnerten uns an den polnischen Aufstand in Oberschlesien, an die Kämpfe des deutschen Freikorps, an die Abstimmung und an die Aufteilung des Landes, die nach unserer Meinung die Ergebnisse der Abstimmung ignorierte. Ostpreußen und Danzig, durch einen ausgeklügelten polnischen Korridor vom Kerngebiet des Reiches getrennt, mit allen Widrigkeiten, die aus einer solchen Trennung entstehen mußten. Das ist kein Urteil über Recht und Unrecht, sondern nur ein Bericht über deutsche Stimmung, wie sie damals über alle Parteien hinweg eine breite Mehrheit des deutschen Volkes beherrschte. Die Ostgrenze galt bei uns als „blutende Grenze". Die Polen mußten davon ausgehen, daß die Deutschen Änderungen erzwingen würden, wenn sie die Macht dazu hätten. Im Rheinland hatte uns die Thematik ferner gelegen, obwohl auch wir eine Änderung für notwendig hielten. In Stettin war jedoch die Gefahr eines neuen polnischen Aufstandes, eines polnischen Präventivkrieges der Kern vieler besorgter Gespräche. Wir wissen heute, daß der polnische Marschall Pilsudski Anfang 1933 in Paris anfragte, unter Hinweis auf den Bündnisvertrag, ob man nicht gemeinsam die gefährliche Entwicklung frühzeitig ersticken sollte. Die Franzosen winkten ab. Aber man wird kaum sagen können, die Gefahr einer polnischen Aggression sei damals eine bloße Propagandalüge gewesen (wie sie es 1939 ohne Zweifel war).

Ich hatte im Rheinland nur 10 Jahre früher erlebt, wie französische Truppen mitten im Frieden ins Ruhrrevier eingebrochen waren, um höhere Reparationen zu erzwingen. Daß unsere Reichswehr mit nur 100 000 Soldaten, in der Bewaffnung stark beschränkt, ohne Luftwaffe, einer kriegerischen Auseinandersetzung mit der polnischen, von Frankreich gestützten Armee gewachsen sein könnte, das glaubte damals niemand.

In dieser Lage hatte die Reichswehr damit begonnen, über die im Versailler Vertrag zugelassene Zahl hinaus heimlich Zeitfreiwillige auszubilden. Ich wurde gefragt, ob ich bereit wäre, an einer solchen Ausbildung teilzunehmen.

Beim Artillerieregiment in Altdamm, wo diese Ausbildung vor sich ging, stieß ich zu einer Gruppe, die in der Hauptsache aus kräftigen Arbeitslosen bestand, untermischt mit einigen jungen Akademikern. Acht Wochen lang habe ich dann die Bedienung einer leichten Feldhaubitze erlernt, unter Anleitung erstklassiger Offiziere und Unteroffiziere aus Elitetruppen der Reichswehr, im weitaus härtesten Dienst, den ich je in meinem Leben habe leisten müssen. Ich lernte dabei nicht nur einiges aus dem Bereich des Militärwesens, sondern auch vieles aus der Welt der Arbeitslosen, mit denen ich Tag und Nacht zusammen war.

In Stettin hatte die Nähe der polnischen Grenze, die Furcht vor einem Polenkrieg, meine linguistischen Neigungen gereizt. Ich begann Polnisch zu lernen. Die Reichsbahn, an sprachkundigen Mitarbeitern interessiert, förderte später eine Fortsetzung dieser Studien. Noch in meiner Berliner Zeit konnte ich etwas für meine polnischen Kenntnisse tun. Bis zum Ausbruch des Krieges wurde in unserer Charlottenburger Pfarrkirche regelmäßig auch in polnischer Sprache gepredigt, und solche Predigten habe ich oft gehört.

Die Reste dieser Kenntnisse, in einigen polnischen Büchern festgehalten, kamen 25 Jahre später dem Abgeordneten bei einer Polenreise zugute.

Nationalsozialismus

Als Adolf Hitler am 30. Januar 1933 vom Reichspräsidenten zum Reichskanzler ernannt wurde, kaum einen Monat nach meinem Beginn in Stettin, habe ich die Nachricht eher resigniert aufgenommen. Meine Familie stand, wie berichtet, auf der Linie der Zentrumspartei. Ich hatte, seit 1928 wahlberechtigt, stets Zentrum gewählt. Ich betrachtete die ablehnende Haltung der katholischen Kirche, die bis dahin den Nationalsozialismus scharf verurteilt hatte, bis zur Verweigerung von kirchlichen Begräbnissen, als für mich verbindlich. Aber es lag auf der Hand, daß das Deutsche Reich damals so rasch wie möglich eine handlungsfähige Führung erhalten mußte. Die neue Regierung kam in den Formen der Weimarer Verfassung legal zur Macht, und auch das Zentrum sprach ihr, wenn auch bedingt, das Vertrauen aus.

Am 17. 3. 1933 hatte Hitler im Reichstag eine „Friedensrede" gehalten. Sie wurde vom Reichstag einstimmig gebilligt, auch von den Mitgliedern der SPD, die sich schweren Herzens für eine Beteiligung an dieser Sitzung entschlossen hatten.

Ich verhielt mich jedoch skeptisch abwartend und sah keinen Anlaß, der Werbetrommel der NSDAP zu folgen, die bis zum 30. April 1933 neue Mitglieder gewinnen wollte. Dann sollte eine Eintrittssperre in Kraft treten.

Im Juni 1933 suchte mich ein Assessor-Kollege auf, altes Mitglied der NSDAP, ein Mann, der sich mehrfach als anständig und vertrauenswürdig erwiesen hatte. Er erzählte mir, die Gauleitung sei über die Zusammensetzung der neuen Parteimitglieder nicht glücklich. Nur wenige von ihnen seien bereit und befähigt, an einer vernünftigen Neuordnung fruchtbar mitzuarbeiten. Er sei von der Gauleitung beauftragt, einige junge Juristen zu gewinnen, und er übergab mir ein Eintrittsformular, das auf April 1933 zurückdatiert war. Ich erbat mir Bedenkzeit. Inzwischen hatte sich einiges verändert. Von allen katholischen Kanzeln wurde ein gemeinsamer Hirtenbrief der deutschen Bischöfe vom 3. 6. 1933 verlesen, der einige Wünsche formulierte, aber auch den Satz enthielt: „Wir wollen dem Staat um keinen Preis die Kräfte der Kirche entziehen, und wir dürfen es nicht." Um keinen Preis, das war ein starkes Wort. Ich hatte den Text in einer Sonntagsmesse in Stettin gehört und verstand ihn als Aufforderung zur Mitarbeit an einer Entwicklung, die der katholischen Kirche soeben ein Reichskonkordat beschert hatte, einer Entwicklung, die sich, wie ich meinte, gut anzulassen schien. Ich unterzeichnete deshalb den Antrag auf Aufnahme.

Meine Annahme, man werde mir nun Gelegenheit geben, im Sinne einer vernünftigen Entwicklung mitzuarbeiten, erwies sich als Illusion. Die NSDAP kannte überhaupt keine Versammlungen ihrer Mitglieder, in denen es Diskussionen hätte geben können, sondern nur Kundgebungen, in denen eine möglichst große Menge dem Redner lärmend zuzustimmen hatte.

Aber es gab andere, weit schlimmere Vorgänge. Im Sommer 1933 vermehrten sich in Stettin Übergriffe und Gewalttaten der SA, ohne daß Polizei oder Justiz eingegriffen hätten. Ich sprach meinen Freund in der NSDAP kritisch an und erhielt wiederum die Mitteilung, die Gauleitung sei auch über diese Entwicklung wenig glücklich. Die SA habe sich jedoch unter Röhm zu einer eigenständigen Macht entwickelt, auf die die NSDAP nur noch wenig Einfluß habe. Deshalb wolle man die SS zu einer Macht der Ordnung ausbauen, deren bloße Existenz die Macht der SA eindämmen werde. Das hörte sich plausibel an. Man führte mich in einen SS-Kreis ein, in dem ich redliche und wohlmeinende Leute traf, Offiziere des ersten Weltkrieges und junge Akademiker. Zum 1. November 1933 wurde ich SS-Mann. Der SS-Dienst, an Abenden und an Sonntagen abzuleisten, von einem altgedienten Offizier geleitet, schloß sich im Ton und in der Substanz nahtlos an die militärische Ausbildung an. Ich vermute, daß unser Dienst-Programm dem Sonntagsdienst der Schweizer Reservisten ziemlich ähnlich war, der dort heute noch die Soldaten leistungsfähig halten will. Von Politik war kaum die Rede.

Erst der Röhm-Putsch 1934 und die schlimme Rolle, welche die SS dabei spielte, zeigten mir, wohin ich geraten war. Die Wuppertaler SS wurde am frühen Vormittag mobilisiert und im Elberfelder Stadion zusammengezogen. Aber es ging dort völlig friedlich zu. Wir durften zum Mittagessen nach Hause gehen, und abends wurde die Aktion als Ganzes abgeblasen. Die NSDAP war nirgendwo auf Widerstand gestoßen. Das fiel nun schon in die Zeit, in der ich von Stettin in meine Heimatstadt Wuppertal zurückgekehrt war, seit dem 1. 4. 1934 Ausbildungsassessor bei der Reichsbahn. Ich will jedoch das Thema Nationalsozialismus hier zu Ende führen.

Die Vorgänge beim Röhm-Putsch hatten mich tief erschüttert. Was den lästigen, aber keineswegs unerträglichen Dienst in der SS anlangt, so hätte ich mich davon leicht befreien können: Ein SS-Offizier bei der Reichsbahn hatte mir angeboten, mich formell zu einem SS-Stab versetzen zu lassen, der aber meine Dienste nicht in Anspruch nehmen würde. Aber ich wollte nicht in dieser Organisation bleiben und beschloß deshalb, reichlich naiv, die Bindung in den vertrauten Mechanismen des Vereinsrechts zu lösen, durch einen Austritt. Im August 1934 erklärte ich meinen Austritt schriftlich. Dabei gab ich als Grund an, ich sei als Assessor bei der Reichsbahn wegen vieler Dienstreisen außerstande, meinen Dienst in der SS ordnungsgemäß wahrzunehmen. Daß ich meine Uniform dem Sturm stiftete, wurde als großzügige Geste gewertet. Ich erhielt sogar eine sonderbare Bescheinigung, die sich in einem unklaren Wortlaut so las, ich sei im beiderseitigen Einvernehmen aus der SS ausgeschieden. Der Sturmführer, bürgerlich erzogen, empfand offenbar meinen Austritt als einen Routinevorgang. Er wußte noch nicht, daß Leute, die aus der SS austraten, wie Deserteure behandelt werden sollten. Immerhin empfanden alle meine Freunde damals meinen Austritt als mutig.

Als ich zum Reichsbahnrat ernannt werden sollte, lehnte der „Stellvertreter des Führers" die Zustimmung ab. Die Reichsbahn teilte mir mit, ich müsse mich nach einem anderen Arbeitsplatz umsehen. Aber sie verhielt sich wohlwollend. Sie ließ mir Zeit, und sie bemühte sich, wie ich später erfuhr, intensiv darum, meinen Fall zu bereinigen. Ich lernte bald, daß ein Assessor, der den Staatsdienst auf Einspruch der NSDAP verlassen mußte, anderswo kaum eine Chance hatte. Die Unternehmen und die Verbände hatten zahlreiche alte Mitarbeiter zu schützen, die der NSDAP nicht genehm waren. Sie wollten sich nicht mit neuen Problemfällen belasten. Die Reichsbahn wollte mir zu einer Stelle in China verhelfen, aber die Chinesen nahmen nur unverheiratete Bewerber. Auch ein Versuch, in Schweden eine Stelle zu finden, schlug fehl. Als ich schon alle Hoffnung aufgegeben hatte, erhielt ich nach 18 Monaten überraschend doch noch meine Ernennung zum Reichsbahnrat, vermutlich auf eine Intervention des Staatssekretärs Kleinmann, eines uralten Parteigenossen, der als Chef der Reichsbahnverwaltung mich kennengelernt hatte.

Sechs Jahre später kam mein Austritt aus der SS noch einmal zur Sprache. Der Stellvertreter des Führers verweigerte wegen dieses Austritts seine Zustimmung zu meiner Ernennung zum Ministerialrat, die der Reichskommissar für die Preisbildung vorgeschlagen hatte. Als der Reichskommissar Hans Fischböck, ein hoher SS-Führer aus Österreich, mir das eröffnete, fügte er hinzu, das lasse sich leicht bereinigen: Die SS sei bereit, mich erneut zu aktivieren. Ich lehnte das mit fadenscheiniger Begründung ab. Fischböck sah mich ruhig an und erwiderte nach einiger Zeit: „Wir werden sehen." Er brachte die Sache dann in Ordnung, ohne daß Konzessionen von mir verlangt worden wären.

Aber ich will zu diesem Thema noch über ein anderes Erlebnis berichten. Den Anschluß Österreichs im März 1938 habe ich, wie die weitaus meisten Deutschen und Österreicher, damals als die glanzvolle Erfüllung eines uralten nationalen Traumes empfunden. Ein Jahr vorher war ich als Beamter der Reichsbahn in Österreich gewesen, zu einer Besprechung mit der dortigen Bahnverwaltung. Das Deutsche Reich hatte damals den zivilen Reiseverkehr nach Österreich blockiert, durch Einführung einer Visumgebühr von 1 000 RM. Nur Dienstreisen waren ausgenommen, und so konnte ich mich in einem völlig touristenleeren Österreich gemächlich umsehen.

Ich traf nicht nur österreichische Kollegen, sondern auch deren Familien. Niemanden habe ich dabei getroffen, der mich nicht immer wieder dringlich gefragt hätte: „Wann kommt Ihr denn endlich?". Kardinal Piffl forderte kurze Zeit später die Katholiken in großen Plakaten auf, für den Anschluß zu stimmen. Von den dunklen Aktionen der Gestapo wußte ich damals nichts. Noch bis 1938 hegte ich, wie wohl die meisten deutschen Mitbürger, die Hoffnung, die Entwicklung werde allmählich den Rechtsstaat wieder herstellen. Bei der Osthilfe, bei der Reichsbahn, beim Preiskommissar hatte ich in integren Verwaltungen gearbeitet, in denen auch uniformierte Natio-

nalsozialisten fachlich gute Arbeit leisteten, im Denken des alten Rechtsstaates, mit sorgfältiger Prüfung aller Beschwerden. Die Arbeitsweise des Reichskommissars und das menschliche Klima seiner Verwaltung habe ich in einem kleinen Buch beschrieben: „Zur Geschichte des Reichskommissars für die Preisbildung". Ich sagte mir damals, daß die großen Revolutionen der Weltgeschichte, die englische, die französische, zu weit mehr Blutvergießen, zu mindestens ebenso vielen Rechtsbrüchen geführt hätten wie der deutsche Umsturz, der 1933 begann.
Aber alle Hoffnungen auf eine Rückentwicklung zum Rechtsstaat erwiesen sich am 9. November 1938, dem Tage der massenhaften brutalen Judenprogrome, als reines Wunschdenken.
Am folgenden Tag besuchte mich der Geschäftsführer eines bedeutenden Verbandes, ein Parteigenosse mit einer niedrigen Parteinummer, aktiver SS-Mann, in meinem Büro am Leipziger-Platz, völlig gebrochen und verzweifelt. „Wie ist so etwas möglich?" Unser Behördenchef, Gauleiter Josef Wagner, wirkte bedrückt und mißgelaunt. Man betrachtete erschreckt die Fensterscheiben, die in den großen Geschäftsstraßen eingeschlagen worden waren. Überall ein dumpfes Gefühl der Furcht, aber nirgends ein Wort öffentlicher Mißbilligung. Von diesem Tage an war jedenfalls klar: wir befanden uns in einer totalen Diktatur, in der Vernunft oder Sachargumente bedeutungslos geworden waren, in der die Staatsführung ihre Ideen brutal und wirksam verwirklichen konnte.
Daß es Konzentrationslager gab, war bekannt. In den 30er Jahren wurden Referendare und Journalisten gelegentlich hineingeführt, um die vorbildliche Ordnung und die Blumenkästen an den Lagerstraßen zu bewundern. Die Lager galten als Einrichtung der Sicherheitsverwahrung; während des Krieges auch als riesige Konzentration von Zwangsarbeitern. Zuweilen gab es auch Entlassungen, und ich habe während des Krieges auch mit dem einen oder anderen Entlassenen gesprochen. Sie wichen allen Fragen in offenbar vorbereitete Formulierungen aus. Kein gutes Zeichen. Aber von den grauenvollen Mißhandlungen, von den Mordaktionen, habe ich nichts gewußt.
Auf den Berliner Straßen sah man gelegentlich, selten, Arbeiter mit Judensternen, die ängstlich jeder Annäherung auswichen. Aber man war so unsicher geworden, daß man selbst bei einem Judenstern an eine mögliche Falle dachte.
Die Verstrickung mit dem Unheil war unlösbar geworden. Die Vorstellung, ein Beamter des Preiskommissars hätte durch absichtlich schlechte Erlasse die Preisverwaltung wirksam sabotieren können, ist absurd. Und die radikale Verweigerung jeder Mitarbeit hätte nur zu einem geräuschlosen Verschwinden geführt. Ich habe mich bemüht, die Schreckenszeit zu überleben, in sachlicher Arbeit, wie sie nach dem Kriege noch jahrelang unverändert geleistet wurde, mit den gleichen Vorschriften und den gleichen Methoden, übrigens in allen kriegführenden Ländern.

Bei der Reichsbahn und beim Reichskommisar für die Preisbildung

Wie berichtet, hatte mich die Reichsbahn zum 1. April 1934 als Ausbildungsassessor in meine Heimatstadt Wuppertal berufen. Ich war der einzige Ausbildungsassessor dieses Bezirks, der etwa 30 000 Beamte und Arbeiter beschäftigte. Ein Verkehrskontrolleur, der die Güterabfertigungen inspizierte, wurde mir als eine Art von Prinzenerzieher beigeordnet. Ich begleitete ihn auf seinen Reisen und erhielt auch Gelegenheit, praktisch mitzuarbeiten. So habe ich einige Wochen mit einer Sackkarre Stückgut umgeladen, auch im Nachtdienst. Dann wurde mir für kurze Zeit die Leitung der Güterabfertigung Opladen übertragen. Im Anschluß daran kam ich für drei Monate zur Verkehrskreditbank nach Berlin.
Am 1. April 1935 wurde ich Hilfsdezernent bei meiner Direktion, Vertreter des Dezernenten für Güterverkehr, daneben selbständiger Leiter des Fahndungsdienstes. Die Direktion war eine gut geleitete, gut besetzte Kollegialbehörde alten Stils, mit fruchtbaren Diskussionen zwischen Juristen und Ingenieuren.
Bei der Osthilfe hatte ich als Referent weitgehend selbständig gearbeitet. Bei der Reichsbahn lernte der Assessor, von älteren Vorgesetzten und dem Präsidenten systematisch angeleitet, Berichte für das Ministerium zu schreiben, die möglichst alle in Berlin zu erwartenden Fragen zu behandeln und das Für und Wider in den Formen der klassischen Juristenrelation zu erörtern hatten. Die Berichte wurden vom Präsidenten unterzeichnet, aber der Assessor wurde im Kopf des Berichtes als Berichterstatter genannt und zuweilen auch von der Hauptverwaltung, die ihren Nachwuchs kennenlernen wollte, nach Berlin bestellt. Die Bahnverwaltung war die beste Behörde, die ich in meinem Leben kennengelernt habe.
Zum 1. Januar 1938, inzwischen zum Reichsbahnrat ernannt, wurde ich zum Reichskommissar für die Preisbildung in Berlin einberufen. Diese Berufung nahm eine Tradition des Reichswirtschaftsministeriums auf, das für industrielle Referate gern Juristen aus dem Eisenbahndienst nach Berlin holte, weil sie Anschauung von wirtschaftlichen Vorgängen mitbrachten. Bei der Vorstellung erfuhr ich, daß auch meine Kenntnisse aus der Landwirtschaft bewertet worden waren. Die junge Behörde suchte vielfältig einsetzbare Mitarbeiter.
Am Leipziger Platz 9 in Berlin, einem Ministerialgebäude aus dem vorigen Jahrhundert, kam ich in das Eisenreferat, in dessen Zuständigkeitsbereich die Eisenschaffende Industrie, die Gießereiindustrie, der Stahl- und Eisenbau, die Eisen-, Stahl- und Blechwarenindustrie und die sogenannte Werkstoffverfeinerung (Ziehereien und Schmieden) fielen. Nach kurzer Zeit wurde ich Leiter dieses Referates, und in dieser Position wurde ich 1944 (?) Ministerialrat.
Beim Reichskommissar für die Preisbildung erhielt ich erstmals die Aufgabe, Gesetze zu formulieren. Der Reichstag war damals ausgeschaltet. Die Vor-

schriften erschienen als Verordnungen der Reichsregierung oder auch als Verordnungen des Reichskommissars für die Preisbildung. Ein Referent, der das Vertrauen seines Ministerialdirektors und des Behördenchefs besaß, konnte also seine Vorstellungen auf eine einfache Weise in das Reichsgesetzblatt bringen, ohne die vielen Stufen, die in einer rechts- und justizförmlich gestalteten parlamentarischen Demokratie überwunden werden müssen.

Aber der Reichskommissar für die Preisbildung war sich der Gefahr, die in einer solchen Möglichkeit des direkten Zugangs zum Reichsgesetzblatt lag, voll bewußt. Jede Vorlage an den Behördenchef, die den Erlaß einer neuen Rechtsvorschrift zum Ziel hatte, bedurfte der Mitzeichnung der Grundsatzabteilung sowie der Rechtsabteilung, beide mit erstklassigen Kräften besetzt. Die Grundsatzabteilung war für die Wirtschaftspolitik verantwortlich. Sie mußte also prüfen, welche wirtschaftlichen Folgen die vorgeschlagene Aktion haben könnte, insbesondere im Hinblick auf ähnliche Verhältnisse in anderen Referaten. Und die Juristen der Rechtsabteilung setzten ihren Ehrgeiz daran, daß die Verordnungen, die unter dem Namen des Reichskommissars für die Preisbildung erschienen, in ihrer juristischen Qualität den Gesetzen aus der parlamentarischen Zeit nicht nachstanden.

Neben der Mitzeichnung durch Grundsatz- und Rechtsabteilung gab es aber auch noch andere Prüfungsmechanismen, die in schwierigen Fällen zusätzlich eingeschaltet wurden. Das Haus hatte zwei Generalreferenten, einen exzellenten Verwaltungsjuristen und einen Mann aus der Wirtschaft, Fritz von Engelberg aus der Familie Dyckerhoff, der eine reiche industrielle Erfahrung mitbrachte.

Wenn ein Vorschlag problematisch erschien, so schaltete der Behördenchef oder sein Vertreter diese Generalreferenten ein, und der Fachreferent hatte dann die Aufgabe, einen Text zu formulieren, der den Vorstellungen auch dieser Generalreferenten genügte. So wurde aus dem theoretisch einfachen Verfahren oft ein schwieriger Ablauf. Eine Verordnung über die Preisbildung in der Gießereiindustrie, die eine besonders verwickelte Thematik behandelte, erhielt in meinem Referat nach und nach mehr als 30 Fassungen, bis ich dem Behördenchef sagen konnte, dieser Text habe nunmehr die Zustimmung aller Stellen seines Hauses gefunden.

Die Einzelfälle des Preiswesens gingen normalerweise zu den Preisbildungsstellen, die bei den mittleren Instanzen der allgemeinen Verwaltung eingerichtet worden waren. Große Fälle jedoch, die reichseinheitlich entschieden werden mußten, kamen zu mir. Präsident der Reichsgruppe Industrie war damals Wilhelm Zangen, der sich vom Lehrling bis zum Generaldirektor des Mannesmann-Konzerns hochgearbeitet hatte. Für die Stahlindustrie sprach Ernst Poensgen, der Generaldirektor der Vereinigten Stahlwerke, für die saarländische Industrie Hermann Röchling, für die Stahlindustrie Mitteldeutschlands Friedrich Flick. Hans-Günther Sohl, der die Herstellung des Nickeleisens von den billigen importierten Erzen auf sehr viel teurer zu gewinnende schlesische Erze umstellen sollte, hatte Preisprobleme. Max H.

Schmidt, Generaldirektor von Zellstoff-Waldhof, besprach mit mir die Probleme seiner Industrie in einer totalen Rüstungswirtschaft. Meine Arbeit zwang mich dazu, mich intensiv mit dem Rechnungswesen der Industrie zu beschäftigen und mich mit der Kartellpraxis vertraut zu machen.

Als der Krieg zu Ende ging, war ich mehr als 16 Jahre Beamter gewesen: in der Justiz als Referendar mit Zivil- und Strafsachen beschäftigt; als Verwaltungsjurist mit Problemen der Landwirtschaft, des Verkehrswesens und der Stahlindustrie befaßt, stets in Positionen, bei denen die juristische Arbeit ein hohes Maß von Kenntnis wirtschaftlicher Wirklichkeit voraussetzte.

Auf diese 16 Beamtenjahre folgten dann, bevor ich in den Bundestag kam, acht Jahre in Direktionsetagen der Zellstoff- und der Stahlbau-Industrie und weitere acht Jahre als Hauptgeschäftsführer von Verbänden der Stahlindustrie.

Praxis in der Wirtschaft

Mai 1945: der Krieg war zu Ende, die Behörde des Reichskommissars für die Preisbildung war verschwunden. Ich hatte mich zu meiner Familie nach Geisa in Thüringen durchgeschlagen. Dort fand sich nach einiger Zeit auch der Generaldirektor der Zellstoffabrik Waldhof, Max H. Schmidt, ein. Er suchte einen Nachfolger für den Leiter seiner Steuerabteilung, der vor der Pensionierung stand, und bot mir diese Position an. Am 1. Juli 1945 traf ich, nach einer Kombination von Fußmärschen und Fahrten auf Güterzügen, in der Hauptverwaltung in Kelheim an der Donau ein. In Kelheim beschäftigte man mich zunächst damit, die Buchhaltung zu rekonstruieren, in einer Situation, in der zahlreiche Belege beim Transport von Berlin nach Kelheim in Verlust geraten waren. Aber bald konnte ich mich in meinem alten Fachbereich, der Preispolitik, nützlich machen.

Die Preisvorschriften wurden unverändert in das neue Rechtssystem übernommen. Die Zellstoffpreise, nach wie vor gestoppt, waren auf einer rationellen Fertigung in Großanlagen aufgebaut. Sie konnten die Kosten einer mehr oder weniger improvisierten Herstellung kleiner Mengen nicht decken. Das Gleiche galt für die Herstellung des Alkohols, der aus der Ablauge der Zellstoffindustrie hergestellt werden sollte, in der damaligen Zeit eine sehr wichtige Fertigung. Preisverhandlungen waren also notwendig, jeweils mit den lokalen Preisbehörden der verschiedenen Besatzungsmächte, in deren Bereich die verschiedenen Werke des Konzerns gehörten. Die Direktion schickte mich zu den Preisbehörden nach München, nach Wangen im Allgäu, nach Wiesbaden. In den meisten Fällen stieß ich dort auf frühere Kollegen, die mich freundlich aufnahmen, mir wohl auch eine Suppe aus der Kantine überließen, wofür ich mich dann mit Nährhefe revanchierte, die wir in der Zellstoffabrik Waldhof herstellten. Alle diese Stellen standen jeweils unter der Aufsicht der Besatzungsbehörden, und auch zu diesen mußte ich dann vordringen, meine Sprachkenntnisse ausnutzend. Die Bereitschaft, Preiserhöhungen zu genehmigen, war sehr gering. Aber das eine oder andere ließ sich doch erreichen. Als die Amerikaner im Februar 1946 im Rahmen der Entnazifizierung meine Entlassung aus dem Dienst der Zellstoffabrik anordneten, wurde ein Weg gefunden, mich weiterhin als freien Berater einzusetzen, der für seine Leistungen bezahlt wurde. Inzwischen hatte sich auch die Wirtschaftsvereinigung Eisen- und Stahlindustrie meiner Existenz erinnert und bat mich, ein Gutachten über die Neufestsetzung der Stahl- und Eisenpreise der britischen Zone zu erstatten und dann die Verhandlungen bei der Verwaltung für Wirtschaft, damals in Minden, sowie bei der britischen Besatzungsbehörde zu führen.

Meine politischen Schwierigkeiten waren 1948 behoben. Ich war als „Mitläufer" eingestuft worden, ohne Bußen und ohne berufliche Beschränkung. Die Zellstoff-Fabrik Waldhof nahm mich erneut in ihren Dienst, diesmal bei der Steuerabteilung und zugleich als Leiter der Abteilung für Alkohol- und Hefeverkauf. Waldhof war damals der größte Alkoholerzeuger in Deutschland, auf der Basis des Holzzuckers in den Ablaugen. Daneben bearbeitete ich Fragen der langfristigen Finanzierung, insbesondere der Marshallplankredite, Probleme, bei denen meine Bekanntschaft mit der Verwaltung für Wirtschaft, später dem Bundeswirtschaftsministerium und die Kenntnis des Behördenbetriebs nützlich waren.

Am 1. Januar 1950 wurde ich kaufmännischer Leiter der Stahlbauanstalt August Klönne in Dortmund, gerufen von dem Seniorchef Moritz Klönne, der mich aus meiner Berliner Tätigkeit kannte. Eine Stahlbauanstalt mit etwa 2 000 Beschäftigten, wohl die bedeutendste Familiengesellschaft, die in diesem Bereich tätig war. Wir beteiligten uns an einer Ausschreibung für eine riesige Brücke über die untere Seine in Tancarville mit intensiven Verhandlungen in Paris. Wir verkauften der ägyptischen Regierung ein großes Stauwerk am unteren Nil, das in Baumwolle bezahlt wurde, so daß ich mich in die Probleme des Baumwollmarktes einarbeiten mußte. Ich mußte auf Betriebsversammlungen berichten und mit dem Betriebsrat verhandeln, neue, nützliche Erfahrungen.

Im Sommer 1952 trat Bruno Fugmann, damals Vorsitzender der Wirtschaftsvereinigung Eisen- und Stahlindustrie in Düsseldorf, an mich mit dem Angebot heran, die Hauptgeschäftsführung eines neu zu gründenden Betriebswirtschaftlichen Institutes der Eisenhüttenindustrie zu übernehmen. Die britische Besatzungsmacht hatte in ihrer Stahltreuhändervereinigung einen Austausch von Informationen über Produktionskosten organisiert. Als die Vereinigung aufgelöst wurde, ging es darum, den Austausch auf freiwilliger Grundlage weiterzuführen. Die Unternehmen, die an diesem Austausch beteiligt waren, hatten sich dazu nur unter der Bedingung bereit erklärt, daß eine Person ihres Vertrauens sie gegen einen Mißbrauch dieser Zahlen schützte. Die führenden Leute der Stahlindustrie einigten sich auf mich und boten mir günstige Bedingungen. Da ich mich beim Preiskommissar intensiv mit Kostenfragen der Stahlindustrie hatte beschäftigen müssen, sah ich darin eine reizvolle Aufgabe. Im Jahre 1955 wurde ich dann, neben der Hauptgeschäftsführung des Betriebswirtschaftlichen Instituts, zu einem der beiden Hauptgeschäftsführer der Wirtschaftsvereinigung Eisen- und Stahlindustrie bestellt, und diese Ämter habe ich nebeneinander bis zum Jahresende 1973 geführt.

Politische Anfänge

Als ich in meiner Dortmunder Zeit von der Gründung der Freiherr-vom-Stein-Gesellschaft hörte, die sich um politischen Konsens über die Grenzen der Parteien hinweg bemühte, ein Mitwirken der Bürger an staatlichen Aufgaben, schien das für mich ein wichtiges Ziel. Ich lernte Theo Kayser kennen, damals Hauptgeschäftsführer der Wirtschaftsvereinigung Kohle, der mit überraschendem Erfolg sehr verschiedenartige Kräfte in seiner Gesellschaft zusammenführte: von dem Grafen Kanitz, der als Enkel des Freiherrn vom Stein dessen Besitzung Cappenberg bei Lünen bewohnte, über führende Persönlichkeiten der Industrie und der Beamtenschaft bis zu den Sprechern der Gewerkschaften. Friedrich Schäfer aus Tübingen, später Professor und stellvertretender Vorsitzender der SPD-Fraktion des Bundestages, gehörte zu den führenden Köpfen der Gesellschaft.
Ich lernte jedoch bald, daß sich politischer Einfluß nur durch Mitarbeit in einer politischen Partei erreichen ließ. Die Entscheidungen fielen nicht in der Freiherr-vom-Stein-Gesellschaft und ähnlichen wohlmeinenden Organisationen, sondern ausschließlich in den Parlamenten, in einem Verfahren, in dem jeweils nur die Mehrheit ihre Auffassung verwirklichen konnte. Darauf trat ich 1954 in Düsseldorf in die CDU ein.

Arbeit in der CDU

Die Bezirksgruppe Lohausen-Stockum, deren Mitglied ich wurde, mochte damals etwa 40 Mitglieder zählen. Das bedeutete: nur etwa jeder hunderste CDU-Wähler war dort Mitglied seiner Partei. Zu den Versammlungen kamen höchstens etwa 15 Mitglieder. Als ich mich zur Mitarbeit meldete, wurde der Posten des Vorsitzenden der Bezirksgruppe frei, weil der Amtsinhaber in einen anderen Stadtteil verzogen war. Er hatte Schwierigkeiten, einen Nachfolger zu finden. Nachdem er unter den bisherigen Mitgliedern keinen Bewerber hatte aufspüren können, fragte er mich, ob ich bereit sei, sein Amt zu übernehmen. Viel Arbeit sei mit dem Vorsitz nicht verbunden. Ich fand keinen Grund, diese Offerte abzulehnen, und so habe ich dann diese Bezirksgruppe 15 Jahre lang geführt. Sie wählte mich am Ende zum Ehrenvorsitzenden.
Die Arbeit in der Bezirksgruppe hat mir Freude gemacht. Nachbarschaftliche Verbindungen, Stammtischatmosphäre, Mitglieder aus allen Schichten. Ritt-

meister Lantz, der größte Grundbesitzer der Umgebung, Herr eines imposanten Gutshauses in einem großen Park; der katholische Pastor, zwei Staatssekretäre, zwei Anwälte, aber auch Hausfrauen, Angestellte und ein eifriger Straßenbahner, der treu zu allen Versammlungen erschien (was bei den prominenten Mitgliedern seltener der Fall war). Wir trafen uns einmal im Monat, und es ging in den Versammlungen immer friedlich zu. Arbeit gab es nur, wenn Wahlen vorzubereiten waren. Die Zahl der Mitarbeiter, die sich auch nur zu einer bescheidenen Aktivität bereitfanden, war anfänglich gering. Bei einigen dieser Wahlen hatte ich Schwierigkeiten, aus meinem Bezirk auch nur die Wahlbeisitzer zu benennen, welche die CDU nach dem Wahlgesetz für die Wahllokale zu stellen hatte.
Die Propagandaschriften, die damals noch nicht die Riesenmengen späterer Zeit erreichten, aber immerhin in großen Paketen in meine Wohnung geschafft wurden, mußte ich mit Hilfe der Familie verteilen. Ich fuhr das Auto, meine drei Töchter beförderten das Material in die Wohnungen.
Die Bezirksgruppe wählte mich in den Kreisparteitag, und ich hätte, wenn ich gewollt, eine gute Chance gehabt, sehr bald auch in den Düsseldorfer Stadtrat zu kommen. Der städtische Wahlkreis Lohausen-Stockum-Kaiserswerth, in dem die CDU eine sichere Mehrheit besaß, war frei geworden. Aber eine Position im Stadtrat hätte Terminverpflichtungen bedeutet, die mit den Verpflichtungen aus dem Bereiche meines Berufes kollidiert hätten.
Die Düsseldorfer Kreispartei wählte mich zum Delegierten für Landesparteitage und später auch für Bundesparteitage.
Soweit ich damals überhaupt längerfristige Pläne erwog, richteten sie sich auf einen Sitz im Landtag, wo ich eine Plattform für Bildungspolitik zu finden hoffte, ein Thema, das mich von Anfang an stark interessierte. Eine solche Tätigkeit hätte sich auch mit meinen beruflichen Pflichten in Einklang bringen lassen, weil der Düsseldorfer Landtag nur wenige Schritte von meinem Büro entfernt lag. An einen Sitz im Bundestag habe ich damals nicht gedacht.

Kirchenpolitik

In Dortmund hatte ich mit politischer Publizistik begonnen und dabei auch sogleich die Risiken einer solchen Aktivität erlebt.
Der „Rheinische Merkur", gewiß nicht kirchenfeindlich, druckte im April 1953 meinen Aufsatz über die Problematik der Kirchensteuer. Der Text mündete in den Vorschlag, die Entscheidung über die Kirchensteuer, über die Höhe und die Verwendung, einem echten Parlament der Kirchensteuerzahler zu übertragen. Es sollte für jede Konfession aus den Angehörigen des Landtages bestehen, die für die Konfession Kirchensteuer zahlten, ohne Prüfung, ob sie nun zur Kirche gingen oder nicht. Die Tatsache, daß sie Zahlungen leisteten, sollte sie auch zur Entscheidung über die Verwendung berechtigen.

Der Aufsatz schlug hohe Wellen. Das Ordinariat in Paderborn recherchierte bei meinem Dortmunder Pfarrer, aber auch bei dem Pfarrer meiner Heimatgemeinde Elberfeld-Sonnborn, über meine Kirchentreue, erhielt jedoch positive Auskünfte. Eine freundliche Besprechung beim Generalvikar in Paderborn stellte den Frieden äußerlich wieder her. Die Kirche, die meinen Vorschlag entschieden ablehnte, entschloß sich jedenfalls zu einer wesentlich größeren Publizität über Aufkommen und Verwendung der Kirchensteuer.

Acht Jahre später trug mir eine andere Aktion neuen Ärger bei meinen kirchlichen Oberen ein. Anfang 1961 hatte der Historiker Ernst-Wolfgang Böckenförde in der katholischen Monatszeitschrift „Hochwald" einen größeren Aufsatz veröffentlicht: „Der deutsche Katholizismus im Jahre 1933"[1]. Er zitierte darin den programmatischen Hirtenbrief aller deutschen Bischöfe vom 3. Juni 1933, der am Schluß folgenden Satz enthält: „Geliebte Diözesanen! Wenn wir deutschen Bischöfe die aufgezählten Forderungen erheben, so liegt darin nicht etwa ein versteckter Vorbehalt dem neuen Staat gegenüber. Wir wollen dem Staat um keinen Preis die Kräfte der Kirche entziehen, und wir dürfen es nicht." Diesen Hirtenbrief habe ich schon erwähnt.

Der Aufsatz, der die Probleme der katholischen Kirche im Jahre 1933 in ruhiger, keineswegs polemischer Form behandelte, führte zu heftigen Angriffen. Besonders ärgerlich fand ich eine Erwiderung eines Trierer Domkapitulars. Er bestritt mit keinem Wort die Richtigkeit der aufgeführten Zitate, nannte aber den Verfasser selbstgerecht und unreif und warf ihm vor, mit „billigen Klischees" zu arbeiten.[2] Ich wollte den Streit nicht durch eine Intervention in der Presse weiter anfachen und beschränkte mich deshalb darauf, Böckenförde einen zustimmenden Brief zu senden, mit einer Kopie für den Domkapitular. Er hat mir nicht geantwortet, aber der Brief wanderte in ein Archiv. Als die Zeitungen im Sommer 1961 meldeten, ich sei für eine Kandidatur zum Bundestag im Gespräch, organisierten einige Kleriker Besprechungen, unter anderem in Essen. Man beschloß, gegen meine Kandidatur kirchliche Bedenken zu erheben. Mehrere Mitglieder des Ausschusses, der an der Aufstellung der Landesliste arbeitete, wurden über diese Bedenken informiert. Dabei wurde auch mein alter Aufsatz über die Kirchensteuer wieder hervorgeholt.

Auch meine Haltung zur Sonntagsruhe in der Stahlindustrie kam dabei kritisch zur Sprache. Daß Hochöfen kontinuierlich betrieben werden müssen, stand außer Streit. Auch die Stahlwerke, die das flüssige Roheisen aufnehmen, die Siemens-Martin-Werke und die Thomas-Werke, wurden gemäß einer Bundesratsverordnung von 1885 ebenfalls in durchgehendem Betrieb gefahren. Diese Werke sollten nun unter starkem Druck der katholischen

---

[1] Böckenförde, Ernst-Wolfgang, Der deutsche Katholizismus im Jahre 1933. Eine kritische Betrachtung. In: Hochland, Jahrgang 53 (1961), Heft 3, S. 215–239.
[2] Böckenförde, Ernst-Wolfgang, Der deutsche Katholizismus 1933. Stellungnahme zu einer Diskussion. In: Hochland, Jahrgang 54 (1962), Heft 3, S. 217–245.

Kirche an Sonntagen stillgelegt werden. Ich schrieb eine Denkschrift „Die Sonntagsruhe der Stahlindustrie", die als Publikation der Wirtschaftsvereinigung Eisen- und Stahlindustrie und des Arbeitgeberverbandes Eisen- und Stahlindustrie weite Verbreitung fand. Dabei hatte ich geltend gemacht, schon Thomas von Aquin habe sich vor 700 Jahren mit dem Problem der industriellen Sonntagsarbeit befaßt, zugunsten der Wind- und Wassermühlen. Ihr Betrieb sollte, so meinte der große Heilige, zulässig sein, wenn der Anteil der menschlichen Arbeit am Gesamtprozeß nur eine untergeordnete Rolle spiele.

Ich verteidigte meine Thesen in einem Fernsehgespräch in München gegen Professor Wallraff, einen aus dem Arbeiterstande aufgestiegenen Jesuiten, der an der Theologischen Hochschule Frankfurt dozierte, einen kenntnisreichen, pragmatischen Mann, der die Position der Kirche geschickt verteidigte. Wir sind später gute Freunde geworden. Es war unvermeidlich, daß ich bei einem lebhaft geführten Fernsehstreit mit einem Jesuitenpater, diesem widersprechend, einigen Klerikern als Kirchenfeind erschien.

Der Weg zur Kandidatur

Meine Freunde in der Wirtschaftsvereinigung Eisen- und Stahlindustrie, für die ich als Hauptgeschäftsführer arbeitete, betrachteten meine Tätigkeit an der politischen Basis verwundert, zuweilen auch amüsiert, als eine besondere Form von Hobby. Im Vorstand der Wirtschaftsvereinigung, der mehr als 80 Mitglieder zählte, gab es außer mir nur einen Einzigen, der sich zur Mitgliedschaft in der CDU bekannte. Aber meine politische Position, so bescheiden sie damals war, brachte es mit sich, daß die Sprecher der Industrie mir immer wieder ihr Mißfallen ausdrückten, wenn sie sich über diese oder jene Aktion der CDU geärgert hatten. Konrad Adenauer genoß als Person hohen Respekt, galt aber vielen Industriellen als allzu katholisch. Durchweg meinte man, die CDU sei zu weit nach links gerutscht. Die Montan-Mitbestimmung mit ihrem Prinzip der paritätischen Besetzung von Aufsichtsräten, aber auch die Institution des Arbeitsdirektors, der das Vertrauen der Gewerkschaft haben mußte, waren Gegenstände kritischer Angriffe.

Ich benutzte jede Gelegenheit zu betonen, daß man in der Politik nur Einfluß haben könne, wenn man mitarbeite. Kurz, ich plädierte für aktive Mitwirkung in der CDU, die, wie ich wußte, an der Mitarbeit von Leuten aus der Wirtschaft stark interessiert war.

Dafür gab es Beispiele. Dem ersten Bundestag hatte Günther Henle angehört, Chef der Klöckner-Gruppe. Im zweiten Bundestag war Wolfgang Pohle erschienen, Chefjustitiar der Firma Mannesmann. Aber beide schieden nach einer Legislaturperiode aus, weil sie sich außerstande sahen, neben ihrer Arbeit in der Wirtschaft die notwendige Zeit für ein Wirken in Bonn freizumachen.

1957 kam Kurt Birrenbach in den Bundestag, damals Vorsitzender des Aufsichtsrates der August-Thyssen-Hütte. Er blieb 19 Jahre Mitglied des Parlaments. Seine reichen internationalen Erfahrungen und seine vorzüglichen Sprachkenntnisse verschafften ihm sofort eine führende Position unter den Außenpolitikern der CDU/CSU. Immer wieder führte er im Auftrag der Bundesregierung Gespräche mit wichtigen Politikern in großen Hauptstädten. Bundeskanzler Adenauer hatte ihn schon Anfang der Fünfziger Jahre damit betraut, die problembelasteten Beziehungen zwischen Israel und der Bundesrepublik zu bereinigen. Nach mühevollen Verhandlungen brachte er im Jahre 1952 ein deutsch-israelisches Abkommen zustande, das allgemeine Billigung fand. Seine Belastung mit Aufgaben aus der großen Außenpolitik wurde rasch so intensiv, daß er seinen Sitz im Europäischen Parlament in Straßburg aufgeben mußte und auch in Bonn der Stahlpolitik nur wenig Zeit widmen konnte.

Als die nordrhein-westfälische Landesliste der CDU für die Bundestagswahl 1961 vorbereitet wurde, sah sich die Parteileitung nach einem Stahlexperten um, der diesen Bereich in Bonn und Straßburg bearbeiten sollte.

Als ich von diesem Wunsche erfuhr, versuchte ich zunächst, Wolfgang Pohle erneut für diese Aufgabe zu gewinnen. Sein Beruf gestattete ihm jedoch damals nicht, sich für Bonn freizumachen. (1965 konnte ihn die CSU erneut für den Bundestag gewinnen, dem er bis zu seinem Tode im Jahre 1971 angehörte.)

Als ich der Geschäftsführung meiner Landespartei Nordrhein-Westfalen mitteilen mußte, daß ich Herrn Pohle nicht gewinnen konnte, haben wir über Alternativen gesprochen. Gegen andere Kandidaten aus der Stahlindustrie, die ich versuchsweise nannte, wurde eingewandt, keiner von ihnen sei überhaupt Mitglied der CDU. Und bei den Namen aus der Stahlindustrie, welche die Parteileitung aus ihren Karteien herausgesucht hatte, handelte es sich um Männer, deren Arbeitsplätze sie jeweils nur mit einem sehr schmalen Sektor der Stahlproblematik in Berührung brachten. Sie waren in der führenden Schicht der Stahlindustrie unbekannt.

Ich berichtete daraufhin dem Vorsitzenden der Wirtschaftsvereinigung Eisen- und Stahlindustrie, Hans-Günther Sohl, daß ich zwar reale Chancen für einen Stahlexperten auf der Landesliste der CDU sähe, aber keinen geeigneten Kandidaten finden könnte, der genügend Gewicht sowohl in der Stahlindustrie als auch in der Hierarchie der CDU gehabt hätte. Darauf fragte mich Herr Sohl überraschend, ob ich bereit sei, für den Bundestag zu kandidieren. Ich sei doch offensichtlich politisch interessiert, und ich hätte die Probleme der europäischen Stahlindustrie, die in Straßburg zu bearbeiten wären, durch meine Arbeit im Beratenden Ausschuß Kohle und Stahl in Luxemburg kennengelernt, dem ich seit 1957 angehörte.

Ich hatte Bedenken. Ich kannte die Aversion, die sich vielerorts gegen eine Parlamentstätigkeit von Verbandsgeschäftsführern wendet, mit dem Vorwurf, sie seien eine Art von „innerer Lobby", in den Bundestag hineingeschleust,

um spezielle Verbandsinteressen zu fördern. Wenn sich jedoch Partei und Fraktion einen Experten für ein bestimmtes Fachgebiet wünschen, sei es für einen Industriezweig, sei es für die Landwirtschaft oder sei es auch für den Bereich der Arbeitnehmer und der Gewerkschaften, so liegt es nahe, dafür einen Verbandsgeschäftsführer zu nominieren. Er kennt die Problematik seines Wirtschaftszweiges nicht nur vom Standpunkt eines einzelnen Unternehmens, sondern unter den Aspekten aller Angehörigen seiner Gruppe. Er hat in seiner Geschäftsführung einen Apparat, der die notwendigen Informationen kurzfristig beschaffen kann. Die Stahlindustrie hatte schon in den Zeiten des Kaiserreiches und der Weimarer Republik Hauptgeschäftsführer gehabt, die Mitglieder des Reichstages gewesen waren. Gustav Stresemann, von Beruf Verbandsgeschäftsführer, als Vertrauensmann der sächsischen Industrie in den Reichstag gewählt, war sogar Reichskanzler geworden.
Aber auch ein Verbandsgeschäftsführer ist als Abgeordneter Vertreter des ganzen Volkes. Er muß also jeweils prüfen, ob nicht das, was für seinen Wirtschaftsbereich günstig wäre, ungünstige Folgen auf anderen Gebieten nach sich ziehen würde; Folgen, die im Gesamtinteresse eine Ablehnung dieser Sonderwünsche notwendig machen. Er kann also gezwungen sein, aus seiner allgemeinen politischen Überzeugung gegen die fachlich berechtigten Interessen des Wirtschaftszweiges zu stimmen, aus dem er stammt und sein Einkommen bezieht.
Herr Sohl sah diese Problematik ebenso klar wie ich. Er sagte mir, selbstverständlich gehe die im Grundgesetz festgelegte Pflicht des Abgeordneten den Interessen der Wirtschaftsvereinigung vor; die Wirtschaftsvereinigung werde niemals den Versuch machen, mich zu einem Verhalten zu veranlassen, das meiner politischen Überzeugung nicht entspräche. Diese Zusage wurde voll erfüllt.
In dem Fall des Röhrenembargos, der noch zu behandeln sein wird, habe ich meine Stimme gegen die Interessen der Stahlindustrie abgegeben.
Es gab noch andere Konfliktfälle, in denen ich mich ebenso verhielt. Ludwig Erhard betrieb in einer bestimmten wirtschaftspolitischen Lage eine Senkung der Einfuhrzölle für Kraftwagen. Die Autoindustrie bekämpfte diese Aktion, und ich wurde in vorsichtiger Form darauf hingewiesen, daß diese Industrie ein besonders wichtiger Abnehmer der deutschen Stahlindustrie sei. Ich unterstützte jedoch den Vorschlag der Regierung.

Die innere Lobby

Die Problematik eines Verbandsgeschäftsführers, der als Mitglied des Bundestages unmittelbar auf die Gestaltung von Gesetzen Einfluß nimmt, das erwähnte Problem der „inneren Lobby" also, schon vor meiner Kandidatur durchdacht und besprochen, hat mich während meiner gesamten Parlamentszeit beschäftigt, zuletzt in der Enquête-Kommission Verfassungsreform.

Die Problematik läßt sich nicht durch einen Hinweis auf die Rechtslage aus der Welt schaffen. Es kommt ja nicht auf die Rechtslage, sondern auf das Verhalten solcher Abgeordneten an. Wer sie beurteilt oder verurteilt, sollte bis zum Beweis des Gegenteils von statistischer Wahrscheinlichkeit ausgehen: Abgeordnete und Geschäftsführer sind vermutlich im Mittel ebenso gescheit und ebenso anständig wie ihre Kritiker.
Nun hat es unter den Abgeordneten auch schlechte Stücke gegeben. Einer hat später gestanden, daß er beim Mißtrauensantrag der CDU/CSU im Jahre 1972 seine Stimme schlicht gegen bares Geld verkaufte. Einige andere wurden als bezahlte Spione feindlicher Mächte entlarvt. Aber niemand kann behaupten, daß dieses Verhalten Beschlüsse des Bundestages herbeigeführt hätte, die sonst anders ausgefallen wären. Selbst bei dem Mißtrauensantrag 1972 war das nicht der Fall, obwohl die Mehrheit damals sehr knapp ausfiel.
Daß ein Abgeordneter zur Begünstigung irgendwelcher Interessen für eine Aktion stimmt, die er für gemeinschädlich hält, ein solches Verhalten dürfte kaum vorkommen.
Die Problematik liegt vielmehr auf einem anderen Felde. Wenn die Interessen einer sozialen Gruppe, eines Wirtschaftszweiges etwa, gegen die Interessen der Gesamtheit abzuwägen sind, so gibt es dafür keinen objektiven Maßstab. Bei Fragen der Bewertung gibt es stets eine subjektive Komponente, die von der Struktur der Persönlichkeit, aber auch von Bildung und Herkommen und von der Meinung der jeweiligen Umgebung abhängt. Jedermann hält den eigenen Lebensraum für besonders wichtig, weil er ihn am besten kennt. Das wirkt dann auf die Angehörigen ganzer Gruppen quer durch die sozialen Schichten. In ihrer Einschätzung der hohen Bedeutung des Bergbaus etwa sind sich Bergherren und Bergleute völlig einig. Jedes Urteil, das in den Bereich des Urteilenden hineinwirkt, ist mit Vorurteilen belastet. Unsere Prozeßgesetze schalten deshalb in solchen Fällen Richter, die vom Ergebnis eines Prozesses betroffen werden, als befangen aus.
Soll man bei den Abgeordneten ebenso verfahren? Etwa den Abgeordneten aus der Stahlindustrie oder aus der Landwirtschaft verbieten, in Angelegenheiten dieser Bereiche mitzustimmen? Kann man bei einem Gesetz über Betriebsverfassung allen Abgeordneten das Stimmrecht nehmen, die als Arbeitgeber oder Arbeitnehmer betroffen sind? Offenbar nicht.
Ein Mißbrauch von Stimmrechten zur Förderung bestimmter Interessen läßt sich nur dadurch bekämpfen, daß alle Interessen im Bundestag angemessen vertreten sind. Das ist im Ganzen in allen Fraktionen des Deutschen Bundestages erreicht.
Aber es gibt noch einen anderen Mechanismus der Selbstkorrektur. Wer im Bundestag etwas erreichen will, muß eine Mehrheit zustandebringen. Erfolg kann eine Initiative nur haben, wenn der Abgeordnete, der sie betreibt, Vertrauen genießt. Wer als einseitiger Vertreter bestimmter Interessen auftritt, stößt auf Mißtrauen. Man bezweifelt, daß er den Erfordernissen des

Gemeinwohls genügend Rechnung trägt. Wer berechtigte Interessen seiner sozialen Gruppe fördern will, hat dann die besten Chancen, wenn er sich von politisch aussichtslosen Forderungen deutlich distanziert. Ein solches Verhalten nützt im Ergebnis auch der Gruppe, die diesen Abgeordneten als ihren Vertrauensmann betrachtet. Er kann ihre Erwartungen nur dann erfüllen, wenn er Vertrauen auch bei Abgeordneten aus anderen sozialen Gruppen besitzt.

Widerstände

Nachdem ich mich bereiterklärt hatte, zu kandidieren, setzte mich der Vorstand der rheinischen CDU, damals geführt von Rechtsanwalt Wilhelm Johnen, dem Präsidenten des Düsseldorfer Landtages, auf den Entwurf der Landesliste. Die Entscheidung lag bei der Versammlung der Delegierten, die von den Kreisparteien gewählt waren.
Die Befürworter anderer Kandidaturen erhoben gegen mich außer der Einwendung, ich sei Mitglied der NSDAP gewesen, noch den Vorwurf, ich sei nicht genug kirchentreu. Aber bei der Abstimmung über die Besetzung des umstrittenen Platzes der Landesliste erhielt ich, wie man mir erzählte, am Ende 101 von 120 Stimmen des Wahlmänner-Gremiums. 1965 gab es noch einmal wenige Gegenstimmen. 1969 erhielt ich, auf der Landesliste nach vorn gerückt, meinen Platz ohne Gegenstimmen.

DIE BONNER SZENE

Erste Eindrücke im Bundestag

Die CDU/CSU hatte 1961 die absolute Mehrheit verloren, mit der sie seit 1957 komfortabel hatte regieren können. Die F.D.P., der damals einzig in Betracht kommende Koalitionspartner, hatte ihre Wahl unter der Devise geführt, die Kanzlerschaft Adenauer müsse ein Ende haben. Aber die Parteivorstände CDU/CSU hatten schon am Morgen nach der Wahl einstimmig beschlossen, Konrad Adenauer müsse erneut Kanzler werden. Ein harter Konflikt lag auf dem Tisch.

Die Fraktion CDU/CSU war beim Beschluß der Parteivorstände nicht konsultiert worden. Der neue Abgeordnete Dichgans hatte davon im Rundfunk gehört, nicht anders als alle anderen Bürger. Er fand das Vorgehen nicht korrekt und erfuhr, daß viele neue und manche ältere Kollegen seine Kritik teilten. Aber er lernte bald, daß politische Strategie stets eine beträchtliche Portion Mut erfordert, der auf diplomatische Empfindlichkeiten nicht viel Rücksicht nehmen kann. Wenn die CDU/CSU ihren Kanzlerkandidaten durchsetzen wollte, mußte sie aus einer Position der Stärke verhandeln und dazu gehörte eine Demonstration völliger Einigkeit (die in der Sache in dieser Vollständigkeit kaum vorhanden war). Da ich bereit war, Konrad Adenauer zu wählen, den ich sehr hoch schätzte, behielt ich meine Kritik an der Prozedur bei mir und betrachtete meine Erfahrung als einen ersten Lernprozeß.

Als die neue Fraktion erstmals in Bonn zusammentraf, fühlte ich mich deutlich an meinen ersten Schultag erinnert. Der Aachener Kollege Gerhard Philipp, Geschäftsführer des Bergbaus im Aachener Bezirk, mir von der Verbandsarbeit her bekannt, nahm den verwirrten neuen Abgeordneten mit in den überfüllten Fraktionssaal und plazierte ihn neben sich mit der tröstlichen Bemerkung, eine so gut besetzte Fraktionssitzung werde er vier Jahre lang nicht mehr erleben. Und so war es auch.

Durch eine Glaswand ein beruhigender Ausblick in einen schönen alten Baumbestand. An einer Wand schlicht, aber nicht zu übersehen, ein Kreuz.
Nach der Sitzung meldete ich mich bei Konrad Adenauer. Er erinnerte sich nicht nur an frühere Begegnungen, sondern sogar an meinen Vater, der schon 1936 gestorben war. Ich hatte den Eindruck, daß der Bundeskanzler, dem man Menschenverachtung nachsagte, sich um freundliches Einvernehmen mit jedem Mitglied der Fraktion bemühte.

Der Neuling gewann den Eindruck, daß die Entscheidungen, die jetzt zu treffen waren, vorerst nicht im Plenum der Fraktion fielen, sondern in Vorbesprechungen kleiner Gremien, an denen er nicht beteiligt war. Es schien ihm klug, zunächst einmal abzuwarten und zu lernen, bevor er sich an solchen Prozessen der Entscheidungen beteiligen könnte.

Die äußere Eingliederung in das Parlament ging überraschend glatt vor sich. Die Verwaltung des Bundestages hatte alles perfekt vorbereitet. Obwohl mehr als 500 Fälle zu behandeln waren, gab es nirgendwo Wartezeiten. Wir wurden von den Mitarbeitern der Verwaltung mit größter Höflichkeit behandelt, durchaus verschieden von dem Klima, das ich früher oft in Amtsstuben erlebt hatte. Es schien beinahe so, als wolle man bei diesem Verfahren der Einführung den hohen Status eines Bundestagsabgeordneten deutlich betonen, vielleicht sogar sein Selbstbewußtsein stärken, der Depression entgegenwirken, die einige Neulinge beim Aufgehen in eine große unbekannte Menge empfinden mochten.

Die Zahlung der (damals noch sehr bescheidenen) Diäten kam sofort in Gang. Mit der bundesweit geltenden Fahrkarte 1. Klasse für Post und Bahn erhielt ich einen Ausweis, den ich schon in Wuppertal und Berlin besessen hatte. Ein angenehmes Wiedersehen. Die Fahrbereitschaft, gut besetzt, sicherte reibungslos den Verkehr in Bonn und seiner näheren Umgebung. Wer sich telefonisch angemeldet hatte, wurde pünktlich am Bahnhof abgeholt.

Im Bundeshaus wies man mir ein spartanisch eingerichtetes Arbeitszimmer an, das ich mit meinem alten Freunde Gustav Stein zu teilen hatte. Nichts von der großzügigen Behausung, mit der die Abgeordneten, nach zahlreichen Neubauten, 15 Jahre später rechnen konnten. Sehr viel bescheidener als mein Büro in der Wirtschaftsvereinigung Eisen- und Stahlindustrie.

Ich kannte Gustav Stein, Geschäftsführendes Präsidialmitglied des Bundesverbandes der Deutschen Industrie, seit langem aus dem engen Kontakt, den er in einer sehr persönlich-freundschaftlichen Weise zu den Hauptgeschäftsführern der großen Industrieverbände zu halten wußte. Er war ein sehr anregender Zimmergenosse: vorzüglich unterrichtet über alle politischen Fragen, die uns als Abgeordnete beschäftigten, mit einem nüchtern pragmatischen Urteil, vorzüglich unterrichtet auch über die Lage der Wirtschaft. Aber seine Interessen galten mindestens ebenso der Welt der Kultur. Er hatte, als junger Anwalt beginnend, Kunstwerke gesammelt, von der Romantik bis zur Gegenwart. Als Motor des Kulturkreises im Bundesverband der Deutschen Industrie führte er die eher konservativen, zunächst widerstrebenden Industriellen an die Kunst der Gegenwart heran. Als Vorsitzender der Freiherr-vom-Stein-Gesellschaft, die nach dem Kriege meine politischen Anfänge bestimmt hatte, brachte er immer wieder substanzreiche und fruchtbare Gespräche von Politikern mit Männern der Wirtschaft zustande. Im Raum der Außenpolitik galt sein Interesse insbesondere der Beziehung zu Israel, wo er hohes Ansehen genoß.

Ich meinte, die Höflichkeit gebiete es einem neuem Abgeordneten, sich dem Präsidenten und den Vizepräsidenten mit einem Antrittsbesuch vorzustellen. Mit Präsident Gerstenmaier kam ich, wie an anderer Stelle zu berichten ist, bald ins Gespräch. Die Vize-Präsidenten gaben mir alle sehr bald einen Termin, aber es war deutlich, daß außer mir kaum ein neuer Abgeordneter je auf die Idee gekommen war, einem Vizepräsidenten einen Antrittsbe-

such zu machen. Jeder Vizepräsident meinte offensichtlich, ich hätte einen besonderen Wunsch und jeder versuchte, mir das Anbringen dieses Wunsches, das mir anscheinend schwerfiel, durch liebenswürdiges Entgegenkommen zu erleichtern. Sie waren überrascht festzustellen, daß ich mich in der Tat nur vorstellen wollte, aber dann ergaben sich in allen Fällen sehr anregende Gespräche.
Für meinen Aufenthalt in Bonn suchte ich mir ein kleines Zimmer in der Argelanderstraße, mit Ausblick auf die stillgelegte alte Sternwarte, bescheidener möbliert als das Studentenzimmer, das ich dort in unmittelbarer Nähe 35 Jahre vorher bewohnt hatte. Bald spielte sich ein neuer Lebensrhythmus ein.
Morgens zu Fuß durch den Hofgarten bis zum Rheinufer, dann am Rheinufer entlang zum Bundeshaus, wo ich oft an der christlichen Morgenfeier teilnahm. Frühstück im Restaurant des Bundeshauses an einem gewohnten Tisch mit gewohnten Partnern und zwanglosen Unterhaltungen mit anderen Kollegen. Abends wiederum oft zu Fuß nach Haus.
Das Bonner Büro der Wirtschaftsvereinigung Eisen- und Stahlindustrie, besetzt mit einem jungen Akademiker und einer Sekretärin, hielt mich im Kontakt mit den Geschäften meines Berufes.
Nun ging es um mein politisches Arbeitsfeld. Die Schwierigkeiten waren größer als erwartet. Hilfe fand ich bei Franz Etzel, der mich aus seiner und meiner Luxemburger Zeit kannte und deshalb darauf drang, daß ich als Experte für Stahlfragen ins Europäische Parlament käme. Diese Aktion erwies sich jedoch als schwierig. Es reichte ja nicht aus, daß die Kollegen aus Nordrhein-Westfalen mich für diese Position nominierten. Die Mehrheit der Fraktion mußte dieser Nominierung zustimmen. Dazu mußte der Kollege Dr. Hermann Kopf (Freiburg) auf seinen Sitz verzichten. Man brachte ihn dazu mit der Begründung, seine Position als Vorsitzender des Auswärtigen Ausschusses lasse ihm nicht genügend Zeit für die Arbeit in Straßburg. Die Verhandlungen, die sich einige Wochen hinzogen, waren ein weiterer Beitrag zu einem Lernprozeß, diesmal ein schmerzlicher. Ich kannte nämlich den Kollegen Kopf gut, schätzte ihn hoch, und es war mir sehr unangenehm, daß mein Auftauchen ihn aus seiner Straßburger Position vertrieb.
Daß die Mitgliedschaft im Bundestag eine Verbesserung des sozialen Status und damit auch der Möglichkeiten des Wirkens mit sich bringt, erlebt der neue Abgeordnete bald auch außerhalb des Bundeshauses. In Veranstaltungen findet er reservierte Sitze in den ersten Reihen. Nicht nur die Ministerien, sondern auch die Amtsstellen im Lande bemühen sich, die Fragen rasch und gründlich zu beantworten, die ihnen mit dem Briefkopf des Deutschen Bundestages zugehen. Im Ausland erfährt er die Hilfsbereitschaft der Botschaften.
Meine italienischen Stahlfreunde redeten mich mit „onorévole" an, wie sie das gegenüber ihren eigenen Abgeordneten gewohnt waren, bei mir in einer Mischung von Neckerei und Respekt.

Der Plenarsaal

Der Plenarsaal, gehütet von dem majestätisch-freundlichen Amtsinspektor Toni Meller, wirkte auf mich wie eine überdimensionierte Turnhalle oder auch wie der Leseraum einer Mammutbibliothek. Das bastionsartig gestaltete Rednerpult brachte den Redner optisch in die Position eines Schullehrers oder auch in die eines militanten Verteidigers einer Rednerfestung. Die Regierungsbank war damals so hoch aufgetürmt, daß auch großgewachsene Abgeordnete sich auf die Zehenspitzen stellen mußten, wenn sie mit Ministern reden wollten. Das gab lächerliche Bilder. Die Regierung wirkte eher wie ein Schwurgericht, das die Parlamentarier abzuurteilen hatte. Später wurde die Regierungsbank abgesenkt.
Im alten Straßburger Parlament, in das ich kurze Zeit später einzog, sprach jeder Abgeordnete von seinem Platz. Eine Regierungsbank existierte nicht. Wenn ein Mitglied der Brüsseler Kommission sprechen wollte, so benutzte es ein Rednerpult, das seitlich unterhalb des Präsidentenstuhls aufgestellt wurde.
Alle Parlamente der Welt haben ihre Amtsgehilfen durch auffällige Uniformen kenntlich gemacht, damit sie nicht mit Abgeordneten verwechselt werden. In Straßburg gab das ein besonders buntes Bild, weil die Amtsgehilfen, von den nationalen Parlamenten entsandt, in ihren nationalen Uniformen amtierten, einige mit schweren Amtsketten, die wie die Insignien hoher Orden wirkten.
Der riesige Raum in Bonn machte es möglich, die Abgeordneten an Zweierpulten zu plazieren, die im Prinzip der Möblierung alter Gymnasialklassen entsprachen, aber sehr viel komfortabler ausgestattet waren. Unter dem Pultdeckel fanden sich mancherlei Hilfsmittel, sogar mit dem Namen bedruckte Briefbögen und Umschläge.
Die Pultgruppen sind durch eine Vielzahl von Längs- und Quergängen voneinander getrennt. Bei den normalen, schwach besetzten Plenarsitzungen entsteht ein Eindruck gähnender Leere; an den Tagen großer Kämpfe bei voller Besetzung ein ständiges unruhiges Hasten durch diese Gänge, das auch bei großen Regierungserklärungen kaum aussetzt.
Ein ruhig würdevolles Bild bot der Bundestag im Grunde nur bei Festakten, wenn jedermann artig zuhörte.
Zu meiner angenehmen Überraschung verschaffte mir die erste Sitzordnung eine charmante Pultnachbarin, Marie-Elisabeth Klee, die jugendliche Witwe eines deutschen Diplomaten, vielfältig interessiert und sprachgewandt. Sie war eine Enkelin des Freiherrn Cornelius von Heyl zu Herrnsheim, der schon dem kaiserlichen Reichstag angehört hatte.

Die Präsenz

Daß von den 500 Abgeordneten nur 30 im Saal sitzen, ist nichts Ungewöhnliches. Besucher auf der Tribüne, eine Schulklasse etwa, in deren Reiseplan „Eine Stunde Bundestag" verzeichnet ist, registrieren das mit Verwunderung und Kritik. Der Zuschauer weiß nicht, daß die Abwesenheit bei vielen Abgeordneten gute Gründe hat. Sie sitzen etwa im Europäischen Parlament, oder sie empfangen auch wohl Besuchergruppen, mit denen sie diskutieren sollen.

Das Problem schwacher Präsenz stellt sich in allen Parlamenten der freien Welt. Die Amerikaner führen fast alle Abstimmungen als namentliche Abstimmungen durch. Die Zeitungen berichten darüber, bei wieviel Abstimmungen der einzelne Abgeordnete gefehlt hat. Der Namensaufruf (roll-call), der die Präsenz erhöht, macht jedoch dieses Verfahren sehr zeitraubend.

In einigen ausländischen Parlamenten gibt es eine elektronische Stimmenzählung, die das Ergebnis auf einer großen Tafel aufleuchten läßt. Auch der Deutsche Bundestag hat einmal eine solche Vorrichtung eingebaut, aber niemals in Betrieb genommen. Man befürchtete, bei dem Bedienen der Knöpfe könnten Fehler unterlaufen. Dahinter stand aber wohl die Befürchtung, daß ein solcher Apparat die geringe Besetzung der meisten Sitzungen noch deutlicher gemacht hätte. Aber auch die Beschlußfähigkeit, die ja Anwesenheit der Hälfte der Abgeordneten voraussetzt, wäre oft in Frage gestellt gewesen. Nach der Geschäftsordnung wird die Beschlußfähigkeit nur geprüft, wenn das von einem Abgeordneten beantragt wird (was äußerst selten vorkommt).

Bei den weitaus meisten Abstimmungen stellt der Präsident nach seinem optischen Eindruck die Meinung der Mehrheit fest, ohne daß aus dem Protokoll ersichtlich wäre, wer sich an der Abstimmung beteiligt hat. Das ist zuweilen für einige Abgeordnete angenehm, die hinsichtlich der Meinung ihrer Fraktion Bedenken haben, jedoch eine spektakuläre Distanzierung vermeiden möchten.

Nach den Vorbesprechungen in den Fraktionen liegen die Ergebnisse der Plenarabstimmungen meist bereits endgültig fest, bevor die Abgeordneten den Saal betreten. Daß eine Plenardebatte Meinungen ändert, kommt nur äußerst selten vor.

Altgediente Parlamentarier kennen bei bestimmten turnusmäßig wiederkehrenden Debatten, etwa bei großen Landwirtschaftsdebatten, die immer wieder gleichen Argumente, pro et contra, über Jahre hinweg. Zuweilen hat der Hörer den Verdacht, daß dabei ein altes Manuskript, schon mehrfach im Plenum vorgetragen, noch einmal verwertet wird. Ich habe mich gelegentlich erboten, eine solche Debatte als Alleinunterhalter zu übernehmen und nacheinander die mir bekannten Standpunkte aller drei Fraktionen von der Rednertribüne vorzutragen.

Die Fraktionen fordern gleichwohl immer wieder ihre Mitglieder mit Nachdruck auf, den Plenarsaal zu füllen, um das besondere politische Interesse der Fraktion an dieser oder jener wichtigen Problematik auszudrücken und auf die Wähler Eindruck zu machen, die daran interessiert sind. In der Praxis kommt es jedoch häufig zu einem deutlich sichtbaren „Schichtwechsel". Nach Erledigung des Punktes Landwirtschaft etwa packen die Spezialisten, die an dieser Debatte interessiert waren, ihre Akten zusammen und verlassen den Saal. Eine neue Gruppe von Fachleuten einer anderen Thematik, die Steuerspezialisten etwa, strömen herein und legen ihre Akten auf die Tische.
Die meisten Abgeordneten sind wenig bereit, im Plenarsaal zu sitzen, nur um des Eindrucks auf die Zuschauer willen, als Saaldekoration sozusagen, „pour faire tapisserie", wie die Franzosen es formulieren. Viele meinen, sie könnten ihre Zeit nützlicher verwenden.
Wer möglichst viele Stunden im Plenum verbringen will, auch ohne die Hoffnung, dabei etwas Neues zu lernen, kann sein Pult im Plenarsaal als Arbeitstisch betrachten und dort seine Korrespondenz erledigen, auch Aufsätze und Bücher schreiben. Er darf sich dabei auf den Fürsten Bismarck berufen, der in einem Brief an Fürstin Katharina Orloff, geschrieben in drei Plenarsitzungen, am 26. Januar, 4. Februar und 11. Februar 1863, berichtet: „Ich höre den Rednern nur mit halbem Ohr zu und lasse indessen meine Feder über das schlechte Papier des Landtages laufen, um mit Katharina zu plaudern".
Aber die Frage der Besetzung des Plenarsaals ist nicht nur ein Problem der politischen Optik. Das Plenum sollte der Ort sein, an dem sich der gesunde Menschenverstand in die Überlegungen der Fachleute einmischen kann. Der unvergessene Abgeordnete August Dresbach hat das immer wieder getan. Die Ausschüsse gehören den Spezialisten, aber das Plenum sollte allen Abgeordneten gleichberechtigt gehören. Der Einwand, die Bemerkungen eines Außenseiters könnten im Endstadium der zweiten und dritten Lesung, meist rasch aufeinander folgend, kaum mehr Einfluß haben, überzeugt nicht. Erfahrungsgemäß kommen nämlich ähnliche Probleme bald wieder. Eine bestimmte Erwägung, wenn sie im Plenum oft genug vorgetragen ist, kann dann die spätere Gesetzgebung prägen. Wenn interessierte Zuhörer bessere Chancen hätten, im Plenum spontan zu Wort zu kommen, auch wenn sie nicht zu den Fachleuten gehören, so würde das gewiß auch die Präsenz der Plenarsitzungen verbessern.
Das ließe sich durch eine Änderung der Geschäftsordnung, durch verkürzte Redezeiten, fördern. Die Möglichkeiten werden das Hauptthema des Abschnitts „Geschäftsordnung" sein.

Parlamentarische Rhetorik

Große rednerische Leistungen waren im Bundestag selten. Die meisten der längeren Reden waren verlesene Manuskripte, bei denen der Redner seine Thematik möglichst vollständig behandeln wollte, ohne Kontakt mit den Hörern zu suchen. Besonders deutlich zeigte sich dieser Charakter bei den Regierungserklärungen. Sie waren sichtlich eine Kompilation von Ministerwünschen aus allen Geschäftsbereichen, oft nicht ohne Mühe aufeinander abgestimmt, mit einer Fülle von Stoff, der akustisch in dieser Zeit nicht aufgenommen werden konnte. Konrad Adenauer las die erste Regierungserklärung, die ich mit Spannung erwartet hatte, ziemlich schwunglos ab. Ich hätte auch nicht sagen können, wie man in die Verlesung dieses Textes größeren Schwung hätte legen können. Dieser Eindruck hat sich bei allen Regierungserklärungen aller Kanzler, die ich erlebt habe, wiederholt. Auf den Erklärungen lastete die Notwendigkeit, sie vorher schriftlich zu verteilen.
Ich stellte bei der Geschäftsführung der Fraktion die Frage, ob man nicht die Regierungserklärung spalten sollte, in eine schriftliche, zu verteilende, und einen vorher nicht verteilten frischen Kommentar zu einigen besonders wichtigen Punkten dieser Erklärung. Man wolle von der Tradition nicht abweichen, hörte ich.
Konrad Adenauer war kein Volksredner großen Stils. Wenn er länger über ein Thema sprach, das ihm am Herzen lag, machte oft das Engagement Eindruck, das hinter der Sache stand, auch wenn die Argumente zuweilen ledern wirkten, gelegentlich mit pastoralen Untertönen. Aber der erste Bundeskanzler war ein vorzüglicher Debattenredner, mit den scharfen und präzisen Argumenten eines exzellenten Juristen, stets auf der Basis eines vertrauenswürdigen, gesunden Menschenverstandes. Der kölnische Akzent, der bei großen Staatsreden zuweilen etwas fremdartig wirkte, gab seinen Debattenreden einen menschlich versöhnlichen Einschlag, und man hatte den Eindruck, daß er diesen Akzent bewußt pflegte. Es war ein Vergnügen, solchen temperamentvollen Attacken und Repliken zuzuhören.
Exzellente Reden im Stil klassischer Rhetorik hielt zuweilen Präsident Eugen Gerstenmaier, überzeugend gegliedert, mit vorzüglichen Argumenten bestückt, auf das Zuhören hin angelegt, aber zugleich literarische Leistungen, die auch auf den Leser Eindruck machten.
Die temperamentvollsten Redner des Hauses waren zu meiner Zeit Herbert Wehner und Franz Josef Strauß.
Auf Herbert Wehner war ich besonders gespannt. Polemische Wahlreden meiner Parteifreunde hatten ihn nicht selten als den vollkommenen Bösewicht porträtiert. Das optische Bild lieferte einige Züge, die zu dieser Darstellung passen mochten. Sein Temperament riß ihn zuweilen fort, und dann konnte es zu bösen Formulierungen kommen, die ihm hin und wieder auch einen Ordnungsruf eintrugen. Aber er entschuldigte sich stets in höflicher Form. Ich war mit vielen seiner Anschauungen, mit manchen seiner Metho-

den, nicht einverstanden, aber stets von seiner hohen Intelligenz und seinem guten Willen überzeugt. Er hatte die SPD mit dem Godesberger Programm zu einer Volkspartei gemacht, die für Bürger aus allen Schichten wählbar wurde, und sie damit zur Macht geführt. Er gehört für mich neben dem Bundeskanzler Konrad Adenauer und dem Wirtschaftsminister Ludwig Erhard zu den drei großen deutschen Politikern, welche die Welt der ersten 20 Jahre unserer Bundesrepublik stärker verändert haben als alle anderen.

Das größte rednerische Naturtalent des Bundestages war Franz-Josef Strauß. Er sprach volkstümlicher als Herbert Wehner und erreichte deshalb auch seine Hörer besser. Man konnte sich gut vorstellen, wie er in Bayern riesige Versammlungen zu Ausbrüchen höchster Begeisterung hinriß. Solche Wirkungen hatte ich sogar in Düsseldorf erlebt. Aber was er lieferte, war neben großer Rhetorik immer auch handfeste Substanz.

Der Finanzminister pflegt einmal im Jahr den Finanzausschuß des Bundestages ausführlich über seinen Haushaltsplan zu unterrichten. Ich habe fünf Finanzminister mit solchen Reden erlebt. Sie lasen traditionell lange Manuskripte ab, mit einer Unmenge von Zahlen, die niemand akustisch aufzunehmen vermochte. Franz-Josef Strauß sprach jedoch auch bei dieser Gelegenheit frei. Sein imponierendes Gedächtnis gestattete ihm, selbst auf einen Zettel mit Stichworten zu verzichten. Er hatte alle Zahlen, die er für seinen Vortrag brauchte, im Kopf. Und es war faszinierend zu erleben, wie er daraus dann eine rhetorisch höchst wirksame Rede machte.

Zuweilen erwies sich allerdings sein Gedächtnis als eine Belastung. Während seiner Reden kamen ihm immer wieder neue Gedanken, und sein Gedächtnis lieferte dazu auch sofort die einschlägigen Zahlen. So kam es, daß er die Redezeit, die er angemeldet hatte, fast immer überschritt. Aber er hatte trotzdem bis zu Ende stets die volle Aufmerksamkeit der Zuhörer, ob sie ihm nun zustimmten oder nicht. Bei keinem anderen Redner habe ich ähnliche Leistungen erlebt.

Auch Thomas Dehler war ein Redner großen Formats. Sein Temperament riß ihn gelegentlich zu Formulierungen hin, die er bei ruhiger Überlegung vielleicht vermieden hätte. Man merkte, daß er ein unbequemer Partner sein konnte, der stets seine Überzeugungen ohne alle taktischen Rücksichten mit höchster Vehemenz vertrat. Aber diese Position, „hier stehe ich, ich kann nicht anders", das Ablehnen aller Kompromisse, diese Haltung machte auf seine Zuhörer stets großen Eindruck.

Große Tage im Plenum — aber an normalen Plenartagen, in denen ein Punkt der Tagesordnung nach dem anderen zu erledigen ist, stellen sich die rhetorischen Aufgaben anders.

Der Abgeordnete des Mannschaftsgrades muß sich bemühen, seine Kollegen vom Briefeschreiben abzulenken, sie zum Zuhören zu bringen. Dazu muß er sie im Auge behalten.

Ich habe deshalb immer frei gesprochen, ohne Manuskript, höchstens mit einem Blatt mit Stichworten. Die geistige Arbeit, die das Formulieren während des Sprechens erfordert, wirkt offensichtlich auf die Hörer stärker, als es die literarische Perfektion eines Manuskripts tun könnte. Und es schadet nichts, wenn zuweilen auch einmal ein Satz grammatisch mißlingt. Der Redner hat dann den Eindruck, daß einige Zuhörer ihm das abschließende Verbum, nach dem er sucht, am Ende zurufen möchten. Das zeigt einen hohen Grad von Aufmerksamkeit an. Auch empörte Zwischenrufe sind ein Anzeichen gleicher Art. Und selbst die Buh-Rufe (die im Bundestag nicht vorkommen), habe ich in Versammlungen immer als positives Symptom gewertet. Sie zeigten an, daß ich einen sensiblen Punkt getroffen hatte. Provozierende Formulierungen können das Auditorium elektrisieren.

So sagte ich am 25. Oktober 1967 in einer Debatte über die 15-Minuten-Rede:

> „Ich möchte hier leidenschaftlich für das Recht des Abgeordneten eintreten, Unsinn zu reden. Es ist eins der Grundrechte des Parlaments. Gute Debatten brauchen falsche Argumente ebenso wie die richtigen. Die Richtigen können sich nur an den falschen entzünden, und die Kollegen, die zu viel Unsinn fürchten, kann ich damit trösten: Auch der Unsinn soll ja auf maximal 15 Minuten beschränkt bleiben."

Diese Sätze brachten nicht nur das Plenum zu voller Aufmerksamkeit, sondern wurden auch allenthalben publiziert, bis ins Fernsehen hinein, das daraus eine Art „Wort der Woche" machte. Und sie wurden mir späterhin gelegentlich auch im Plenum entgegengehalten. Hans Apel sagte mir einmal in einer temperamentvollen kurzen Erwiderung, ich hätte nun genug Unsinn geredet. Es war sichtlich humoristisch gemeint, und ich nahm es auch so auf. Aber er hielt es doch für notwendig, sich artig bei mir zu entschuldigen.

Beginn der Arbeit

Am 17. Oktober 1961 konstituierte sich der neue Bundestag. Eugen Gerstenmaier wurde erneut zum Präsidenten gewählt, mit 463 von 504 Stimmen. Danach wählten wir sechs Vizepräsidenten und den Ältestenrat. Die zweite Sitzung brachte am 7. November 1961 die Wahl des Bundeskanzlers Konrad Adenauer, die dritte und vierte Sitzung erneut Abstimmungen, die mit der Konstituierung des Bundestages und der Regierung zusammenhingen.

In der 8. Sitzung am 13. Dezember 1961 wurde ich erstmals als Gesetzgeber tätig, und zwar bei der Verabschiedung des vierten Rentenanpassungsgesetzes. Dabei gab es dann auch gleich eine namentliche Abstimmung über einen Änderungsantrag der SPD, die bestimmte Renten durch eine Sonderzahlung aufbessern wollte. Die SPD stimmte geschlossen dafür, die F.D.P. geschlossen dagegen, die CDU/CSU stimmte mit sehr hoher Mehrheit für Nein, jedoch gab es bei ihr vier Enthaltungen. Der Antrag wurde abgelehnt.

Gespräche am Rande, vorsichtig mit einigen Kollegen geführt, die ich von früher her kannte, auch mit dem einen oder anderen Kollegen aus anderen

Fraktionen (bei namentlichen Abstimmungen sind sie alle im Saal, und jedermann vertreibt sich die Zeit mit leichter Konversation), bei diesen Gesprächen gewann ich deutlich den Eindruck, daß die individuellen Meinungen quer durch die Fraktionen weit stärker differierten, als das in dem nahezu geschlossenen Verhalten bei den Abstimmungen sichtbar wurde. Ein Auszählen der individuellen Meinungen, wenn es möglich gewesen wäre, hätte vielleicht zu einem anderen Ergebnis geführt.

Bei dieser ersten streitigen Abstimmung wurden mir die drei Gewissensprobleme eines Abgeordneten deutlich, die mich elf Jahre lang immer beschäftigten:

— das des unzureichenden Wissensstandes, der die Bildung eines eigenen Urteils, das eine Abstimmung „nach besten Wissen" trüge, aus Zeitmangel nicht zuläßt,

— das des Konfliktes zwischen dem individuellen eigenen Urteil und der Solidarität zur eigenen Fraktion, und

— die Erkenntnis, daß sich die Verbesserung der Welt, die man anstrebt, angesichts der Notwendigkeit, eine Mehrheit zusammenzubringen, durchweg nur in einem Kompromiß erreichen läßt, in dem man widerwillig Konzessionen machen muß, gegen die eigene Überzeugung.

Der Wissenstand

Daß ich bei der Anpassung der Renten nicht genug unterrichtet gewesen war, schob ich auf die Situation des Anfängers, der den notwendigen Wissensstand nur allmählich aufbauen kann. Aber ich lernte bald, daß ich einen umfassenden Stand von Informiertsein, wie er mir für meine Arbeit im Beruf als selbstverständlich erschien, in der Politik nie würde erreichen können. Das wurde mir bei der ersten Lesung des Haushalts 1962 bewußt, der in der Zeit vom 13. März bis zum 13. April an insgesamt sechs Sitzungstagen in drei Lesungen behandelt und verabschiedet wurde. Später einmal habe ich die Riesenmenge des Haushalts, der vom Bundestag in die Form eines verbindlichen Gesetzes gebracht wird, genauer analysiert. Mehr als 3000 Seiten in kleinstem Druck, ein mächtiger Band, dessen sorgfältige Lektüre Hunderte von Stunden erfordern würde.

Der Abgeordnete bemüht sich nach Kräften, sich möglichst eingehend zu unterrichten. Sein Einfluß in der Fraktion, seine Chance, Aufmerksamkeit zu erregen, hängen davon ab, wie seine Kollegen seine Kompetenz, die Zuverlässigkeit seines Wissensstandes einschätzen. Er lernt auch bald, daß seine Wähler ihn in Versammlungen für schlicht allwissend halten und darauf muß er vorbereitet sein.

Die vielen Hilfen, die er mobilisieren kann, werden noch beim Thema „Technik der parlamentarischen Arbeit" zu behandeln sein. Aber ich hatte mich schon nach wenigen Wochen davon überzeugt: Einen zuverlässigen

Wissensstand, der demjenigen der Ministerialexperten ebenbürtig war, würde ich auch bei größtem Fleiß nur für schmale Teilbereiche aufbauen können. Im übrigen mußte ich mich damit abfinden, daß ich zumeist für die Entscheidungen, wie ich abstimmen sollte, auf das Vertrauen zu sachkundigeren Kollegen angewiesen blieb, die dann ihrerseits zu meinen speziellen Fachkenntnissen Vertrauen hatten. Ohne gegenseitiges Vertrauen kann Politik nicht funktionieren.

Wissensquellen im eigenen Lebenskreis

Ein Abgeordneter, der sich aus der Welt seines Berufs völlig löst, um sich ausschließlich mit Politik zu beschäftigen, verliert die lebendige Berührung mit der Welt der Wirklichkeit, welche die politische Arbeit anregen und kontrollieren könnte. Sein Informationsstand ist dann nur noch der des Zeitungslesers, mit dem Risiko, daß seine Informationen gezielt ausgewählt oder einseitig gedeutet worden sind.
Wer jedoch eine, wenn auch lockere, Fühlung mit seinem Beruf behält, kann für diesen Bereich aus eigener Anschauung sagen: „so ist es", ohne daß er auf fremde Meinungen angewiesen wäre.
Die Sicherung bleibender Kontakte mit der Welt des Berufs ist noch aus einem anderen Grunde wichtig: wegen des Gegenstroms von Informationen und Argumenten, der vom Abgeordneten in diese Welt zurückfließt. Nur wer in ständigem Gespräch mit Berufskollegen bleibt, behält die Möglichkeit, in die Diskussionen über Fachinteressen immer wieder die Gesichtspunkte einer Gesamtpolitik hineinzutragen, die den Belangen aller Bürger gerecht wird. Nur dann kann er immer wieder seine Berufskollegen mahnen, daß sie nicht nur Interessenten, sondern auch Bürger sind, die eine Mitverantwortung für das Ganze tragen. Es hat sich oft gezeigt, daß Verbandsgremien einem Mann ihres Vertrauens, der aus der Welt der Politik zu ihnen kommt, zuhören und auch folgen.
Trotzdem: wer im Bundestag mitarbeiten will, muß sich darüber klar sein, daß er für eine Arbeit im alten Beruf nur wenig Zeit findet, nur im Bereiche der Überstunden, die über die normale Arbeitswoche hinausgehen. Für mich ergab sich die zusätzliche Schwierigkeit, daß in den sitzungsfreien Wochen (außerhalb der Ferienzeit jede dritte oder vierte Woche) häufig Termine des Europäischen Parlamentes oder seiner Ausschüsse mit verhältnismäßig langen Anreisezeiten wahrzunehmen waren. Ich hatte mir vorgenommen, etwa 30 % meiner Zeit, über das Jahr hinweg gerechnet, für meine Arbeit in der Stahlindustrie verfügbar zu halten. Das gelang nicht immer.

Solidarität

Der Wissensstand, der sich als Ergebnis der Verarbeitung aller dieser Informationen bildet, führt den Abgeordneten zu einem individuellen Urteil. Wenn er jedoch dieses Urteil in eine Rede oder in die Abgabe seiner Stimme verwandeln will, muß er sich darüber klar sein, daß er in der politischen Welt nicht allein steht.
Alle Fraktionen sind bemüht, sich ihren Wählern als eine geschlossene politische Kraft zu präsentieren. Das ist eine wichtige Aufgabe.
Sie können jedoch diese Geschlossenheit nur erreichen, wenn sie alle ihre Mitglieder von der Notwendigkeit politischer Solidarität überzeugen, die in bestimmten Fällen bei einer Abwägung der Güter wichtiger sein kann als eine sachlich wohlbegründete individuelle Überzeugung, die von der Meinung der Mehrheit abweicht.
Einen Fraktionszwang, bei dem sich jeder Abgeordnete im Plenum nach dem Mehrheitsbeschluß seiner Fraktion richten müßte, kann es in der Bundesrepublik nicht geben. Art. 38 des Grundgesetzes schützt die Gewissensfreiheit des Abgeordneten.
Die Fraktionen benutzen jede Gelegenheit, um zu versichern, daß sie niemals einen Fraktionszwang ausüben. Sie können dabei auf viele Niederschriften von Plenarsitzungen verweisen, die Verschiedenheiten der Meinung und auch der Abstimmung innerhalb einer Fraktion sichtbar machen. Ich erlebte das schon bei der zweiten streitigen Abstimmung, an der ich im Plenum teilnahm, am 22. 2. 1962. Es handelte sich um die Änderung des Wehrpflichtgesetzes, über die lebhaft und substanzreich kontrovers debattiert worden war. Bei der Schlußabstimmung, die das Gesetz mit Mehrheit billigte, gab es Gegenstimmen in allen Fraktionen. Kein Fraktionszwang also, weder rechtlich noch auch tatsächlich. Aber der Appell der Fraktionsführung an Bereitschaft zu politischer Solidarität, gerichtet an Kollegen, die in der speziellen Sachfrage anderer Meinung sind, bleibt legitim.
Jeder Abgeordnete verdankt seine Wahl der Tatsache, daß eine Partei ihn aufgestellt hat. Und nach unserem Wahlgesetz wirkt jede Stimme nicht nur für oder gegen die Direktkandidaten, sondern auch für den letzten Kandidaten der Landesliste, der bei dieser Wahl in den Bundestag einzieht. Wer das sein wird, kann der Wähler bei der Abgabe seiner Stimme nicht wissen. Es kann also vorkommen, daß ein Arbeiter mit seiner Stimme einen Syndikus der Großindustrie in den Bundestag bringt, den er vielleicht nicht gewählt hätte, wenn es in einem reinen Mehrheitswahlrecht um die Entscheidung zwischen diesem Kandidaten und einem allgemein anerkannten Führer der Gewerkschaften gegangen wäre. Für den Abgeordneten bedeutet das: er kann sich nicht späterhin im politischen Raum beliebig nach seinem persönlichen Sachurteil bewegen, unter Berufung auf Art. 38, Abs. 1, der ihm die Freiheit seiner Gewissensentscheidung sichert. Er muß auch Art. 21, Abs. 1 in Betracht ziehen, der den Parteien die Mitwirkung an der politischen

Willensbildung des Volkes zuweist, einer Mitwirkung, die ihm die Nominierung gebracht hat.
Dazu muß er folgendes überlegen: Gewissen, das ist ein Begriff aus der Kategorie der Moral. Und in der Tat: was man über Todesstrafe oder über Abtreibung zu denken und zu sagen hat, kann sich niemand von der Mehrheit der Fraktion vorschreiben lassen. Aber in solchen Bereichen respektieren die Fraktionen auch allenthalben die Freiheit der Gewissensentscheidung. Die CDU/CSU hat etwa das Verhalten zu den Ostverträgen als Gewissensentscheidung gewertet. In diesen Bereichen darf also jeder Abgeordnete seinen eigenen Weg gehen.
Aber die Zahl der Fälle, in denen es um Gewissensentscheidungen dieser Art geht, ist sehr klein. Zumeist geht es nicht um Gewissen, sondern um Opportunität. Ob man nun die Sozialrenten um einen bestimmten Prozentsatz erhöhen soll oder um einen etwas größeren oder etwas kleineren, kann bei aller sozialer Gesinnung nur eine Frage der Opportunität sein. Und die Frage nach der Opportunität in diesem Einzelfall muß vernünftigerweise eingebettet werden in die Frage nach der Opportunität im großen politischen Bereich, im Bereich der politischen Macht. Eine Fraktion, die ihrer Abgeordneten in keiner Frage sicher ist, die es immer wieder erleben muß, daß ein Teil ihrer Mitglieder aus Sachgründen, vielleicht durchaus respektablen Sachgründen, mit dem politischen Gegner stimmt, muß das Vertrauen ihrer Wähler verlieren. Die Wähler wissen dann nämlich nicht mehr, welche Folgen ihre Stimmenabgabe für diese Partei haben wird. Sie haben Vertrauen zur Führung dieser Partei, nicht jedoch notwendigerweise auch zum Abgeordneten, den ihre Stimme am Ende in den Bundestag hineinbringt. Es ist also völlig legitim, keine Verletzung von Gewissensfreiheit, wenn die Fraktionsführung einen Abgeordneten, der ausbrechen will, nachdrücklich auf diesen Aspekt hinweist: „Wollen Sie denn wirklich unsere Regierung stürzen?". Die politische Schlagkraft der Fraktion als Ganzes ist in diesem Falle wichtiger als individuelle Überzeugung. Dieser These wird der Abgeordnete zumeist folgen, und das kann er auch offen gegenüber seinen Wählern vertreten.
Jeder Fortschritt beginnt jedoch normalerweise mit der Meinung einer Minderheit. Wenn also eine Fraktion alle abweichenden Meinungen von vorneherein durch Hinweis auf Fraktionsdisziplin erstickt, so erstickt sie damit auch den Fortschritt. Und eine allzu mongolithische Fraktion wirkt auf die Dauer negativ auch auf die Wähler, von denen viele eine liberale Komponente haben.
Nun muß der Abgeordnete in diesem Konflikt zwischen Fraktionsraison und Glauben an Fortschritt sorgfältig taktieren. Nichts bringt mehr Publizität als die spektakuläre Abweichung von der eigenen Fraktion. Aber der Abgeordnete, dem ja am Ende der politische Erfolg wichtiger sein muß als die Publizität des Tages, braucht seine Fraktion. Er muß mühsam und langsam Mitstreiter in seiner Fraktion werben, sie individuell überzeugen, und das

erschwert er sich, wenn er sich als ständiger Abweichler profiliert. Dann hört die Fraktion ihm am Ende gar nicht mehr zu.
Ich habe, glaube ich, meine Möglichkeiten individuellen Verhaltens bis zu der Grenze ausgenutzt, die ich nicht überschreiten durfte, ohne an Glaubwürdigkeit zu verlieren. Aber ich habe mich bemüht, diese Grenze nicht zu überschreiten. Meine abweichenden Meinungen in der Deutschlandpolitik hätten mir eine sehr viel größere zustimmende Publizität verschaffen können, wenn ich alle Angebote an Fernsehsendungen und Interviews angenommen hätte. Hier habe ich bewußt gebremst, um meine Möglichkeit innerhalb der Fraktion nicht zu verbauen. Aber in der Sache Wirtschafts- und Sozialrat habe ich ebenso bewußt die entgegenstehende Meinung der Fraktionsmehrheit durch das Einbringen einer Bundestagsdrucksache überspielt. Beide Fälle werden im Themenkreis „Schwerpunkt der Arbeit" noch einmal zu behandeln sein.
Das Maß der Freiheit, das die Fraktion dem einzelnen Mitglied gewähren kann, hängt auch von dem Stärkeverhältnis der Mehrheit zur Minderheit ab. Hat die Mehrheit eine große Zahl von Abgeordneten hinter sich, so kann sie sogar taktisch daran interessiert sein, ihren Randgruppen eine gewisse Freiheit zu geben, bis zu Gesetzesinitiativen hin. Die Parteien wollen ja die Wähler, die zu diesen Randgruppen der Abgeordneten gehören, behalten, und es kann daher nützlich sein, ihnen zu verstehen zu geben, sie seien keineswegs vergessen. Das war der Zustand der Großen Koalition. Die Nachteile einer solchen politisch übermächtigen Koalition, insbesondere auch der Widerstand der Wähler gegen einen solchen Zustand von Übermacht, liegt auf der Hand. Aber was die politischen Möglichkeiten anlangt, so war die Zeit der Großen Koalition besonders fruchtbar. Wir hätten bis heute keine Notstandsgesetzgebung, wenn eine schwache Mehrheit sie gegen die Verbindung einer starken Minderheit mit militantem Widerstand außerparlamentarischen Protestes hätte durchsetzen müssen. Nur eine so starke Mehrheit, wie sie damals hinter diesen Gesetzen stand, konnte den Widerstand der Straße ignorieren, der ja damals bis zu terroristischen Drohungen gegen einzelne Abgeordnete ging.
Wie recht diese Mehrheit in der Sache hatte, zeigt am besten die Tatsache, daß dieses Thema „Notstandsgesetze" mit der endgültigen Verabschiedung vollständig aus der Diskussion verschwand. Wir alle waren darauf vorbereitet, unser Verhalten auch noch nachträglich verteidigen zu müssen. Aber niemand hat uns dann danach gefragt, und es haben sich niemals mehr die 5 % der Abgeordneten zusammengefunden, die eine Änderung dieser Gesetze hätten beantragen können.
Solange die Stimmenzahl schwach bleibt, die der Mehrheit ihr Übergewicht im Bundestag bringt, hat jede abweichende Haltung einer kleinen Gruppe von Abgeordneten, wenn sie die herrschende Mehrheit in die Minderheit brächte, eine Signalwirkung, die weit über die Verschiedenheit der Meinungen im Einzelfall hinausgeht. Das treibt den Preis, der für die Abwendung eines

solchen Veto-Verhaltens zu zahlen ist, in die Höhe. Regierungen mit schwachen Mehrheiten müssen daher ihre Sachüberlegungen häufiger gegenüber Stimmungsschwankungen der Öffentlichkeit zurückstellen als stark fundierte Regierungen.

Ein Abgeordneter, der öffentlich eine abweichende Meinung vertritt, wird bei schwach fundierten Regierungen rasch zum „Verräter", gegen den die Parteibasis mobilisiert werden muß. Das ist verständlich, vom Standpunkt der Fraktionsführung aus, aber es lähmt den politischen Fortschritt.

Die Grenzen, wo der legitime Einfluß der Fraktion aufhört, wo der unerträgliche Fraktionszwang beginnt, sind nicht leicht zu fixieren.[3]

---

[3] Zu diesem Problem habe ich am 4. Februar 1971 im Plenum Stellung genommen. Vgl. Stenographische Berichte, 6. Wahlperiode, 97. Sitzung.

DIE GROSSEN ROLLEN

Erinnerung an die Bonner Zeit ruft Erinnerung an viele Kollegen aus dem Bundestag wach. Ich muß der Versuchung widerstehen, alle diese Erinnerungen aufzuzeichnen. So habe ich mich darauf beschränkt, die eine oder andere in den Text einzubauen, wenn sich dies aus der Sache ergab. Aber über die großen Rollen der Bonner Szene, in meiner Bonner Zeit, möchte ich etwas mehr sagen: die Präsidenten des Bundestages, die Bundeskanzler, die Bundespräsidenten.

Der Präsident des Bundestages

Das Klima eines Hauses wird weitgehend durch den Hausherrn bestimmt, im Bundestag durch seinen Präsidenten. Präsident Professor D. Dr. Eugen Gerstenmaier hat sein Amt vom 16. November 1954 bis zum 31. Januar 1969 geführt. In der ersten Plenarsitzung, die ich erlebte, betrat er pünktlich um 9.00 Uhr den Saal, mit sonorer Stimme von dem obersten der Amtsgehilfen angekündigt: „Der Präsident". Mittelgroß, ein wenig behäbig wirkend, aber mit raschem Schritt strebte er zum erhöhten Sitz des Präsidenten und begrüßte die rechts und links neben ihm plazierten Schriftführer, aber auch das Hohe Haus, das sich zu seinen Ehren erhoben hatte, ganz selbstverständlich. Der Präsident zeigte erfreuliche Elemente schwäbischer Nüchternheit, verbunden mit menschlicher Wärme. Er führte das Parlament straff, jedoch ohne alle spektakulären Disziplinarmaßnahmen. Ordnungsrufe waren selten. Er erteilte sie in einem Ton, der deutlich machte, daß er lieber davon abgesehen hätte. Es gelang ihm, bei solchen Eingriffen beruhigend zu wirken. Sie hatten nicht den Charakter von Strafaktionen gegen Bösewichte, sondern sie dienten der Versöhnung und wurden auch in diesem Sinne verstanden.
Wenn er vor der Sommerpause den Abgeordneten erholsame Ferien wünschte, so fand er dabei väterlich-ernsthafte Formulierungen mit der Mahnung, die zur Gewohnheit gewordene Arbeitssucht zu bekämpfen, und die Abgeordneten hörten freundlich billigend zu. Er genoß, auch wenn man gelegentlich über seinen schwäbischen Eifer und seine Jagdpassionen scherzte, überall hohen Respekt.
Mir hat er mehrmals spontan geholfen. Eines Tages sprach er mich in einer Fraktionssitzung an. Er habe in einer Berliner Zeitung über meine bildungspolitischen Bestrebungen gelesen und bot mir an, mich mit Werner Heisenberg zusammen zu einem Mittagessen einzuladen. Meine Frau schloß er in seine Einladung ein, und so kam ich zu einer erwünschten Gelegenheit, meine Ideen einem sehr kompetenten und lebhaft interessierten, aber kritischen Zuhörer vorzutragen. Die Zustimmung, die ich fand, ermutigte mich zu an-

deren Gesprächen mit Koryphäen der Wissenschaft. Präsident Gerstenmaier, der im Bereich der Wissenschaft über besonders viele persönliche Beziehungen verfügte, erbot sich zu helfen und hat auch immer geholfen, wenn ich ihn darum bat.

Aber die wissenschaftliche Komponente äußerte sich bei Eugen Gerstenmaier nicht nur darin, daß er interessierte Abgeordnete in Verbindung mit Sprechern der Wissenschaft brachte. Er war selbst wissenschaftlich interessiert, und das floß auch in seine Tätigkeit als Präsident ein. Ich erinnere mich noch an seine vorzügliche Rede, die er im Bundestag aus Anlaß des 100jährigen Jubiläums des Norddeutschen Reichstages am 24. 2. 1967 gehalten hat (Niederschrift der 96. Sitzung am 22. 2. 1967, Seite 9367 ff.), eine ausgewogene Mischung von historischer Analyse und politischer Auswertung.

Eugen Gerstenmaier, dessen hervorragende Befähigung für die Position eines Bundestagspräsidenten niemand je in Zweifel gezogen hatte, kam dann überraschend zu Fall, auf Grund von Vorwürfen, die ich für unberechtigt hielt und halte. Dazu möchte ich in diesen Erinnerungen einiges sagen.

Der Bundestag hatte beschlossen, den Beamten, die nationalsozialistische Verfolgung an einer normalen Laufbahn gehindert hatte, eine Entschädigung in der Form eines pauschalen Ausgleichs für entgangenes Einkommen zu gewähren.

Nun war Eugen Gerstenmaier hart verfolgt worden. In dem Prozeß gegen die Widerstandskämpfer des Jahres 1944 war er beim Volksgerichtshof knapp einem Todesurteil entgangen, aber er erhielt eine langjährige Zuchthausstrafe und wurde in Ketten abgeführt. Seine wissenschaftlichen Leistungen hätten ihn in normalen Zeiten mit hoher Wahrscheinlichkeit frühzeitig auf einen theologischen oder philosophischen Lehrstuhl getragen. Die Gehaltsdifferenz, über viele Jahre hin summiert, ergab eine sechsstellige Zahl. Aber die öffentliche Meinung zeigte sich schockiert. Da sich einiger Ärger über allzu großzügige Behandlung von politisch Verfolgten aufgestaut hatte, wurde Eugen Gerstenmaier das Opfer einer Stimmungswelle. Er wurde verdächtigt, er habe auf Abgeordnete Einfluß genommen, um dieses Gesetz im Sinne seiner Interessen zu gestalten. Eine förmliche Untersuchung ergab jedoch eindeutig, daß dieser Verdacht jeder Begründung entbehre. Das Gesetz war ganz normal im Rahmen einer Reihe von Gesetzen ähnlichen Inhalts verabschiedet worden. Niemand bezweifelte, daß dem Bundestagspräsidenten der Betrag, den er erhalten hatte, nach diesem Gesetz zustand. Es gab offensichtlich Hunderte von anderen Fällen, in denen die gleiche Berechnungsmethode angewandt worden war. Ich stellte damals die Frage, ob man nun jetzt dieses Gesetz, das im Falle Gerstenmaier soviel Ärger erregt habe, aufheben wolle und was man gegen die übrigen zu tun gedächte, die nach dem gleichen Gesetz Entschädigungen empfangen hätten. Aber die Stimmungswelle, durch sensationelle Aufmachung in einigen Zeitschriften und

Zeitungen hochgejagt, hatte im irrationalen Raum eine solche Höhe erreicht, bis weit in die Kreise der CDU hinein, daß die Fraktion keine Möglichkeit sah, Gerstenmaier als Präsidenten zu halten. Die Fraktionsführung meinte, eine öffentliche Fehde zwischen Freunden und Gegnern des Bundestagspräsidenten würde die Sache nur noch schlimmer machen.
Ich habe damals zu dem Fall in einem Aufsatz Stellung genommen, den „Die Zeit" am 14. Juni 1969 publizierte. In diesem Aufsatz habe ich darauf hingewiesen, daß der Kern des Problems beim Bundestag liege, nicht bei seinem Präsidenten. Die Grundfrage könne doch nur lauten: ist ein Gesetz vernünftig, das einem gutversorgten Bürger in der Situation des Bundestagspräsidenten eine Entschädigung zuspricht (keineswegs nur diesem, sondern jedem anderen in gleicher Lage)?
Wenn man das Gesetz verteidige, sei schwer zu verstehen, warum eigentlich Gerstenmaier aus dem Amt gedrängt worden sei. Oder wolle man behaupten, jedes Gesetz enthalte stillschweigend eine Abgeordnetenklausel, die man wie folgt formulieren könnte:

> Ein Abgeordneter darf Ansprüche aus diesem Gesetz nur dann geltend machen, wenn sie in seinem Fall auch von der öffentlichen Meinung als individuell gerecht angesehen werden.

Daß Eugen Gerstenmaier überhaupt einen Antrag auf Wiedergutmachung stellte, hatte eine durchaus honorige, zugleich, wenn man will, eine schwäbische, ja vielleicht Gerstenmaiersche Vorgeschichte.
Ein ehemaliger General hatte öffentlich behauptet, der Präsident des Deutschen Bundestages sei niemals habilitiert worden; er habe falsche Angaben über seinen Lebenslauf gemacht. Das konnte der Angegriffene nicht auf sich sitzen lassen, und er ging mit schwäbischer Gründlichkeit ans Werk. Dem Rat juristischer Prominenz folgend, reichte er eine Feststellungsklage beim Bundesverwaltungsgericht ein. Aber dieses hohe Gericht erklärte sich für unzuständig. Was tun? Man suchte nach einem anderen Prozeßverfahren, in dem implicite eine rechtskräftige Entscheidung über den akademischen Status des Bundestagspräsidenten zu erreichen war. Wiederum Konsultation juristischer Prominenz. Die Fachleute sahen nur einen Weg: Antrag auf Entschädigung nach der Gesetzgebung für politisch Verfolgte.
Die württembergischen Kollegen des Verdrängten haben mir später gesagt, man sei dort durchaus bereit gewesen, ihm auch in der folgenden Legislaturperiode wieder einen Platz im Deutschen Bundestag zu verschaffen, allerdings nicht in seinem angestammten Wahlkreis. Er habe jedoch mit großer Härte volle Rechtfertigung und moralische Wiedergutmachung verlangt, und so kehrte er dann am Ende nicht mehr in den Bundestag zurück. Das war ein Verlust für das deutsche Parlament. Aber vielleicht hat es ihm Zeit und Gelegenheit gegeben, sich intensiver mit staatsphilosophischen und geschichtlichen Aufgaben zu befassen.
Sein Nachfolger wurde im Februar 1969 Kai-Uwe von Hassel, der schon 1953 in den Bundestag gekommen war und später als schleswig-holsteinischer

Ministerpräsident und Bundesminister der Verteidigung amtiert hatte. Bei der öffentlichen Diskussion über die Nachfolge Gerstenmaier war zu meiner Überraschung von einigen Journalisten auch mein Name ins Gespräch gebracht worden. Aber ich hatte die Fraktionsführung frühzeitig gebeten, mich nicht als Kandidaten zu betrachten, wegen der Vorbelastung, die sich aus meiner Vergangenheit in nationalsozialistischer Zeit ergab, aber auch deshalb, weil ich Herrn von Hassel, der aus afrikanischer Jugendzeit ein hohes Maß von Frische, aber auch von natürlicher Autorität mitgebracht hat, für eine ausgezeichnete Besetzung hielt.

Bundeskanzler Konrad Adenauer

Konrad Adenauer hatte schon in der Kaiserzeit ein hohes Amt bekleidet.
Die Leistungen des Kölner Oberbürgermeisters, der dort seit 1917 amtierte, galten weithin als vorbildlich. Mein Vater hatte oft davon gesprochen. Ein breiter Grüngürtel, der Bebauung entzogen, nahm in Köln die Philosophie des Umweltschutzes 50 Jahre vorweg. Die Stadt gründete eine stadteigene Universität.
Adenauers Erfolge hatten alle deutschen Oberbürgermeister neidisch gemacht.
In der Weimarer Zeit gehörte Konrad Adenauer zu den wenigen Politikern, welche die föderalistische Gliederung des alten Deutschen Reiches ändern wollten. Von der Vereinigung der thüringischen Mini-Staaten abgesehen, hatte man an den innerdeutschen Grenzen, Ergebnissen einer preußischen Machtpolitik, damals nichts geändert.
Die Übergröße Preußens, die einen echten Föderalismus nicht entstehen ließ, hatte zu einer einzigen bescheidenen Hilfsstruktur geführt: einige der preußischen Sitze im Reichsrat (der etwa unserem Bundesrat entsprach) wurden nicht von der preußischen Regierung, sondern von Vertretern preußischer Provinzen besetzt. Aber das konnte an dem groben Ungleichgewicht, das den deutschen Föderalismus damals belastete, nichts ändern.
Groß-Preußen war verhältnismäßig jungen Datums. Das Rheinland und das westliche Sachsen gehörten 1918 erst hundert Jahre dazu, Hannover und Hessen erst fünfzig Jahre.
Der Gedanke, aus dem Rheinland ein selbständiges Bundesland zu machen, gleichberechtigt mit Württemberg und Baden (deren Staatlichkeit in der damaligen Form ja auch kaum älter war als die Annexion des Rheinlandes durch Preußen), lag deshalb nahe. Adenauer hat sich mit diesem Gedanken beschäftigt. Er ist deshalb heftig angegriffen und als Verräter beschimpft worden. Wer sich mit diesem Tadel beschäftigt, darf und muß sich die Frage stellen, wie die politische Entwicklung in Deutschland hätte laufen können, wenn es 1933 ein selbständiges Rheinland mit einem Ministerpräsidenten Konrad Adenauer gegeben hätte.

Die Zahl der nationalsozialistischen Stimmen war in den rheinischen Kerngebieten niedriger als anderswo. Konrad Adenauer war auch ein weit härterer Kämpfer als etwa Otto Braun in Berlin, der sich widerstandslos absetzen ließ. Hätte sich Adenauer durch einen Staatskommissar vertreiben lassen, wie ihn Adolf Hitler in München ernannte? Die bayerische Regierung hatte die nationalsozialistischen Putschisten von 1923 glimpflich behandelt. Sie wagte es nicht, den aufsässigen Österreicher Adolf Hitler in seine Heimat abzuschieben. Es gab damals in München Kreise, die den Aufstieg ihres langjährigen Mitbürgers Adolf Hitler mit heimlichem oder auch offenem Stolz registrierten.

Solche Stimmungen lagen den weitaus meisten Rheinländern ganz fern. Hätte es Adolf Hitler im Jahre 1933 wagen können, etwa die Reichswehr zu mobilisieren, um einen widerspenstigen rheinischen Ministerpräsidenten aus seinem Amt zu vertreiben? Das Rheinland war damals noch entmilitarisiert, auf völkerrechtlicher Grundlage. Hätte die französische Regierung im Jahre 1933 eine rechtswidrige Vertreibung des rheinischen Ministerpräsidenten, mit offenem Bruch des Versailler Vertrages, untätig hingenommen (den sie einige Jahre später, in einer veränderten Situation, achselzuckend tolerierte)? Wohl kaum.

Daß die rheinische Polizei, der ja in einem freien Rheinland die Reichsregierung keine Befehle hätte geben können, gegen den gewählten Ministerpräsidenten Konrad Adenauer vorgegangen wäre, ist kaum anzunehmen.

Was wäre, wenn? Solche Spekulationen sind historisch müßig. Die weitschauenden Überlegungen des späteren Bundeskanzlers wurden damals in einem Schwall von Emotionen begraben. Neben dem Plan der Gründung eines selbständigen Rheinland-Staates (anstelle der Rheinprovinz, wie dieses Land damals hieß) im Verband des Deutschen Reiches lief ein echter Separatismus, der das Rheinland vom Deutschen Reich trennen wollte, mit dem Ziel eines neuen souveränen Pufferstaates, etwa zu bilden aus den Ländern Rheinland und Pfalz. Es gab bewaffnete Aufstände, von den Franzosen unterstützt. Die Empörung über solche Pläne erstickte dann auch alle Entwicklungen, die dem Rheinland innerhalb des Deutschen Reiches einen selbständigen Status hätten geben sollen.

Ich hatte Konrad Adenauer im Sommer 1925 in Freiburg kennengelernt, als er seinen Sohn besuchte und einige Studienkollegen zum Mittagessen einlud. Er begrüßte uns freundlich, aber distanziert, offensichtlich ein bedeutender, vielbeschäftigter Mann.

Mein Vater hatte Adenauer bei Besprechungen der rheinischen Zentrumspartei getroffen und erzählte voller Respekt von seiner imponierenden Klugheit und seiner natürlichen Autorität. 1933 von den Nationalsozialisten aus seinem Amt entfernt und vor ein Strafgericht gezerrt, freigesprochen, zog er sich in ein inneres Exil politischer Abstinenz zurück. In Rhöndorf begegnete man ihm im Krieg zuweilen, wie er sein Schaf mit einer Leine zum Weiden an Wegrändern führte. Er lehnte jedes Paktieren mit den Nationalsozialisten ab, die den sehr bekannten Politiker vermutlich, wenn er zu ihnen übergegangen wäre, als Prunkstück herausgestellt hätten. Aber er hielt auch nichts von dilettantischen Verschwörungen. Gleichwohl wurde er verhaftet. Es war ihm jedoch nichts Belastendes nachzuweisen. Er hatte am Ende die schwere Zeit makellos überstanden. Er lebte.

Sein Verhalten von 1945 bewies seine geniale Begabung. Die CDU war zunächst von ihren Berliner Initiatoren, dem Kreis um Hermes etwa, als eine gesamtdeutsche Partei konzipiert worden, als eine Verbindung über alle Besatzungszonen hin. Hoffnungen dieser Art waren damals nichts Ungewöhnliches. Der Berliner Bürgermeister Ferdinand Friedensburg, von Haus aus Bergmann, bemühte sich zusammen mit Franz Hellberg, dem Chef des mitteldeutschen Braunkohlenbergbaus, diese wichtige Rohstoffquelle von vornherein gesamtdeutsch zu organisieren, sozusagen als einen Vorgriff auf eine spätere Wiedervereinigung. Sie bemühten sich darum viele Monate, bevor sie sich schmerzlich von ihren Illusionen lösten.

Konrad Adenauer erkannte früh, daß eine freiheitliche Entwicklung nur dann Chancen hatte, wenn man sich zunächst entschlossen auf die drei westlichen Zonen beschränkte. Als er, vom Zentrum kommend, mit einiger Verzögerung zur CDU stieß, setzte sich der Alterspräsident, dem man zunächst nur eine freundliche Ehrung hatte erweisen wollen, in einem souveränen Alleingang an die Spitze der neuen Partei. 1949 war er Bundeskanzler. Es war ihm gelungen, Protestanten und Katholiken, seit fast 80 Jahren politisch verfeindet, zu einer einheitlichen Partei zusammenzuführen, zur stärksten politischen Kraft der Bundesrepublik. Er führte dann diese Bundesrepublik gegen leidenschaftliche Widerstände in ein System westlicher Zusammenarbeit hinein und brachte entgegen allen Prognosen eine breite Mehrheit für die Wiederbewaffnung zusammen.

Noch im Jahre 1961, als ich in den Bundestag kam, erzählten mir ältere Kollegen, die Mehrheit der Fraktion habe im Anfang die Politik der Wiederbewaffnung für politischen Selbstmord gehalten, aber gleichwohl diesen großartigen, vielbewunderten Bundeskanzler nicht im Stich lassen wollen.

Und diesem Bundeskanzler, der sich so entschieden mit dem Westen identifiziert hatte, gelang es noch dazu, die Sowjet-Russen zu einer Freigabe der deutschen Kriegsgefangenen zu bewegen. 1957 eroberte seine Partei im Bundestag die absolute Mehrheit der Mandate: Konrad Adenauer stand auf dem Höhepunkt seiner Laufbahn.

Adenauer als Repräsentant des bürgerlichen Zeitalters

In den Fünfziger Jahren, vor meiner Bundestagszeit, war ich mehrmals im Palais Schaumburg gewesen, als Teilnehmer an Besprechungen über Fragen der Stahlindustrie, aber auch bei Abenden, an denen der Bundeskanzler kleine Kreise aus der Wirtschaft zu sich einlud.

In der Begrüßung kam stets ein Satz vor, die Lage sei noch nie so ernst gewesen wie gerade jetzt. Das hatte man mir schon vorher gesagt, und so mußte ich lächeln, als der erste Vortrag dieser Art, an dem ich teilnahm, mit diesem Satz begann. Als er ihn bei späteren Gelegenheiten wiederholte, entstand bei mir der Verdacht, daß der Bundeskanzler sich insgeheim über uns lustig machte. Er wußte vermutlich, daß seine Hörer diesen Satz erwarteten, und diese Erwartung erfüllte er dann, natürlich mit ernsthaftem Gesicht. Die Vorträge waren im übrigen exzellent. Knapp formuliert, nur wenige Gedanken zu akuten Problemen, mit einer nüchternen und überzeugenden Argumentation. Was er gesagt hatte, blieb haften, und man konnte das weitererzählen (was ja das Ziel solcher Abende war).
Über einen Abend im Februar 1957 habe ich damals notiert: „Keine Anzeichen von Ermüdungserscheinungen. Als Wein gab es 1954er Oppenheimer Krötenbrunnen, ganz vorzüglich. Als ein Gast sich Moselwein erbat, sagte der Diener mit starrem Gesicht: „Der Herr Bundeskanzler hat nur Rheinwein".
An diesem Abend hatte der Bundeskanzler 22 Gäste aus dem Bereich der Wirtschaft eingeladen. Hermann J. Abs leitete die Diskussion ein, die lebhaft bis 23 Uhr floß. Der Bundeskanzler saß an einem großen Tisch, dessen Besetzung wechselte.
In jenen Jahren habe ich Adenauer auch mehrmals bei Veranstaltungen des Bundesverbandes der Deutschen Industrie erlebt. Am 23. Mai 1956 gab der BDI in Köln einen Herrenabend, ein Abendessen im großen Gürzenich-Saal, etwa 1 000 Personen. Nach dem Essen sprach Fritz Berg wie immer sehr temperamentvoll, und er attackierte heftig die mangelnde Koordination unserer Wirtschaftspolitik. Wirtschaftsminister Erhard hatte man nicht eingeladen, und er wurde auch nicht mit einem Wort erwähnt. Berg hatte sich über Erhard geärgert, weil dieser ihn als Interessenten bezeichnet hatte. Die Sensation des Abends war eine Rede von Konrad Adenauer. Er gab weitgehend Fritz Berg recht (er hatte dessen Rede vorher gelesen). Er verurteilte die damals geplante Zollsenkung mit großer Schärfe und sprach sich noch schärfer gegen eine Diskonterhöhung aus. Am Ende kündigte er an, „er werde die beiden Minister zur Rechenschaft ziehen". Offenbar war er über deren Absichten vorher nicht unterrichtet worden, und so ergab sich ein deutlicher Beweis für die Richtigkeit der Berg'schen These von der mangelnden Koordinierung.
Nachdem Adenauer „Rechenschaft" gefordert hatte, forderten am nächsten Tag seine Minister Erhard und Schäffer „Genugtuung". Der Streit wurde am Ende irgendwie beigelegt. Aber ich stellte mir, wie mancher andere Zuhörer, die Frage, ob nicht eine so ungewöhnliche Ministerschelte ein Zeichen bedenklich nachgelassener Selbstkontrolle sein könne.
Die fachlichen Besprechungen, die Adenauer ein- oder zweimal jährlich mit der Stahlindustrie zu führen pflegte, betrafen meist die Stahlpreise. Sein Wirtschaftsminister Ludwig Erhard pflegte ihn zu alarmieren, wenn er eine

bedenkliche Entwicklung befürchtete. Die Industrie konnte dartun, daß die Erträge unzureichend waren; daß steigende Kosten eine Erhöhung der Preise notwendig machten.

Aber die Bundesregierung, auf stabile Preise bedacht, fürchtete bei Veränderungen der Stahlpreise eine Signalwirkung, die sie zu vermeiden wünschte. Nun hatte der Vertrag über die Montanunion mit Wirkung vom 1. März 1953 die Rechtslage hinsichtlich der Stahlpreise verändert. Zuständig war jetzt ausschließlich die supranationale Hohe Behörde in Luxemburg.

Sie hatte im Bereich der Wirtschaftspolitik Stahl alle Zuständigkeiten übernommen, die vorher bei der Bundesregierung lagen. Aber auch Luxemburg konnte gegen Preiserhöhungen nur noch einschreiten, wenn bestimmte, genau definierte Voraussetzungen vorlagen (die damals nicht gegeben waren und die auch später niemals eingetreten sind). Der Bundeskanzler, der eine vorherige Unterrichtung erwartet und erhalten hatte, schaltete sich jedoch persönlich ein. Er gab ausdrücklich zu, daß er keine Verbote aussprechen dürfe, sagte jedoch, die Sache sei ihm so wichtig, daß er die innerdeutsche politische Problematik einer solchen Aktion mit führenden Vertretern der deutschen Stahlindustrie besprechen müsse. Am Ende kam es dann regelmäßig, oft nach langen Verhandlungen, zu einem Kompromiß über Ausmaß und Zeitpunkt der Preiserhöhung, die aber auch kein abgestimmtes Verhalten sein durfte: das hätte den Kartellbestimmungen des Vertrages widersprochen. So mußten pragmatische Lösungen gefunden werden, über deren juristische Problematik sich auch der Bundeskanzler klar war. Aber er wußte auch, daß in den ersten Jahren der Montanunion praktisch alle nationalen Regierungen ähnliche Besprechungen führten. Niemals griff der Bundeskanzler in einer Weise ein, die dem Sinn des Montanunion-Vertrages widersprochen hätte. Die Problematik verschwand bald, weil der Markt bei reichlichem Angebot den Preis wieder mit klassischen Automatismen steuerte, zuweilen mit bedrohlichen Preissenkungen.

Bei solchen Besprechungen im kleinen Kreis beherrschte der Bundeskanzler stets souverän die Diskussion. Er war gut informiert. Wirtschaftsminister Erhard, Zigarre rauchend, saß dabei und ergänzte die Vorträge.

Wenn ich nach mehr als 20 Jahren an diese Zeit zurückdenke, so erinnere ich mich an Konrad Adenauer als einen sehr prominenten Repräsentanten des bürgerlichen Zeitalters, zu denen sein Altersgenosse Thomas Mann ja auch Goethe gerechnet hat. Adenauer und Goethe: als alte Herren wären sie vermutlich gut miteinander ausgekommen. Vieles, was Adenauer gesagt hat, fände als Lebensweisheit in den Gesprächen mit Eckermann einen natürlichen Platz: tiefe Einsichten in die menschliche Natur, die er, wie Goethe, oft pessimistisch beurteilte, eine nüchterne Betrachtung, die sich niemals von Emotionen überwältigen ließ. Adenauer war gewiß ein Herr, aber ohne alle Prätentionen. Man konnte ihn sich gut als Teilnehmer an Männergesprächen in Freundeskreisen vorstellen, in einer Buddenbrook-Atmosphäre, ins Rheinische übersetzt. Nichts von der Grandeur, die seinen Freund de

Gaulle umgab. Und auch gewiß nichts von Bismarck-Attitüden. Ein rheinischer Oberbürgermeister, der Bundeskanzler geworden war, ohne daß ihm das zu Kopf gestiegen wäre. Er blieb völlig natürlich. Wer ihn persönlich erlebte, im Gespräch oder auch in einer Versammlung, hatte den Eindruck: „Das ist ein Mann unserer Welt, zu dem man Vertrauen haben kann." Daß er bei aller natürlichen Freundlichkeit distanziert blieb, jegliche Form von Kameraderie, von Anbiedern vermeidend, schadete ihm nicht, im Gegenteil. Und auch das Pepita-Hütchen, das er so populär machte, wurde von niemandem als ein Versuch verstanden, auf das Niveau sommerlicher Landpartien herabzusteigen. Er trug es vollkommen natürlich, weil es für das Boccia-Spiel in südlicher Sonne bequem war; weil es sich von den Panama-Hüten der feinen Herren unterschied. Nicht als Pose, sondern mit einem Schuß Selbstironie. Die rheinische Melodik seines Tonfalls gehörte zu diesem Bilde natürlicher Selbstgewißheit.

Sein Ton blieb stets höflich, auf der Grundlage menschlicher Gleichberechtigung. Er konnte kaum anders gewesen sein, als 30 Jahre früher der Kölner Oberbürgermeister mit dem Präsidenten seiner Handelskammer und einigen Direktoren großer Unternehmungen verhandelt hatte.

Das große Ansehen, das Adenauer damals auch in der Industrie genoß, beruhte nicht nur auf seiner hohen Intelligenz, die stets die entscheidenden Punkte rasch herausfand, sondern ebenso auf seiner imponierenden Gelassenheit. Er ließ sich nicht einschüchtern. Wenn die Presse gegen ihn tobte, so brachte ihn das nicht aus der Fassung. Er war ein Gegner von Dementis und von polemischen Erwiderungen. Wer ihm riet, etwas richtigzustellen, erhielt meist die Antwort, die Sache würde sich am raschesten erledigen, wenn er einfach schweige. Auch daß er an seinem treuen Mitarbeiter Hans Globke trotz aller Angriffe schweigend, aber entschieden festhielt, hat ihm gewiß mehr Stimmen zugebracht als es ihn gekostet hat.

Das Ende der Adenauer-Zeit

Die Erfolge der CDU/CSU in den Wahlen von 1953 und 1957 hatten ihre Grundlage in einem wachsenden Vertrauen in die Führungskraft des Bundeskanzlers Konrad Adenauer, dessen Regierung Freiheit und Wohlstand gebracht hatte, über die optimistischsten Erwartungen hinaus. Die blühende Wirtschaft hatte Arbeitsplätze für 13 Millionen Vertriebene geschaffen. Die Arbeitswilligkeit war sehr hoch, gefördert durch Mitbestimmung der Arbeitnehmer in verschiedenen Formen, nicht alle Forderungen erfüllend, aber doch offensichtlich weit besser als alle früheren Regelungen auch des Auslandes.

Die Erklärung für den Westen hatte uns nicht nur die rechtliche Souveränität, sondern auch einen geachteten Platz in der Zusammenarbeit der Nationen gebracht. Die absolute Mehrheit der CDU/CSU bei der Wahl des Jahres

1957 war das legitime Ergebnis einer doppelten Leistung, der persönlichen und der sachlichen.

Als ich 1961 in den Bundestag einrückte, wurde mein Verhältnis zu Konrad Adenauer etwa bestimmt durch die Begriffe Respekt und Bewunderung, mit einer Beimischung von Verehrung. Aber ich merkte bald, daß die Stimmung vieler altgedienter Parlamentarier eine andere war. Niemand bezweifelte die großartigen Verdienste, die er sich erworben hatte. Aber es gab offensichtlich Zweifel, ob er den Aufgaben der Führung noch gewachsen wäre.

Schon am Morgen nach dem Wahltag lieferte er, wie erwähnt, einen eindrucksvollen Beweis seiner taktischen Geschicklichkeit.

Er ließ sich vom Parteivorstand zum Kanzlerkandidaten nominieren, ohne die Fraktion zu fragen, die ihn wählen sollte. Nun war die Kanzlerfrage problematisch. Die CDU/CSU hatte die absolute Mehrheit verloren. Sie brauchte also, wenn sie an der Regierung bleiben wollte, einen Partner für eine Koalition. Der nächstliegende Partner, der sich auch grundsätzlich bereits koalitionsbereit gezeigt hatte, die F.D.P., hatte jedoch den Wahlkampf mit der Forderung geführt, Adenauer, inzwischen 86 Jahre alt, dürfe nicht noch einmal Kanzler werden. „Der Alte muß weg", hieß das im politischen Jargon. Diese Formel erschien zu meiner Überraschung auch nicht selten in Gesprächen mit Kollegen aus der Fraktion CDU/CSU. Adenauer konnte nur an der Macht bleiben, wenn er die F.D.P. zu einem Verhalten brachte, das dem Programm ihres Wahlkampfes widersprach. Ein schwieriges Unterfangen. Aber wenn er siegte (und er hatte ja zunächst Erfolg), was war ein solcher Sieg wert und was kostete er?

Ist der Amtsträger seinen Aufgaben noch gewachsen? Was bedeutet diese Frage, bezogen auf die Position eines Bundeskanzlers? Offenbar zweierlei:

— er muß die möglichen Folgen seines Verhaltens, die im Laufe einer normalen Entwicklung eintreten könnten, voraussehen, und
— er muß über den Bereich des Rationalen, des Berechenbaren hinaus eine Intuition für den Trend der Entwicklung besitzen.

Bei den Diskussionen im Herbst 1961 zeigten sich wachsende Zweifel an der Fähigkeit des Bundeskanzlers, Konsequenzen vorauszusehen. Diese Zweifel wurden durch drei Vorkommnisse genährt:

— sein überraschender Verzicht auf die Bewerbung für das Amt des Bundespräsidenten, die er vorher förmlich angekündigt hatte,
— seine schwache Reaktion auf den Bau der Berliner Mauer und
— seine Unterschätzung der Folgen, die der taktische Sieg über die F.D.P., das Erzwingen des Verzichts auf den sofortigen Kanzlerwechsel, Kernpunkt des Wahlkampfprogramms der F.D.P., ein Verzicht, zu dem sie sich knirschend verstand, haben konnte oder wohl sogar haben mußte.

Bei der Kandidatur zur Bundespräsidentenschaft 1959 war der abrupte Stellungswechsel, den Adenauer entgegen dem Rat seines Freundes Robert Pferdmenges vorgenommen hatte, auch mir — wie vielen anderen Bürgern — ärgerlich erschienen. Gewiß muß jedermann das Recht haben, bei besserer Einsicht seine Meinung zu ändern. Belastend war nicht die Änderung, sondern die Begründung. Er sei sich, so sagte Adenauer, bei der Anmeldung seiner Kandidatur nicht darüber klar gewesen, daß ein Bundespräsident rechtlich nicht die Möglichkeiten habe, mit denen er sich weiterhin an der Politik habe beteiligen wollen. Diese Begründung konnte ihm niemand abnehmen. Theodor Heuss hatte ja einige Fühler in der Richtung ausgestreckt, an die Konrad Adenauer diesmal auch gedacht hatte, die Teilnahme oder gar den Vorsitz bei der einen oder anderen Sitzung des Kabinetts. Der Bundeskanzler hatte damals den Bundespräsidenten unter Hinweis auf das Grundgesetz ablehnend beschieden, mit präzisen Formulierungen. Wenn er das vergessen hatte und auch keine Notwendigkeit sah, die rechtlichen Möglichkeiten von den Juristen seines Stabes erneut sorgfältig prüfen zu lassen, so legte das die Frage nahe, ob er nicht vielleicht jetzt auch sonst gelegentlich handeln würde, ohne die Folgen vorher genau zu überdenken. Man mochte diesen Fall als einmalige Fehlleistung bewerten und dabei dann auch die darauf folgende, wenig geschickte, man kann nur sagen unbedachte, Behandlung der Kandidatur Erhards einschließen, den Adenauer als Kandidaten für das Amt des Bundespräsidenten nominiert hatte, ohne ihn vorher überhaupt zu fragen. Ich halte es für wahrscheinlich, daß man Erhard für diese Kandidatur hätte gewinnen können, wenn eine Gruppe von neutralen Mittlern auf ihn eingewirkt hätte. Das schroffe Vorgehen des Bundeskanzlers, das Erhard mit Recht als beleidigend empfand, stieß ihn ab.
Dieser Tatbestand, halb vergessen, kam bei der Analyse des Wahlausganges 1961, mit dem sich die CDU/CSU selbstkritisch beschäftigte, erneut zum Vorschein. Waren die Vorgänge von 1959 nur eine einzelne Fehlleistung? Oder zeigten sie vielleicht, daß das hohe Alter den Bundeskanzler von der handfesten Abschätzung psychologischer Wirkungen entfernt hatte, die früher einmal seine besondere Stärke gewesen war?
Die CDU/CSU hätte bei normalen Verlauf die Wahl 1961 gewinnen müssen. Der Bau der Mauer quer durch Berlin, die Grenzsperren mit ihren Stacheldrähten und Minenfeldern hatten die Bürger der Bundesrepublik tief erschreckt. Instinktiv suchten sie Schutz und Hilfe. Konrad Adenauer galt als starker Mann, weil er sich in den Verhandlungen über die Befreiung der deutschen Kriegsgefangenen in Moskau so überzeugend durchgesetzt hatte. Die Führer der SPD, auch Willy Brandt, galten im Vergleich zu ihm als eher schwach. Wenn Konrad Adenauer auch nur einigermaßen die Erwartungen erfüllt hätte, die eine breite Mehrheit der deutschen Bevölkerung, verstört und verängstigt, am 13. August 1961 ihrem Bundeskanzler entgegentrug, so wäre der CDU/CSU ein überwältigender Wahlsieg sicher gewesen. Aber Konrad Adenauer verhielt sich völlig passiv. Er fuhr nicht nach Berlin,

sondern hielt irgendwo in Süddeutschland eine Wahlrede kleinen Formats, bei der er von seinem Gegner Willy Brandt mit den sonderbaren Worten „alias Frahm" sprach (nur wenige seiner Hörer wußten, was „alias" bedeutete). Daß Willy Brandt den Namen beibehielt, den er zu seinem Schutz angenommen hatte und der in seinem Paß stand, konnte man ihm doch nicht ernstlich vorwerfen. Daß der Bundeskanzler an einem so tragischen Tage keine andere Aufgabe fand, als eine polemische Wahlrede zu halten, erzeugte Zweifel, ob er die politische Situation noch vollständig übersah.
Die Rechtfertigung, die Alliierten hätten ihm von einem Besuch in Berlin abgeraten, um die Spannung nicht zu erhöhen, konnte niemanden überzeugen. Der symbolträchtige Mauerbau mußte alle Deutschen beiderseits dieser Grenzsperre tief erschüttern. Gewiß konnte der Bundeskanzler nicht die Bundeswehr mobilisieren. Aber er hätte, auch wenn er vor Ausschreitungen warnte, seinen Protest in einer Massenkundgebung in Berlin leidenschaftlich formulieren können, mit dem Versprechen, alles daranzusetzen, diesen Bruch des Viermächte-Abkommens rückgängig zu machen. Das wären gewiß auch nur Worte gewesen, aber die Bevölkerung hätte gewußt, daß die Empörung des Bundeskanzlers ebenso tief ging wie ihre eigene, und das hätte im Augenblick politisch genügt.
Aber daß der Bundeskanzler völlig passiv blieb, von diplomatischen Protesten abgesehen, die offenbar seine verstörten Mitbürger nicht erreichten; daß der Eindruck entstand, der Bundeskanzler werde sich, wenn auch bedauernd, mit diesem neuen Axthieb der Spaltung abfinden: das brachte ihn um den Nimbus des starken Mannes, bei dem der Bürger Schutz suchen konnte, und damit verlor er die Stimmen, die er für die absolute Mehrheit gebraucht hätte.
Auch die Methoden, die Konrad Adenauer im Herbst 1961 bei seinen Koalitionsverhandlungen mit der F.D.P. anwandte, erregten nicht nur bei der F.D.P., sondern auch bei vielen Abgeordneten der CDU/CSU Mißbehagen.
Konrad Adenauer war auf eine Einigung mit der F.D.P. angewiesen, wenn er nicht die SPD in einer großen Koalition zum Teilhaber der Macht machen wollte. Aber das hätte er nach einem Wahlkampf, den er so hart gegen die SPD geführt hatte, den Wählern der CDU/CSU kaum verständlich machen können. Somit war die F.D.P. der gegebene Koalitionspartner, und sie war dazu ja auch bereit. Aber sie stellte ihre Bedingungen: sie hatte den Wahlkampf unter der Parole geführt, Adenauer müsse abgelöst werden. Diese Forderung tauchte nicht erst nach dem Wahltage auf. Die CDU/CSU hätte sich darauf geistig vorbereiten müssen, weil sie ja nicht mit Sicherheit eine absolute Mehrheit für sich erwarten durfte. Aber das hatte sie offensichtlich nicht getan, allzusehr überzeugt, daß sie ihre Auffassung unter allen Umständen werde durchsetzen können.
Die Verhandlungen begannen zunächst mit einer Brüskierung der F.D.P. Die Abgeordneten der F.D.P. hörten in den Frühnachrichten des Tages nach der Wahl, Adenauer werde wieder Bundeskanzler werden.

Die Wähler mußten daraus schließen, die Meinung der F.D.P. sei in diesem Zusammenhang ebenso bedeutungslos wie die vieler Abgeordneter der CDU. Es war ja nicht einmal notwendig, sie überhaupt auch nur zu fragen. Die F.D.P. hatte sich in ihrem Wahlprogramm 1961, das die Ablösung des alten Bundeskanzlers forderte, ausdrücklich bereiterklärt, sich hinsichtlich der Auswahl des Nachfolgers, soweit irgend zumutbar, nach den Wünschen der CDU/CSU zu richten. Mit großer Mühe gelang es, die Verhandlungskommission der F.D.P. zu einem Kompromiß zu bewegen: Adenauer sollte während der Legislaturperiode abgelöst werden. Man schien im Grundsatz einig und legte, mit Zustimmung des Bundeskanzlers, einen Termin für den förmlichen Abschluß der Koalitionsvereinbarung fest. Aber Konrad Adenauer erschien zu dieser Besprechung nicht. Er habe, so ließ er sagen, an der Beerdigung eines Neffen teilnehmen müssen. Der Familiensinn des Kanzlers war bekannt und genoß auch hohen Respekt. Aber die F.D.P. drängte auf Abschluß der Verhandlungen, und die restlichen Mitglieder der Verhandlungskommission der CDU/CSU, die vollzählig erschienen waren, gaben diesem Drängen nach, nicht zuletzt deshalb, weil man ja, wie es schien, im Grundsatz einig war. Als Konrad Adenauer, von der Beerdigung zurückkehrend, die einstimmig verabschiedete Koalitionsvereinbarung sah, verwarf er sie sofort und forderte neue Verhandlungen. Die F.D.P. lehnte das ab. Sie forderte Annahme oder Ablehnung, take it or leave it. Nach weiteren sechs Wochen mußte sich Adenauer endlich überzeugen, daß er die abgeschlossene Vereinbarung akzeptieren mußte, wenn er die Stimmen der F.D.P. gewinnen wollte.

Die Kanzlerwahl am 7. November 1961 brachte 258 Ja-Stimmen für Konrad Adenauer bei 206 Nein-Stimmen und 26 Enthaltungen. Das war ein imponierender Erfolg für Konrad Adenauer, obwohl, abgesehen von den Enthaltungen, 10 Abgeordnete der Koalition mit „Nein" gestimmt hatten. Aber hatte Konrad Adenauer wirklich gesiegt? Wohl kaum. Die Wochen des Verhandelns hinterließen eine allgemeine Verärgerung, nicht nur bei der F.D.P., sondern auch bei der Kommission der CDU/CSU, welche die Koalitionsvereinbarung ausgehandelt hatte: ein weiterer Schwund des Ansehens des großen alten Staatsmannes.

Am bedenklichsten waren jedoch die Spätfolgen bei der F.D.P., Spätfolgen, die den Übergang zur Koalition SPD/F.D.P. vorbereiteten.

Der Vorgang schwächte im Kreis der F.D.P. den Einfluß derjenigen Kräfte, die sich für ein enges Zusammengehen mit der CDU/CSU eingesetzt hatten. Verläßliche Freunde der CDU, die sich jetzt als „Umfaller" beschimpft sahen. Eine grollende Minderheit war fest entschlossen, sich nicht noch einmal in eine ähnliche Zwangslage versetzen zu lassen.

Die CDU/CSU tat nichts, um die gefährliche Mißstimmung beim Koalitionspartner abzubauen, im Gegenteil. Wahlstrategen der CDU/CSU hatten errechnet, daß sie bei einem Mehrheitswahlrecht nach angelsächsischem Muster die Stimmenzahlen der Wähler in eine hohe Mehrheit des Bundestages hätten verwandeln können. Diese Erkenntnis war nicht neu. Aber jetzt kam eine ernsthafte Diskussion über eine Änderung des Wahlrechts in Gang. Einige Illusionisten in der CDU/CSU glaubten damals, man könne wohl auch die SPD für eine solche Reform gewinnen. Aber zugleich stellten sie die Frage, wie man die Folgen einer solchen Änderung des Wahlrechts für die F.D.P. mildern könnte. Diese Frage war jedoch absurd. Wie immer man die Reform gestalten wollte: für die F.D.P. hätten bei gleichen Wahlergebnissen weniger Mandate herauskommen müssen. Das war ja das erklärte Ziel dieser Aktion. Die F.D.P. mußte den Versuch als lebensgefährlichen Angriff betrachten. Wer das verkannte, zeigte keine große politische Intelligenz.

Man bemühte sich, die F.D.P. zu beschwichtigen. Es habe sich nur um persönliche Überlegungen gehandelt, nicht um eine parteipolitische Aktion. Aber daß es überhaupt solche Überlegungen gab, mußte von der F.D.P. als hochgefährlich empfunden werden, und die negative Wirkung war noch stärker als der Ärger über das Verbleiben von Konrad Adenauer im Kanzleramt.

Als drittes Element, das die Beziehung der Partner in der sogenannten kleinen Koalition störte, zeigte sich eine Verärgerung innerhalb der Fraktion CDU/CSU über die Verteilung der Ministersitze. Es ließ sich leicht ausrechnen, daß die F.D.P. weit mehr Ministerstellen erhalten hatte, als es der Zahl ihrer Abgeordneten entsprach. Aber eine nüchterne Betrachtung hätte erkennen müssen, daß Verhandlungen über eine Koalition den Marktgesetzen von Kauf und Verkauf unterliegen: Wer sich im Besitz einer knappen, hochbegehrten Ware befindet — und das war die F.D.P., deren Stimmen für eine neue Kanzlerschaft Konrad Adenauers unentbehrlich waren — kann einen hohen Preis erzwingen. Die SPD hat das bei der Regierungsbildung 1969 klar gesehen und ohne Zögern einen hohen Preis geboten.

Im ganzen wird man sagen können, daß in den ersten sechs Monaten der Regierung Adenauer 1961 der Bruch mit der F.D.P. bereits endgültig vorprogrammiert war.

Bundeskanzler Ludwig Erhard

Das Problem der Nachfolge war nicht neu. Schon in der Legislaturperiode 1957/1961 war es besprochen worden. Der Bundeskanzler, damals auf der Höhe seiner Macht und seines Ruhmes, hatte mit möglichen Nachfolgern verhandelt. Einer dieser Kandidaten berichtete mir beglückt unter dem Siegel der Verschwiegenheit, Konrad Adenauer habe ihm die Nachfolge fest zugesagt, und erzählte auch genau, wie das Gespräch verlaufen war. Ich hatte jedoch guten Grund anzunehmen, daß mehrere Gespräche im gleichen Sinne geführt worden waren, und daß ich nicht der Einzige war, der das wußte. Zeitweise galt Franz Etzel als der Kandidat, den Konrad Adenauer seiner Fraktion vorschlagen wollte.

Kollegen, die in dieser Periode dem Bundestag angehört hatten, erzählten mir später, die Fraktion sei damals wohl bereit gewesen, jeden von Adenauer präsentierten Nachfolger auf den Schild zu heben, falls dieser Nachfolger der völligen Unterstützung seines Vorgängers sicher sein konnte. Aber zu einem solchen von ihm selbst gesteuerten Abgang aus einer Position der Stärke heraus, einem Abgang, der würdig, ja großartig hätte sein können, konnte er sich damals nicht entschließen, und auch nach der Wahl 1961 fiel ihm dieser Entschluß schwer. Das war gewiß nicht bloßer Machthunger. Er glaubte, daß seine Erfahrung, seine große Autorität im Kreise der Weltpolitik, ihm und damit der Bundesrepublik Möglichkeiten boten, die keiner seiner Nachfolger vorerst haben konnte. Damit hatte er vermutlich sogar recht. Aber diese Situation tritt bei den meisten Übergaben von Ämtern ein. Er übersah, daß zunehmendes Alter ihm ein flexibles Eingehen auf die Psychologie seiner Gesprächspartner, auch seiner Wähler, immer schwieriger machten. So kam es dann zu einem unwürdigen Drängen, dem er sichtlich widerstrebend nachgeben mußte.

Die Fraktion CDU/CSU hatte sich lange, wenn auch zuweilen murrend, den autoritären Führungsanspruch ihres Bundeskanzlers gefallen lassen, solange er von einer wachsenden Mehrheit der Wähler getragen wurde. Aber die Veränderung der Wählermeinung wirkte auch in die Fraktion zurück. Der Bundeskanzler trug dieser Stimmung keine Rechnung. Die Fraktion erkannte bald, daß sein Strategiekonzept allein darauf ausgerichtet war, eine Wahl Ludwig Erhards zum Bundeskanzler zu verhindern. Aber da er nicht zu bewegen war, eine andere Lösung vorzuschlagen, stärkte diese Strategie eher Erhards Position.

Als Ludwig Erhard sich 1961 in einer Sitzung der Fraktion voll hinter die Kandidatur Adenauers stellte, mit einer vorsichtig formulierten Bitte um bessere Unterrichtung, fertigte Adenauer ihn ziemlich unfreundlich mit einem Hinweis auf seine Richtlinienkompetenz kurz ab. Erhard erwiderte sofort, er habe keineswegs ein Mitbestimmungsrecht verlangt, sondern nur um etwas mehr persönliches Vertrauen gebeten. Die Fraktion spendete ihm demonstrativ Beifall.

Am 23. September 1962 veröffentlichte Josef Hermann Dufhues, stellvertretender Vorsitzender der CDU, einen Aufsatz in der Kölner Rundschau, der die Dringlichkeit einer Entscheidung über die Kanzler-Nachfolge betonte. Der Bundeskanzler schickte ihm sofort ein Telegramm und verbat sich diese Einmischung in seine „allerpersönlichste Atmosphäre". Kai-Uwe von Hassel, der in Gremsmühlen zum gleichen Problem geredet hatte, erhielt ebenfalls einen Verweis. Adenauer wußte sogar die Besprechung dieses Themas im Vorstand der Partei zu verhindern. Dufhues fragte mich und einige Freunde, ob er nicht sein Amt niederlegen sollte. Ich riet dazu, er solle einzeln mit möglichst vielen einflußreichen Kollegen sprechen, Etzel, von Brentano, Krone und Katzer. Die Vorstellung, daß die Frage der Nachfolge eine „allerpersönlichste Angelegenheit" des amtierenden Bundeskanzlers sei, war absurd.

Am 16. Oktober 1963, in der Mitte der Legislaturperiode, wurde Ludwig Erhard zum Bundeskanzler gewählt. Konrad Adenauer hatte ihn bis zuletzt in freundlichen Formulierungen als ungeeignet bezeichnet.

Ich hatte Ludwig Erhard im Winter 1945/46 in Kelheim an der Donau kennengelernt (er war von Oktober 1945 bis Dezember 1946 Bayerischer Staatsminister für Wirtschaft). Damals arbeitete ich in der Direktion der Zellstofffabrik Waldhof. Ludwig Erhard wollte sich den Betrieb ansehen. Wir hatten uns eingehend auf diese Besprechung vorbereitet, ein größeres Zahlenwerk zusammengestellt. Aber es ging ihm offenbar in erster Linie um einen allgemeinen Eindruck, ob der Betrieb einigermaßen lief, ob der bayerische Staat noch etwas Spezielles tun könnte, um die Entwicklung zu fördern. Es war deutlich, daß er sich im wesentlichen zuhörend verhalten wollte und Vertrauen in die selbstheilenden Kräfte der Wirtschaft setzte.

Er machte den Eindruck eines sehr wohlwollenden, gescheiten Professors. Wir hatten von einem Ministerbesuch stärkere politische Impulse erwartet.

Erst nach längerer Zeit wurde uns und allen deutschen Mitbürgern klar, daß in der damaligen Lage die Wirtschaftspolitik Ludwig Erhards die denkbar erfolgreichste war. Es gab damals in der Bundesrepublik einen Rahmen von Rechtssicherheit und persönlicher Sicherheit, von steigendem Wohlstand und wachsender sozialer Sicherheit, von Arbeits- und Sparwillen. In diesem Rahmen wirkte am stärksten eine Vielzahl freier Initiativen, beflügelt durch Mut und Bereitschaft zum Risiko, gezügelt nicht durch Vorschriften und Verbote, sondern nur durch die natürlichen Mechanismen eines unbehinderten Wettbewerbs. So kam das deutsche Wirtschaftswunder zustande, das die ganze Welt staunend beobachtete.

Ludwig Erhard bestach durch die bürgerlich-einfache, alle Überheblichkeit vermeidende Art seiner Selbstgewißheit. Er legte seine Ideen im freundlichen Gesprächston dar, war jedoch in der Sache von größter Härte, niemals zu Konzessionen bereit um des lieben Friedens willen. Seine homerischen Diskussionsschlachten mit Professor Erik Nölting, dem prominentesten Verteidiger der Planwirtschaft, erregten Ende der Vierziger Jahre ebenso breites öffentliches Interesse wie Sportkämpfe im Mammutformat. Der Minister bewahrte seine Gelassenheit auch in Perioden schlechten politischen Wetters. Als im Winter 1948/1949 die Eierpreise stark stiegen, ließ er sich nicht zur Einführung von Höchstpreisen bewegen. Der Wettbewerb werde die Schwierigkeiten beheben, sagte er, und damit behielt er zur allgemeinen Überraschung recht.

Als ich in Dortmund arbeitete, gelang es mir, den Bundeswirtschaftsminister für eine Rede vor der Betriebsversammlung der Stahlbauanstalt Aug. Klönne zu gewinnen. Er hatte zunächst Hemmungen gehabt, weil ihm das Ruhrgebiet eher fremd und unheimlich erschien. Am 25. 1. 1952 empfingen ihn in der riesigen Halle etwa 2 000 Angehörige des Betriebes, in ihrer Arbeitskleidung. Sitzplätze gab es nur auf dem kleinen Podium. Höflicher Beifall, als der Minister erschien, nichts von den Störungen, auf deren Möglichkeit ich den Minister hingewiesen hatte, allerdings mit der Bemerkung, ich hielte sie nicht für wahrscheinlich. Erhard sprach frei, volkstümlich. Eine gewisse Fremdheit zwischen dem Professor aus Nürnberg und den Schwerarbeitern aus dem Ruhrgebiet war deutlich zu spüren. Die Hörer, von denen gewiß nur eine Minderheit der Partei des Redners ihre Stimme gab, hatten jedoch Respekt vor dem Mut des Mannes, der sich in die Höhle des Löwen wagte, aber auch vor dem guten Willen des Ministers, dem es sichtlich um Wohlstand für alle ging, nicht um Profite für Kapitalisten. (Das Wort Profit war damals noch selten.) Die Herkunft aus einem bescheidenen Mittelstand war Ludwig Erhard deutlich anzumerken. So gab es dann am Schluß weit mehr Beifall, als der Minister erwartet hatte.

Der Seniorchef, Dr. Moritz Klönne, der früher einmal Mitglied des Reichstages gewesen war, schloß mit einigen zündenden Worten. Dann versuchte der Vorsitzende des Betriebsrates, weit links orientiert, noch eine politische Rede zu halten. Die Zuhörer wurden unruhig. Als der Vorsitzende des Betriebsrates sich an die Belegschaft wandte, mit der Frage, ob er weitersprechen solle, dröhnte ihm ein donnerndes „Nein" entgegen, ohne jede Beimischung von „Ja". Ludwig Erhard hatte gesiegt.

Die vielbesprochene Wirtschaftsphilosophie des ersten Bundeswirtschaftsministers, der zu vertrauensvollem Abwarten neigte, war keineswegs ein bedenkenloses Gehenlassen. Immer wieder ließ er sich von führenden Persönlichkeiten der Wirtschaft über die Lage, die Aussichten, die Sorgen unterrichten. Zu solchen Besprechungen, an denen meist auch sein Staatssekretär Ludger Westrick beteiligt war, nahm er sich sehr viel Zeit. Der hochgefüllte Aschenbecher des Ministers, der eine Zigarre an der anderen ansteckte, ließ das anschaulich erkennen.

Bei den Besprechungen über Stahlpreise, die er, wie erwähnt, zuweilen auch auf den Bundeskanzler überleitete, betonte er niemals die Autorität des Staates und die Möglichkeiten, die dem Wirtschaftsminister auch im System der Montan-Union geblieben waren. In allen modernen Staaten ist die Großindustrie auf Wohlwollen der Regierung angewiesen, von der sie vielfältig abhängig bleibt. Aber Ludwig Erhard wollte nicht mit politischem Druck arbeiten, sondern nur mit den Mitteln der Argumentation. Er wollte die Industrie davon überzeugen, daß seine Politik des „Maßhaltens" langfristig auch im Interesse der Wirtschaft liege, und ich habe Diskussionen erlebt, in denen diese Argumentation, in väterlich-freundlicher Weise vorgetragen, die Ansichten seiner Gesprächspartner zu ändern vermochte.

Der Erhard'sche Appell, man müsse Maß halten, wurde damals nicht selten als „Seelenmassage" ironisiert. Aber seine Wirtschaftspolitik war im ganzen bewundernswert erfolgreich, weit erfolgreicher als die seiner ausländischen Kollegen, die mit dirigistischen Vorschriften und Verboten zu arbeiten pflegten. In jenen Jahren galt Ludwig Erhard als der erfolgreichste Wirtschaftsminister der Welt.

Ludwig Erhard hatte seine spektakulären Erfolge nicht durch politische Taktik errungen, durch das mühsame Zusammenbringen von Mehrheiten, sondern durch das Verkünden einer Wahrheit, die ihm anfänglich kaum jemand hatte glauben wollen, der Wahrheit, daß wirtschaftliche Freiheit im Rahmen einer gesicherten Rechtsordnung die notwendigen Lösungen automatisch produzieren würde. Legendär blieb seine Unterhaltung mit dem amerikanischen Hochkommissar, als Ludwig Erhard mit der Währungsreform fast alle Preisvorschriften mit einem Schlage aufgehoben hatte. Der Kommissar sagte dem damaligen Direktor der Frankfurter Wirtschaftsverwaltung, seine Mitarbeiter hätten ihn vor einem so weitreichenden Schritt eindringlich gewarnt. Erhard erwiderte bekanntlich: „Meine auch". Er war damals ein mutiger Rufer in der Wüste.

Auch Konrad Adenauer blieb bekanntlich bis in die Fünfziger Jahre hinein skeptisch. Noch in der Korea-Krise holte er Otto A. Friedrich aus einer hohen Hamburger Industriestellung als „Berater" ins Wirtschaftsministerium, um vorsorglich eine Reserveposition aufzubauen. Und selbst die Berufung von Ludger Westrick, Mitglied des Vorstandes der bundeseigenen Viag-AG, zum Staatssekretär im Bonner Wirtschaftsministerium, von Konrad Adenauer veranlaßt, beruhte auf einer ähnlichen Motivation.

Der großartige Erfolg der Währungsreform, den die öffentliche Meinung mit Ludwig Erhard verknüpfte, mit vollem Recht, hatte ihn automatisch in das Amt des Bundeswirtschaftsministers getragen, obwohl er keinerlei Partei-Meriten besaß. Das war im Grunde der Sieg einer großen Idee über die Querelen des politischen Alltags. Ludwig Erhard schloß daraus, es genüge, Recht zu haben. Man müsse seine Überzeugung nur oft genug verkünden, dann werde sie sich schon aus ihrer inneren Wahrheit heraus selbst durchsetzen. In dieser Überzeugung bestärkte ihn der Verlauf der Mission Friedrich.

Otto A. Friedrich, ein hochintelligenter und hochanständiger Mann, der vor Erhard hohen Respekt hatte, stellte nach einiger Zeit fest, daß der Wirtschaftsminister auch diesmal mit seiner These recht behielt: geduldiges Abwarten sei auch in der Korea-Krise die beste Form möglicher Wirtschaftspolitik gewesen.

Ludwig Erhard wußte jedoch genau, daß sich die Wirtschaftspolitik der Bundesrepublik nicht mit der Devise „weises Abwarten" bewältigen ließ, und erst recht nicht die Gesamtpolitik seines Landes, für die er dann später als Bundeskanzler die Verantwortung trug. Er hatte auch den Mut zu großen Interventionen, wenn sie ihm notwendig erschienen. Die Investitionshilfe Kohle und Stahl, ein Milliardenprojekt, ist ein Beispiel dafür.

Ludwig Erhard hatte ins Bundeskanzleramt seinen Staatssekretär Ludger Westrick mitgenommen, der später zum Bundesminister aufstieg, mit der Aufgabe, seinen Bundeskanzler aus dieser verstärkten Position heraus noch wirksamer zu unterstützen.

Ludger Westrick, Jahrgang 1894, mit einer Ärztin verheiratet, Vater von 8 Kindern, hatte nichts von der Komponente des Propheten, die das Wesen seines Ministers weitgehend bestimmte. Er war in vielen Jahren industrieller Praxis geschult, ein Mann, der die Geschäfte des Ministeriums erledigte, die großen und die kleinen. Er war es gewohnt, die Tatbestände genau aufzuklären, die möglichen Lösungen mit seinen Mitarbeitern, aber auch mit Experten der Wirtschaft und der volkswirtschaftlichen Theorie zu diskutieren und die Entscheidung am Ende überzeugend zu formulieren und zu begründen. Er war kein bequemer, aber ein unbedingt loyaler Staatssekretär. Er sagte dem Minister höflich, aber mit westfälischer Deutlichkeit, was er für falsch hielt.

Der Staatssekretär, gewiß ein treuer Wähler der CDU, aber nicht deren Mitglied, vertrat hartnäckig den altmodischen Standpunkt, er führe sein Amt am besten, wenn er sich deutlich von der Bindung an eine Parteilinie distanziere. Ludger Westrick hat niemals den Versuch gemacht, seine sehr guten persönlichen Beziehungen zu Konrad Adenauer gegen Ludwig Erhard zu mobilisieren. Er sagte, er werde sofort zurücktreten, wenn er das Vertrauen des Ministers verliere.

Der Staatssekretär des Wirtschaftsministeriums hatte seinen Minister im inneren Raum seines Hauses voll vertreten können. Er war der Vorgesetzte aller Mitarbeiter des Ministeriums und konnte sie deshalb aus eigenem Recht anweisen. Ludwig Erhard hatte wohl geglaubt, diese Situation werde sich auch auf die Bundesregierung übertragen lassen. Aber hier handelte es sich ja nicht um Anweisungen an die Direktoren von Ministerien, sondern um den Einfluß auf Minister, die sich weder von einem Staatssekretär, noch auch von einem anderen Minister wollten hineinreden lassen. Auf die Minister mußte der Bundeskanzler persönlich einwirken, wie das Konrad Adenauer oft getan hatte, nicht selten in harter, zuweilen sogar verletzender Form. Ludwig Erhard hatte das ja selbst erlebt. Aber ihm lagen solche Methoden durchaus nicht. Er hatte kein echtes Verhältnis zur Macht.

Dazu noch folgendes: Die Position des Bundeskanzlers Erhard gegenüber seinen Ministern war von der menschlichen Konstellation her schwächer als die seines Vorgängers. Konrad Adenauer war nicht nur an Lebensjahren, sondern auch an politischer Erfahrung seinen Ministern weit voraus. Er hatte sie am straffen Zügel geführt, und sie hatten nicht selten unter seinem Druck geseufzt. Als nun Ludwig Erhard, einer aus ihrem Kreise, Kanzler wurde, waren sie entschlossen, sich mehr Freiheit zu erkämpfen.

Erhard leistete wenig Widerstand. Er ließ in der Sitzung des Kabinetts seine Minister reden, weit entfernt davon, sie zur Kürze und zur Ordnung zu rufen, wie Konrad Adenauer das oft getan hatte. Erhard nahm auch Meinungsverschiedenheiten hin, in der Hoffnung, die Streitenden würden sich irgendwie zusammenraufen. Man erzählte damals in Bonn scherzhaft, am Ende einer Kabinettssitzung, in der zwei Minister völlig konträre Ansichten vertreten hatten, habe der Bundeskanzler gesagt: „Damit sind wir am Ende der Aussprache und so werden wir es machen." Das ist sicher zugespitzt. Aber Teilnehmer an solchen Kabinettssitzungen bestätigen, daß dieser Scherz das Klima mancher Aussprachen im Palais Schaumburg einigermaßen richtig gezeichnet habe.

Die berechtigte Abneigung des neuen Bundeskanzlers gegen übereilte Interventionen, seine Überzeugung, die Kräfte des Marktes und der Vernunft würden viele Probleme selbständig lösen, wenn man nur zu warten wisse, führten bei ihm auch zu einer Unterschätzung der Personalfragen.

Der wichtigste Posten im neuen Kabinett Erhard war offenbar der des Wirtschaftsministers. Erhard verdankte seinen Ruhm dem Wirtschaftswunder, das seinen Namen trug. Alles kam darauf an, die Linie nach oben weiterzuführen. Die Fraktion, hierarchisch denkend, präsentierte ihm für das Wirtschaftsministerium den Vorsitzenden ihres Arbeitskreises Wirtschaftspolitik, den Buchdruckereibesitzer Kurt Schmücker aus Löningen in Oldenburg. Sie begründete diese Nominierung mit dem Argument, ein Minister aus dem Mittelstand werde der CDU/CSU Stimmen bringen. Aber offensichtlich kam es für den Wahlerfolg nicht auf die Herkunft des Ministers, sondern auf Erfolge oder Mißerfolge seiner Wirtschaftspolitik an. Der neue Bundeskanzler hatte im übrigen wohl gemeint, er könne notfalls das Wirtschaftsministerium aus dem Palais Schaumburg im Nebenamt mit leiten.

Aber das war offenbar unmöglich, nicht zuletzt deshalb, weil die Zeiten sich geändert hatten. Die Energiepolitik, für das dichtbesiedelte Ruhrgebiet von höchster Wichtigkeit, ließ sich bei sinkenden Ölpreisen und dem steigenden Angebot billiger Amerika-Kohle nicht ohne dirigistische Eingriffe bewältigen, die Ludwig Erhard nur mit halbem Herzen akzeptierte. Aber auch Kurt Schmücker, ein integrer und sympathischer Mann, sah aus der Perspektive eines oldenburgischen Mittelstandes den Ernst und die Gefahr der Ruhrgebietsproblematik erst zu spät.

Die Bundestagswahl von 1965 hatte Ludwig Erhard einigermaßen erfolgreich überstanden. Aber der kleinere Koalitionspartner, die F.D.P., hatte 18 Mandate verloren und war sichtlich nervös geworden. Der Bundeskanzler sagte damals prophetisch, erst die nordrhein-westfälische Landtagswahl von 1966 werde das Bild der politischen Landschaft endgültig klären. Diese Wahl verlor die CDU, weil viele der Wähler die Haltung der Bundesregierung zum Problem der Zechenschließungen, die sich häuften, als hilflos empfanden.

Die Vorwürfe waren unberechtigt. Kein Land der freien Welt hat damals so viel für den Schutz des heimischen Bergbaus getan wie die Bundesrepublik. Alle Stillegungen von Zechen vollzogen sich ohne soziale Härten. Das wußte ich aus meiner Tätigkeit im Beratenden Ausschuß Kohle und Stahl. Europäische zusätzliche Hilfen, für den Fall langdauernder Arbeitslosigkeit vorsorglich in Luxemburg beantragt, wurden niemals voll beansprucht, in manchen Fällen nur zu 10 %. Die freigesetzten Bergarbeiter fanden durchweg bald andere Positionen, gut bezahlt und in vielen Fällen sehr viel angenehmer als die Arbeit unter Tage.

Die soziale, vorbildliche Art, in der Zechen geschlossen wurden, hätte der Regierung Erhard Pluspunkte bringen müssen. Sie konnte darauf hinweisen, daß ähnliche Vorgänge etwa in Belgien weit turbulenter verlaufen waren, mit Straßenkämpfen, mit Barrikaden und umgestürzten Straßenbahnen.

Konrad Adenauer hatte geräuschlos Hunderttausende Landarbeiter, deren Arbeitsplätze ein Opfer der Motorisierung geworden waren, in andere Bereiche der Wirtschaft geführt, in einem Prozeß, der im Kern der gleiche war wie die Stillegung von Zechen, die im weltweiten Wettbewerb nicht mehr lebensfähig sein konnten.

Aber die Fraktion CDU/CSU blockierte eine solche Politik vernünftiger Aufklärung. Sie beschloß mehrfach spektakulär, aber unrealistisch, dem deutschen Bergbau müsse eine Kohlenförderung von 140 Mio t im Jahr gesichert werden, dies noch zu einer Zeit, als die Niederländer alle ihre Zechen stilllegten.

Ludger Westrick hatte stets opponiert und mit Recht gefragt, wie man denn die Abnehmer zwingen sollte, Kohlenmengen, die sie nicht haben wollten, zu kaufen. Aber die Beschlüsse der Fraktion der CDU/CSU führten weite Kreise von Wählern zu der Vorstellung, die Bundesregierung könne eine Produktion in dieser Höhe sichern, wenn sie nur ernsthaft wollte.

Das lieferte der Opposition wirksame Argumente. Im einen oder anderen Falle mußten Zechen geschlossen werden, die erst wenige Jahre zuvor mit hohen staatlichen Zuschüssen modernisiert worden waren. Im Ruhrgebiet blies der Wind der CDU ins Gesicht. Der Vorwurf „Führungsschwäche" blieb nicht ohne Wirkung.

Gefahr lag nicht allein im Bereich der Energiepolitik. Nicht weniger gefährlich waren die Spannungen im inneren Bereich der regierenden Koalition, das Verhältnis der CDU/CSU zur F.D.P. Das Denkmodell „Mehrheitswahl", von einer Gruppe der CDU in die Diskussion geworfen, erwies sich als bleibende Belastung, weil es die Existenz der F.D.P. bedrohte. Aber auch unabhängig davon stellten sich führende Politiker der F.D.P. die Frage, ob sie nicht bei allzu enger Zusammenarbeit mit dem Bundeskanzler Erhard, der ja unter manchen Aspekten auch ein F.D.P.-Mann hätte sein können, in eine Art von tödlicher Umarmung geraten könnten, mit der Gefahr, unter die 5 %-Linie zu sinken. Das führte zwangsläufig zur Überlegung, ob sich die F.D.P. nicht stärker von der CDU/CSU absetzen, stärker profilieren müsse, bis hin zu einem Austritt aus der Koalition. Das bedeutete in diesem Augenblick noch nicht notwendig ein Hinüberschwenken zur SPD. Eine Minderheitsregierung der CDU/CSU, von der Duldung der F.D.P. abhängig, hätte theoretisch eine andere Alternative sein können.

Ludwig Erhard sah nicht deutlich genug, daß er eine große, weithin sichtbare Anstrengung hätte unternehmen müssen, die Beschwerden und Ängste der F.D.P. zu bereinigen, wenn er sie dauerhaft an die CDU/CSU binden wollte. Statt dessen ließ er sich unbekümmert auf neue Scharmützel ein, und

so kam es dann im Oktober 1966 zum Bruch der Koalition, aus einem Anlaß, in dem zunächst niemand einen Sprengsatz vermutet hatte.
Es ging um den Bundeshaushalt 1967, der im Entwurf Ausgaben von rund 74 Milliarden DM vorsah, aber zunächst nicht gedeckt werden konnte. Beide Koalitionspartner waren sich darüber einig, daß in erster Linie eine Deckung über Einsparungen anzustreben sei. Es bestanden aber Zweifel, ob das ausreichen würde. Bundeskanzler Erhard schlug zunächst eine Ergänzungsabgabe auf die Einkommens- und Körperschaftssteuer vor. Die CDU/CSU erklärte, daß Steuererhöhungen nur als „allerletztes Mittel" in Betracht kommen könnten. Ich erinnere mich noch genau an die Debatte. Die CDU/CSU war am Ende grundsätzlich bereit, auf alle Steuererhöhungen zu verzichten, mit einer Ausnahme: Erhard bestand aus grundsätzlichen Erwägungen auf einer Erhöhung mindestens der Getränkesteuer.
In einer letzten Sitzung des Kabinetts Erhard stimmten die drei anwesenden Minister der F.D.P. einer kleinen Steuererhöhung zu, und Erhard glaubte, damit auch die Zustimmung der F.D.P. gewonnen zu haben. Aber die F.D.P.-Fraktion folgte ihren Ministern nicht, sondern zwang sie, das Kabinett zu verlassen.
Ich hatte Sympathie für das Bemühen des Bundeskanzlers, einen ausgeglichenen Haushalt vorzulegen, und ich war auch der Meinung, daß eine Erhöhung der Getränkesteuer keine Katastrophe bedeutet hätte. Aber in der Rückschau ist schwer zu verstehen, warum man nicht einen anderen Weg einschlug, um die von der F.D.P. stimmstark abgelehnte Erhöhung der Steuern zu vermeiden, etwa eine geringfügige Erhöhung der damals noch sehr niedrigen Staatsschulden.
Daß die vergeblichen Verhandlungen, die in der Zeit vom 29. September bis zum 27. Oktober 1966 zwischen den Koalitionspartnern über diese Thematik geführt worden waren, am Ende die Koalition sprengten, kam für fast alle von uns überraschend. Offenbar gab es tiefgreifende politische Spannungen, die sich bei diesem Anlaß entluden. Bei späteren Gesprächen mit F.D.P.-Kollegen kam oft der Vorstoß Wahlreform zur Sprache, der, wie es hieß, das Vertrauen der F.D.P. zur CDU/CSU zerstört habe. Die Getränkesteuer war nur ein Anlaß zum Bruch, nicht dessen Ursache.
Dem Zerbrechen der Bonner Koalition folgte schon wenige Wochen später der Bruch der parallelen politischen Verbindung in Düsseldorf. Am 8. Dezember 1966 wurde dort Franz Meyers gestürzt, der als Ministerpräsident einer CDU/F.D.P.-Koalition das Land Nordrhein-Westfalen regiert hatte. Auch hier löste sich die F.D.P. von der CDU ohne besonderen Anlaß, einfach als Ergebnis einer Vertrauenskrise. Anders als in Bonn fand sie den Weg zur SPD, und damit war auf längere Sicht auch in Bonn der Weg zu einer Koalition der Liberalen mit den Sozialisten angebahnt.

Bundeskanzler Kurt Georg Kiesinger

Kurt Georg Kiesinger, der am 1. 12. 1966 als Bundeskanzler Ludwig Erhards Nachfolger wurde, hatte sich aus kleinen Verhältnissen hocharbeiten müssen. Man sah ihm das nicht an. Er wirkte vielmehr wie ein Grandseigneur, der gut auch ein Diplomatenkind oder ein Professorensohn hätte sein können. Sein Vater war jedoch ein kaufmännischer Angestellter, der es nicht leicht hatte, seine große Familie in den schlechten Jahren nach dem ersten Weltkrieg durchzubringen. Der Sohn konnte zunächst nur die Realschule besuchen. Ein Gönner, der die Begabung erkannt hatte, brachte ihn dann verspätet zum Abitur. Er studierte anfänglich Philologie und kam erst später zur Juristerei, die sein Lebensberuf wurde. 1949 war er Mitglied des Bundestages geworden.
Er war ein exzellenter Jurist. Noch 1979 und 1980 gaben ihm prominente Juristen, inzwischen Minister oder Bundesverfassungsrichter geworden, Dankesfeste in Erinnerung daran, daß er sie vor 50 Jahren erfolgreich auf juristische Examina vorbereitet hatte.
Als ich 1961 in den Bundestag kam, war Kurt Georg Kiesinger ausgeschieden, um das Amt eines Ministerpräsidenten in Baden-Württemberg zu übernehmen. Aber sein Ruhm hallte noch nach. Er war einer der brillantesten Redner der CDU gewesen, von Adenauer immer wieder in die Debatte geschickt, wenn die Lage schwierig wurde.
Er hatte fest damit gerechnet, daß er bei der Regierungsbildung des Jahres 1957, bei der alle Posten von der CDU/CSU zu besetzen waren, ein wichtiges Ministeramt erhalten würde. Er glaubte, Adenauer habe ihm das versprochen. Aber der Bundeskanzler sah bei den schwierigen Regierungsverhandlungen keine Möglichkeit, diese Erwartung zu erfüllen. Im Jahre 1958 ergab sich dann für Kiesinger die lockende Möglichkeit, als Ministerpräsident nach Stuttgart zu gehen. Dort war er offensichtlich ein idealer Landesvater. In der Krise des Jahres 1966 hielt die Fraktion CDU/CSU es für das Beste, nicht eines ihrer Mitglieder für das Kanzleramt zu präsentieren, sondern Kurt Georg Kiesinger zu holen. Sie traute ihm nach seinen Erfolgen in Baden-Württemberg zu, eine neue, stabile Bundesregierung zu bilden.
Er kam nach Bonn, wie er sagte, in der Absicht, die zerbrochene Koalition mit der F.D.P. erneut zusammenzufügen. Er war bereit, der F.D.P. bedeutende Konzessionen einzuräumen. Aber es gelang ihm nicht, dort die Existenzangst zu überwinden, zu der sich inzwischen der Gedanke an die 5 %-Klausel verdichtet hatte. So führte Kurt Georg Kiesinger am Ende die CDU/CSU zur Großen Koalition mit der SPD, eine Koalition, die schon 1949 viele Mitglieder seiner Partei als die beste Lösung betrachtet hatten.
Für seine Amtszeit stellte er die wohl beste Mannschaft zusammen, die eine Regierung in der Bundesrepublik Deutschland je gehabt hat. Es gelang ihm, die höchst unpopuläre Gesetzgebung zum Komplex „Notstand" und die Änderungen des Grundgesetzes, die dazu erforderlich waren, mit breiter Mehr-

heit zustandezubringen. Auch im übrigen erweckt die Gesetzgebung seiner Zeit Respekt.

Er machte als Bundeskanzler eine gute Figur, war ein vorzüglicher Redner, und er brachte in die Führung der Regierung ein schöngeistiges Element hinein, das es in dieser Form bei seinen Amtsvorgängern nicht gegeben hatte. Ich hatte den Eindruck, daß er der Regierungsarbeit des Alltages ferner stand, als das bei Konrad Adenauer der Fall gewesen war. Kiesinger berichtete in der Fraktion formvollendet über die allgemeine Lage.

Aber es hatte den Anschein, daß er sich nur selten bemühte, die Fraktion in einer bestimmten Frage zu einem ganz bestimmten Verhalten zu bewegen. Das überließ er der Fraktionsführung und den Ministern. Nur in der Außenpolitik, die seit jeher seine Domäne gewesen war, ging er selbst in die offene Feldschlacht, etwa im Falle Jugoslawien. Als ich von einer Berlin-Reise zurückkehrte und ihm von meinem Gespräch mit dem Außenwirtschaftsminister Behrendt berichtete, von seinem Angebot eines neuen Handels-, Zahlungs- und Verkehrsabkommens, war er nur mäßig interessiert. Er hörte sich das höflich an, aber ich erhielt niemals einen Bescheid. Ob aus diesem Vorschlag etwas herausgekommen wäre, weiß ich nicht. Aber da es damals keine Vertretung in Ostberlin gab, hätte es doch nützlich sein können, einen solchen Faden, der keine Verpflichtungen mit sich brachte, weiterzuspinnen.

Dieses Thema wird unter dem Stichwort „Deutschlandpolitik" noch einmal zu behandeln sein.

Die Schwäche der Großen Koalition lag darin, daß sie nicht von vornherein auf sechs Jahre geschlossen werden konnte, mit dem Ziel, die beiden Aufgaben der Politik, neben der Notstandsgesetzgebung auch die Deutschland- und Ostpolitik, in der großen Koalition gemeinsam zu bewältigen.

Kiesinger wußte, daß eine auf sechs Jahre bemessene Zusammenarbeit nationalpolitisch die beste Lösung gewesen wäre. Vieles spricht dafür, daß Herbert Wehner ebenso dachte, noch bis in die Wahlnacht 1969 hinein. Aber die Wahlnacht hatte der SPD die Möglichkeit gebracht, in einer Koalition mit der F.D.P. den heißersehnten Kanzlerposten zu erobern. Auf diese Möglichkeit zu verzichten, um aus nationalpolitischen Gründen die große Koalition zu erhalten, zumal viele ihrer Abgeordneten den Wahlkampf unter der Devise geführt hatten „Los von der CDU/CSU": das konnte man von der SPD nicht erwarten.

So ging die Große Koalition in dieser Nacht zu Ende. Kiesinger konnte mit dem Wahlergebnis 1969, rechnerisch betrachtet, zufrieden sein. Das Allensbacher Institut für Demoskopie hatte vorausgesagt, die SPD werden 2—3 % über der CDU/CSU liegen. Die CDU/CSU behielt jedoch die Position der stärksten Fraktion. Aber sie hatte eben nicht mehr die absolute Mehrheit der Mandate, die sie von Koalitionspartnern unabhängig gemacht hätte.

Die Zeit der Großen Koalition war parlamentarisch die weitaus fruchtbarste Periode der Bundesrepublik. Die Regierung war sich einer breiten

Mehrheit gewiß. Sie brauchte sich also nicht bei jeder Maßnahme zu überlegen, ob sie eine solche Aktion Wählerstimmen kosten könnte. Soweit diese Gefahr bestand, traf sie beide Parteien, welche die Regierung trugen. Das innere Kraftverhältnis der beiden Partner wurde also dadurch nicht verändert.
Beide Parteien konnten auch Dissidenten zu Wort kommen lassen, ohne die Regierung zu gefährden. Das brachte den Debatten Substanz und Buntheit, und so gab es immer wieder neue Anstöße.
Man hat später die Frage gestellt, ob die CDU/CSU nicht die Fortsetzung der großen Koalition dadurch hätte sichern können, daß sie der SPD den Posten des Bundespräsidenten überließ, die Nachfolge von Heinrich Lübke also.
Der neue Bundespräsident war am 5. 3. 1969 zu wählen, sechs Monate vor der Bundestagswahl, die am 28. 9. 1969 stattfand. Es gab in der SPD eine Gruppe, die an eine Kandidatur Georg Lebers dachte, eines integern, hoch angesehenen Ministers, der noch dazu aktiv katholisch war. Er wäre gewiß als Person für viele Abgeordnete der CDU/CSU wählbar gewesen. Aber die Mehrheit der SPD stand offenbar fest hinter Gustav Heinemann. Es ist sehr unwahrscheinlich, daß die SPD bereit gewesen wäre, einer Präsidentschaft von Georg Leber wegen alle Ansprüche auf das Amt des Bundeskanzlers zu opfern, das Willy Brandt, damals auf der Höhe seiner Popularität, für sich erobern wollte.
Die CDU/CSU hatte im Kampf um den Posten des Bundespräsidenten innere Schwierigkeiten. Gerhard Schröder und Richard von Weizsäcker standen als Kandidaten zur Wahl. Am Ende wurde Gerhard Schröder nominiert, nach intensiven Auseinandersetzungen in der CDU/CSU, die auch nach außen gedrungen waren. Es gelang Schröder nicht, auch nur einen einzigen Wahlmann der F.D.P. für sich zu gewinnen, obwohl nicht wenige dieser Wahlmänner in Heinemann keineswegs einen idealen Kandidaten sahen. Ob es einem Kandidaten von Weizsäcker hätte gelingen können, gehört in den Bereich der Spekulation. Ein Bundespräsident der CDU/CSU, kurz vor der Wahl des Bundestages ins Amt genommen, hätte gewiß dieser Partei einen Zuwachs an Prestige gebracht. Ob jedoch ein solcher Zuwachs das Wahlergebnis für den Bundestag hätte anders gestalten können, bleibt zweifelhaft.

Bundeskanzler Willy Brandt

Willy Brandt war schon von 1949–1957 Mitglied des Deutschen Bundestages gewesen. Er war dann als Regierender Bürgermeister nach Berlin gegangen, wurde jedoch 1961 erneut in den Bundestag gewählt, zu einem Mandat, auf das er schon im Dezember 1961 verzichtete, im Hinblick auf seine Berliner Pflichten. 1969 kam er erneut in den Bundestag, der ihn zum Bundeskanzler der sozial-liberalen Koalition wählte.

Als Regierender Bürgermeister von Berlin hatte er immer wieder Kontakte mit der westdeutschen Wirtschaft gesucht, und an solchen Besprechungen hatte ich mehrmals teilgenommen. Die Stahlindustrie hatte sich, aufgerufen von Fritz Berg, dem Präsidenten des Bundesverbandes der Deutschen Industrie, besonders um die Berliner Wirtschaft bemüht. Sie hatte einen „Berliner Bären" gestiftet, den alljährlich im Dezember dasjenige Stahlwerk erhielt, das den höchsten Prozentsatz seines Einkaufes in Berlin deckte. Zur Verleihung, die im Anschluß an eine Vorstandssitzung der Wirtschaftsvereinigung Eisen- und Stahlindustrie stattfand und bis heute in Düsseldorf stattfindet, erschien regelmäßig auch ein Vertreter des Berliner Senats. Der Porzellan-Bär, den der Preisträger erhielt, führte überraschend zu intensiven Bemühungen, die Einkäufe in Berlin zu steigern, zu einem umkämpften Wettbewerb um diese Auszeichnung.

Bei den Besprechungen in Berlin gab sich der Regierende Bürgermeister selbstbewußt, aber locker und weltmännisch, weit umgänglicher, als ich ihn später im Bundestag erlebt habe.

Ich erinnere mich an einen Empfang, den er uns an einem Abend gab, für vielleicht 60 Teilnehmer, auf zwei Räume verteilt, die durch einen großen Türrahmen verbunden waren. Willy Brandt stellte sich selbstverständlich und souverän in diesen Türrahmen und sprach beide Räume an.

Im Bundestag hielt er sich persönlich stark zurück. Er wirkte oft eher einsam. Wenn bei Auszählungen die Abgeordneten aus dem Plenarsaal, der zunächst geleert werden mußte, in den Vorraum drängten, stand er oft völlig allein.

Plenarreden des Bundeskanzlers wirkten auch dort, wo sie pathetisch werden wollten, eher unpersönlich, gesprochene Manuskripte. Zuweilen drängte sich die Vokabel „Führungsschwäche" auf, wie sie bei Ludwig Erhard angeklungen war: Auch Willy Brandt war im Grunde mehr Prophet als Regierungschef.

Die treibende Kraft hinter dem Chef der Regierung Brandt war, so schien es, Herbert Wehner, der Denker der SPD, der das politische Programm der SPD in eine Vielzahl von Entscheidungen verwandelte. Wehner bezog seine Kraft aus hoher Intelligenz und großem Mut. Er war wohl der einzige westeuropäische Politiker, der die politische Wirklichkeit in Moskau aus eigenem Erleben kannte.

Eine Wurzel seines großen Einflusses lag in seiner menschlichen Wärme, die bei den Auftritten des streitbaren Politikers nicht ohne weiteres zu erkennen war. Kollegen von der SPD haben mir in mehreren Fällen erzählt, wie intensiv er sich um jeden Einzelnen bemühte, der Rat und Hilfe erbat. In den Sechziger Jahren gab es ja anfänglich noch keine Altersversorgung für Abgeordnete, und die bescheidenen Diäten stellten manchen Familienvater, der kaum andere Einkünfte hatte, vor große Probleme.

Auf dem Höhepunkt der Diskussion über die Ost- und Deutschlandpolitik hatte mich Herbert Wehner einmal in seine Wohnung eingeladen, um mit mir unter vier Augen zu sprechen. Ein bescheidenes Haus, ein Wohnzimmer mit Atmosphäre, im Geschmack des Biedermeier möbliert. Ein mächtiger Pfeifenschrank fiel ins Auge. Im Garten des kleinen Innenhofes saß seine Tochter, eine Schüssel auf den Knien, Erbsen aus den Schoten lösend, wie ich es zuletzt vor vielen Jahren bei meiner Mutter gesehen hatte. Ein Bild des menschlichen Friedens, der ein Fundament für mutige politische Entscheidungen bot.

Daß er den ostpreußischen Dichter Ernst Wiechert schätzte, paßte in diesen Rahmen.

Die Bundespräsidenten

Den ersten Bundespräsidenten Theodor Heuss hatte ich vor meiner Bonner Zeit mehrmals in kleinerem Kreise gesehen. Bei einer Zusammenkunft, die in Reutlingen zu Ehren von Friedrich List stattfand, nahm ich an einer Vorbesprechung mit dem Bundespräsidenten teil, der etwa fünf bis sechs Herren gebeten hatte. Auf uns alle machte die menschliche Unbefangenheit größten Eindruck, in der er sofort ein Gespräch auf der Grundlage voller Gleichberechtigung zustandekommen ließ, jedoch in einer Form, die in jedem Augenblick die Würde des Bundespräsidenten überzeugend wahrte.

Er war ein Glücksfall für die deutsche Geschichte. Jedermann wußte, daß er im Jahre 1933, schweren Herzens, zu der Reichstagsmehrheit gehört hatte, die mit einem Ermächtigungsgesetz Hitler zu einer gewaltig erweiterten Macht verhalf, in der Illusion, damit könne Schlimmeres verhütet werden. Aber niemand hat ihm das je nachgetragen. Er war offensichtlich eine so integre Persönlichkeit, daß es niemand wagen konnte, seinen Charakter und seine Fähigkeiten in Zweifel zu ziehen.

Am schönsten zeigt sich sein Bild in seinen Tagebuchbriefen 1955–1963, welche die ideale Vereinigung von natürlicher Würde und voller Menschlichkeit auf jeder Seite deutlich machen. Dieses Buch erlebte im Herbst 1970 binnen drei Monaten drei Auflagen. Der Schriftsteller Theodor Heuss ist vom Bilde des Bundespräsidenten nicht zu trennen. Das literarische Werk führt 16 Titel auf, von denen „Erinnerungen 1905–1933" schon vor Jahren eine Auflage von mehr als 90 000 erreicht hatten, andere Titel kaum weniger.

Wer sein Leben betrachtet, gewinnt den Eindruck, daß es organisch und sinnvoll auf eine vorbildliche Erfüllung der Aufgabe „Bundespräsident" zulief. Wenn man einen Bundespräsidenten für die Jahre 1949–1959 hätte erfinden sollen, es hätte kein besserer sein können als Theodor Heuss.

Sein Nachfolger Heinrich Lübke litt von Anfang unter der Vorgeschichte seiner Nominierung. Sowohl Konrad Adenauer als auch Ludwig Erhard hatten eine Kandidatur für die Position des Bundespräsidenten abgelehnt, mit Begründungen, die dieses hohe Amt abwerten mußten. Jeder weitere

Kandidat geriet damit in die Situation eines Lückenbüßers. Niemand hatte damit gerechnet, daß Heinrich Lübke eines Tages Bundespräsident werden könnte, sicher auch er nicht.

Er hatte als Landwirtschaftsminister zunächst in Düsseldorf und später in Bonn vorzügliche Arbeit geleistet und genoß im Brüsseler Kreise den Ruf, er sei der beste Landwirtschaftsminister in Europa. Als Bundespräsident verschaffte er sich bald hohes Ansehen, insbesondere auch im Ausland, wo man ihn immer wieder als einen typischen Vertreter aller der Eigenschaften empfand, die im Ausland als „gute" deutsche Eigenschaften gewertet werden: seine Schlichtheit, welche eine Herkunft aus kleinen Verhältnissen, das Heranwachsen in einer Zwergschule nicht verbarg, seine offensichtliche Redlichkeit und seine straffe Haltung. Der tiefe Eindruck, den er auf Auslandsreisen gemacht hat, wirkt in vielen Ländern bis heute nach.

Schon am Ende seiner ersten fünfjährigen Amtsperiode sah man bei ihm Anzeichen eines vorzeitigen Altersabbaus. Wenn er frei sprach (und er liebte es frei zu sprechen), verlor er nicht selten den Überblick und das Gefühl dafür, wieviel Zeit er schon gesprochen hatte und wieviel Zeit er vernünftigerweise in Anspruch nehmen sollte. Gustav Stein, der ihn menschlich hoch schätzte, stimmte deshalb bei der Berliner Fraktionssitzung der Fraktion CDU/CSU der Bundesversammlung mutig gegen die erneute Nominierung. Aber Herbert Wehner hatte eine Wiederwahl angeregt, der Vorstand der Partei hatte dementsprechend beschlossen. Das ließ sich nicht mehr zurückdrehen. Der Altersabbau verschlimmerte sich rasch, und eine kritische Presse hat ihn deshalb oft erbarmungslos verhöhnt. Im persönlichen Gespräch habe ich jedoch niemals ein Versagen beobachtet, das eine ordnungsgemäße Erledigung seiner Dienstgeschäfte hätte in Frage stellen können.

Noch in seinem letzten Amtsjahr hatte er mich zu einer Besprechung über Ordensfragen gebeten. Er hatte gehört, daß ich der früheren Verleihungspraxis kritisch gegenüberstand. Ich konnte ihm meine Idee entwickeln, der Bundesverdienstorden müsse eine Gemeinschaft der Ordensträger aller seiner Klassen bilden, wie das bei der französischen Ehrenlegion selbstverständlich der Fall sei. Die in der Bundesrepublik verbreitete Meinung, für Leute mit Selbstachtung sei nur das große Verdienstkreuz akzeptabel, keinesfalls das Kreuz erster Klasse, fand ich feudalistisch und snobistisch. Ich war deshalb entgegen der Meinung vieler Kollegen ein Anhänger der Bestimmung, die im Grundsatz einen Beginn mit der Verleihung einer unteren Klasse vorschrieb. Heinrich Lübke ging auf diese Argumentation in allen Einzelheiten ein, auf der vollen intellektuellen Höhe, die man von seinem Amt erwarten mußte.

Sein Nachfolger Gustav Heinemann genoß allenthalben großen Respekt. Er war hochgebildet, gewissenhaft, frei von jedem Opportunismus. Als Mitbegründer der CDU war er Oberbürgermeister von Essen gewesen, 1947/1948 auch Justizminister des Landes Nordrhein-Westfalen, seit 1945 Vorstands-

mitglied bei der Rheinstahl AG, Präses der Synode der Evangelischen Kirche Deutschlands.
Aber er war fast immer anderer Meinung als seine Kollegen. 1949 von Konrad Adenauer in die einflußreiche Position des Bundesinnenministers berufen, äußerte er schon 1950 unüberwindliche Bedenken gegen die Ausrichtung der Außenpolitik auf den Westen. Aus Protest trat er von seinem Ministeramt zurück. 1952 schied er aus der CDU aus, um die Gesamtdeutsche Volkspartei zu gründen, die das Ziel Wiedervereinigung in den Vordergrund der Politik rückte. Sie erhielt jedoch bei der Bundestagswahl 1953 nur 1,2 % der Stimmen. Aus dem Amt eines Präses der Synode der EKD schied er nach einiger Zeit ebenfalls aus. Auch in die Position eines Vorstandsmitgliedes von Rheinstahl, die er 1945 erhalten hatte, kehrte er nicht zurück, weil seine Neigung zu abweichenden Meinungen die kollegiale Zusammenarbeit im Vorstand erschwerte. Man trennte sich im gegenseitigen Einvernehmen. Seine Leistung als Chefjurist der Rheinstahl AG stand jedoch noch viele Jahre später bei seinen alten Kollegen in höchstem Ansehen.
Diese Vielzahl von Absetzbewegungen war keine Summe von Zufällen. Sie lagen in der Natur dieser Persönlichkeit. Er machte es seinen Freunden nicht leicht. Aber jeder, der ihn kannte, war davon überzeugt, daß Persönlichkeiten dieses Typus auch in der Politik von höchster Wichtigkeit sind. Politik darf nicht auf eine Ebene unzähliger Kompromisse herabsinken (so unvermeidlich Kompromisse in vielen Fällen sind), nicht auf eine Ebene, auf der am Ende alles kompromißfähig wird. Heinemann hat diese moralische Grundhaltung immer wieder überzeugend vorgelebt.
Im Plenum des Bundestages erwies er sich, wenn er das Wort nahm, stets als sehr gut unterrichtet. Aber in diese Reden drang oft ein nörgelnder Unterton ein. Selbst dort, wo er im Grunde einverstanden war, betonte er fast immer, daß der Vorschlag, der zur Diskussion stand, nicht eine ideale Lösung sei, sondern viele Mängel aufwiese. Er hatte es schwer, etwas zu loben. Seine Polemik gegen Konrad Adenauer zeigte nicht selten schneidende Schärfe.
Als er Bundespräsident geworden war, erwies er sich als sehr hilfsbereit. Das erlebte ich als stellvertretender Vorsitzender der Interparlamentarischen Arbeitsgemeinschaft. Die IPA hatte damals einige Schwierigkeiten mit den Präsidenten einiger Landtage, welche die Arbeit in Bonn skeptisch beurteilten und sich nur noch eingeschränkt an der Finanzierung beteiligen wollten. Der Bundespräsident Heinemann bot sofort an, diese Präsidenten zu einem Essen einzuladen. „Wenn ich sie einlade, können sie sich einer solchen Einladung nicht entziehen, und das gibt dem Vorstand der IPA dann Gelegenheit, einmal mit den gutwilligen und kritischen Präsidenten gemeinsam zu reden."
Bei Unterredungen stellte er immer wieder beiläufig die Frage: „Kann ich etwas für Sie tun?" Er verstand das Wort vom „Bürgerpräsidenten" als eine Pflicht, politisch zu wirken, über die bloße Repräsentation hinaus. Er

wollte sich als ein Präsident aller Bürger verstehen, der sein Amt unauffällig führen will, wie „einer von uns". Aber die Bundesrepublik Deutschland ist kein Verein. Sie ist eine Gemeinschaft, die tiefe Wurzeln haben muß, bis in ein Gefühl opferbereiter Verbundenheit hinein, jenseits von Erwägungen eines bürgerlichen Nutzens.

SCHWERPUNKTE DER ARBEIT

Die Welt zu verändern, das heißt für den Abgeordneten: Er muß Gesetze verändern: Er muß die Mehrheit seiner Kollegen überzeugen. Dafür muß er den Sachverhalt und die Argumente so genau kennen, daß er jedem Meinungskampf gewachsen ist. Ein solcher Informationsstand läßt sich auch bei größtem Fleiß nur für einen schmalen Sektor der politischen Gesamtproblematik erarbeiten. Wer im politischen Raum Erfolg erreichen will, reale Veränderungen, mehr als Publizität, kann sie nur als Spezialist erzielen, unter Verzicht auf andere reizvolle Bereiche des Wirkens.

Ich war durch meine Vorgeschichte auf eine Tätigkeit im Europäischen Parlament hin programmiert. Im Finanzausschuß, für den ich mich wegen meiner Interessen für Steuerfragen gemeldet hatte, konnte ich nur stellvertretendes Mitglied werden, weil von ordentlichen Mitgliedern ständig Präsenz erwartet wird. Ich wurde zwar zum Berichterstatter für einige Steuerfragen mit europäischen Einschlägen bestellt, konnte aber wegen meiner Pflichten in Straßburg und Brüssel sonst nur sporadisch an den Sitzungen des Finanzausschusses teilnehmen.

Vollmitgliedschaft im Europäischen Parlament, daneben Mitarbeit im Finanzausschuß, damit war ich politisch voll ausgelastet, zumal ein Teil meiner Zeit für meine, wenn auch stark verminderte, Arbeit in meinem alten Beruf verfügbar bleiben sollte.

Mir lag jedoch daran, mich auch an allgemein politischen Diskussionen im Plenum zu beteiligen, wenn ich glaubte, sie bereichern zu können. Ich habe mich bemüht, im Bundestag als Politiker zu arbeiten, nicht als ein Fachmann, der in die Politik geraten war.

Meine Berufung ins Europäische Parlament ergab den zunächst wichtigsten Schwerpunkt meiner Arbeit: die Europapolitik.

Europäische Politik

Das Hotel Bristol, gegenüber dem Straßburger Hauptbahnhof gelegen, einem Prachthaus aus wilhelminischer Zeit, war eine eher bescheidene Unterkunft für Handlungsreisende. Das einzige Zimmer mit Bad erhielt Anton Storch, der nach Beendigung seiner Amtszeit als Bundesarbeitsminister ins Europäische Parlament gegangen war. Die übrigen Zimmer waren schmal und spartanisch eingerichtet. Theodor Fontane hatte sich gelegentlich darüber gewundert, warum eigentlich in Deutschland Luxushotels den Namen „Bristol" trügen, nach einem wenig anziehenden britischen Kohlenhafen. Im Straßburger Hotel Bristol stellte sich diese Frage nicht.

Meine Kollegen hatten mich belehrt, ein aufrechter Deutscher müsse im „Bristol" wohnen. Dieses Hotel habe nämlich, als einziges, schon kurz nach Kriegsende deutsche Gäste aufgenommen, als diese erstmals zu vorsichtigen politischen Gesprächen in Straßburg auftauchten. Ich sah ein, daß man das honorieren müsse. Für mein Ausharren wurde ich am Ende damit belohnt, daß ich von Anton Storch dessen Fürstenzimmer erbte, ein großes, düster möbliertes Gelaß.

Ich habe gern in Straßburg gearbeitet. Die Stadt, ihre Geschichte, ihre Atmosphäre, ihre Verwaltung (unter dem Oberbürgermeister Pierre Pflimlin, der einmal französischer Ministerpräsident gewesen war) förderten die Integration. Ein Standbild des jungen Goethe, im Rokoko-Kostüm, hatte seinen Platz vor der alten deutschen Universität beibehalten, auf der man auch nichts an den deutschen Inschriften geändert hatte. Die alte deutsche Zeit, von 1871 bis 1918, lag so weit zurück, daß man sie als normalen Bestandteil in der Geschichte dieses Grenzlandes ansah. Die „Dernières Nouvelles d'Alsace" brachten täglich Spalten auch in deutscher Sprache.

Außerhalb der touristischen Sommermonate war Straßburg eine ruhige Stadt. Die Zahl der Restaurants, in denen sich die Abgeordneten trafen, war nicht sehr groß. Im „Hailich Graab", „au Saint Sépulcre", saßen die europäischen Parlamentarier an gescheuerten Tischen mit Straßburger Bürgern und Bauern aus der Umgebung, die den Einkaufstag dort beschlossen. Man kam ins Gespräch. Man trank Edelzwicker, ¼ Liter für 75 Pfenning, und dazu gab es Zwiebelkuchen. Dabei lernte man auch seine europäischen Kollegen besser kennen. Wer einen Wahlkreis in Sizilien hinter sich hat, sieht die Probleme der Argrarpolitik anders als ein Bauer aus Schleswig-Holstein. Man unternahm gemeinsame Ausflüge, etwa nach Sesenheim, Erinnerungen an Goethe und Friederike Brion. Wer Zeit hatte, konnte sich afrikanische Länder anschauen, mit denen die Gemeinschaft Verträge über Kooperation geschlossen hatte. Es gab auch Reisen nach Indien und Südamerika. Ich habe mich jedoch nur einmal freimachen können, für eine Reise nach Madagaskar.

Die Zahl der europäischen Abgeordneten, die sich regelmäßig intensiv an den Arbeiten in Straßburg beteiligten, war so klein, daß man einander gut kannte und freundschaftlich miteinander umging. Für mich war das leicht, weil ich nirgendwo einen Dolmetscher brauchte. Wenn man einige Zeit mitgearbeitet hatte, konnte man die gesamte Problematik der europäischen Probleme gut übersehen. Die Probleme blieben über Jahre hinaus die gleichen. So konnte man auch auf fremden Gebieten als Redner einspringen. Eine solche Notwendigkeit ergab sich für mich am 19. Oktober 1962. Eine Neubewertung der Rechnungseinheiten in den europäischen Agrarverordnungen stand auf der Tagesordnung. Es stellte sich jedoch heraus, daß zu diesem Zeitpunkt keiner der landwirtschaftlichen Kollegen noch anwesend sein konnte. Aber das Präsidium wollte den Punkt keinesfalls vertagen, weil Fristen eingehalten werden mußten. So traten die Geschäftsführer der großen europäischen Fraktionen an mich mit der Bitte heran, die Berichte der Kol-

legen Lücker und Charpentier, die gedruckt vorlagen, in die Debatte einzuführen. Alle Fraktionen würden das wohlwollend aufnehmen. Nur eine halbe Stunde blieb mir Zeit zur Vorbereitung. Ich habe dann das Thema mit einem scherzhaften Unterton behandelt und mich vor der Präzision der Verordnung verneigt, deren Genauigkeit bis zu einem Zehnmillionstel des Wertes eines Grammes Gold gehe. Alle Kollegen waren mit dieser Einführung zufrieden.
Enge freundschaftliche Beziehungen führten zu zahlreichen fruchtbaren Gesprächen mit europäischen Kollegen. Ein Beispiel etwa das Südtirol-Problem. Die italienische Region „Trentino", die Bezirke Trient (überwiegend italienische Sprache) und Bozen (überwiegend deutsch sprechend), waren im Jahre 1866, als Venetien an das Königreich Italien abgetreten werden mußte, bei Österreich verblieben. Eine hitzige italienische Propaganda hatte dann dieses Gebiet zur „irredenta" stilisiert, das „unerlöste" Gebiet, und der Schlachtruf „Trieste e Trentino" hatte über Jahrzehnte hinweg die Leidenschaft aufgeheizt.
Die Österreicher verstanden unter Südtirol das deutsche Sprachgebiet nördlich der Salurner Klause, der seit Jahrhunderten unveränderten deutschitalienischen Sprachgrenze, die zwischen Bozen und Trient verläuft.
Im ersten Weltkrieg hatte Bernhard von Bülow, früher deutscher Reichskanzler, eine Abtretung des italienischsprachigen Trienter Raums vorgeschlagen, die — verbunden mit einer Abtretung eines Teiles von Triest — wahrscheinlich Italien aus dem ersten Weltkrieg hätte heraushalten können. Er scheiterte aber damit sowohl in Wien als auch in Berlin.
1919 kam der Bezirk Bozen gegen den Willen der Bevölkerung zu Italien. Aber Hitler entzog durch sein Abkommen mit Mussolini, das der Italianisierung des alten deutschen Landes zustimmte, allen Protesten den Boden. Die deutschstämmigen Einwohner dieses Bezirks wurden vor die Wahl gestellt, entweder die Italianisierung zu akzeptieren (die damals bis in das Umschreiben alter deutscher Grabsteine auf italienische Vornamen ging) oder aber auszuwandern. Man versprach ihnen Güter in Polen oder später auch, nach einem gewonnenen Krieg, in der Krim.
Als der Krieg verloren war, befanden sich diese Aussiedler, die ihre Heimat mit Sack und Pack verlassen hatten, in einer schwierigen Lage. Erst in Straßburg habe ich gelernt, daß die Italiener sich in dieser Lage menschlich verhalten haben. Sie pochten nicht auf die Bestimmungen des Vertrages, sondern nahmen die Aussiedler wieder auf und gaben ihnen auch in den meisten Fällen ihren früheren Grundbesitz zurück. Vielleicht spielte damals auch die Tatsache eine Rolle, daß die siegreichen Amerikaner die Frage stellten, ob man nicht durch politischen Druck auf Italien das offenbare Unrecht, das im Jahre 1918 an den Deutschen im Bozener Bezirk geschehen war, wiedergutmachen und dieses urdeutsche Land Österreich zurückgeben sollte. Aber ich lernte auch, daß die Situation sehr verwickelt war. Österreich, das war damals ein besetztes Land, in dessen Ostteil die Russen herrschten. Was aus dieser Besatzungszone werden würde, war nicht abzusehen. Wirtschaftlich

war der Bezirk Bozen weit enger mit dem Bezirk Trient verbunden als etwa mit Österreich.

Alle Gruppen, die Italiener wie die Österreicher, waren bemüht, zu einer Verständigung zu kommen, das Beste aus der Lage zu machen.

Ich war damals, wenn ich es richtig weiß, der einzige deutsche Abgeordnete, der italienisch sprach, und so genoß ich bei meinen italienischen Kollegen eine gewisse Sympathie. Viele Gespräche brachten immer neue Informationen. Es war kein Zweifel, daß auch die Italiener guten Willens waren, und so kam es dann zu einer erfreulichen Verständigung, trotz aller Bombenanschläge, trotz der harten Urteile, die gefällt worden waren. Die Juristen und die Politiker ließen sich etwas einfallen. In der autonomen Region Trentino, die das große, italienisch-sprechende Gebiet um Trient einschloß, hatten insgesamt die Italiener die Mehrheit. Im Rahmen der Verständigung wurde nun innerhalb dieses großen autonomen Bereiches eine nachgeordnete Autonomie des Bezirks Bozen geschaffen, in dem das deutsche Element die Mehrheit besaß. In langjährigen Verhandlungen gelang es, sich auf Mechanismen zu einigen, mit denen sich alle Beteiligten am Ende abfanden. Auch die deutsche Gruppe blickte damals mit Zuversicht in die Zukunft. Die Gefahr, daß Bozen von Einwanderern aus dem italienischen Kerngebiet überflutet und in einen italienischen Bezirk verwandelt werden könnte, wurde in Bozen selbst geringer eingeschätzt als in manchen Organen der deutschen Presse. Die Deutschen im Bozener Bezirk hatten überraschend viele Kinder.

Ich will nicht behaupten, daß die vielen Gespräche in Straßburg, die nicht nur ich mit den italienischen Kollegen geführt hatte, für die österreichisch-italienischen Verhandlungen nachweislich förderlich gewesen wären. Aber die Italiener hatten im Rahmen der Europäischen Gemeinschaften viele Wünsche, die am Ende zum großen Teil aus deutschen Mitteln finanziert werden mußten. Im Hinblick auf diese Wünsche waren sie daran interessiert, sich als gute Europäer zu erweisen, und das mag die Bereitschaft erhöht haben, Konzessionen zu machen und den deutschen Lebensraum in Bozen zu schützen.

Das Europäische Parlament

Die erste „Gemeinsame Versammlung", durch den Vertrag über die Montanunion geschaffen, hatte am 10. 9. 1952 ihre Arbeit in Straßburg aufgenommen, glanzvoll besetzt. Der Präsident Paul-Henri Spaak, ehemaliger belgischer Ministerpräsident, und die fünf Vizepräsidenten Hermann Pünder (Deutschland), Pierre-Henri Teitgen (Frankreich), G. Vixseboxse (Niederlande), Alessandro Casati (Italien) und Jean Fohrmann (Luxemburg) gehörten zur ersten Garnitur der Parlamentarier ihres Landes. Unter den 78 Mitgliedern gab es 19 amtierende oder ehemalige Minister, darunter der ehemalige französische Ministerpräsident Paul Reynaud. Unter den deutschen Abgeord-

neten befanden sich Erich Ollenhauer, der Vorsitzende der Sozialdemokratischen Partei, und die späteren Bundesminister Heinrich von Brentano, Hans-Joachim von Merkatz sowie Franz Josef Strauß, ferner der spätere Bundestagspräsident Eugen Gerstenmaier. 38 Abgeordnete gehörten zugleich der Beratenden Versammlung des Europarates an, darunter auch der Präsident dieser Versammlung, François de Menthon. Soviel Prominenz hat es später im Europäischen Parlament niemals mehr gegeben.
Der Sprecher der deutschen SPD in Wirtschaftsfragen, Heinrich Deist, Mitglied des Bundestages, übernahm den Vorsitz im Wirtschaftsausschuß der Beratenden Versammlung. Das ebnete in der Bundesrepublik den Weg zu einer Verständigung zwischen Regierung und Opposition über eine gemeinsame europäische Wirtschaftspolitik.
Die Arbeitslast wuchs im Europäischen Parlament ebenso wie in den nationalen Parlamenten. In acht Monaten im Jahr je eine Plenarwoche in Straßburg oder in Luxemburg. Dazu viele Ausschuß-Sitzungen in Brüssel oder in anderen europäischen Hauptstädten. Wer im Europäischen Parlament wirkungsvoll mitreden wollte, geriet im heimatlichen Parlament rasch in eine Randzone. Politisches Wirken setzt in allen Parlamenten voraus, daß man regelmäßig präsent ist und enge Kontakte mit den Kollegen hält. Wer also in Bonn oder in Paris politische Ambitionen hatte, verzichtete meist bald auf das Straßburger Mandat, so reizvoll es unter vielen Aspekten sein mochte.
Straßburg war als Sitz des Europäischen Parlaments gewählt worden, weil dort die „Beratende Versammlung" des Europarates tagte, der die Staaten des Europa der 18 zusammenfaßte, bis nach Finnland hinauf. Sie trat am 2. August 1949 zum ersten Mal dort zusammen. (Sie heißt jetzt „Parlamentarische Versammlung des Europarates".)
Das Parlament tagte von 1952 bis 1976 in den provisorischen Räumen, die man im Sommer 1950 in Straßburg an der Avenue de l'Europe für den Europarat gebaut hatte, in einfacher Bauweise, berechnet nur auf eine kurze Nutzung. Das alte Gebäude, im Grunde eine überdimensionale Baracke, hatte gleichwohl eine sympathische Atmospäre, einen Hauch von Idealismus und Jugendbewegung. Die Pappwände, welche die Büros voneinander trennten, die spartanischen Möbel schufen menschlichere Räume als die seelenlosen, auf Modernität und Funktionalismus ausgerichteten Ausstattungen, mit denen man späterhin Parlamentsneubauten versah.
Der Plenarsaal mit seinem Glasdach, das Restaurant mit seinem Blick in den Garten, ein einziger Raum — das Ende des Raumes wurde gelegentlich mit spanischen Wänden abgetrennt, um prominente Gäste im engeren Kreis zu empfangen —, ein ruhiger Lesesaal mit einer guten Präsenzbibliothek, in dem neben den Abgeordneten auch einige fleißige Straßburger Studenten arbeiteten; gegenüber dem Parlamentsbau der schöne Park der Orangerie, in dem die Abgeordneten sich ergingen, wenn die Plenardebatte zu einem Streit von Experten oder zu einem Forum für Fensterreden wurde. Europäische Atmosphäre.

Die ursprüngliche Versammlung hatte nur aus 78 Mitgliedern bestanden — je 18 Deutsche, Franzosen und Italiener, je 10 Belgier und Niederländer und vier Luxemburger.

Bei der Gründung der Europäischen Gemeinschaften durch den Vertrag vom 25. März 1957 wurde das Parlament auf 142 vergrößert, je 36 Deutsche, Franzosen und Italiener, je 14 Belgier und Niederländer, sechs Luxemburger. Der Beitritt von Großbritannien, Irland und Dänemark brachte zum 1. 1. 1973 eine weitere Vergrößerung auf 198 Mitglieder — 36 aus dem Vereinigten Königreich, je 10 aus Dänemark und Irland.

Die relativ geringe Zahl der europäischen Abgeordneten schuf in meiner Zeit eine menschlich-freundliche Atmosphäre, wie sie die Mammutparlamente mit 500 Abgeordneten, der Normalzahl aller großen europäischen Parlamente, auch des amerikanischen Repräsentantenhauses, nicht haben konnten. Mit der Einführung der Direktwahl stieg auch die Zahl der Mitglieder des Europäischen Parlamentes auf 410.

Die Zusammensetzung der deutschen Gruppe entsprach der politischen Gruppierung im Deutschen Bundestag. Aus Rom und Paris wurden jedoch zunächst nur Abgeordnete der herrschenden Koalition entsandt.

In Italien führte das zu so großen Schwierigkeiten, daß über mehrere Legislaturperioden hinweg keine Wahlen von italienischen Mitgliedern für das Europäische Parlament zustandegebracht werden konnten. Das hatte zur Folge, daß die ursprünglich gewählten italienischen Mitglieder, entsprechend der Geschäftsordnung des Europäischen Parlamentes, ihre Funktion zunächst weiterhin ausübten. Todesfälle führten jedoch zu einer Schrumpfung dieser Delegation, die sich von 36 auf 29 verminderte.

1969 kam es endlich zu einer Neuwahl der italienischen Delegation, die sieben neue Mitglieder erhielt, darunter auch Kommunisten.

Die Fraktionen der Christdemokraten, der Sozialisten und der Liberalen waren von Anfang an multinational; nur die Gaullistische Fraktion bestand lediglich aus Franzosen. Bei den großen Fraktionen erzeugte die gemeinsame politische Grundanschauung eine engere Bindung als der nationale Sprachkreis. Im Gegensatz zum Europarat, der aus nationalen Delegationen besteht, hat es in der Gemeinsamen Versammlung und später im Europa-Parlament niemals getrennte Sitzungen der nationalen Gruppen gegeben.

In den Sitzungen der Fraktionen pflegten die Abgeordneten der gleichen Sprache zusammenzusitzen, der Abgeordnete aus Meran bei den deutschen Kollegen. Im Plenum waren die Fraktionen geschlossen plaziert, innerhalb der Fraktionen alphabetisch gesetzt, so daß man oft neben Nachbarn anderer Nationalitäten saß.

Das Parlament in Straßburg hatte damals etwas von der Atmosphäre des amerikanischen Senats. Man kannte einander. Die Fraktionen, in denen sich die Tagesarbeit der europäischen Integration vollzog, hatten nur die Dimension einer größeren Schulklasse. Die Sprachschwierigkeiten waren kleiner als erwartet. Wer Deutsch und Französisch verstand, konnte sich in der Zeit der Sechser-Gemeinschaft verständigen. In allen Fraktionen gab und gibt es sprachkundige Abgeordnete, die bei Tischgesprächen vermitteln können.

In den Plenarsitzungen waren die besten Reden durchweg die französischen. Man sah die Leistungen der französischen Schulen, in denen die Jugend frühzeitig lernte, ihre Gedanken zu ordnen und plausibel vorzutragen, eine Fähigkeit, die manchen Rednern aus anderen Sprachgebieten fehlte. Wer Französisch verstand, hörte den Text in diesem Kanal oft wesentlich klarer als in der Originalsprache, vorgeklärt im geschulten Gehirn einer guten Dolmetscherin, wobei offenbleiben mag, ob der französische Text immer den Intentionen des Sprechers voll gerecht wurde.
Die Deutschen sprachen sachlich, oft mit vielen Zahlen und vielen Bemerkungen zu Einzelfragen, die den Hörer zuweilen überforderten. Die Italiener häufig mit flammender Rhetorik. Aber bei allen nationalen Nuancen blieb stets die europäische Gemeinsamkeit sichtbar. Auch etwa darin, daß ein Abgeordneter aus Meran, der im italienischen Parlament selbstverständlich die Landessprache benutzte, in Straßburg im Plenum ebenso selbstverständlich Deutsch sprach.
Wohl alle Abgeordneten, die einige Jahre dem Europäischen Parlament angehört haben, empfanden diese Zeit als sehr fruchtbar. Sie hatten eine Mittlerfunktion. Sie brachten in die europäischen Diskussionen ihre nationalen Probleme hinein, hatten aber bei den nationalen Diskussionen genügend Kenntnis von der europäischen Situation, um dafür zu sorgen, daß die nationalen Wünsche von vorneherein auf die europäischen Möglichkeiten Rücksicht nahmen.

Arbeit in der Straßburger Fraktion und in den Ausschüssen

Die Christlich-Demokratische Fraktion des Europäischen Parlaments wurde damals von dem Franzosen Alain Poher geführt, der später lange Jahre Präsident des französischen Senats war. Wie es der französischen Tradition entsprach, fungierte er auch als Bürgermeister in einem Pariser Vorort, und in dieser Eigenschaft nahm er zuweilen an Samstagen persönlich die zivilen Trauungen vor.
Er überraschte die Fraktion, indem er den Neuling aus Düsseldorf in sehr herzlichen Worten als alten Freund aus der Zeit des Ruhrstatuts begrüßte.
Die Fraktion schickte mich als Stahlexperten in den Wirtschaftsausschuß des Europa-Parlaments, in dem die Stahlfragen zu behandeln waren, zusammen mit dem deutschen Kollegen Heinrich Aigner, in dessen Wahlkreis sich das Hüttenwerk Sulzbach-Rosenberg befand.
Vorsitzender des Wirtschaftsausschusses war damals, wie oben erwähnt, der Wirtschaftsprüfer Heinrich Deist, in dessen Firma, der Kölner Wirtschaftsprüfergemeinschaft Wüsten — Lauter — Deist, ich in den Jahren 1946—

1948 mitgearbeitet hatte, unter anderem an einem großen Gutachten über die Stahlpreise in der britisch besetzten Zone. Wir waren stets in freundschaftlichem Kontakt geblieben.
Deist hatte schon in der Weimarer Zeit der SPD angehört. 1933 war er aus der Beamtenlaufbahn entfernt worden. Er hatte sich dann respektabel in kleinen Verhältnissen durchgeschlagen, zeitweise durch den Betrieb eines Schreibwarengeschäftes. Im Deutschen Bundestag war er Sprecher der SPD für Wirtschaftsfragen geworden. Ludwig Erhard behandelte seine Fachkunde und seine sachliche Art mit großem Respekt. In einer Plenarrede sagte er einmal, zu Deist gewandt: „Mit Euch, Herr Doktor, zu diskutieren, ist ehrenvoll und bringt Gewinn". Wenn Deist nicht früh gestorben wäre, hätte er die besten Aussichten gehabt, Wirtschaftsminister einer sozialdemokratischen Regierung zu werden.
Als er überraschend im Jahre 1964 starb, benannte die europäische sozialistische Fraktion als seinen Nachfolger Dr. Ilse Elsner, eine gescheite Hamburgerin, die früher in der Redaktion „Die Welt" soziale Fragen bearbeitet hatte und im Bundestag rasch durch ihre fundierte Sachkenntnis aufgefallen war.
Sekretär des Wirtschaftsausschusses war damals Hans Apel, den Herbert Wehner, vorzüglicher Personalpolitiker, nach dem Studium für eine Tätigkeit in der sozialistischen Fraktion des Europäischen Parlamentes gewonnen hatte. Von dort aus war er bald als Sekretär des Wirtschaftsausschusses in den Dienst des Europäischen Parlamentes übergegangen. Er fiel mir sogleich durch seine Sachkunde, aber auch durch seine Unbefangenheit auf. In Sitzungen des Wirtschaftsausschusses widersprach er zuweilen laut und energisch seiner Vorsitzenden (was ich sonst in Parlamentsausschüssen nie erlebt habe).
Im Europäischen Parlament führen die Ausschußberatungen zu Berichten, die den Namen eines einzelnen Abgeordneten tragen und unter diesem Namen auch zitiert werden. Als ich zum ersten Mal Berichterstatter wurde, sprach mich Hans Apel wohlwollend an und sagte, ich brauche mir keine Sorgen zu machen, er werde selbstverständlich diesen Bericht für mich anfertigen. Mit einiger Überraschung hörte er von meiner Absicht, diesen Bericht selbst zu schreiben.
Um ihm zu zeigen, wie es in einer Wirtschaftsvereinigung der Stahlindustrie zugeht, lud ich ihn nach Düsseldorf ein. Wir waren zu fünf oder sechs Juristen und Volkswirten, und Hans Apel erlebte mit einigem Erstaunen, daß scharf kontrovers diskutiert wurde, in voller menschlicher Gleichberechtigung, gelegentlich mit unterstrichen deutlichen Formulierungen, keineswegs in einer Situation, in der die Mitarbeiter zu erraten versuchen, was der Herr Direktor sich wünscht; Titel wurden in solchen Gesprächen nicht verwendet. Ich bin mit Hans Apel in Luxemburg sehr gut ausgekommen. Schon 1965 wurde er in einem Hamburger Wahlkreis in den Bundestag hineingewählt, wiederum auf Veranlassung von Herbert Wehner, der die hohe politische

und fachliche Begabung frühzeitig erkannt hatte. Für ihn war der Abschied von Luxemburg nicht ohne Probleme. Er wurde dort gut bezahlt, aber diese Bezahlung hörte auf, als er, wie das in solchen Fällen üblich war, für politische Tätigkeit beurlaubt wurde, jedoch ohne jedes Gehalt. Von der komfortablen Situation eines europäischen Beamten mußte er sich von heute auf morgen auf Bundestagsdiäten umstellen, die damals noch bescheiden waren.

Meine Arbeit im Wirtschaftssauschuß galt insbesondere dem Thema „Marktwirtschaft". In Frankreich und Italien spielte die Planwirtschaft eine weit größere Rolle als in der Bundesrepublik. Es zeigte sich, daß sie nicht nur unter christdemokratischen Kollegen, sondern auch unter liberalen Verteidiger hatte, die bei grundsätzlichem Bekenntnis zur Marktwirtschaft in vielen Einzelfällen dirigistische Interventionen forderten. Hier galt es, Möglichkeiten für Impulse freier Initiativen offenzuhalten. Die Neue Zürcher Zeitung kommentierte einmal eine meiner Straßburger Plenarreden dahin, ich sei der einzige Redner gewesen, der die Thesen der Marktwirtschaft überzeugt verteidigt hätte. Kein liberaler Redner habe in diesem Sinne gesprochen.

Nach einiger Zeit wurde ich auch Mitglied des „Politischen Ausschusses", der – ähnlich wie der Ausschuß für Auswärtige Angelegenheiten in Bonn – besonderes Prestige genoß, weil er sich mit der weiteren Entwicklung der europäischen Politik befassen sollte.

Möglichkeiten europäischer Politik

Es kann nicht das Ziel dieses Textes sein, über die Tätigkeit des Europäischen Parlaments in den Jahren 1961–1969 im einzelnen zu berichten. Sie läßt sich aus den Niederschriften und den Drucksachen rekonstruieren. Wie die Unterlagen zeigen, handelt es sich zumeist um Einzelfragen, die nur beim Fachmann Interesse finden, besonders um umfangreiche Stellungnahmen zur Agrarpolitik, bei der immer neue Probleme auftauchten.

Eine europäische Gesetzgebung, die das Interesse einer breiten Schicht europäischer Bürger hätte finden können, kam nicht zustande. Möglichkeiten hätte es gegeben, aber die Mitgliedsländer, die am Anfang der Entwicklung einmal auf ihre Souveränität im Bereich Kohle und Stahl verzichtet hatten, waren nicht bereit, auf diesem Wege weiterzugehen. Charles de Gaulle wollte unter keinen Umständen auf französische Souveränität verzichten. Da jede Ausdehnung europäischer Souveränität Einstimmigkeit erfordert hätte, war die Entwicklung damit blockiert.

Die deutschen Abgeordneten in Straßburg zeigten ein besonders starkes Engagement für die Idee der Vereinigten Staaten von Europa, konstruiert nach dem Muster des nordamerikanischen Modells. Ich habe dazu die Frage gestellt, ob sie wirklich bereit seien, die Regelung der deutschen Ostprobleme der Mehrheit eines souveränen Europäischen Parlamentes zu überlassen. Dazu waren sie nicht bereit: das müsse naturgemäß einer der deutschen Vorbehalte bleiben, sagte man. Aber andere Länder hatten andere Vorbehalte und wahrscheinlich wäre die Summe aller Vorbehalte am Ende dann dem alten Zustand sehr nahegekommen.

Immerhin gab es Möglichkeiten, bei denen eine europäische Souveränität durch neue europäische Rechtsgrundlage hätte geschaffen werden können, ohne daß sich in der Sache etwas verändert hätte. Als einen solchen Vorstoß im Sinne einer Modellwirkung habe ich damals für die Einführung eines europäischen Wechselrechts plädiert, erlassen von einem europäischen Parlament, dem die Mitgliedsstaaten für diesen Fall eine besondere Vollmacht zum Erlaß eines europäischen Gesetzes hätten erteilen müssen. Dieses Gesetz wäre dann als Nr. 1 in ein europäisches Gesetzblatt aufgenommen worden.

Sachliche Änderungen hätten sich, wie gesagt, daraus nicht zu ergeben brauchen. Es gab ja schon eine weltweite Wechselrechtskonvention, die den Inhalt der nationalen Wechselrechte weitgehend aufeinander abstimmte. Das war wegen der Bedeutung des Wechsels als internationales Zahlungsmittel seit langem notwendig geworden. Daraus hätte man, meinte ich, leicht ein europäisches Wechselgesetz machen können. In der Sache hat das niemand bestritten. Aber niemand traute sich, eine ernsthafte Initiative in dieser Richtung zu starten. Man hielt sie damals für aussichtslos, weil man den grundsätzlichen Widerstand der Franzosen gegen jede neue europäische Souveränität kannte.

Aber der Gedanke des Beginns einer europäischen Gesetzgebung, der zunächst ein rein theoretischer geblieben war, blieb lebendig. Und späterhin waren es sogar Franzosen, die das Thema erneut aufnahmen.

1977 machte Edgar Faure, damals Präsident der Französischen Nationalversammlung, den Vorschlag, dem Europäischen Parlament eine echte eigene Zuständigkeit für die Gesetzgebung über Umweltschutz einzuräumen, überraschend deshalb, weil die Franzosen sonst keinerlei Neigung zeigten, nationale Zuständigkeiten an das Straßburger Parlament abzugeben. Aber die französische Initiative hat guten Sinn. Bei den Umweltproblemen, die bei lokalen Ereignissen, dem Bau bestimmter Kernkraftwerke etwa, sichtbar werden, wirkt sich der lokale Druck mächtiger Protestgefühle politisch umso stärker aus, je näher das einzelne Parlament am Ort des Geschehens liegt. Für die Wahl eines Kandidaten in den Kreistag oder auch in den Landtag kann ein Ja oder Nein zu diesem Kraftwerk eine Frage des politischen Überlebens sein.

Beim Bundestag ist die Gefahr schon geringer. Wenn jedoch die Fixierung der Regeln, die in Zukunft die Genehmigung solcher Anlagen bestimmen sollen, ins ferne Straßburg verlegt wird, in ein übernationales Parlament, dessen Zuständigkeit von Schottland bis Sizilien reicht, so wird der Einfluß örtlicher Emotionen nahezu ausgeschaltet, was der Bildung von Konsens zugute kommen muß. Leider muß bezweifelt werden, daß der Vorschlag von Edgar Faure rasch zu konkreten Ergebnissen führt, eine Ermächtigung des Europäischen Parlaments, ein europäisches Gesetz Nr. 1, Umweltrecht, zu schaffen.

Jetzt drängen andere Probleme in den Vordergrund, die Probleme der Erweiterung der Gemeinschaft auf Spanien und Griechenland, späterhin auf Portugal und die Türkei.

Wir wollen die portugiesische und die türkische Wirtschaft in eine europäische Gemeinschaft eingliedern, die als „Gemeinsamer Markt" konzipiert war, als ein Markt ohne jede Binnengrenzen. Je unterschiedlicher Lebensstand und Sozialstruktur in den Mitgliedsländern sind, desto länger werden wir warten müssen, bis wir eines Tages an eine echte europäische Gesetzgebung denken können, an das Ziel, das am Anfang aller Europapolitik stand.

Und man stellt sich in der Rückschau die Frage, ob Charles de Gaulle nicht recht hatte, wenn er Bedenken gegen eine Erweiterung der Sechser-Gemeinschaft äußerte, bevor diese Sechser-Gemeinschaft im Bereich von Sizilien bis nach Schleswig-Holstein zu einem einigermaßen einheitlichen sozialen Körper zusammengewachsen wäre. De Gaulle wollte zwar damals auch dieser Sechser-Gemeinschaft keine wesentlich neuen Rechte einräumen. Aber vermutlich wäre er in einer kleineren Gemeinschaft, in der der französische Einfluß naturgemäß relativ groß war, auf die Dauer eher zu Konzessionen bereit gewesen, als es die Franzosen heute gegenüber einer größeren Gemeinschaft sind, in der die französischen Abgeordneten im Europäischen Parlament am Ende nur eine kleine Minderheit sein können.

Ich habe mich gleichwohl damals für eine Erweiterung der Gemeinschaft auf Großbritannien, Irland und Dänemark eingesetzt, weil diese Länder zu Europa gehören und weil man sie nicht zurückstoßen durfte, wenn sie, wenn auch mit Verspätung, dem Rufe folgten, der schon 1952 an sie ergangen war. Die Sechser-Gemeinschaft mußte sich auch darüber klar sein, daß die Niederlande und Belgien stark auf enge Zusammenarbeit mit Großbritannien eingestellt waren, daß die Sechser-Gemeinschaft gefährdet gewesen wäre, wenn wir entgegen dem Wunsche der nächsten Nachbarn Großbritanniens dessen Beitrittsantrag zurückgewiesen hätten. Politik ist immer sehr komplex.

Das Europäische Parlament hat in den Jahren 1961–1969 im wesentlichen nur Kleinarbeit geleistet. Diese Kleinarbeit war jedoch nicht bedeutungslos. Berichte, in denen das Europäische Parlament seine Überlegungen zu Vorlagen der Brüsseler Kommission zu Papier gebracht hat, zeigen eine intensive Behandlung vieler Einzelfragen, das Ergebnis von Diskussionen, in denen der Sachverstand der Fachleute des Europäischen Parlaments zu Wort kam, aber auch die politischen Konsequenzen deutlich wurden, die diese oder jene Maßnahme für die einzelnen Mitgliedstaaten haben mußte, sowie die langfristigen Folgewirkungen, die sich daraus ergeben konnten. Die meisten dieser Überlegungen sind dann auch in die endgültige Fassung der Vorschriften und Richtlinien der Kommission eingegangen.

Wichtig war auch das ständige Drängen der europäischen Parlamentarier, die Beziehungen zu afrikanischen Staaten, die aus ihrem früheren Kolonialstatus heraus noch eng mit den alten europäischen Mutterländern verbunden waren, auf eine politisch neue Basis zu stellen. Das führte zu einer Reihe von Verträgen. Der sog. Vertrag Jaunde I, unterzeichnet am 20. 7. 1963, gewährte am 1. Juni 1964 einer Reihe der neuen afrikanischen Staaten Vorteile auf dem Markt der Gemeinschaft. Dieser Vertrag wurde mit Wirkung vom 1. 1. 1971 zu einem Vertrag Jaunde II ausgebaut und dann, unter Einbeziehung weiterer afrikanischer Staaten, am 28. 2. 1975 in Lomé zu einem Vertrag mit 46 Ländern Afrikas, der Karibik und des Pazifischen Ozeans (AKP-Länder), dem sogenannten Lomé-Vertrag, entwickelt, der am 1. 4. 1976 in Kraft getreten ist. Am Zustandekommen aller dieser Verträge hatte das Europäische Parlament wichtigen Anteil. Die Präsidenten des Europäischen Parlaments, insbesondere Präsident Hans Furler, haben in zahlreichen Besprechungen mit den Parlamentariern die Grundlage für die Zustimmung der vielen beteiligten Parlamente aufgebaut.

Darüber hinaus lag die Bedeutung des Europäischen Parlaments insbesondere darin, daß es den europäischen Gedanken auch in der öffentlichen Meinung wachhielt. Das Parlament mußte sich darum bemühen, die europäische Entwicklung anschaulich zu machen, und dabei waren Initiativen bedeutsam, die zwar die Rechtslage nicht änderten, aber doch neue Anstöße zu europäischem Nachdenken lieferten. Dazu gehörte der Vorschlag, europäische Münzen zu prägen.

Europäische Münzen

Die erste Welle der europäischen Begeisterung, die Anfang der 50er Jahre eine beträchtliche Höhe erreicht hatte, war 1961 verebbt. Die späteren Maßnahmen hatten keine ähnliche Wirkung mehr, auch die Abschaffung der Zölle nicht, weil die Fortexistenz der unterschiedlichen Verbrauchersteuern auf Tabakerzeugnisse und Spirituosen nach wie vor Kontrollen an den Grenzen notwendig machten. Dadurch wurde der wichtige Fortschritt, der in der allgemeinen Abschaffung der Zölle lag, psychologisch verdeckt. Im Europäischen Parlament habe ich mich besonders einer europäischen Reform der Verbrauchersteuern angenommen, welche die Abschaffung der Grenzkontrollen ermöglicht hätte. Es ging jedoch um Steuereinnahmen in gewaltiger Höhe, auf die einige Finanzminister kurzfristig nicht verzichten wollten. Wir mußten uns deshalb etwas anderes einfallen lassen.

Ich schlug die Einführung europäischer Münzen vor, in zwei Werten, in einer neuen Münzeinheit Eurofranc, zunächst Münzen von 1 und 5 Eurofranc, was bei den damaligen Paritäten 0,80 und 4,00 DM in deutscher Währung bedeutet hätte.

Wenn es vorerst keine europäische Währungsunion geben konnte, so sollte man, meinte ich, für einen Zwischenzustand mit einer Münzunion beginnen. Dafür gab es bewährte Vorbilder: den deutsch-österreichischen Münzverein von 1857, die skandinavische Münzunion von 1872, die bis 1918 bestanden hat, und die lateinische Münzunion von 1865, zu der Belgien, Frankreich, Italien, Rumänien, die Schweiz, Griechenland, die Türkei und Montenegro gehörten. Sie bestand formell bis 1925, tatsächlich jedoch nur bis 1914, das heißt bis zum Ausbruch des 1. Weltkrieges.
In einer solchen Münzunion verpflichteten sich die Mitgliedsstaaten, Münzen der anderen zu einem festen Wechselkurs in eigene umzutauschen. Für Privatleute bestand kein Annahmezwang, jedoch ergab sich in der Praxis meist eine volle Austauschbarkeit der Münzen auch im privaten Bereich. Ich konnte darauf hinweisen, daß Münzunionen keineswegs Geldsysteme mit gleichwertigen Einheiten voraussetzen. In der erwähnten deutsch-österreichischen Münzunion galt der Vereinstaler, der gegen 1 $^{3}/_{4}$ süddeutsche Gulden und 1 $^{1}/_{3}$ österreichische Gulden eingetauscht wurde.
Die beiden Guldensorten, die neben dem Vereinstaler im Umlauf blieben, hatten also ein Verhältnis 21 : 16, d. h. von 1,3125. Mit vier Stellen hinter dem Komma hätten sich auch die Verhältnisse aller Währungen der Gemeinschaft mit befriedigender Genauigkeit ausdrücken lassen. Die Idee war, daß nach einiger Zeit jeder europäische Reisende einige Münzen dieser Art zu Hause vorrätig halten sollte, genug, um die Taxe am Ort der Ankunft damit zu bezahlen. Wenn die meisten Taxifahrer Europas eine Bezahlung in US-Dollar ohne jeden Anstand annahmen, würden sie gewiß auch den Wert an Europamünzen bald im Kopf haben.
Die Idee fand großen Beifall. Auch das Fernsehen interessierte sich dafür. Aber die Regierungen zeigten sich völlig ablehnend. Dabei hatte ich keineswegs die Absicht gehabt, auf dem Umwege über die europäischen Münzen nun eine Starrheit im Verhältnis der europäischen Wechselkurse zu erzwingen. Eine Währungsunion war vorerst nicht zu erreichen, und deshalb mußte die Möglichkeit von Abwertungen und Aufwertungen offenbleiben. Wenn nun ein einzelnes Land abwertete, hätte sich natürlich der Wert der europäischen Münzen dort erhöhen müssen. Aber das konnten keine überwältigenden Beträge sein. Wer spekulieren wollte, hatte es einfacher, wenn er andere europäische Banknoten erwarb, die sich weit leichter aufbewahren ließen als ein Sack mit europäischen Münzen. Und man hätte sogar in Härtefällen die Last der Einlösung europäischer Münzen teilweise auf die Gesamtheit übernehmen können. Die Beträge, die dabei entstehen konnten, waren bedeutungslos, wenn man sie mit den Folgen einer Währungsänderung in anderen Bereichen verglich, insbesondere im Agrarsektor. Aber die Regierungen blieben eisern. Sie wollten ihre volle Souveränität in Währungsfragen auch nicht durch die Existenz von europäischen Münzen beeinträchtigen lassen.

Steuerpolitik

Soweit mir die europäische Politik Zeit für politische Mitarbeit in Bonn ließ, hatte ich meinen Ankerplatz dort im Finanzausschuß.
Der Vorsitzende Dr. Otto Schmidt (Wuppertal), früherer Oberbürgermeister meiner Heimatstadt, dann Wiederaufbauminister des Landes Nordrhein-Westfalen, seit 1957 im Bundestag und dort nicht nur Vorsitzender des Finanzausschusses, sondern auch des sehr wichtigen Vermittlungsausschusses, der die Meinungsdifferenzen zwischen Bundestag und Bundesrat überbrückte; endlich Vorsitzender der Interparlamentarischen Arbeitsgemeinschaft, von der noch die Rede sein wird. Er war eine der prominentesten Figuren des Bundestages, wegen seiner Fachkunde, aber auch wegen seiner Redlichkeit hoch geschätzt. Am deutlichsten zeigte sich das im Vermittlungsausschuß, wo er immer wieder Kompromisse zustandebrachte.
Aber auch im Finanzausschuß war er nicht nur ein vorzüglicher Leiter der Aussprachen, seine umfassende Sachkunde auf dem Gebiet der Steuergesetzgebung sorgte auch dafür, daß alle Gesichtspunkte zur Sprache kamen.
Was die Kenntnisse anlangte, so war seine Stellvertreterin, Liselotte Funcke, ihm ebenbürtig. Sie brachte dazu noch Anschauungen aus eigener Praxis, der Bearbeitung der Steuerangelegenheiten eines mittleren Unternehmens, mit.
Im Finanzausschuß saß damals auch Dr. h. c. Robert Pferdmenges, der Kölner Bankier, mit Konrad Adenauer eng befreundet. Er hielt sich bescheiden zurück, machte nur von Zeit zu Zeit eine treffende Bemerkung.
Die nüchterne Rede, die er 1961 als Alterspräsident des Bundestages gehalten hatte, bei Beginn der Legislaturperiode, hatte auf mich großen Eindruck gemacht. Er starb schon im September 1962.
Dr. Dr. h. c. August Dresbach erhob im Ausschuß wie im Plenum die Stimme des gesunden Menschenverstandes mit schlagenden, sehr einprägsamen Formulierungen. Die CSU war von den Kollegen Dr. Anton Besold und Dr. Werner Dollinger vertreten. Dr. Hans Toussaint, früher Oberbürgermeister in Essen, brachte Anschauungen aus der wirtschaftlichen Lage des Ruhrgebietes in die Debatten.
Steueramtmann Hans Meis, lange Zeit Großbetriebsprüfer bei der Oberfinanzdirektion Münster, lieferte immer wieder Informationen aus der Sicht der Betriebsprüfung.
Die SPD hatte Dr. h. c. Dr.-Ing. E. h. Alex Möller in den Ausschuß entsandt, Generaldirektor eines großen Versicherungsunternehmens. Der Kollege Walter Seuffert, später Vizepräsident des Bundesverfassungsgerichts, erwies sich als subtiler, hochgebildeter Jurist. Frau Lucie Beyer (Frankfurt) drang auf klare und praktische Lösungen. Dr. Gerhard Koch war vorher Oberregierungsrat bei einem Finanzamt gewesen.
Die F.D.P. hatte außer Frau Funcke noch Dr. Wolfgang Imle und den Freiherrn von Kühlmann-Stumm. Insgesamt 27 Mitglieder im Ausschuß. Die

fachlich hoch versierten Abgeordneten konstruierten aus ihrer reichen Erfahrung immer wieder, ohne Vorbereitung, komplizierte Fälle und legten dar, welche Folgerungen diese oder jene Bestimmung für solche Fälle haben würde, mit der Frage, ob man diese Folgen wirklich wolle. Spezialisten der Ministerien gerieten nicht selten in Verlegenheit.

Die Abwicklung der Geschäfte lag in der Hand der tüchtigen Sekretärin des Ausschusses, Frau Dr. Erna Wetzel, später Frau Hoepfner-Wetzel, damals Regierungsdirektorin. Sie wurde später als Ministerialrätin Fachbereichsleiterin in der Verwaltung des Deutschen Bundestages.

Für mich war die Tätigkeit in diesem Ausschuß sehr anregend, weil sie mich wieder zur Arbeit des Gesetzemachens zurückführte, eine Arbeit, die mich beim Reichskommissar für die Preisbildung sieben Jahre lang beschäftigt hatte. Aus dieser Zeit wußte ich, daß man nicht mit Ideen weiterkommen kann, sondern nur durch Formulierungen. Ich hatte deshalb, wenn ich Änderungen vorschlug, regelmäßig auch Formulierungen zur Hand, die ich sofort verteilen konnte.

Der erste Vorschlag, mit dem ich im Bereich der Steuerpolitik in die Presse kam, betraf die Einführung einer Bausteuer. Im Jahre 1962 hatte sich die Bautätigkeit sprunghaft gesteigert. Die stürmische Nachfrage überstieg die Kapazität der Bauwirtschaft. Sie trieb Preise und Löhne in die Höhe. Ministerien und auch Abgeordnete stellten Überlegungen darüber an, wie man den Bauboom dämpfen könnte.

Von den vielen Bauplänen kamen zahlreiche aus dem Bereich der Städte und Gemeinden, und man dachte darüber nach, wie man hier bremsend intervenieren könnte. Dazu schrieb ich am 19. Dezember 1962 einen Text „Baudämpfung durch Bausteuer". Neubauten sollten befristet mit einer Bausteuer von 15 % belegt werden, soweit sie nicht unter eine der zahlreichen Ausnahmen fielen, die ich in meinem durchformulierten Entwurf vorgesehen hatte: sozialer Wohnungsbau und privater Wohnungsbau, der sich unterhalb bestimmter Grenzen hielt, sollten steuerfrei bleiben, ebenso Kleinbauten aller Art. Aber die Gemeinden hätten für ihre vielfältig geplanten Repräsentativbauten eine Steuer an den Bund bezahlen müssen, wenn sie nicht zu einer Vertagung ihrer Baupläne bereit waren. Der Vorschlag fand breite Publizität, wurde aber vom Finanzministerium abgelehnt. Vielleicht hatte er allerdings eine indirekte Wirkung. Er zeigte, daß man Rechtsmittel zum Eingreifen schaffen könnte, wenn die Bauherren sich keinerlei Selbstbeschränkung auferlegten.

Im Februar 1967 arbeitete ich den Entwurf eines „Bundessubventionsgesetzes" aus. Ich fand es ärgerlich, daß ein Teil der Subventionen, im Bundeshaushalt in Milliardenhöhe vorgesehen, an Empfänger ging, die sie offensichtlich gar nicht brauchten. Um dem entgegenzuwirken, schlug ich vor, jeder, der eine staatliche Vergünstigung in Anspruch nehme, solle erklären, daß er diese Vergünstigung wirklich brauche. Der Entwurf sah folgenden Wortlaut der Selbsterklärung vor:

„Ich nehme nachstehend bezeichnete Vergünstigungen zu Lasten öffentlicher Mittel in Anspruch, weil ich nach meiner Auffassung und nach Berücksichtigung meiner Einkommens- und Vermögenslage und meiner Verpflichtungen ohne diese Vergünstigung nicht in der Lage bin, die Leistungen zu erbringen, die durch die Vergünstigungen gefördert werden sollen, oder die Belastungen zu tragen, die durch die Vergünstigungen ausgeglichen werden sollen."

Erklärungen dieser Art sollten in einem Register offengelegt werden. Der Antrag fand auch die Unterstützung von Otto Schmidt (Wuppertal). Er wurde nicht formell als Gesetzesantrag eingebracht, führte aber zu einer Diskussion über Subventionen, die nach und nach in einigen Fällen abgebaut wurden.

Umsatzausgleichsteuer und Mehrwertsteuer

Seit 1953 lebte die deutsche Stahlindustrie im Raume der Montanunion, in der es keine Binnenzölle mehr gab. Aber die Steuersysteme waren unverändert verschieden. Die Bundesrepublik finanzierte sich weitgehend aus den direkten Steuern, den Einkommens- und Lohnsteuern, während die Nachbarländer, insbesondere Frankreich, bei niedrigeren direkten Steuern wesentlich höhere indirekte Steuern erhoben, insbesondere Umsatzsteuern.

Die Umsatzsteuer auf Stahl betrug in der Bundesrepublik damals 4 %, in Frankreich 18 %. Diese Zahlen waren allerdings nicht miteinander vergleichbar. Die Franzosen durften nämlich von der Umsatzsteuer, die sie zu zahlen hatten, die Umsatzsteuer abziehen, die in den Vorstufen bereits angefallen war. Bei ihnen gab es also den sogenannten Vorsteuerabzug, den wir später in unsere Mehrwertsteuer übernommen haben.

Der unterschiedliche Steuersatz von 4 bzw. 18 % schlug jedoch damals bei der Ausfuhr voll durch. Das französische Stahlwerk erhielt vom Staat 18 % des erlösten Preises erstattet, das deutsche Stahlwerk nur 4 %. Wirtschaftlich wirkte das wie eine zusätzliche Ausfuhrsubvention für die französischen Stahlproduzenten.

Daß dieser Unterschied im Steuersystem einen schweren Nachteil für die deutsche Stahlindustrie bedeutete, war unbestritten. Wirtschaftsminister Erhard wehrte sich aber entschieden gegen eine Korrektur. Er war damals handelspolitisch an einer Förderung der Einfuhr interessiert und fürchtete im übrigen auch, nicht zu Unrecht, daß eine solche Aktion für die Stahlindustrie, ungeachtet der besonderen Lage im Rechtsbereich der Montanunion, zu entsprechenden Forderungen auch anderer Industriezweige führen würde (obwohl sie, anders als die Stahlindustrie, vorerst noch Zollschutz genossen).

Die Lage war mir aus meiner Berufstätigkeit in der Stahlindustrie genau bekannt, und so machte ich mich daran, einen Gesetzentwurf zu formulieren.

Der Referent des Wirtschaftsministeriums, ein guter alter Bekannter, trat mir bei dem ersten Gespräch entschieden entgegen. Er meinte, es sei bedenklich, wenn ein Abgeordneter sich für Spezialinteressen seines eigenen Berufes einsetzte. Ich mußte ihm erwidern, daß fast alle Gesetzentwürfe wirtschaftlichen Interessen dienten. Die Vorstellung, man könne den Landwirten verbieten, Anträge im Interesse der Landwirtschaft zu stellen, den Abgeordneten aus dem Bereich der Kriegsopfer zu untersagen, sich um deren Interessen zu bemühen, sei doch offenbar unrealistisch. Es schiene mir legitim, wenn Abgeordnete die Kenntnis aus ihrem eigenen Bereich auch bei ihrer Arbeit im Bundestag verwerteten; es könne sich doch nur darum handeln, ob es gelingen werde, die Mehrheit des Bundestages davon zu überzeugen. Er meinte, ich müßte mit heftigen Widerstand des Bundeswirtschaftsministeriums rechnen.

Besprechungen mit Kollegen, insbesondere den Sprechern der CDU/CSU im Wirtschafts- und im Finanzausschuß des Bundestages, den Vorsitzenden der zuständigen Arbeitskreise, ergaben, daß die Fraktion vorerst hinter der ablehnenden Haltung des Bundeswirtschaftsministers Ludwig Erhard stand. Ich führte dann zahlreiche Gespräche immer mit der Fragestellung, ob eine so offensichtliche Benachteiligung der deutschen Stahlindustrie auf die Dauer zumutbar sei; ob der Bundestag es verantworten wolle, den Ausbau dieser Industrie, an dem wir doch alle vital interessiert wären, durch eine Sonderlast zu erschweren. Diese Argumentation hatte offenbar Wirkungen. Es erwies sich aber als notwendig, außer der Stahlindustrie noch einige andere Industriezweige in diesen Gesetzentwurf aufzunehmen. Die Auswahl dieser Industrien stieß wiederum auf große Schwierigkeiten, weil naturgemäß fast alle deutschen Industriezweige beteiligt werden wollten, was praktisch die spätere Mehrwertsteuer vorweggenommen hätte. Das wollte die Regierung jedoch vorerst vermeiden. In sehr schwierigen Verhandlungen gelang es, einen Kompromiß auszuhandeln.

Am 28. November 1962 kam es dann zu einem Antrag des Abgeordneten Franz Etzel, einiger Abgeordneter und der Fraktionen der CDU/CSU und der F.D.P., Drucksache IV/661 (neu), aus dem dann am 16. Mai 1963 ein neues Bundesgesetz wurde.

Diese Aktion hatte weitgehende Folgen. Sie erwies sich als Motor, der dem Gedanken des Übergangs zur Mehrwertsteuer zum Durchbruch verhalf. Das erwähnte, in Frankreich seit langem praktizierte System, war offenbar gerechter als das deutsche, weil die Steuerlast unverändert die gleiche war, auf wieviel Vorstufen auch immer die Produktion sich verteilte. In Deutschland zahlte nach dem alten System ein Stahlkonzern, der in einer seiner Tochtergesellschaften Fahrräder herstellte, dafür nur ein einziges Mal Umsatzsteuer, 4 % für das Endprodukt; wenn sich jedoch die Herstellung auf mehrere Stufen verteilte, ergaben sich für diesen Weg über mehrere spezialisierte Kleinunternehmen viel höhere Steuerlasten, was dem marktwirtschaftlichen Konzept, der Förderung der selbständigen Mittelindustrie, kraß widersprach. Trotzdem stieß die Mehrwertsteuer zunächst allgemein auf Widerstand, einfach deshalb, weil sie zu einer Erhöhung in der Endstufe führte. Im ersten Anlauf damals von 4 % auf 10 %. Diese 10 % mußte der Letztverkäufer, der Handwerksmeister etwa, voll abführen. Das empfand er als eine unerträgliche Erhöhung seiner Steuerlast. Wenn dieser Endpreis in der Hauptsache auf Arbeit des Endfertigers beruhte und nur geringe Beträge für eingekauftes Vormaterial enthielt, war in der Tat eine beträchtliche Erhöhung der Steuerlast gerade dieses Betriebes nicht zu bestreiten. Aber sie war bei allen Lieferungen des Handwerksmeisters an einen Verbraucher, der seinerseits Umsatzsteuer zu leisten hatte, bedeutungslos. Dieser konnte ja die Umsatzsteuer der Vorstufe von seiner eigenen Steuer abziehen. Es blieb jedoch die Steuererhöhung zu Lasten von Privatkunden. Dieser Mechanismus war für den einzelnen Handwerker schwer zu durchschauen, und so bildete sich anfänglich eine breite Front der Handwerker und des Einzelhandels gegen diese Steuerreform.

Nun kannte ich aus meiner europäischen Arbeit die französischen Verhältnisse genau, und ich machte im Finanzausschuß, wo ich an dieser Frage intensiv mitarbeitete, immer wieder geltend, so unvernünftig könne das System doch nicht sein, weil ich niemals von einer Kritik der französischen Einzelhändler, des französischen Handwerkers gehört hätte. Sie hätten sich seit langem an dieses System gewöhnt. Diese Aussage stieß auf Zweifel. Auf meinen Vorschlag reiste daraufhin der Finanzausschuß des Bundestages nach Paris, wo ich durch französische Freunde ein Programm organisiert hatte. Die Franzosen nahmen uns mit bewährter Gastfreundschaft auf. Am nächsten Tag begannen dann die Besprechungen mit den französischen Handwerkern. Die deutschen Kollegen breiteten ihre Befürchtungen aus, erhielten aber zu ihrer Überraschung die Antwort, die französischen Handwerker hätten vor Jahrzehnten die Reform mit den gleichen Argumenten bekämpft, sich aber inzwischen davon überzeugt, daß sie unberechtigt wären.

In den Diskussionen fand sich keine einzige französische Stimme, die den Deutschen von der Einführung einer Mehrwertsteuer abgeraten hätte. Das machte naturgemäß tiefen Eindruck. Es gab aber zahlreiche Einzelprobleme. Zum Schluß kam es dann zu einer Einigung der Fachleute des Bundestages, welche die Möglichkeit vorsah, Kleinbetrieben wahlweise die Möglichkeit zu eröffnen, sich für ein System zu entscheiden, das einen niedrigeren Steuersatz vorsah, aber dafür eine Anrechnung von Vorsteuerbelastungen ausschloß.

Wie früher in Frankreich, so erwiesen sich auch in Deutschland die Befürchtungen der Klein- und Mittelbetriebe als unbegründet. Niemand hat später jemals einen Antrag gestellt, das alte System wiederherzustellen.

Die Mehrwertsteuer wurde nach und nach dann nicht nur in Deutschland, sondern auch in allen übrigen Ländern der EWG als europäisches System eingeführt.

Deutschlandpolitik

Mein Interesse an der Deutschlandpolitik ergab sich aus meiner Arbeit in unserer Stahlindustrie, die schon in den fünfziger Jahren große Stahlmengen in die DDR lieferte, in einem eingespielten Verfahren. Bestellungen und Lieferungen, Zahlungsvorgänge und Reklamationen wurden ständig von einer Berliner Außenstelle der Düsseldorfer Wirtschaftsvereinigung Eisen- und Stahlindustrie betreut, die täglich mit den Ostberliner Stellen zusammenarbeitete, reibungslos.
Da die DDR Schwierigkeiten hatte, das Westgeld für einen Barkauf von Stahl aus der Bundesrepublik zusammenzubringen, wurden komplizierte Tauschgeschäfte abgeschlossen. Das größte dieser Art war ein Tauschgeschäft westdeutscher Stahl gegen mitteldeutschen Zucker, das Willy Schlieker zustandegebracht hatte. Die Nachricht von diesem Geschäft stieß zunächst auf ungläubiges Staunen. Aber auch dieses Geschäft wurde glatt abgewickelt, zur vollen Zufriedenheit aller Partner.
Bei den Verhandlungen nutzten die Stahleinkäufer der DDR ihre Monopolstellung als Großkäufer rücksichtslos aus, sowohl hinsichtlich der Preise als auch hinsichtlich der Zahlungsfrist. Gelegentlich gab es Verzögerungen in der Lieferung, gelegentlich gab es auch Reklamationen, aber alle diese Fragen wurden routinemäßig erledigt, ohne daß sich daraus sachliche oder persönliche Spannungen ergeben hätten, nicht anders als bei der routinemäßigen Erledigung von Differenzen im Verkehr mit Abnehmern in den Vereinigten Staaten.
Alle diese Stahlgeschäfte waren eingebettet in ein umfassendes Handels-, Zahlungs- und Transportsystem, das von der Bundesrepublik aus durch eine in Berlin residierende „Treuhandstelle" betreut wurde, in Zusammenarbeit mit einer entsprechenden Stelle in Ostberlin. Die beiden Stellen trafen sich abwechselnd im Westen und im Osten Berlins, wiederum reibungslos. Für dieses System gab es Richtlinien, die immer wieder ergänzt und den neuesten Bedürfnissen angepaßt wurden. Als ich mich intensiv mit diesem System beschäftigte, waren die Richtlinien mehr als 200 mal novelliert worden, und dieser Prozeß der Anpassung lief ständig weiter, zuweilen etwas mühsam, aber am Ende stets erfolgreich. So wurden Geschäfte in Milliardenhöhe abgewickelt.
Die vielen Änderungen hatten die Richtlinien sehr unübersichtlich werden lassen. Angeblich gab es damals in Bonn nur einen einzigen Beamten, der dieses System noch in seiner Gesamtheit überblickte, und dieser befand sich bereits im Ruhestand. Er mußte immer wieder konsultiert werden. Ich

schlug nun vor, die Richtlinien als Ganzes neu zu fassen,übersichtlich gegliedert, einfacher formuliert, erhielt jedoch zur Antwort, das sei unmöglich. Warum? Wir hätten die DDR niemals anerkannt und könnten sie auch nicht anerkennen; sie sei juristisch für uns nicht existent. Wir könnten deshalb mit ihr keine Verhandlungen führen, wie sie für eine umfassende Neuredaktion notwendig seien. Man könne höchstens über Notlösungen verhandeln, durch kleine Anpassungen von Fall zu Fall. Das System der Novellierungen sei das äußerste, was eben noch politisch verantwortet werden könne.

Diese Argumentation schien mir abwegig. Wenn man überhaupt mit einem Partner verhandelt, in der Erwartung, daß die Absprachen erfüllt werden, kann man ihn nicht gleichzeitig als Unperson behandeln. Jedes Unternehmen wird durch eine Unterschrift des jüngsten Handlungsbevollmächtigten ebenso verpflichtet wie durch die Unterschrift des Generaldirektors. Wenn Verhandlungen Anerkennung bedeuteten, so war die DDR durch die Verhandlungen, welche die Bundesrepublik mittels ihrer Treuhandstelle führte, juristisch ebenso wirksam anerkannt, wie das durch eine Verhandlung des Bundeswirtschaftsministers hätte geschehen können. Und ich erinnerte mich auch an Vorlesungen über Völkerrecht: seit Jahrhunderten geht die internationale Praxis dahin, diejenigen Regierungen anzuerkennen, die in ihrem Lande tatsächlich die Herrschaft ausüben, ohne Rücksicht darauf, ob sie rechtmäßig zur Herrschaft gelangt sind oder nicht.

Wenn man die echte demokratische Zustimmung zu einem irgendwo herrschenden Regime zur Grundlage unserer auswärtigen Beziehungen hätte machen wollen, wäre die Zahl der Länder, mit denen wir überhaupt noch diplomatische Beziehungen hätten unterhalten können, sehr klein geworden. Auch hinsichtlich der Zustände in Rußland gab es ja berechtigte Zweifel, ob sie sich gegen freie Wahlen würden halten können. Das hatte aber den Bundeskanzler Adenauer nicht daran gehindert, mit Rußland einen normalen völkerrechtlichen Vertrag zu schließen und diplomatische Beziehungen zu vereinbaren.

Und was die Wiedervereinigung anging: Die Vorstellung, man könne sie fördern, indem man die herrschende Schicht der DDR als Knechte eines russischen Militärregimes abwertete und diffamierte, schien mir absurd. Wer unsere amtlichen Verlautbarungen las, mußte sich an die Entnazifizierung erinnern und vermuten, daß jeder, der irgendwie für das dort herrschende Regime gearbeitet hatte, im Augenblick eines Umsturzes Stellung und Brot verlieren, ja vielleicht wegen seines Verhaltens auch strafrechtlich zur Verantwortung gezogen werden würde. Wir hatten ja oft genug von den Morden an der Grenze gesprochen. Das heißt: unsere Politik mußte gerade diejenigen erschrecken, die allein den Freiheitsraum allmählich ausweiten konnten.

Hinzu kam aber noch etwas anderes: das Gefälle in der Lebenshaltung, das sich zwischen der DDR und der Bundesrepublik ergeben hatte, mit seiner riesigen Sogwirkung, welche besonders die aktive Jugend aus der DDR

herüberzog, mußte die mittlere Zusammensetzung der Bevölkerung dort verändern. So verließen gerade diejenigen die DDR, die auf lange Sicht durch Kraft und Intelligenz sich vielleicht (wenn überhaupt) einen gewissen Einfluß hätten erkämpfen können, mit dem Ziel eines allmählichen Aufweichens. In der Weltgeschichte gibt es ja niemals endgültige Konstellationen. Warum sollte es auf die Dauer nicht auch im Osten zu einer Aufweichung kommen? Aber sie war umso weniger zu erwarten, je mehr aktive junge Bevölkerung von drüben zu uns herüber kam.
Nun wußte ich, daß sich die Bundesregierung im Bereich der Deutschland-Politik keineswegs untätig verhielt. Die endlose Kette von Novellen, die den innerdeutschen Warenverkehr unter immer neue Vorschriften stellte, wurde schon erwähnt. Ich wußte auch von den komplizierten Verhandlungen über Passierscheine, von heimlichen Geschäften über den Freikauf von Gefangenen. Aber ich meinte, das Gesamtproblem sei viel zu wichtig, als daß man es mit Verwaltungsmaßnahmen auf einer möglichst untergeordneten Ebene bewältigen könnte.

Reisen in die DDR

Bevor ich in diesem Bereich politisch aktiv wurde, wollte ich die Zustände drüben aus eigener Anschauung kennenlernen. Das schien nicht ganz einfach. Um in die DDR zu reisen, brauchte man eine Ostberliner Genehmigung, und diese Genehmigung mußte man normalerweise schriftlich beantragen. Aber schon das Ausfüllen eines solchen Antrages durch jemanden, der nicht zwingende, sachliche Gründe geltend machen konnte, wurde hierzulande als eine Anerkennung des mitteldeutschen Regimes gewertet, die man keinesfalls zulassen wollte. Der Ablauf ging jedoch weit einfacher vor sich, als ich es befürchtetet hatte.
Ich hatte die Berliner Außenstelle unserer Stahlindustrie gebeten, bei den Ostberliner Behörden vorzufühlen und offen zu sagen, daß ich die Absicht hätte, mich in der DDR umzusehen, veranlaßt durch meine Arbeit im Bundestag. Mir lag daran, jede Tarnung zu vermeiden. Ich wußte auch, daß man drüben genau über mich unterrichtet war. Eine bebilderte Reihe über Vertreter des Großkapitals im Bundestag hatte auch mir einen Aufsatz gewidmet. Er zeigte das Haus, das ich in Düsseldorf-Lohausen bewohnte, und den Wagen, den ich benutzte. Er berichtete auch präzise mit Nummern und Daten über meine Beziehungen zum Nationalsozialismus.
Unsere Geschäftsstelle in Ostberlin hatte sich mündlich erkundigt. Sie erhielt den Bescheid, ich würde, wenn ich es wünschte, alle notwendigen Papiere erhalten, auch für meine Frau und meinen Fahrer, zu dem von mir zu bestimmenden Datum. Die notwendigen Angaben über Personalien und Autonummern wurden mündlich durchgegeben, und so sah ich mich bald im Besitze einer förmlichen Genehmigung für eine Reise in die DDR, vom 18. bis zum 21. November 1965.

In Weimar empfing mich ein jüngerer Mitarbeiter eines Ostberliner Ministeriums: Er habe den Auftrag, dafür zu sorgen, daß ich in der DDR gut behandelt würde. Offenbar war er mit der Anweisung versehen worden, mich möglichst nicht allein zu lassen.

Mit dieser meiner ersten Reise in die DDR verband ich keine besonderen Absichten. Ich wollte nur sehen, wie es drüben aussieht. Ein Film, den wir am ersten Nachmittag sahen, enthielt eine ziemlich frivole Bettszene, wohl eine Konzession an Einflüsse aus dem Westen. Aber sonst ging alles gesittet zu. In den Museen wurden wir von den älteren Damen, die dort die Wache hielten, freundlich behandelt, und die Reise brachte uns auch mit den positiven Aspekten einer sozialistischen Welt in Berührung, der Betreuung, die dort jeder Bürger erfuhr. Im Theater unterhielt ich mich mit Nachbarn. Sie antworteten dem Besucher aus Düsseldorf unbefangen und freundlich. Ich sprach mit Mitgliedern von Altenclubs, die über eine weitere Entfernung zu dieser Theatervorstellung transportiert worden waren. Wenn man sich im einzelnen erkundigte, hatte man den Eindruck, daß die Blockwarte und Zellenwarte aus der nationalsozialistischen Zeit in anderen Formen unverändert existierten, als Hausobleute. Obleute mit einer doppelten Funktion: auf der einen Seite mußten sie offenbar über die politische Zuverlässigkeit ihrer Schutzbefohlenen berichten, auch dafür sorgen, daß niemand ohne Erlaubnis in fremden Wohnungen übernachtete. Aber wenn jemand ein Bein brach, so erschien der Hausobmann und sorgte für einen Krankenwagen. Daß jemand tagelang tot in seinem Bett läge, ohne daß ein Nachbar davon Notiz nähme, ein bei uns nicht ganz seltener Vorgang, das schien mir in der DDR kaum vorzukommen.

Was die Leute drüben in ihrem Inneren fühlen und wünschen mochten, war schwer herauszufinden. Es war ja auch kaum zu erwarten, daß sie sich einem Fremden aus der Bundesrepublik sofort öffnen würden. Von guten alten Freunden wußte ich von dem Druck, unter dem die Kirchen damals litten, von den Schikanen, denen Kinder kirchlich gesonnener Eltern ausgesetzt waren. Vermutlich wünschten sich viele Mitglieder der jüngeren Generation der DDR eine Chance, an dem Wohlstand der Bundesrepublik teilzunehmen. Aber die mittlere und ältere Generation war eher resigniert. Die alten Leute, die man als Aufsichtspersonen für Museen eingeteilt hatte, wirkten wie der Typ der verschämten Armen, die in den Romanen der Jahrhundertwende häufig vorkamen. Aber irgendwie waren sie offenbar versorgt und eingeordnet. Im Jahre 1976 habe ich mich einmal in Prag längere Zeit mit einem Taxifahrer unterhalten, der 5 Jahre in München gelebt hatte, aber dann in seine Heimat zurückgekehrt war. Er berichtete plastisch von den Schwierigkeiten, mit denen ein Mieter der staatseigenen Wohnungen zu kämpfen hat. Es dauere Wochen, bis jemand käme, um einen defekten Wasserhahn zu reparieren. Aber auf meine Frage, warum er dann von München nach Prag zurückgekehrt sei, sagte er, er wünsche sich natürlich den Wohlstand der Bundesrepublik, aber zugleich doch auch das Umsorgtsein, das er

in seiner Heimat finde. Er würde zwar nicht gut versorgt, aber er falle doch auch niemals ins Leere. Nun fällt auch in der Bundesrepublik niemand ins Leere, aber es ist uns offenbar nicht genug gelungen, ein Gefühl von Geborgensein zu vermitteln. Ich hatte den Eindruck, daß Stimmungen, auf die ich in der DDR traf, in manchen Fällen einigermaßen den Stimmungen des Prager Taxifahrers entsprachen.
Und daß die Übersiedlung in die Bundesrepublik nicht in allen Fällen die Erwartungen erfüllt, hat sich häufig gezeigt. Ich erhielt damals einen rührenden Brief einer alten Frau, die aus der DDR zu ihrer Tochter nach Bonn gezogen war. Sie klagte darüber, daß es in Bonn nicht einmal ein Konzert-Café gebe. Ich hatte solche Konzert-Cafés drüben erlebt, in der eine anspruchslose Musik im alten Stil geboten wurde, eine Möglichkeit, in bescheidener Umgebung die Zeit einigermaßen angenehm zu verbringen.
Die Bundesrepublik bietet so etwas nicht. Gewiß sollten wir registrieren, daß offenbar keine Nachfrage besteht, aber auch das gehört zu der Vereinzelung, die hierzulande stärker wirkt als in den östlichen Nachbarländern.
Ich hatte von mir aus keine Publizität entfachen wollen, aber meine Reise war überraschend weit bekannt geworden. Meine Frau wurde am Telefon ausgefragt. Ich wurde dringend um ein Bild gebeten, das mich vor einer Sehenswürdigkeit der DDR zeigte, und man war sehr enttäuscht zu hören, daß ich keine solchen Bilder hätte machen lassen.
Auch die Fraktion hatte von diesem Vorgang gehört, und man hielt es für notwendig, mich förmlich vor den Vorstand der Fraktion zu zitieren, dem ich nicht angehörte. Die Stimmung war sichtlich kritisch. Bundeskanzler Erhard machte mir schwere Vorhaltungen: wie ich es mit meinem Gewissen habe verantworten können, die DDR anzuerkennen? Ich bestritt, das getan zu haben. „Aber wissen Sie denn nicht, daß die bloße Unterschrift unter einen Reiseantrag juristisch bereits eine Anerkennung der DDR darstellt?" Ich berichtete wahrheitsgemäß, ich hätte überhaupt nichts unterschrieben, benutzte aber die Gelegenheit, meine Zweifel an der Fiktion einer Nichtexistenz der DDR auszudrücken, einer DDR, mit der wir Geschäfte in riesigen Dimensionen machten, unter voller Billigung der Bundesregierung. Ich warb darum, die Lage, wie sie sich entwickelt hatte, gewiß eine unerfreuliche Lage, nun leidenschaftslos zu überdenken. Aber das wollte niemand hören.
Sollte ich damals die öffentliche Meinung gegen meine eigene Fraktion mobilisieren? Ich hielt das für falsch. Mir mußte daran liegen, die Fraktion zu gewinnen. Das hätte ich mir erschwert, wenn ich offen gegen sie aufgetreten wäre. So habe ich diese erste Reise und die folgenden, soweit es sich um Verlauf und Bedeutung der Reise handelte, stets heruntergespielt. Ich habe aber meine Meinung zur Deutschlandpolitik in Aufsätzen und Rundfunkreden veröffentlicht, jedoch so wenig polemisch wie möglich.
Die Regierung der DDR hatte meinen ersten Besuch drüben offenbar versuchsweise wohlwollend behandelt, ohne sich irgendwie festzulegen. Bei

meinem zweiten Besuch, der mich vom 26. Oktober bis 30. Oktober 1966 nach Dresden und Eisenhüttenstadt führte, war es anders. Als ich angekommen war, wurde mir durch einen Mittelsmann mitgeteilt, man sei bereit, mir die Möglichkeit eines Gesprächs auf hoher Ebene zu geben: mit einem Minister oder auch mit dem Präsidenten der Volkskammer (einem Mann der DDR–CDU). Dabei wurde mir völlige Vertraulichkeit zugesichert. Mir lag jedoch daran, alles zu vermeiden, was bei Bekanntwerden meine Fraktion mißtrauisch und ablehnend stimmen könnte. Deshalb wählte ich einen DDR-Minister, mit dem unsere Stahlindustrie seit langem fachliche Kontakte unterhielt, an die ich unauffällig anknüpfen konnte. Ich erhielt sofort einen Termin. Die Besprechung vollzog sich in größter Offenheit und Nüchternheit. Man war sich darüber klar, daß das politische Problem der Anerkennung ausgeklammert bleiben müßte. Aber offenbar gab es doch ständige fruchtbare Beziehungen im Bereich des Warenverkehrs, des Zahlungsverkehrs und des Transportwesens mit eingefahrenen, auch schriftlich fixierten Regelungen, bei denen eine vereinfachende Neufassung im beiderseitigen Interesse liegen mußte. Der Minister machte Vorschläge: entweder ein neues Handels-, Zahlungs- und Verkehrsabkommen, zu unterzeichnen von den Regierungschefs beider Staaten, oder aber drei getrennte Abkommen, je eines für jeden Fachbereich, zu unterzeichnen von den drei Fachministern; alle Unterschriften mit den rechtlichen Vorbehalten, die sich aus der Verschiedenheit der Meinungen in der Frage der Anerkennung ergäben.

Ich gab diese Information in Bonn an Bundeskanzler Kiesinger weiter, wiederum mit dem Bemerken, daß ich als Jurist keinen Unterschied zwischen der Erklärung der Leiter von Treuhandstellen und Fachkommissionen gegenüber der Erklärung eines Ministers sehen könne; daß wir unsere These, die Regierung der DDR sei nicht existent, kaum noch lange durchzuhalten vermöchten. Aber man konnte sich in Bonn nicht zu einer schrittweisen Lockerung der starren Haltung entschließen. Dabei ist jedoch anzumerken, daß auch die SPD die verständlichen Gefühle der Vertriebenen so lange und so weitgehend wie irgend möglich zu schonen versuchte. Auch sie hatte ja viele Wähler aus diesem Bereich.

Ich hatte gehofft, daß sich die Deutschlandpolitik im Jahre 1967 würde in Bewegung setzen lassen. Es wäre sicher besser gewesen, wenn diese Problematik noch von der Großen Koalition mit einer breiten Mehrheit gelöst worden wäre. Aber in der Wahlnacht 1969 war ein solcher Plan angesichts des Wahlergebnisses und der Stimmung, die es hervorgerufen hatte, unrealistisch geworden.

Der Berliner Rundfunk gab mir einmal Gelegenheit, eine volle Stunde mit zweien seiner Mitarbeiter zu diskutieren. Ich mußte mich, um den Widerstand in meiner Fraktion nicht noch größer werden zu lassen, ziemlich vorsichtig ausdrücken, stellte aber meine ganze Argumentation darauf ab, man müsse die Überlegungen zu jeder möglichen Lösung auf eine möglichst einfache

Weise aufschreiben, nämlich auf einem Blatt mit einem Längsstrich und je einer Spalte Vorteile und Nachteile. Und die Argumente dieser Liste müsse man dann einfach unter dem Aspekt Aufwand und Ertrag, unter Ausschaltung von Emotionen bewerten.
Die Diskussion fand in einem Privathaus in Berlin-Grunewald statt. Und der Hausherr hatte dazu fünf oder sechs Freunde eingeladen, die ich nicht kannte. Ein solcher Zuhörerkreis belebt die Diskussion, weil man beim Reden Reaktionen auf Gesichtern sieht, die man in seine Ausführungen einarbeiten kann. Unter den Gästen befand sich auch Günter Grass, den ich an diesem Abend kennenlernte. Er hörte mir sichtlich skeptisch, aber interessiert und nicht ablehnend zu. Nachher sagte er, mein Drängen auf eine nüchterne Betrachtungsweise, auf eine Behandlung in den Kategorien von Aufwand und Ertrag schien ihm das Wichtigste an meiner Initiative.

Die Dresdner Oper

Ich begnügte mich nicht damit, allgemein für eine Bereinigung des Verhältnisses zwischen der Bundesrepublik Deutschland und der DDR zu plädieren. Ich machte auch weitere konkrete Vorschläge. Die Bundesrepublik solle schon jetzt grundsätzlich beschließen, ihre Steuern am Tage der Wiedervereinigung um 5 % zu erhöhen, um damit sichtbar zu machen, daß wir zu Opfern bereit wären; daß wir uns verpflichtet fühlten, den Lebensstand drüben, der durch die hohen Entnahmen der Russen stark gedrückt war, rasch auf den unsrigen anzuheben.
Ich wies auf die Marshallplan-Kredite hin, die uns die Amerikaner so großzügig gewährt hatten, und schlug vor, einen Teil der Rückflüsse für die DDR zu reservieren, mit dem Angebot, drüben etwa Krankenhäuser zu bauen oder etwas für den Wiederaufbau der Kulturdenkmäler zu spenden.
Um das deutlich zu machen, formulierte ich einen Entschließungsentwurf[4] mit dem Ziel, 30 Millionen DM für den Wiederaufbau der Dresdner Oper aus Bundesmitteln zur Verfügung zu stellen. Unsere Spende, die wir der Metropolitan Opera in New York zur Verfügung gestellt hatten, lieferte einen Präzedenzfall. Im Handumdrehen sammelten sich für diesen Antrag 72 Unterschriften, auch von Kollegen, die ich gar nicht angesprochen hatte. Bei der Begründung wies ich darauf hin, der Dresdner Oberbürgermeister habe den Vorschlag bereits schroff abgelehnt, aber nicht sofort. Vier Wochen lang, nachdem der Antrag in der Presse der Bundesrepublik veröffentlicht war, wurden die Nachrichten drüben völlig unterdrückt. Offenbar hatte man sich Gedanken darüber gemacht, wie man antworten sollte.
Die Idee eines solchen Anerbietens hatte ich spontan in Dresden entwickelt, nach einer exzellenten Aufführung der „Zauberflöte", die ich in einem Be-

---
[4] Bundestagsdrucksache V/1239.

helfsbau gesehen hatte. Das prächtige alte Opernhaus, in dem so viele große deutsche Opern ihre Uraufführung gesehen hatten, lag noch in Trümmern. Ich entwickelte den Gedanken einer Wiederaufbauspende meinen Begleitern, die durchweg der SED angehörten, und fand, verständlich, bei den Männern höfliche Zurückhaltung, aber bei den Frauen begeisterte Zustimmung. Eine kluge Frau meinte dazu, ihre eigene Regierung werde von einer solchen Initiative nicht begeistert sein, aber darin vielleicht einen Anstoß sehen, selbst das Geld für den Wiederaufbau zur Verfügung zu stellen. Das schien mir ein überzeugendes Argument. Die Presse der DDR wies dagegen diese Idee empört zurück, als Einmischung in innere Angelegenheiten der DDR, nach der erwähnten Wartezeit von vier Wochen, allerdings in einer kuriosen Weise. Dem Antrag wurde besonders kritisch vorgehalten, daß er von so vielen adeligen Mitgliedern des Bundestages unterzeichnet worden sei. Diese Adelsnamen waren in der polemischen Stellungnahme sämtlich abgedruckt, mit wilden Schimpfworten bedacht: Gesocks, Sozialistenfresser, Monopolbosse. Niemals werde der deutsche Arbeiter- und Bauernstaat eine solche Zuwendung „wie der Hund auf den Hinterbeinen, Pfoten angewinkelt, Zunge heraus" apportieren. Aber ich blieb ungeschoren.

Mein Antrag kam rasch in den Gesamtdeutschen Ausschuß. Ich erhielt Gelegenheit, meine Ideen dort vorzutragen, fand wiederum allgemeine Zustimmung, aber natürlich endete die Diskussion in der Frage, was man nun eigentlich tun solle? Der Ausschuß war besten Willens. Er hätte sicher dem Plenum vorgeschlagen, statt 30 Millionen auch eine höhere Summe in den nächsten Bundeshaushalt für diesen Zweck einzusetzen. Wenn man schon viel Geld für die Wiederherstellung ägyptischer Tempel ausgab, so sollte man nach dem Prinzip „charity begins at home" mindestens ebenso an deutsche Bauwerke denken.

Ich hatte auch vorgeschlagen, daraus den Versuch einer gegenseitigen Aktion zu machen, etwa in der Form, daß die DDR auch etwas zur Wiederherstellung der Bauten in der Bundesrepublik hätte leisten können, zum Beispiel durch Sachleistungen von fachkundigen Handwerkern. Aber der Minister hielt es für völlig ausgeschlossen, daß darüber eine Einigung zu erreichen sein würde.

Natürlich hatte es keinen Sinn, die Bundesrepublik lächerlich zu machen, indem sie auf einem der Konten, über das der riesige Waren- und Dienstleistungsverkehr zwischen der Bundesrepublik und der DDR abgerechnet wurde, nun 30 Millionen für die Dresdner Oper überwies, mit dem Erfolg, daß der Betrag zurückgeschickt würde. So reichte es dann am Ende, weil ich auch nichts besseres vorzuschlagen wußte, nur zu einer zustimmenden Resolution, die der Bundestag dann auch einstimmig annahm. Aber die Erwartung der lebhaften Dresdnerin, die Aktion würde trotzdem positiv wirken, erfüllte sich. An der Wiederherstellung der Dresdner Oper wurde verstärkt gearbeitet.

Polen

Die Rechtslage der diplomatischen Beziehungen zwischen der Bundesrepublik und den Ländern des Ostblocks war lange Zeit buntscheckig. Konrad Adenauer hatte im Jahre 1956 volle diplomatische Beziehungen zur Sowjetunion hergestellt, ohne sich daran zu stoßen, daß die Sowjet-Russen einen großen Teil des ehemals deutschen Ostpreußen erobert hatten und zu behalten gedachten. In Jugoslawien war schon im Jahre 1951 eine bundesdeutsche Botschaft eingerichtet worden. Mit Rumänien gab es volle diplomatische Beziehungen seit 1967. Zu Polen bestanden jedoch noch Anfang der 70er Jahre keine diplomatischen Verbindungen.

Die Verbände der Vertriebenen wollten aus menschlich verständlichen Gründen keine Regelung akzeptieren, die praktisch einen Verzicht auf die neupolnischen Gebiete des alten Deutschen Reiches bedeutet hätte. Es lag jedoch auf der Hand, daß wir früher oder später zu einer Regelung auch mit Polen kommen müßten, und die öffentliche Meinung der Bundesrepublik, insbesondere die jüngere Generation, drängte mit zunehmender Intensität auf eine Bereinigung des Verhältnisses.

Der Kollege Peter Petersen hatte sich auf dem Treffen der Interparlamentarischen Union, die alljährlich Delegierte aus vielen Parlamenten der Welt zusammenführt, mit einem polnischen Parlamentskollegen angefreundet und von diesem eine Einladung erhalten. Er bot mir an, mich mitzunehmen. Wir fuhren mit Wagen und Fahrer von Wien aus quer durch die Tschechoslowakei zunächst nach Kattowitz, von dort aus über Breslau und Stettin nach Warschau.

Die Polen hatten uns volle Bewegungsfreiheit zugesichert, und wir haben auch nirgendwo etwas von geheimer Polizeiüberwachung gemerkt. Irgendwo bogen wir von der Autobahn Kattowitz–Breslau nach Osten ab und sagten unserem deutschen Fahrer, er möge in dem ersten Dorf halten, das mehr als 10 km von der Autobahn entfernt sei. Aus meiner Stettiner Zeit konnte ich noch genügend polnisch, um in dieser Sprache verständlich zu sagen: „Leider spreche ich nur wenig Polnisch. Gibt es hier jemanden, der Deutsch, Französisch oder Englisch spricht? Wir sind Mitglieder des Bundestages in Bonn." Dieser Satz wurde stets freundlich aufgenommen, in Dörfern ebenso wie in großen Städten. In Oberschlesien, wo die Bevölkerung weitgehend die alte geblieben war, fand sich immer sofort ein deutschkundiger Gesprächspartner, oft in der Person des Angesprochenen. In den niederschlesischen und pommerschen Städten und Dörfern dagegen, wo die deutsche Bevölkerung völlig ausgetrieben worden war, wo es keine einheimische polnische Bevölkerung gegeben hatte, wo die neuen Bewohner durchweg aus den an Rußland abgetretenen ostpolnischen Gebieten stammten, dort führte meine Frage meist dazu, daß der Angesprochene einige Passanten anhielt und mit ihnen eine Konferenz begann. In allen Fällen erinnerte man sich an einen sprachkundigen Mitbürger der alten Generation, führte uns, zuweilen auf längeren Wegen, zu dessen Wohnung. So kamen überall Gespräche mit der polnischen Bevölkerung zustande, in allen Fällen in einer betont freundlichen Atmosphäre.

Wir wurden in dörflichen Gärten unter blühenden Glyzinien zu Kaffee und Kuchen eingeladen. Bereitwillig führte man uns zu den Friedhöfen. Die alten deutschen Gräber waren nicht beschädigt, aber allmählich von Gebüsch überwuchert. Man hatte es der Natur überlassen, diese Vergangenheit zu bewältigen, war aber sofort bereit, sich zu bemühen, uns zu bestimmten Gräbern zu führen, an denen wir interessiert sein mochten, und man erbot sich sogar, diese Gräber dann auch zu pflegen. Nirgendwo etwas von Haß, von einer Verteidigungsmentalität, in der die Furcht vor einem militärischen Angriff der Bundesrepublik hätte sichtbar werden können. Als Ergebnis aller dieser Treffen bei uns ein tiefes Mitgefühl mit dem polnischen Volk, das ja in den letzten 200 Jahren, von der ersten Teilung Polens an gerechnet, ein schreckliches Schicksal erlebt hat.

Der Breslauer Erzbischof Komminek, später Kardinal, empfing uns freundlich und erzählte uns aus seinem Leben. Er stammte aus Ost-Oberschlesien, das in seinen Kindertagen vor dem Ende des ersten Weltkrieges noch preußisches Land gewesen war. In der Schule erhielt er jedesmal einen Stockschlag, wenn er ein polnisches Wort verwendete, aber zu Hause gab ihm sein Vater eine Ohrfeige, wenn ihm ein deutsches Wort unterlief. Er erzählte das gelassen: auf diese Weise habe er beide Sprachen perfekt gelernt.

In der ersten Nachkriegszeit ging er, so erzählte er, morgens oft zum Bahnhof. Auf dem einen Bahnsteig fuhr ein Zug ab, der deutsche Aussiedler in die Bundesrepublik bringen sollte. Auf dem anderen Bahnsteig leerte sich ein Zug, der polnische Vertriebene aus Lemberg nach Schlesien brachte. Die Verzweiflung, so sagte Komminek, sei in beiden Zügen exakt die gleiche gewesen. Er sah den Schmerz, den die Austreibung den deutschen Schlesiern und Pommern angetan hatte, und er verzichtete auf jeden Versuch, historisch oder juristisch zu argumentieren; es sei nun ein neuer Zustand entstanden; wir sollten in christlichem Geist miteinander reden, damit weiteres Unheil verhütet werden könnte.

Komminek lag daran, daß der deutsch-polnische Vertrag ratifiziert wurde. Er fühlte sich als polnischer Patriot, der sich von diesem Vertrag einen Gewinn an Prestige für seine Nation versprach. Er mochte auch an die Interessen der katholischen Kirche denken, die es vielleicht in einem entspannten Klima etwas leichter haben würde. Aber es ging ihm auch um die Substanz der deutsch-polnischen Beziehung. Er hatte Deutschland nie als sein Vaterland betrachtet, aber er war als Deutscher aufgewachsen, hatte die deutsche Sprache gepflegt, und er fühlte sich aus seiner Kindheit dem Raum der deutschen Kultur verbunden, in einer schwer zu definierenden Form.

Daß die Polen eine tiefe Verbundenheit mit der westlichen Kultur fühlten, keineswegs nur mit der dort von altersher gepflegten französischen, sondern trotz aller Schrecknisse auch mit der deutschen, war auch sonst unverkennbar. Man erinnerte mich daran, daß der Nationaldichter Mickiewicz Goethe besucht hatte, und ich wußte, daß sich darüber in den Gesprächen mit Eckermann ein ausführlicher Bericht findet. Im gebildeten Warschau findet man auch heute noch Partner, die deutsch sprechen.

Petersen und ich haben in Warschau lange darüber gesprochen, wie wir nun die Erlebnisse und die Erkenntnisse dieser Reise in der Bundesrepublik auswerten sollten. Am einfachsten wäre es für uns gewesen, möglichst wenig zu sagen, nur von Informationen zu sprechen, keine Meinung zu äußern. Aber das schien uns zu billig. Wir meinten, die Sache sei so wichtig, daß wir sagen müßten, was wir dächten, ohne den (hoffnungslosen) Versuch, unsere Haltung vorher mit der Fraktionsführung abzustimmen. Aber wir kannten auch die Schwierigkeit, komplizierte Aussagen über verkürzende, vielleicht auch mißverstandene Berichte in ihrem gemeinten Sinn an die Empfänger heranzubringen. Deshalb beschlossen wir, von Warschau aus einen deutschen, in 10 Punkten formulierten Text an die Presse zu geben[5].

In Frankfurt empfing uns das Fernsehen an der Treppe des Flugzeuges. Dann Pressekonferenz. Meine Frau sagte mir telefonisch, viele Leute hätten mich sprechen wollen, unter anderen drängte die „Los Angeles Times" auf ein Interview. Die „Deutsche Nationalzeitung" kommentierte meine Erklärung am 17. Juli: „Die Schande der CDU — MdB Dichgans probt den Verrat". Am 25. Mai 1970 dann Fraktionssitzung der CDU/CSU. Ich habe selten eine so erregte Stimmung in diesem Kreise erlebt. Mehrere Sprecher der großen Verbände der Vertriebenen, Mitglieder meiner Fraktion, hatten schon energisch gegen unsere Polenerklärung mit Gegenerklärungen protestiert. Unter anderem wurde uns der Vorwurf gemacht, wir wollten eine erneute zweite Austreibung der wenigen noch in Polen geduldeten Deutschen legalisieren. Mit diesem Vorwurf begann auch der erste Redner der Fraktionssitzung. Ich erwiderte ihm, ich hätte den Eindruck, die meisten Kollegen hätten noch nicht die Zeit gefunden, unsere Erklärung nun im Wortlaut zu studieren, und deshalb wolle ich ihm einige Sätze daraus vorlesen. Das wirkte etwas beruhigend, aber die Gesamtstimmung war offenbar sehr kritisch. Fast alle Redner warfen uns einen „Alleingang" vor, den wir hätten vermeiden müssen. Keine Änderungen zu den heiklen Ostfragen ohne vorherige Abstimmung in der Fraktion. Aber wir hatten ja vorher gewußt, daß eine solche Prozedur uns praktisch mundtot gemacht hätte, und dem wollten wir uns widersetzen. Die Erklärung aus Warschau, unabgestimmt, schien uns der mildere Weg als eine offene Auseinandersetzung in der Fraktion, die zu einem vorzeitigen Riß hätte führen können.

In den zahlreichen Besprechungen, die auf die Polenreise folgten, begegneten wir keinen neuen Einwendungen, die mich zu einer Änderung meiner

---

[5] Abgedruckt in der Frankfurter Allgemeinen Zeitung am 26. Mai 1970.

Auffassung hätten veranlassen können. Ich hatte Verständnis dafür, daß die CDU/CSU in dieser Frage in keiner einfachen Lage war. Sie hatte den Wahlkampf von 1969 u. a. als Kampf für das Heimatrecht der Vertriebenen angelegt, als Gegenposition gegen aufsteigende Kräfte, welche die Verständigung mit den östlichen Nachbarn um jeden Preis erreichen wollten. Auch Willy Brandt hatte sich noch in diesem Wahlkampf mit starken Worten für die Rechte der Vertriebenen eingesetzt, mit Formulierungen, an die er später sich nur ungern erinnern ließ. Anfang der 60er Jahre hatten auch viele Sozialdemokraten ihre Reden mit dem vollen Vokabular des kalten Krieges bestritten. Man mußte also auch der CDU/CSU zubilligen, daß sie für einen Umzug in neue Positionen psychologische Vorbereitung und eine gewisse Zeit benötigte.

Das sagten mir auch Leute aus der Spitzenschicht der Vertriebenen: langfristig hätte ich natürlich Recht, aber es sei im Augenblick zu früh, so weit zu gehen, wie wir das vorschlügen. Auf meine Frage, wie lange die Umstellung dauern würde, erhielt ich Antworten, die in der Größenordnung von 5–10 Jahren lagen. Aber ich hatte den Eindruck, daß die öffentliche Meinung sich rascher im Sinne einer Verständigung entwickelt hatte, als die Parteiführung von CDU/CSU das wahrhaben wollte. Ich schlug vor, zunächst einmal über das politische Ziel nachzudenken, das man ernsthaft ansteuern und auch publizistisch anvisieren wolle.

Grenzänderungen im Osten? Rückgabe eines Teiles der besetzten Ostgebiete in deutsche Hand? Welches Deutschland, DDR oder die Bundesrepublik? Die Antwort: Schweigen zur Sache, verziert durch Erklärungen für das Recht der Heimatvertriebenen.

Eine weitere Frage: Öffnung einer Möglichkeit für Deutsche, die in ihre alte Heimat zurückkehren möchten. als Bürger des neuen polnischen Staates? Die Antwort: man kann keinem Deutschen zumuten, in einer überwiegend polnischen Umgebung zu leben.

Meine dritte Frage: Was man eigentlich unter der „Wahrung der Rechtsposition" verstehen wolle, für die man so nachdrücklich eintrete?

In der Diskussion zu diesem Punkte konnten sich meine Gegner darauf berufen, daß selbst Außenminister Scheel erklärt hatte, die bürgerlich-rechtlichen Ansprüche würden durch die neuen Abkommen überhaupt nicht berührt. Dazu stellte ich dann die Frage: ob ich wirklich einem Lohauser Nachbarn Hoffnungen machen solle, er könne eines Tages die Ansprüche auf seine Apotheke in Insterburg, seit langem in Tschernjachowsk umgetauft, vor einem russischen Amtsgericht einklagen.

Ich habe diese und ähnliche Fragen immer wieder auch in Versammlungen gestellt. Laute Proteste blieben nicht aus, aber sie waren im Ganzen weit schwächer als ich befürchtet hatte. Die Proteste richteten sich dagegen, daß ich überhaupt solche Fragen stellte. Ein führender Mann der Düsseldorfer Wirtschaft, hoch intelligent, war ernstlich entrüstet. Er sagte mir, er würde nunmehr die Abtretung meiner Heimatstadt Wuppertal an Frankreich betreiben, nachdem ich offenbar entschlossen sei, seine Heimat Oberschlesien den Polen zu überlassen.

Rückschauend meine ich, daß eine realistische Betrachtung der Gesamtsituation, verbunden mit energisch vorgetragenen Forderungen menschlicher Art, der CDU/CSU eine Plattform für eine überzeugende ostpolitische Haltung hätte liefern können. Ich hatte ja mit Petersen in diesem Sinne gefordert:

— Einräumen einer Option für alle Menschen, die 1945 deutsche Bürger gewesen waren, mit der Möglichkeit, sich entweder für Deutschland, die DDR oder die Bundesrepublik, oder für Polen zu entscheiden.

Also ein Recht zur Option zu gewähren, wie es der Versailler Vertrag vorgesehen hatte. Ein solches Optionsrecht hätte dann auch ein Recht der Rückwanderung deutscher Vertriebener in ihre alte Heimat einschließen müssen (das nach meinen Erkundigungen sachlich bedeutungslos war).

— Garantie für die kulturelle Freiheit der drüben verbliebenen Deutschen im gleichen Rahmen, wie die in Deutschland lebenden Polen ebenfalls kulturelle Freiheit genießen (Gottesdienst in ihrer Sprache, kulturelle Vereinigungen), also kein spezieller Minderheitenschutz, mit dem man ja schlechte Erfahrungen gemacht hatte, aber immerhin Anerkennung des Prinzips.

Mit diesen Forderungen hätten wir sowohl in der Bundesrepublik wie auch in der Weltöffentlichkeit überzeugend bestehen können. Wenn die Polen das ablehnten (damit war zu rechnen: sie wollten die Arbeitskräfte, die nach Deutschland drängten, damals nicht verlieren), konnten wir dann mit bestem Gewissen den Vertrag ablehnen, und damit hätten wir dann im Ergebnis beide zufriedengestellt.

Aber die CDU/CSU konnte sich zu keiner klaren Haltung entschließen. Sie fürchtete zunächst, ein Eingehen auf unsere Vorstellungen bedeute den endgültigen Verzicht auf eine Korrektur der Grenzen, und das wollten auch diejenigen unserer Politiker nicht so deutlich sagen, die das im Inneren für unvermeidlich hielten. Aber dann zeigte sich immer deutlicher, daß die öffentliche Meinung auf Konzessionen drängte, auch die Meinung vieler Wähler in der CDU/CSU. Dann begab sich die Fraktionsführung ans Verhandeln, mit den beiden Regierungsparteien, auch mit den Russen, und erreichte einige Zugeständnisse.

Am 9. Mai 1972 berichtete Franz Josef Strauß der Fraktion der CDU/CSU über ein langes Nachtgespräch, das er zusammen mit Werner Marx, dem Vorsitzenden des Arbeitskreises Außenpolitik der CDU/CSU, mit Horst Ehmke und Hans-Dietrich Genscher gehabt hatte. Er berichtete ungemein dramatisch, wie verbissen Ehmke gegen jede Verbesserung des alten Papiers gekämpft hätte.Das Wort modus vivendi hätte er nur so akzeptiert wie der Teufel das Weihwasser. Großer Beifall.

Immer wieder kamen Wendungen, wie hart Strauß und Marx hätten kämpfen müssen. Mehr habe niemand herausholen können. Er erläuterte die Änderungen des Entschließungsentwurfs, die er erreicht hatte (juristisch vielleicht bedeutsam, aber für die Welt der Wirklichkeit ziemlich bedeutungslos, so schien es mir). Strauß schloß mit dem Satz, in dieser Form sei die Entschließung akzeptabel, und er sei dafür, daß die Fraktion sie annehmen solle. Er wollte es dann zwar offen lassen, wie die Fraktion am Ende zu den Verträgen abstimmen würde, aber diese Bemerkung rief allgemeine Verwirrung hervor. Welchen Sinn hatte es denn gehabt, eine ganze Nacht lang mit Vertretern der Gegenseite zu verhandeln und sich auf eine Entschließung zu einigen, wenn man am Ende gegen die Verträge stimmen wollte?

Die Verwirrung hielt an. Am nächsten Morgen Überschriften in der „Welt" und im „Bild": Russen haben zugestimmt, was jedermann dahin verstehen mußte, auch die CDU/CSU sei nunmehr zufriedengestellt.

Aber in einer neuen Fraktionssitzung, am 10. Mai 1972, überraschte Barzel die Fraktion mit der Aufforderung, bei dem „Nein" zu den Verträgen zu bleiben. Walter Scheel habe die Entschließung, über deren Text unbestritten Einigkeit bestand, durch einen Brief unerträglich interpretiert. Deshalb „Nein" ohne neue Fraktionssitzung. Allgemeine Emotion. Bevor etwas gesagt werden konnte, wurde die Sitzung geschlossen. Schon bei dem Herausgehen ließen viele Kollegen erkennen, daß sie mit dieser Art der Erledigung nicht einverstanden seien, und einer von ihnen brachte kurze Zeit später die Nachricht, Scheel habe gar nicht das gesagt, was Barzel als seine Äußerung berichtet habe.

Ein Versuch, Zeit zu gewinnen, scheiterte. Unser Vertagungsantrag wurde mit Stimmengleichheit abgelehnt. Nachmittags erneut Fraktionssitzung, wo Barzel verkündete, er werde sagen, daß die Fraktion der CDU/CSU, wenn man sie heute zur Abstimmung zwänge, geschlossen mit „Nein" stimmen würde. Dann verließ er den Raum, um seine Plenarrede vorzubereiten. Paul Mikat und Kurt Birrenbach erläuterten Subtilitäten der Prozedur, die niemand verstand und die auch niemand recht anhören wollte. In der Diskussion kam ich als erster zu Wort. Ich akzeptierte das Argument, wir dürften uns nicht unter Zeitdruck setzen lassen, und verpflichtete mich auch für heute zum Nein, wenn man uns wirklich zwingen wolle, ließ mir aber die endgültige Entscheidung weiterhin offen. Ich stellte ohne Widerspruch fest, daß gestern nachmittag eine Abstimmung um 17.30, wenn Barzel damals die Zustimmung der Russen hätte melden können, drei Gruppen ergeben hätte, eine Gruppe nein, eine Gruppe ja und eine Gruppe Enthaltung. Allgemeines Kopfnicken. Meine Frage daraufhin: was hat sich eigentlich seit gestern nachmittag geändert, nachdem die Russen (niemand widersprach meiner Feststellung) offensichtlich verbal exakt die Forderungen Barzels erfüllt hatten, aus welchen Gründen und mit welchen Vorbehalten auch immer? Ich hätte noch kein klares Bild und ich sähe auch keinen Weg, die gelehrten Überlegungen der Kollegen Mikat und Birrenbach meinen Wählern in Lohausen-Stockum begreiflich zu machen.

Im anschließenden Plenum hielt Barzel dann eine vorzügliche Rede, ganz konzentriert auf das Argument unerträglicher Zeitdruck, aber unterschwellig eine mögliche Einigung anvisierend, wenn man uns noch etwas Zeit ließe. Darauf eine kurze Vertagung auf 18 Uhr. In einer neuen Fraktionssitzung teilte ich meinen Kollegen mit, daß sie nunmehr mit meiner „Nein"-Stimme nicht mehr rechnen könnten, um der Glaubwürdigkeit der Fraktion willen. Nachdem diese so lange die Verhandlungen auf Zustimmung angelegt habe, könnten wir unmöglich geschlossen mit Nein stimmen. Ich hatte den Eindruck, daß das die Meinung der Mehrheit der Fraktion war. Auch die harten Kämpfer, die für „Nein" stimmen wollten, merkten das und reagierten zum Teil kavaliersmäßig resigniert, zum Teil aber auch sichtlich verärgert. Paul Lücke, den ich hoch schätzte, meinte, es gäbe offenbar Leute, die nicht den Mut hätten, durchzustehen. Aber einige jüngere Kollegen widersprachen höflich aber entschieden. Es sei unzulässig, die Fraktion in Mutige und weniger Mutige aufzuteilen. Wolfgang Mischnick, F.D.P., erzählte mir auf dem Flur, er habe eine Reihe von Zusagen aus dem Kreise meiner Fraktion, daß sie nicht mit Nein stimmen würden.
Die Schlußabstimmung über den Polenvertrag fand am 17. Mai 1972 statt. 496 Abgeordnete waren uneingeschränkt stimmberechtigt. (Die Berliner Abgeordneten hatten zu diesem Punkt kein Stimmrecht.) 248 Abgeordnete der SPD und der F.D.P. stimmten mit ja, 16 Abgeordnete der CDU und ein Abgeordneter der F.D.P. mit nein. 231 Abgeordnete der CDU/CSU enthielten sich, darunter auch ich. Wenn sie stattdessen mit nein gestimmten hätten, wäre der Antrag bei Stimmengleichheit abgelehnt gewesen.
Die CDU/CSU konnte mit Recht darauf hinweisen, daß die Formulierungen, die sie im Ende habe passieren lassen, immerhin günstiger gewesen seien als die ursprünglich vorgelegten. Aber die Wähler, die dann im Herbst 1972 zur Urne gingen, wußten offensichtlich nicht, was denn die endgültigen ostpolitischen Ziele der CDU sein würden, wenn sie an die Regierung käme. Sie vermißten die Antwort auf die Fragen, die ich immer wieder gestellt hatte, und das kostete die CDU dann viele Wähler.
Die Polenreise hatte zwei Nachspiele. Für mich ein erfreuliches, ein überraschendes Treffen mit Erzbischof Komminek in Rom, das auf eine abenteuerliche Weise vorbereitet worden war.
Als die Ratifikation des Polenvertrages im Bundestag anstand, rief mich ein mir unbekannter deutscher Geistlicher an, der gerade aus Rom zurückgekommen war. Er sagte mir, ein polnischer Freund, den er nicht mit Namen nannte, würde sich sehr freuen, wenn ich ihn in den nächsten Tagen in Rom besuchen könnte. Er gab mir eine römische Telefonnummer an, mit der Bitte jedoch, mich nicht mit meinem Namen zu melden, sondern als Padre Giovanni aus Düsseldorf, und am Telefon nur italienisch zu sprechen. Ich rief sofort an und erfuhr, der Erzbischof (wiederum ohne Namen) möchte mich gerne sprechen. Als ich ihm einen möglichen Besuchstag angab, nannte man mir eine Adresse in Rom: dort werde ich eine große eherne Tür finden,

ohne Klingel. Wenn ich um 12 Uhr mittags dreimal pochte, würde man mir öffnen. Erinnerungen an Tausendundeine Nacht waren nicht zu unterdrücken, und so flog ich romantisch gestimmt nach Rom. Der Erzbischof empfing mich in vollem Ornat, und wir hatten eine längere Unterhaltung, die mich sehr bewegte. Als ich ihn am Ende fragte, ob ich ihn nunmehr zu einem Mittagessen einladen dürfte, sagte er sofort zu. Er vertauschte seine bischöflichen Gewänder gegen einen riesigen schwarzen Radmantel, mit einer Paspelierung, die seinen bischöflichen Rang zeigte, ungemein auffällig, aber er bewegte sich ganz unbefangen und bezeichnete mir auch ein nahegelegenes, ziemlich einfaches Restaurant, wo wir dann vorzüglich verpflegt wurden. Als Gleichaltrige sprachen wir über unsere Jugendzeiten, und am Ende begleitete er mich noch ein Stück, bis an den Tiber, wo er mir in voller Öffentlichkeit seinen bischöflichen Segen gab, in der Selbstverständlichkeit einer tief fundierten katholischen Überzeugung, die großen Eindruck auf mich machte.

Aber für Peter Petersen ergab sich eine schlimme Konsequenz. Die Polenreise kostete ihn im Jahre 1972 sein Mandat. Mit einer Differenz von nur 115 Stimmen unterlag er im Wahlkampf. Er mußte erleben, daß der Vermittler in einem heftigen Meinungsstreit leicht zwischen die Räder kommt. Einigen konservativen Gruppen der CDU galt er als zu polenfreundlich, aber den Anhängern einer ideologisch bestimmten Entspannungspolitik um jeden Preis, die es im Bereich der evangelischen Kirche gab, schien er, obwohl überzeugter protestantischer Christ, als reaktionärer Gegner. In einer vierjährigen Wartezeit, bis er 1976 mit überzeugender Mehrheit erneut in den Bundestag gewählt wurde, mußte er sich in der schwierigen Lage eines freiberuflichen Kaufmanns durchschlagen. Er führte dabei den Beweis, daß Tüchtigkeit eine vom Beruf unabhängige Eigenschaft der Person ist.

Wirtschaftspolitik

In Düsseldorf war Wirtschaftspolitik mein Beruf gewesen und geblieben. Ein Hauptgeschäftsführer der Wirtschaftsvereinigung Eisen- und Stahlindustrie wurde immer wieder zu wirtschaftspolitischen Gesprächen zugezogen, in Bonn, in Luxemburg, in Brüssel.

Seit 1957 war ich Mitglied des Beratenden Ausschusses Kohle und Stahl in Luxemburg, der mindestens viermal im Jahr von der Hohen Behörde und später von der Europäischen Kommission zusammengerufen wurde.

Als ich 1961 in den Bundestag kam, war mir bald deutlich, daß ich mich dort nicht nur beiläufig, mit der linken Hand sozusagen, auch etwas um Wirtschaftspolitik kümmern konnte.

Wer ernsthaft mitreden wollte, mußte viel Zeit darauf verwenden, vollständig unterrichtet zu sein; Zeit, die ich neben meiner Inanspruchnahme in Straßburg und im Finanzausschuß des Bundestages nicht verfügbar hatte.

Ich durfte mich aber darauf verlassen, daß mein Freund und Kollege Gustav Stein, Geschäftsführendes Präsidialmitglied des Bundesverbandes der Deutschen Industrie, diesen Bereich intensiv bearbeitete und alle Informationen in die politische Diskussion hineintrug, die zur Ergänzung der regierungsamtlichen Darstellung notwendig waren. Aber ich übte auf diesem Gebiet auch nicht völlige Enthaltung. Mir lag daran, von Zeit zu Zeit die Gelegenheit wahrzunehmen, wirtschaftspolitische Binsenwahrheiten zu unterstreichen, die im Gestrüpp fachmännischer Behandlung von Einzelfragen zu verschwinden drohten.

Eine meiner ersten Interventionen in einer Sitzung der Fraktion betraf das Gießkannensystem, mit dem damals zusätzliche Zahlungen an die Landwirtschaft verteilt werden sollten. Ich wußte, daß es neben Landwirten, die sich schwer taten, auch hoch rationalisierte moderne Betriebe gab, die gutes Geld verdienten. Daß es solche Ungleichheiten gab, wurde nicht bestritten. Aber dazu kam das politische Argument: jede Differenzierung nach individueller Bedürftigkeit werde weit mehr Ärger verursachen als ein pauschales Verfahren, wie es sich die Organisation der Landwirtschaft gewünscht hatte. Überdies wurde mir höflich bedeutet, es sei doch wohl zweckmäßig, wenn ich mich aus der Problematik der Landwirtschaft, mit der ich nicht genügend vertraut sei, heraushielte.

Der Außenseiter muß sich in der Tat immer wieder die Frage vorlegen, ob sein Informationsstand einen Eingriff rechtfertigt. Wenn ich aber glaubte, genug davon zu verstehen, um einer Fehlentwicklung vorzubeugen, habe ich mich davon nicht abbringen lassen. Die Fraktion war von solchen Eskapaden nicht erfreut.

Ein Beispiel: Im Jahre 1965 beschloß die Regierung, im Rahmen des Lastenausgleichs die längst gezahlten Hausratentschädigungen aufzubessern und dafür eine Milliarde DM zur Verfügung zu stellen. Ich hatte meinen eigenen Hausrat im Luftkrieg um Berlin verloren und die Entschädigung, die ich später erhielt, als ziemlich mager empfunden. Aber der Verlust lag nun 20 Jahre zurück und der Blick in Wohnungen aller Art hatte mir gezeigt, daß mittlerweile die weitaus meisten Bombengeschädigten wieder einigermaßen mit Hausrat versorgt waren. Ich hatte auch festgestellt, daß keiner dieser Hausratsgeschädigten mit der Möglichkeit eines „Nachschlages" gerechnet hatte. Aber naturgemäß ist jeder erfreut, wenn Geld winkt.

Der Vorschlag der Regierung machte es notwendig, vier Millionen alter Anträge, seit langem in Keller verlagert, wieder herauszusuchen und neu zu bearbeiten. Das empörte mich als alten Verwaltungsbeamten, und so stieg ich am 1. Juli 1965 auf die Rednertribüne, um den Vorschlag meiner eigenen Fraktion abzulehnen.

Der beauftragte Redner der CDU/CSU, der mir folgte, sagte höflich, es gehöre zu den Prinzipien der Fraktion, daß sie auch abweichende Meinungen zu Wort kommen ließe, aber in der Sache müsse er mir energisch widersprechen. Ich blieb erfolglos.

Zuweilen machte mich jedoch meine Fraktion auch zu ihrem wirtschaftspolitischen Sprecher[6].

Röhrenembargo

Im Bereich der Wirtschaftspolitik gab es für mich einen Musterfall von Konflikt, in dem ich mich gegen die Interessen der Stahlindustrie stellen mußte. Es ging um des sogenannte Röhrenembargo, das Verbot der Lieferung von Röhren nach Rußland, eine Maßnahme, die im Jahre 1963 verhängt wurde. Die Amerikaner bestanden in einer bestimmten Phase des kalten Krieges darauf, daß auch die Röhren auf die Liste der strategisch wichtigen Erzeugnisse gesetzt werden sollten, die nur mit besonderer Genehmigung an Mächte des Ostblocks geliefert werden durften. Die Amerikaner wußten, daß die Russen große Einfuhrmengen von Röhren aus dem Westen in ihre Planung eingesetzt hatten, und sie wollten durch ein Embargo die Entwicklung des Rüstungspotentials in Rußland verzögern. Es gelang den Amerikanern, die Zustimmung aller ihrer Nato-Verbündeten zu dieser schwerwiegenden Embargomaßnahme zu erreichen, was bei früheren Versuchen stets gescheitert war. Das hatte dann dazu geführt, daß auch die übrigen sich keine Einschränkung auferlegen wollten, die im Ergebnis nur anderen westlichen Lieferländern zugute kommen mußte.
Als über dieses Röhrenembargo diskutiert wurde, hatte die deutsche Stahlindustrie langfristige Verträge laufen, die den Russen große Mengen deutscher Röhren sichern sollten. Alle diese Lieferverträge hatten dem Bundeswirtschaftsministerium vor dem Abschluß vorgelegen, ohne daß sie beanstandet worden wären.
Die deutsche Röhrenindustrie kämpfte also darum, daß jedenfalls die laufenden Verträge von dem Verbot ausgenommen werden sollten. Wenn die Deutschen sich jetzt weigerten zu liefern, so wäre das ein Vertragsbruch, der den guten Ruf der deutschen Stahlindustrie im internationalen Geschäft aufs schwerste schädigen müßte. Diese Sorge schien mir berechtigt. Ich zweifelte auch daran, ob eine Sperre der Röhrenlieferungen die wirksamen Folgen haben könnte, welche die Amerikaner sich davon versprachen.
Besprechungen mit einer Reihe von Kollegen aus meiner Fraktion, die an den Vorverhandlungen im Außenhandelsausschuß des Bundestages beteiligt gewesen waren, zeigten mir, daß ich nicht allein stand. Man versprach mir, im Ausschuß und später im Plenum einen Änderungsantrag einzubringen, der die laufenden Verträge von dem Verbot ausklammern sollte.

---

[6] Vgl. meine Rede am 7. Dezember 1967; Stenographische Berichte, 5. Wahlperiode, 141. Sitzung.

Die Rechtslage war so: die Bundesregierung hatte das Röhrenembargo durch Verordnung verfügt. Aber ein Mehrheitsbeschluß des Bundestages konnte sie zur Aufhebung dieses Verbots zwingen. Die SPD, damals in der Opposition, war gegen das Verbot und erklärte, sie werde die Interessen der deutschen Stahlindustrie wahren. Die F.D.P. hatte keine klare Stellung bezogen. Es sah also so aus, als ob die Bundesregierung in dieser Frage möglicherweise in einer Kampfabstimmung unterliegen könnte. Die Bundesregierung wollte das unter allen Umständen vermeiden. Es lag auf der Hand, daß sie sich besonders bemühte, den Kollegen Birrenbach und mich zu gewinnen. Konrad Adenauer und Ludwig Erhard argumentierten dabei wie folgt: in früheren Fällen seien es die Deutschen gewesen, die sich für Embargo-Maßnahmen strategischer Art eingesetzt hätten, zum Schutze der deutschen Position in der atlantischen Gemeinschaft. Das sei immer wieder gescheitert, und die Bundesregierung hätte sich international darüber stets intensiv beschwert. Jetzt sei erstmals Einigung erzielt worden. Wenn das Projekt auch in diesem Falle wieder scheiterte, diesmal durch das deutsche Verhalten, so müßten wir alle Hoffnungen begraben, jemals ein strategisches Embargo durchzusetzen. Das sei eine Schwächung der Position der atlantischen Gemeinschaft, deren Folgen weit gefährlicher seien als der Vertragsbruch, dessen Problematik man durchaus anerkannte. Auf die Frage, ob das Embargo wirklich wirksam sei, könne es bei dieser Lage nicht ankommen. Es gehe darum, ob das deutsche Verhalten ein vorher nie erreichtes, wichtiges Zusammengehen in einer von allen übrigen Partnern als wichtig bewerteten Frage torpedieren sollte. Ob die Abgeordneten Birrenbach und Dichgans die Verantwortung dafür übernehmen könnten?
Darüber habe ich dann nachgedacht. Am Ende entschied ich mich dafür, daß die Sachkunde der Bundesregierung, was die Frage der langfristigen Folgen für die deutsche Lage in der Weltpolitik angehe, größer sei als die meinige, und so habe ich dann am Ende (ebenso wie Kurt Birrenbach) auf meine Opposition gegen die Regierungsvorlage verzichtet.
Das Ende verlief dramatisch. Da die Mehrheitsverhältnisse unklar waren, entschloß sich die CDU, der Abstimmung fernzubleiben und auf diese Weise den Bundestag beschlußunfähig zu machen, weil die Hälfte der gesetzlichen Mitglieder dann nicht mehr anwesend war. Das ermöglichte ihr, rechnerisch auch das volle Gewicht der an diesem Tage nicht anwesenden Abgeordneten (es sind immer nicht wenige verreist) ins Gewicht zu werfen, vielleicht auch, es schwankenden Kollegen von der F.D.P. leichter zu machen, ohne Aufsehen im Ergebnis für die Regierung zu stimmen.
Die entscheidende Abstimmung fand am 18. März 1963 statt. 244 der stimmberechtigten Mitglieder des Hauses hatten sich für den Antrag des Ausschusses ausgesprochen, also für die Aufhebung des Röhrenembargos, ein Mitglied des Hauses dagegen. Es hatten sich also 245 Mitglieder an der Abstimmung beteiligt. Der Präsident stellte fest, das Quorum betrage 250 Stimmen; die Berliner Abgeordneten waren bei dieser Abstimmung nicht

stimmberechtigt. Er stellte weiter fest, das Haus sei nicht beschlußfähig. Damit blieb das Embargo in Kraft.

Auf lange Sicht zeigte sich, daß die Bundesregierung mit ihrem Vorgehen recht behalten hatte. Entgegen den berechtigten Befürchtungen der Stahlindustrie reagierte die russische Regierung keineswegs so empört negativ, daß das künftige Geschäftsbeziehungen ernstlich gestört hätte. Sie ließ vielmehr die deutsche Stahlindustrie unter der Hand wissen, daß sie ihren Führern persönlich nicht den Vertragsbruch nachtrage. Sie hatte Verständnis dafür, daß die Belange des Staates stärker ins Gewicht fallen als die Wünsche einer Industriegruppe. Sie übertrug sozusagen russische Mentalität auf deutsche Verhältnisse. Es kam bald zu neuen Aufträgen, und diese Aufträge wurden dann glatt abgewickelt. Die russische Regierung gewann, vielleicht auf Grund diskreter Mitteilungen, den Eindruck, daß die deutsche Bundesregierung in Zukunft solche Eingriffe in laufende Verträge nicht mehr vornehmen würde. 1966 wurde das Embargo aufgehoben.

Die deutsche Stahlindustrie hätte es lieber gesehen, wenn die ihr nahestehenden Abgeordneten ihr zu einer Verhinderung des Embargos verholfen hätten. Sie respektierte jedoch, wie das vorher beschlossen worden war, die zugesagte Freiheit. Daß Abgeordnete in diesem Falle entgegen den Interessen der Industrie, der sie nahestanden, für die Regierung gestimmt hatten, erhielt damals weite Publizität und stärkte ihre Position. Sie machten deutlich, daß sie keineswegs nur das Sprachrohr der Wirtschaftsinteressen ihrer Arbeitgeber waren.

Mitbestimmung

Die Mitbestimmung der Arbeiter war für Kohle und Stahl durch die englische Besatzungsmacht eingeführt worden. Sie hatte neue „Einheitsgesellschaften" gegründet, alle mit einem Kapital von 100 000 DM ausgestattet, Einheitsgesellschaften, die den Besitz der zunächst ausgeschalteten alten Eigentümer als Treuhänder verwalten sollten. Leiter der übergeordneten Stahltreuhändervereinigung, die aus 12 Personen bestand, war Heinrich Dinkelbach, den ich aus meiner Berliner Zeit gut kannte. Er war als Vorstandsmitglied für das Rechnungswesen bei den Vereinigten Stahlwerken dort mein Gesprächspartner für Preisfragen gewesen.

Die „Einheitsgesellschaften" hatten einen dreiköpfigen Vorstand, einen Kaufmann, einen Techniker und einen Arbeitsdirektor, der das Vertrauen der Gewerkschaften haben mußte. Sie hatten einen Aufsichtsrat, paritätisch besetzt von Vertretern der Anteilseigner — ernannt von der Stahltreuhändervereinigung — und Vertretern der Gewerkschaften; dazu einen neutralen Vorsitzenden, dessen Stimme bei Gegensätzen der beiden Blöcke den Ausschlag gab.

Als das Besatzungsrecht endete, wurde dieses System, nachdem Konrad Adenauer anfangs gezögert hatte, durch ein Bundesgesetz als Deutsches Recht übernommen. Die Gewerkschaften hatten mit einem großen Streik gedroht für den Fall, daß daran etwas geändert werden sollte. Bei meiner Tätigkeit in der Stahlindustrie hatte ich dieses System gut kennengelernt. Wie es funktionierte, hing von der Qualität derjenigen Mitglieder des Aufsichtsrates ab, die von den Gewerkschaften zu benennen waren. Die Gewerkschaften bemühten sich, aus guten Gründen, für die wenigen mitbestimmten Gesellschaften Kohle und Stahl tüchtige Leute namhaft zu machen, und auch die Benennung des neutralen Mannes ging im ganzen reibungslos vor sich. Aber es war offensichtlich, daß dieses System unter gewissen Bedingungen den Gewerkschaften ein Vetorecht gab, insbesondere in Personalfragen. Ungeachtet der theoretisch bestehenden rechtlichen Möglichkeiten war es unrealistisch zu glauben, daß bei diesem System ein Mitglied in den Vorstand berufen werden könnte, mit den Stimmen der Anteilseigner, unterstützt von dem neutralen Mann gegen den geschlossenen Widerstand der Gewerkschaften. Es mußten also Kompromisse geschlossen werden, und diese Kompromisse kosteten nicht selten auch Konzessionen, zum Beispiel bei der Benennung eines neuen, den Anteilseignern genehmen Vorstandsmitglieds, Konzessionen hinsichtlich des Zuständigkeitsbereichs des Arbeitsdirektors oder auch hinsichtlich seiner Ausstattung mit Personal. Aber niemand kann behaupten, daß dieses System bei Kohle und Stahl im ganzen schlecht funktioniert hätte. Es hat den Wiederaufbau der Stahlindustrie nicht verzögert. Man wird im Gegenteil sagen können, daß die Unterstützung der Gewerkschaften, die naturgemäß die von ihnen mitbestimmten Unternehmen auch zu Erfolgen führen wollten, in vielen Fällen positiv wirkte. Und die menschliche Gleichberechtigung, die sich in den Aufsichtsratssitzungen dokumentierte, auch in den gemeinsamen Essen am Ende dieser Sitzungen, wo man am weißen Tisch noch einmal in bunter Reihe zusammenkam, hat menschliche Verbindungen geknüpft, die es in dieser Form in keinem anderen Lande Europas gab.
Später ging es darum, diese Mitbestimmung auf die Gesamtheit der Industrie auszudehnen. Ich wurde vielfach befragt und gab bereitwillig Auskunft. Nachdem ich einmal eine besonders lebhafte Diskussion mit Ludwig Rosenberg, dem Vorsitzenden des Deutschen Gewerkschaftsbundes, gehabt hatte, erzählte ich meinem Verleger von Wehrenalp gesprächsweise davon und meinte, es sei vielleicht zweckmäßig, eine solche Besprechung durch ein Band aufnehmen zu lassen, das man dann, redigiert, publizieren könne. Herr von Wehrenalp nahm diese Anregung auf, und so trafen sich am 13. April 1969 in dessen Wohnung die Abgeordneten Helmut Schmidt (SPD), Walter Scheel (F.D.P.) Hans Dichgans (CDU) sowie Ludwig Rosenberg als Sprecher des DGB. Man hatte dazu noch Heiner Radzio, Redakteur beim „Handelsblatt" eingeladen, der später die Redaktion übernehmen sollte. Als der Rohentwurf fertig war, hatte sich die politische Lage verändert. Walter

Scheel war Bundespräsident geworden, Helmut Schmidt Bundeskanzler, und nur bei Ludwig Rosenberg und mir waren keine Rangerhöhungen vorgekommen. Die Autoren zweifelten zunächst, ob es richtig sei, den Text jetzt noch, in der neuen Konstellation, zu veröffentlichen, und das Nachdenken darüber dauerte einige Zeit. Walter Scheel entschied die Frage am Ende mit dem biblischen Satz „Quod scripsi, scripsi". Das Buch wurde sogar ins Schwedische übersetzt.

Wirtschafts- und Sozialrat

Arbeitgeber und Arbeitnehmer haben oft gegensätzliche Interessen. Der Streit läßt sich am ehesten in einem Kompromiß lösen, wenn die Sprecher der beiden Gruppen einander gut kennen; wenn die Verhandlungen sich in einem Klima abspielen, das auch Elemente von persönlichem Vertrauen, von Wertschätzung enthält. Ich habe das sowohl in der Tagespraxis der deutschen Stahlindustrie als auch im Beratenden Ausschuß Kohle und Stahl in Luxemburg erlebt. Institutionen, welche die Sozialpartner immer wieder routinemäßig zusammenführen, nicht nur dann, wenn Streitpunkte zu schlichten sind, können Kapital an gegenseitigem Vertrauen aufbauen.
Ich hatte schon Anfang der Sechziger Jahre die Frage gestellt, ob nicht auch in der Bundesrepublik die Institution eines Wirtschafts- und Sozialrates geschaffen werden sollte, bestehend aus Produzenten, Arbeitnehmern und Verbrauchern, wie er z. B. in Frankreich seit langem arbeitete.
§ 3 des Stabilitätsgesetzes vom 8. 6. 1967 hatte in der Bundesrepublik die „Konzertierte Aktion" geschaffen, zu der die Bundesregierung die Sprecher der großen sozialen Gruppen zusammenholen sollte. Ludwig Erhard hatte lange Widerstand geleistet, weil er in einer solchen Einrichtung eine Abweichung von den Grundsätzen der Marktwirtschaft sah, am Ende aber zugestimmt.
Diese Konzertierte Aktion konnte nicht das leisten, was von einem Wirtschafts- und Sozialrat erwartet werden durfte. Die Bundesregierung hatte es in der Hand, den Ausschuß einzuberufen oder auch nicht. Die Teilnahme war freiwillig. Ganze Gruppen konnten sich aus den Beratungen zurückziehen. So kam die Konzertierte Aktion zum Erliegen, als die Gewerkschaften durch Fernbleiben gegen eine Klage der Arbeitgeber beim Bundesverfassungsgericht protestieren wollten. Die Konzertierte Aktion wurde dann durch persönliche Einladungen des Bundeskanzlers ersetzt, wobei jedoch die Besetzung oft wechselte.
Ein Wirtschafts- und Sozialrat wird dagegen in einer Besetzung konstituiert, die für die gesamte Amtsperiode gilt. Er wählt seinen eigenen Präsidenten, hat sein eigenes Sekretariat und ist deshalb weniger störanfällig als eine Organisation, die vom guten Willen vieler Beteiligter lebt. Ich hatte im Beratenden Ausschuß Kohle und Stahl gute Erfahrungen gemacht. Er brachte

nicht nur Sachverstand in die amtlichen Beratungen hinein, Kenntnisse über Einzelheiten, die bei den Beamten nicht ohne weiteres erwartet werden konnten. Wichtiger war noch, daß man ständig mit den Kollegen aus anderen Ländern, anderen Sparten, zusammenkam. Die Wirkung der Arbeit beruhte auf einem Klima menschlicher Gleichberechtigung und gegenseitigen Respekts. Die wichtigste Funktion dieses Ausschusses bestand darin, eine Atmosphäre zu schaffen, die der Bildung von Konsens günstig war.

Aus diesen Erfahrungen heraus hielt ich es für wünschenswert, etwas Ähnliches auch in der Bundesrepublik zu schaffen. Ich brachte diesen Gedanken ins Gespräch, stieß aber sofort auf Widerstand. Die erste Reaktion vieler Abgeordneten-Kollegen: Politik sei Aufgabe des gewählten Bundestages; man dürfe die Verantwortlichkeiten nicht verwischen, kein Nebenparlament der sozialen Gruppen entstehen lassen. Mein Einwand, wir ließen uns doch ständig von den sozialen Gruppen beraten, und die Geschäftsordnung der Bundesregierung sehe die Anhörung dieser Gruppen sogar ausdrücklich vor, fruchtete nichts. Formloses Anhören, das sei etwas anderes als eine Institution.

Aber auch meine Kollegen aus der Wirtschaft verhielten sich durchweg ablehnend. Sie sahen in der Einrichtung eines Wirtschafts- und Sozialrates einen Ausbau der Mitbestimmung, die sie vermeiden wollten. Insbesondere fürchteten sie, daß ein Wirtschafts- und Sozialrat auf Bundesebene früher oder später zu einem Unterbau führen würde, der zu einer paritätischen Besetzung auch der Industrie- und Handelskammern führen könnte. Ich hielt dieses Argument nicht für überzeugend: wenn es im Bundestag eine Mehrheit gab, die eine Paritätisierung der Industrie- und Handelskammern beschloß, eine Maßnahme, die auch ich für unzweckmäßig hielt, so würde diese Mehrheit ihren Willen durchsetzen, ob es nun einen Wirtschafts- und Sozialrat gab oder nicht.

So formulierte ich einen Gesetzentwurf mit Unterstützung des ehemaligen Staatssekretärs Ludwig Kattenstroth, mit dem ich seit langem befreundet war, und ich fand in der Fraktion auch die Unterschriften, die für einen Initiativantrag notwendig waren. Vom Arbeitnehmerflügel die Kollegen Russe, Dr. Arnold, Breidbach, Katzer, Mick und Varelmann, von den Industriellen Dr. Becker (Mönchengladbach) und Dr. Unland, beide aus der Textilindustrie, Frhr. von Weizsäcker und auch Dr. Gruhl hatten mit unterzeichnet; von den Damen Frau Dr. Erika Wolf und Frau Schroeder (Detmold). Eine bunte Mischung also. Theo Blank, der Sprecher unseres Arbeitnehmerflügels, unterstützte mich kräftig und war bereit, mit in den „Kopf" der Bundestagsdrucksache zu gehen, in die Liste der Namen, unter denen eine solche Initiative amtlich zitiert wird.

Die Fraktion CDU/CSU war von meiner Absicht wenig erfreut. Sie beschloß, die Sache müsse gründlich vorgeprüft werden, in zwei Arbeitskreisen, dazu noch in einem Spezialausschuß. Geduldig nahm ich an allen diesen Diskussionen teil. Als es nichts mehr zu diskutieren gab, hieß es, jetzt stehe nunmehr gerade die Wahl in Baden-Württemberg bevor, wo die Wähler, der Mitbestimmung abgeneigt, eine solche Aktion besonders unfreundlich aufnehmen würden. Ich habe auch das wieder abgewartet, aber hinterher begannen neue Verhandlungen, und ich stellte die Frage, ob das Initiativrecht, das die Geschäftsordnung des Bundestages gewähre, nun nur mit Genehmigung der Fraktion ausgeübt werden dürfe. So sei es nicht, erhielt ich zur Antwort, aber es sei doch wohl selbstverständlich, daß man sich um ein freundschaftliches Einverständnis der Fraktion bemühen sollte. Dazu war ich nach wie vor bereit, aber es zeigte sich, daß die Fraktion nicht bereit war, diese Initiative passieren zu lassen. Ich teilte das allen Mitunterschreibern mit und stellte ihnen die Frage, ob sie damit einverstanden wären, wenn ich gleichwohl von den Rechten, die die Geschäftsordnung uns gab, Gebrauch machte, und den Antrag ohne den Segen der Fraktion einreichte. Alle stimmten ausdrücklich zu. So wurde unser Gesetzesvorschlag als Bundestagsdrucksache VI/2514 vom 16. August 1971 ausgedruckt. Aber damit war, wie sich bald zeigte, nichts gewonnen. Sie mußte ja mindestens in eine erste Lesung kommen, um an einen Ausschuß überwiesen zu werden. Ich hatte das für problemlos gehalten. In beinahe jeder Sitzung kommen Vorlagen in eine erste Lesung und werden ohne Aussprache dem Ausschuß überwiesen. Aber die CDU/CSU war nicht bereit, auch nur eine erste Lesung zuzulassen, wobei allerdings zu bedenken ist, daß der Streit um die Deutschland- und Polenpolitik und dann die vorzeitige Auflösung des Bundestages die verfügbare Zeit beschnitten.

Nun hätte ich jederzeit im Plenum selbst einen Antrag stellen können, die Tagesordnung um diesen Punkt zu ergänzen. Kollegen von der SPD hatten mir versichert, sie würden für einen solchen Antrag stimmen. Aber Aktionen dieser Art, gegen den Willen der eigenen Fraktion unternommen, waren extrem selten. Ich kann mich an keinen einzigen Fall erinnern. Und da überdies auch meine Freunde von der Wirtschaft der Idee eines Wirtschafts- und Sozialrates überwiegend mit Ablehnung gegenüberstanden, fand ich nicht die genügende Motivation, hier nun bis zum Äußersten zu kämpfen, nicht zuletzt in der Erwägung, daß die Überweisung an den Ausschuß ja auch noch nichts nutzte, wenn er dort nicht zügig behandelt würde. So ging der Antrag dann am Ende der vorzeitig abgebrochenen 6. Legislaturperiode automatisch unter. Er ist in die wissenschaftliche Literatur zum Thema „Wirtschafts- und Sozialrat" eingegangen, und ich höre immer wieder, daß es energische junge Abgeordnete gibt, die ihn wieder aufnehmen möchten. Bisher ist das aber nicht geschehen.

Die Interparlamentarische Arbeitsgemeinschaft

Eine politische Entscheidung wird umso tragfähiger, je breiter der Konsens reicht, auf dem sie ruht. Nun faßt der Bundestag bis heute die meisten seiner Beschlüsse mit großen Mehrheiten. Aber die Struktur Regierung/Oppo-

sition ist auf Streit angelegt, insbesondere dann, wenn das Fernsehen zuschaut.
Im parlamentarischen System der Bundesrepublik gibt es nun eine besondere Einrichtung, deren Arbeit ausschließlich auf die Herstellung von politischem Konsens zieht, die Interparlamentarische Arbeitsgemeinschaft (IPA). Im Jahre 1952 schlossen sich in München Abgeordnete aus dem Bundestag und aus allen Landtagen zusammen, mit dem Ziel, jenseits des Streites der Parteien nach einverständlichen Lösungen zu suchen. Dabei geht es insbesondere auch darum, Konsens zwischen dem Bundestag und den Länderparlamenten zu erreichen, die ja sonst unabhängig voneinander agieren.
Die größten Erfolge hatte die IPA im Bereich von Neuland, wo es zunächst noch keine politisch fixierten Gegensätze gab. Sie war das erste Gremium, das sich mit dem damals abseitigen Bereich des Umweltschutzes befaßte.

Der Vorstand bestand und besteht satzungsgemäß je zur Hälfte aus Abgeordneten des Bundestages und der Landesparlamente. Jedes Land hat in diesem Vorstand einen Sitz.
Wenn sich zeigt, daß sich politischer Konsens nicht erreichen lassen wird, verschwindet das Problem aus dem Arbeitsbereich der IPA und bleibt dem Streit der Parteien in den Parlamenten überlassen. Wenn aber eine Konsensbereitschaft sichtbar wird, so geht das Thema an eine der Kommissionen der IPA, von denen es im Jahre 1979 acht gab, für Fragen der Umweltpolitik, Gesundheitspolitik, Energiepolitik, Parlamentsreform, Massenmedien, Bildung, Wissenschaft und Forschung, Wechselbeziehungen zwischen dem deutschen und dem europäischen Recht, elektronische Datenverarbeitung.
Diese Kommissionen bemühen sich dann um einen Text, von dem sie glauben, daß alle Fraktionen ihm zustimmen werden.
Wenn die Fraktionen zustimmen, kommt der Text bei Bundessachen als Initiativantrag des Vorsitzenden der IPA und seiner Stellvertreter — traditionell je ein Vertreter der drei großen Fraktionen — als Drucksache zum Bundestag. In den Landtagen läuft die Initiative in gleicher Weise unter drei Namen von Mitgliedern der IPA, die diesem Landtag angehören. Die drei Namen machen jeweils deutlich, daß die IPA hinter diesem Vorschlag steht.
Der erste Vorsitzender der IPA war der bayrische Abgeordnete Fürst Fugger von Glött gewesen, Mitglied der CSU. 1961 führte Dr. Otto Schmidt (Wuppertal) den Vorsitz, den ich als Vorsitzenden des Finanzausschusses kennengelernt hatte. Er gewann mich für eine Mitarbeit.
Die Geschäfte führte dort Wolfgang E. Burhenne, Jahrgang 1924. Er war als Soldat in Rußland schwer verwundet worden. Trotz hoher Kriegsauszeichnungen wurde er im März 1942 im Standortlazarett Dachau verhaftet und mehr als ein Jahr in Einzelhaft gehalten, wegen Unterstützung von KZ-Häftlingen und Beschaffung von Waffen für den Untergrund. Im April 1945 konnte er fliehen. Studienjahre in München. 1948 Referent im Bayerischen

Staatsministerium für Ernährung, Landwirtschaft und Forsten. Da er sich weigerte, an der amerikanischen Politik mitzuwirken, welche das Jagdrecht des Grundeigentümers entschädigungslos enteignen wollte, schied er aus dem Dienst des Ministeriums aus, übernahm aber eine Beratung des Bayerischen Landtages bei der Ausarbeitung des bayerischen Jagdgesetzes, entgegen den Vorstellungen der Militärregierung. Der Bayerische Ministerpräsident wurde auf ihn aufmerksam und beteiligte ihn an der Vorbereitung verschiedener Bundesgesetze.

1950 kam er dann als erster deutscher Vertreter in die Generalversammlung der International Union for Conservation of Nature and Natural Resources (IUCN) in Brüssel. Dort erreichte er die Aufnahme der Bundesrepublik in die IUCN. An den Beratungen dieser Körperschaft hat er dann weltweit immer wieder teilgenommen. 1958 wurde er dort Finanzberater im Exekutivausschuß der IUCN, 1960 Vorsitzender des IUCN-Ausschusses für Fragen des Umweltrechts.

Damit knüpfte er an die Tätigkeit an, die er als Geschäftsführendes Vorstandsmitglied der IPA dort von Anfang an intensiv betrieben hatte. Diese Tätigkeit brachte ihn auch in den Vorstand mehrerer Stiftungen, insbesondere des Fonds für Umweltstudien (FUST), an dessen Zustandekommen er entscheidend beteiligt war.

Im Auftrage des Fonds für Umweltstudien, der durch eine große Spende eines Unternehmens der Industrie entstanden war, organisierte er seit 1970 internationale Parlamentarier-Konferenzen zu Umweltfragen in Bonn, Wien, Nairobi und Kingston/Jamaica, verbunden mit einer umfangreichen Reihe von Arbeiten zu diesem Thema.

Als ich 1961 in den Bundestag kam, galten die Fragen des Umweltschutzes noch als ein entlegenes Randgebiet. Auch das Wort war, wie erwähnt, damals noch kaum bekannt.

Als mich 1969 der neue Abgeordnete Dr. Herbert Gruhl um Rat fragte, welchem Thema er sich wohl im Bundestag zuwenden sollte, sagte ich ihm, die großen politischen Themen seien naturgemäß alle in der Hand von älteren Kollegen, und dort brauche ein neuer Abgeordneter erhebliche Zeit, um sich nach vorne zu arbeiten. Dagegen hielt ich den Umweltschutz für ein Thema, das noch zu wenig bearbeitet sei. Er folgte meinem Rat.

Eines der Umwelt-Ärgernisse der damaligen Zeit war die Schaumschicht, die sich auf den langsam fließenden Gewässern zeigte, gelegentlich selbst in großen Schaumflächen auf dem Rhein, Folge einer ungünstigen Wirkung der allzu vielen Chemikalien, die in zunehmendem Maße in die Flüsse eingeleitet wurden. Die IPA entwickelte einen Gesetzentwurf, der die Verwendung bestimmter schaumbildender Chemikalien verbot. Die Industrie wehrte sich mit der Begründung, dieses Gesetz würde große Betriebe der deutschen chemischen Industrie wirtschaftlich ruinieren. Aber die IPA ließ sich nicht abschrecken. Das Gesetz wurde vom Bundestag beschlossen und hatte eine unerwartete Wirkung. Die deutschen Chemiker ließen sich rasch neue Mittel einfallen, welche die gleiche Wirkung hatten wie die früheren, jedoch keinen Schaum mehr bildeten. Diese Verfahren wurden patentiert. Als nun wenige Jahre später der Kampf gegen den Schaum auf den Wasserflächen auch in den übrigen Ländern der westlichen Welt aufgenommen wurde, waren die dortigen chemischen Industrien gezwungen, sich der deutschen Patente zu bedienen. Auf diese Weise sind den Unternehmungen, die zunächst gegen das Gesetz gekämpft hatten, späterhin erhebliche Lizenzeinnahmen zugeflossen.

Als Dr. Otto Schmidt 1969 den Vorsitz niederlegte, folgte ihm Martin Hirsch (SPD), später Richter des Bundesverfassungsgerichtes, und danach Erwin Schoettle, langjähriger Vorsitzender des Haushaltsausschusses. Ich war von 1969–1972 stellvertretender Vorsitzender.

Als Beispiel für die Arbeit der IPA soll noch ein Gesetz behandelt werden, dessen erster Entwurf von mir stammt, das Fluglärmgesetz.

Das Fluglärmgesetz

Ich wohnte in der Nähe des Flughafens Düsseldorf-Lohausen und hatte mich oft darüber geärgert, daß bellende Hunde Strafverfügungen auslösten, während der viel schrecklichere nächtliche Fluglärm der Düsenmaschinen sich schrankenlos ausbreitete. Besprechungen mit dem Düsseldorfer Flughafen ließen mich bald erkennen, daß alle Vorschläge, den Luftlärm einzudämmen, auf erbitterten Widerstand der Interessenten stießen.

Ich erinnere mich an meine ersten Besprechungen über ein Nachtstartverbot. Es wurde abgelehnt mit der Begründung, der nächtliche Flugverkehr sei schon wegen des Postverkehrs unentbehrlich, damit die abends eingeworfenen Briefe am nächsten Morgen in allen deutschen Großstädten verteilt werden könnten. Mein Einwand, ich könnte nicht verstehen, warum dieses System auch für die Dortmunder Post funktioniere, wo es ja keinen Flughafen gäbe; die Entfernung von Düsseldorf nach Köln-Wahn sei doch nicht länger als die Entfernung von Dortmund. Aber damit machte ich keinen Eindruck. Mein Vorschlag, besonders lautstarke Flugzeugtypen durch erhöhte Start- und Landegebühren abzuschrecken, wurde als Verstoß gegen internationale Abkommen bezeichnet und deshalb als unausführbar zurückgewiesen. Niemand konnte mir allerdings die einschlägigen Bestimmungen dieses Abkommens zeigen.

Aber dann überdachte ich die Möglichkeit, die ich als Mitglied einer gesetzgebenden Körperschaft haben könnte, und machte mich daran, einen ersten Entwurf eines Gesetzes gegen Luftlärm zu Papier zu bringen. Das war im Jahre 1965.

Otto Schmidt riet mir, die Sache der IPA zu übergeben, in deren Programm „Umweltschutz" das Thema gut hineinpasse.

Unter dem 2. März 1966 brachte daraufhin die IPA ihren Entwurf eines Gesetzes gegen Fluglärm in der Umgebung von Flughäfen unter Führung ihres Vorsitzenden Dr. Otto Schmidt (Wuppertal) mit zahlreichen Unterschriften in den Bundestag ein. Aber in der 5. Wahlperiode blieb das Gesetz unerledigt liegen. Bei Beginn der 6. Wahlperiode brachten dann die SPD und die F.D.P. ein Gesetz unter der gleichen Bezeichnung ein, das als Drucksache VI/4 (neu) eine der ersten Drucksachen der Periode wurde. Das Fluglärmgesetz wurde dann am 30. März 1971 verkündet.

Dieses Gesetz entsprach durchaus nicht der Regelung, die ich in meinem ersten Entwurf formuliert hatte. Es hatte sich als unmöglich erwiesen, Luftlärm mit den Maßstäben zu werten, die der Umweltschutz für Industrielärm seit langem erfolgreich durchgesetzt hatte. Die Flughäfen waren heilige Kühe geworden, die man nur möglichst wenig behindern durfte. Aber das Gesetz veränderte rasch das allgemeine Bewußtsein. Zu meiner Überraschung kam nach einiger Zeit auch in Düsseldorf ein Nachtstart- und Nachtlandeverbot, ohne daß die rasche Postbeförderung darunter gelitten hätte. Auch die Start- und Landegebühren für die lautstarken Typen wurden erhöht. Offenbar hatten die Juristen Auswege gefunden. Die Flughafengesellschaften stellten plötzlich große Beträge für Lärmschutz bereit.

Die Gesetzgebung, die durch das Fluglärmgesetz in Gang gekommen ist, hat die Probleme noch nicht in einer menschlich erträglichen Form gelöst, aber sie hat eine Entwicklung angestoßen. Wir können nur hoffen, daß sie im Sinne einer Humanisierung der Umwelt, von der so oft die Rede ist, weitergeht.

Rechtspolitik

Nach der Wahl 1969 hatte ich auf meinen Sitz im Straßburger Parlament verzichtet, um mich in meiner dritten und, wie ich damals schon plante, letzten Legislaturperiode stärker der Arbeit in Bonn zu widmen. Mir lag daran, die Erfahrungen einer achtjährigen Mitarbeit an deutscher und europäischer Gesetzgebung zu überdenken, mit der Frage, ob deren Philosophie und Methodik verändert werden könnte. Für solche Überlegungen bot sich ein Platz im Rechtsausschuß des Bundestages an, in dem die Grundsatzprobleme aller Gesetzgebung ständig durchlaufen.

Den jungen Vorsitzenden Dr. Carl Otto Lenz kannte ich gut aus gemeinsamer Arbeit in Straßburg. Er war bis 1965 dort Geschäftsführer der europäischen christdemokratischen Fraktion gewesen.

Die Mitglieder des Rechtsausschusses waren durchweg ruhige Leute, gute Juristen, denen die Arbeit an rechtlicher Perfektion Freude machte, Kollegen, mit denen man sachlich diskutieren konnte, auch dann, wenn sich aus verschiedenen Grundhaltungen der Fraktionen Differenzen ergaben.

Aber es zeigte sich bald, daß der Rechtsauschuß bei allen wichtigen politischen Fragen nur die Aufgabe der Formulierung hatte, während die Entscheidung über die Sache an anderer Stelle fiel.
In jenen Jahren hatte die anti-autoritäre Welle auch das Strafrecht, das Strafprozeßrecht und die Rechtspraxis erreicht. Der Aufstand radikaler Studentengruppen, der im Mai 1968 in Paris begonnen hatte, brachte rasch auch in deutschen Universitäten, auf deutschen Straßen und Plätzen, in deutschen Gerichtssälen, Szenen, wie wir sie seit Jahrzehnten nicht mehr erlebt hatten.
Die Mehrheit der Politiker glaubte damals, man dürfe keinesfalls mit Strenge reagieren, sondern müsse im Gegenteil Strafrecht und Strafprozeßrecht liberal gestalten. Die unterschiedliche Philosophie wurde besonders deutlich beim Streit um die Novellierung der Bestimmungen über Landfriedensbruch. Seit dem vorigen Jahrhundert stand unangefochten im deutschen Strafgesetzbuch folgende Bestimmung (§ 125):

> „Wenn sich eine Menschenmenge öffentlich zusammenrottet und mit vereinten Kräften gegen Personen oder Sachen Gewalttätigkeiten begeht, wird jeder, welcher an dieser Zusammenrottung teilnimmt, wegen Landfriedensbruchs mit Gefängnis nicht unter drei Monaten bestraft."

Wer bei gewalttätigen Zusammenrottungen eine Aufforderung der Polizei mißachtete, den Kampfplatz zu verlassen, machte sich damit strafbar.
Das schien plötzlich eine unerträgliche Beschränkung der Freiheit zu sein. Strafbar sollte nur derjenige bleiben, dem man persönlich eine Straftat nachweisen konnte.
Bevor die Änderung beschlossen wurde, veranstaltete der Rechtsausschuß des Bundestages eine Anhörung. Dabei erschienen eine Reihe von Polizeipräsidenten, einige davon seit vielen Jahren erklärte Anhänger der SPD. Sie hatten ein ganzes Arsenal von Waffen mitgebracht, die in der letzten Zeit beschlagnahmt worden waren, nach gewalttätigen Aktionen. Nicht nur Revolver und Messer, sondern auch schwere Stangen, Betoneisen, Fahrradketten und vieles andere. Sie berichteten nüchtern über das, was vorkam. Eine Menschenmenge, zusammengerottet oder auch untergehakt, stürmte irgendwo vor, zerstörte Fensterscheiben und Autos, und wenn dann die Polizei ankam, wurden die Waffen auf den Boden geworfen und die Beteiligten schwiegen beharrlich.
Es war naturgemäß unmöglich zu beweisen, welcher der Teilnehmer mit der Betonstange das Schaufenster zerstört hatte. Die Polizeipräsidenten empfahlen übereinstimmend dringend, es bei der bisherigen Rechtslage zu belassen. Aber die Mehrheit des Bundestages entschied anders.
Die Großzügigkeit, die der Gesetzgeber gegenüber Gewalttätern zeigte, wurde begleitet durch ein entsprechendes Verhalten ordentlicher Gerichte. In Bochum fuhr ein Student, dem ein Parkwächter die Einfahrt in den Park-

platz für Dozenten verstellen wollte, den Wächter kurzerhand zu Boden. Er wurde verletzt. Das Strafverfahren wurde jedoch eingestellt, weil „die Schuld des Täters gering und die Folgen der Tat unbedeutend gewesen seien". Ich stellte mir die Frage: was wäre wohl geschehen, wenn ich auf einem Düsseldorfer Parkplatz einen Parkwächter zu Boden gefahren hätte, der mich nicht hätte hereinlassen wollen. Aber hinsichtlich gewalttätiger Studenten hatte sich inzwischen eine Stimmung entwickelt, die Straffreiheit für das normale Ergebnis hielt. Darüber habe ich mit dem damaligen nordrhein-westfälischen Justizminister Dr. Neuberger korrespondiert, einem Juristen, den ich sehr geschätzt habe. Ich erhielt eine vorsichtige Antwort, in der u. a. darauf hingewiesen wurde, es sei kein Strafantrag gestellt worden. Nun, wenn jemand, der sich einem offenen Rechtsbruch entgegenstellt, zu Boden gefahren werden darf, ohne daß die Staatsanwaltschaft dagegen von Amts wegen einschreitet, ist es dann nicht ganz natürlich, daß dieser Jemand sich vor weiteren Repressalien fürchtet, für den Fall, daß er gegen den Übeltäter Strafanzeige erstattet?

Weil ich die Störungen der Gerichtsverhandlungen durch organisierte Tumulte besonders ärgerlich fand, brachte ich am 22. Januar 1969 den Antrag V/3743 ein, einen Antrag der Abgeordneten Dichgans, Dr. Lenz (Bergstraße), Dr. Jaeger und der Fraktion der CDU/CSU. Das Gesetz, das ich vorschlug, sollte die Möglichkeit schaffen, daß Kollegialgerichte bei Ungebühr in einer Sitzung Haftstrafen bis zu sechs Wochen verhängen konnten. Ferner sollte in das Strafgesetzbuch zum § 125 ein Absatz 3 eingefügt werden:

> „Geschieht die Zusammenrottung in der Absicht, auf die Rechtsprechung einzuwirken, so ist in den Fällen des Absatzes 1 auf Gefängnis nicht unter einem Jahr zu erkennen."

In der Plenarsitzung vom 24. Januar 1969 habe ich diesen Antrag begründet. Er wurde an den Rechtsausschuß überwiesen, fand aber dort keine Mehrheit.

In diesen stürmischen Zeiten besuchte ich auch einmal die Freie Universität Berlin und betrachtete dort mit Staunen die Schmierereien, die sich die Berliner Bürger im Otto-Suhr-Institut anzusehen pflegten, als eine Art von Besuch in einer modernen Schreckenskammer. Ich stellte dazu die Frage, wie man eigentlich gegen Studenten vorgehe, wenn man ausnahmsweise einmal den einen oder anderen bei einer solchen Schmiererei erwische. Die überraschende Antwort: man unternehme gar nichts. Man empfinde es nämlich als ein Unrecht, die wenigen Übeltäter, die man fasse, zu bestrafen oder auch nur zum Ersatz des Schadens zu verpflichten, ein Unrecht im Vergleich zur Behandlung der übrigen, die man nicht ertappe. Und das sei doch die weitaus überwiegende Mehrheit. Deshalb dürfe man, aus einem Gesichtspunkt höherer Gerechtigkeit, auch nicht gegen die Sünder vorgehen, die der Polizei ins Garn gingen.

Die Hochschulverwaltung war also ebenso bereit, sich in die allgemeine Entwicklung zu einer weitgehenden Permissivität einzufügen, wie der Bochumer Richter.

Bundestag und Bundesverfassungsgericht

Die Arbeit im Rechtsausschuß bot mir immer wieder Anlaß, mich mit der Frage der Abgrenzung von Recht und Politik zu befassen, mit der Frage, wieweit das Bundesverfassungsgericht legitimiert sei, seine eigenen Meinungen über den zweckmäßigen Gehalt von Gesetzen dem Bundestag aufzuzwingen.
Nun mag man sagen, unser Grundgesetz müsse unter allen Umständen gewahrt bleiben. Das ist sicher richtig. Aber was ist nun der Inhalt dieses Grundgesetzes? Wenn sich alle Richter des Bundesverfassungsgerichts einig sind, dann kann man mit hoher Wahrscheinlichkeit davon ausgehen, daß ihre Position auch juristisch unangreifbar ist. Aber wie ist es, wenn dieses Urteil von vier Richtern getragen wird, gegen die abweichende Meinung von drei anderen Richtern?
Bei den großen Debatten über das Bundesverfassungsgericht konnte, was sonst nur selten vorkommt, die gesamte Problematik im Plenum breit erörtert werden[7].
Das Thema hat mich intensiv beschäftigt. In einem größeren Aufsatz „Recht und Politik in der Judikatur des Bundesverfassungsgerichtes", geschrieben für die Festschrift für den Bundesverfassungsrichter Willy Geiger „Menschenwürde und freiheitliche Rechtsordnung", habe ich meine Auffassung im Jahre 1974 noch einmal dargestellt.

Revision des Grundgesetzes

In der zweiten Hälfte der Sechziger Jahre kam es zu einer rasch steigenden Zahl von Änderungen unseres Grundgesetzes. Am 4. Dezember 1968 sagte ich dazu im Plenum:

> „Die Änderungen des Grundgesetzes haben inzwischen das Tempo von zwei im Monat erreicht. Angesichts der Vorschläge, die noch in den

---

[7] Meine Überlegungen zur Frage der Rechtsgewißheit legte ich am 2. Dezember 1970 dar. Vgl. Stenographische Berichte, 6. Wahlperiode, 81. Sitzung; zur Gesamtproblematik hatte ich mich schon in der ersten Lesung des Gesetzes am 12. Februar 1969 geäußert; Vgl. Stenographische Berichte, 5. Wahlperiode, 215. Sitzung. In der dritten Lesung am 13. März 1970 habe ich dann noch einmal ausführlich Stellung genommen; Vgl. Stenographische Berichte, 6. Wahlperiode, 38. Sitzung.

Ausschüssen liegen, werden wir das Tempo im nächsten Jahr noch beschleunigen müssen. Ich frage mich, wie solche Serien von Grundgesetzänderungen, die Änderungen zur Routine werden lassen, auf die Dauer auf das Ansehen des Grundgesetzes, das Ansehen der politischen Führung wirken müssen.

Wir haben es erreicht, daß zur Zeit in der Bundesrepublik kaum mehr jemand im Besitz der geltenden Fassung des Grundgesetzes ist. Die Grundgesetztexte, die wir an die Schüler verschenken, sind sämtlich falsche Texte."

Die Änderungen kamen aus verschiedenen Wurzeln. Da gab es zunächst den Komplex Föderalismus. Es hatte sich gezeigt, daß die Aufteilung der Aufgaben, wie sie die ursprüngliche Fassung des Grundgesetzes vorgenommen hatte, den immer komplizierteren Verflechtungen nicht gerecht wurde. Man fand neue Lösungen, die dem Bund neue Zuständigkeiten gaben, und schrieb das alles ausführlich in den Text des Grundgesetzes hinein, mit der Folge, daß die neugefundene Lösung schon nach einigen Jahren erneut Gegenstand zweifelnder Fragen war.

Ein zweiter Komplex betraf die Fälle, in denen das gegenwärtige Parlament es zukünftigen Parlamenten erschweren wollte, die Probleme anders zu behandeln als das gegenwärtige. So kamen Einzelheiten über Wehrdienst und Wehrdienstverweigerung in das Grundgesetz hinein, über die man in der Sache sehr verschiedener Meinung sein konnte. Aber es wurde jedenfalls erreicht, daß der damals anvisierte Rechtszustand, in den viele Emotionen eingeflossen waren, in Zukunft nur mit übereinstimmenden Zweidrittel-Mehrheiten in Bundestag und Bundesrat korrigiert werden kann. Am liebsten hätte man ein Gesetz beschlossen des Inhalts, daß eine Änderung dieser Bestimmungen überhaupt für alle Zeiten verboten werde.

Mir ging es nicht so sehr um die Regelung im Einzelfall. Ich meinte nur, man müsse, wenn man das Grundgesetz ändere, sich auch einmal Gedanken darüber machen, ob der Text, der im Jahre 1948 vom Parlamentarischen Rat in einer völlig anderen Lage, in wenigen Monaten formuliert worden war, im ganzen offensichtlich ein guter Text, nicht einer Überprüfung bedürfte.

Der Parlamentarische Rat hatte seinen Text als Provisorium betrachtet. Deshalb war auch das Wort „Verfassung" vermieden worden. Man hatte den neutralen Ausdruck „Grundgesetz" gewählt.

Dieses Grundgesetz schließt mit dem Artikel 146, der folgenden Wortlaut hat:

„Dieses Grundgesetz verliert seine Gültigkeit an dem Tage, an dem eine Verfassung in Kraft tritt, die von dem Deutschen Volk in freier Entscheidung beschlossen worden ist."

Die Väter des Grundgesetzes rechneten damit, daß die Wiedervereinigung in nicht allzu ferner Zeit kommen würde. Nachdem sich nun herausgestellt hatte, daß sie in unabsehbare Ferne gerückt war, sollte das nicht ein Anlaß sein, das damals beschlossene Provisorium darauf zu überprüfen, ob es wirklich ein Definitivum bleiben solle: oder ob man nicht den Gesamtkomplex der Verfassungsproblematik 25 Jahre nach der ersten Redaktion noch einmal überprüfe[8]?

Aber das Papier war nicht so schnell verfügbar, wie der Kollege Moersch das angekündigt hatte. Die Diskussion führte dann zur Einsetzung einer Enquête-Kommission Verfassungsreform, beantragt von dem Abgeordneten Dr. Carl Otto Lenz (Bergstraße) und der Fraktion der CDU/CSU. Sie bestand aus 21 Mitgliedern: 7 Mitglieder des Bundestages, 7 Mitglieder als Vertreter der Länder und 7 Professoren, Experten des Verfassungsrechts.

In der Diskussion, die der Einsetzung der Enquête-Kommission voranging, war ich in ein Schußfeld geraten. Ich hatte mehrfach darauf hingewiesen, daß die Schweizer Verfassung seit 100 Jahren die Möglichkeit einer „Totalrevision", im Unterschied von der auch dort praktizierten Änderung in Einzelfällen, im Verfassungstext vorsieht. Dazu habe ich dann am 4. Juni 1970 im Plenum Stellung genommen[9].

Ich habe der Enquête-Kommission in der sechsten Legislaturperiode von Ende 1971 bis zum Ablauf der Periode im Herbst 1972 angehört.

Die Sitzungen, die meist an Freitagnachmittagen stattfanden, gelegentlich auch in ganztägigen Beratungen, blieben mir in sehr guter Erinnerung. Professor Friedrich Schäfer (Tübingen) als Vorsitzender der Kommission, Carl Otto Lenz (Bergstraße) als Vertreter. Beide vorzügliche Leiter der Verhandlungen ohne autoritäre Ansprüche, beide befähigt, die Diskussion rationell in Gang zu halten. Im ganzen: Juristen unter sich, alle lebhaft an den Problemen der Verfassungsreform interessiert, durchweg solide auf das Thema vorbereitet, das zur Debatte stand.

Die Kommission hat in der siebten Legislaturperiode dann eine Reihe von Vorschlägen ausgearbeitet, über die Bund und Länder verhandeln, Vorschläge für eine neue Abgrenzung der Kompetenzen zwischen Bund und Ländern.

Aber die Vorschläge enthalten nichts, was die Struktur unseres Grundgesetzes wesentlich verändert. Sowohl die Fraktionen des Bundestages als auch die der Länder waren entschlossen, eine Ausweitung der Diskussion auf eine allgemeine Fragestellung: „Kann man die Verfassung der Bundesrepublik nicht möglicherweise auch weitgehend anders konstruieren?" nicht zuzulassen.

Ich habe das bedauert und mein Bedauern auch in den Verhandlungen der Kommission ausgedrückt. Nicht, daß ich ernstlich erwartet hätte, eine Diskussion würde uns am Ende zu einer überraschend neuen, überzeugenden

---

[8] Diese Problematik habe ich am 21. März 1969 im Plenum dargelegt; Vgl. Stenographische Berichte, 5. Wahlperiode, 223. Sitzung.
[9] Vgl. Stenographische Berichte, 6. Wahlperiode, 56. Sitzung.

anderen Lösung der Verfassungsproblematik führen. Aber die Diskussion fiel in eine Zeit, in der sich an allen Hochschulen die Kritik an den Grundlagen unseres Systems lautstark artikulierte. Ich hätte es für vernünftig gehalten, die Gelegenheit zu benutzen, um die Wortführer der radikalen Kritik in einer öffentlichen Anhörung zu Wort kommen zu lassen mit der Frage, wie denn nun das Zusammenleben in der Bundesrepublik nach ihren Vorstellungen rechtlich gestaltet werden sollte. Ich war überzeugt, daß bei diesen Diskussionen ebenso wenig Greifbares herauskommen würde wie bei Diskussionen, die ich einzeln geführt hatte. Aber es wäre doch, meine ich, nützlich gewesen, das auch auf höchster Ebene deutlich zu machen. Der Einzige, der diesen Gedanken gelten ließ, war der Vorsitzende Friedrich Schäfer. Im übrigen wollte die Kommission im Rahmen einer juristischen Facharbeit bleiben.

Was ich zu der Thematik im einzelnen zu sagen hatte, findet sich in meinem Buch „Vom Grundgesetz zur Verfassung", Überlegungen mit formulierten Vorschlägen.

Bildungspolitik

Als ich mich in den Fünfziger Jahren mit Politik befaßte, hatte ich, wie erwähnt, als mögliches Endziel an einen Sitz im Landtag gedacht, der mir eine Grundlage für Bildungspolitik hätte liefern können. Der Bundestag beschäftigte sich, als ich 1961 dort eintrat, kaum mit einschlägigen Fragen. Sprecher der CDU für diesen Fragenkreis war Dr. Berthold Martin, ein hochgebildeter Nervenarzt, der zu seinem Vergnügen griechische Texte in der Originalsprache las. Wir freundeten uns rasch an. Sein Interesse galt in erster Linie den Fragen der auswärtigen Kulturpolitik, die in die Zuständigkeit des Bundes fielen. Es gelang mir nicht, ihn für andere Fragen des deutschen Bildungswesens zu aktivieren. Er wollte nicht in Zuständigkeiten der Länder hineinreden, die damals dieses Gebiet allein beherrschten.

Ich hatte mich, durch ausländische Erfahrungen angeregt, schon seit langem über die Überlänge der deutschen Ausbildungszeiten geärgert, sein System, das auf die längste Schulzeit der Welt (13 Jahre bis zum Abitur) dann noch die längsten Hochschulzeiten der Welt aufstockt. Wir halten unsere jungen Leute in ihrem kreativsten Alter viel zu lange im Status des abhängigen Schülers fest, statt ihnen frühzeitig Gelegenheit zu eigenen Initiativen zu geben.

Der Stifterverband hatte 1963 einen meiner Vorträge publiziert, die FAZ brachte am 30. 10. 1963 einen ganzseitigen Aufsatz, dem sie den Titel gab: „Erst mit Dreißig im Beruf?" und diesen Titel übernahm ich dann für ein kleines Buch, das 1965 herauskam: „Der Konferenz der Kultusminister und der Westdeutschen Rektorenkonferenz hoffnungsvoll gewidmet".

Als ich im Jahre 1963 einen Kreuzzug gegen die überlangen Studienzeiten begann, wäre die Bundesrepublik an einer Verkürzung auch wegen der Lage des Arbeitsmarktes stark interessiert gewesen. Wir litten ja unter einem drückenden Mangel an Akademikern. In den Grundschulen mußten „Mikätzchen", angeworbene Hausfrauen, als Lehrer eingesetzt werden, von denen viele sich vorzüglich bewährten. Verkürzung der Studienzeiten auf den Stand des Auslandes hätte uns also rasch einen zusätzlichen, damals sehr erwünschten Schub an Akademikern gebracht.

In der ersten Rede, die ich im Bundestag gehalten habe, am 9. Januar 1964 bei der Debatte über den Bundeshaushalt, schnitt ich dieses Thema im Plenum an[10].

Aber die Mitglieder des Bundestages hielten sich nicht für zuständig, und auch ich hatte ja die primäre Zuständigkeit der Länder hervorgehoben.

Deshalb begab ich mich auf den Weg des Einzelkämpfers, der die Mitbürger anregen will. Ich versuchte meine Hörer in politischen Veranstaltungen zu aktivieren. Nach einem Vortrag im Düsseldorfer Industrieclub verteilte ich an jeden Besucher, der den Saal verließ, 20 Pfennig, mit der Aufforderung, einen Brief an einen Abgeordneten seiner Wahl zu schreiben. Diese Aktion habe ich an einigen anderen Orten wiederholt, und ich werde noch heute nicht selten daran erinnert.

Besonders ging es mir um die Zustimmung von Hochschullehrern. Wie berichtet, hatte mir Eugen Gerstenmaier erste Kontakte mit führenden Männern der Wissenschaft vermittelt. Diese Gespräche konnte ich ausbauen. Sie waren durchweg sehr anregend und führten auch zu einigen freundschaftlichen Verbindungen, insbesondere mit Percy Schramm.

Aber der Grad der Zustimmung, den meine konkreten Vorschläge bei solchen Gesprächen fanden, war sehr unterschiedlich. Ich lernte bald, daß von einem Professor, bei dem das Schwergewicht der Interessen im Bereich seiner Wissenschaft liegt, konkrete bildungspolitische Aktionen nur in seltenen Fällen zu erwarten sind. Meine These, daß unsere Studienzeiten viel zu lang waren, fand durchweg freundliche Zustimmung. Aber niemand mochte sich nun auf diesem Felde mutig für konkrete Maßnahmen einsetzen. Carl Friedrich von Weizsäcker sagte mir in einem substanzreichen Gespräch, sein Feld sei die wissenschaftliche Betrachtung; das Feld der praktischen Politik müsse ich selbst bearbeiten. Fast alle Professoren, mit denen ich sprach, faßten ihre Meinung etwa dahin zusammen, die Sache sei schwierig, und meine Ideen fänden auch im Kreise der Professoren zahlreiche Gegner.

Auf dem Hochschullehrertag in Hannover, auf dem ich die Hauptrede gehalten hatte, verglich mich am 13. 6. 1964 ein leidenschaftlich verärgerter Professor mit einem gutwilligen Amateur, der sich trotz fehlender Kenntnisse ungeschickt um ein Unfallopfer bemüht und diesem dabei versehent-

---

[10] Vgl. Stenographische Berichte, 4. Wahlperiode, 106. Sitzung.

lich den Hals bricht. Aber im Bundestag konnte ich einen überraschenden Erfolg buchen. Mit den notwendigen Unterschriften hatte ich den Entwurf einer Entscheidung eingebracht, die folgenden Wortlaut haben sollte:

> „Der Bundestag hält es für wünschenswert, Stoff und Ausbildungsleistung der Schulen, Hochschulen und des Vorbereitungsdienstes so zu gestalten, daß bei normalem Studiengang das letzte Examen, das zur vollen Berufsreife führt, auch bei Ableistung des Wehrdienstes spätestens mit 26 Jahren abgelegt werden kann".

Am 9. 12. 1964 erhielt ich im Plenum Gelegenheit, meinen Antrag zu begründen[11]. Die Entschließung wurde daraufhin einstimmig angenommen. Aber in der Praxis änderte sich kaum etwas.

Verkürzungen der Studienzeiten

Wenn in Bundesgesetzen von Studienzeiten die Rede war, stieg ich stets kämpfend auf die Rednertribüne: Zweimal abgeschlagen (bei den Apothekern und den Tierärzten), aber zweimal mit Erfolg. Bei den technischen Assistenten wurde die vorgesehene Verlängerung verhindert, bei den Referendaren sogar eine Verkürzung erreicht.

Zunächst ging es um die Verlängerung der Studienzeit der Apotheker von 6 auf 8 Semester. Mein Vater war Apotheker gewesen. Er hatte nur 4 Semester zu studieren brauchen. Aber niemand hat je bezweifelt, daß er ein tüchtiger Apotheker war.

Nun wurden die sechs Semester, die bis dahin vorgeschrieben waren, kaum überschritten (abweichend von der Lage, welche die Statistik fast aller anderen akademischen Sparten zeigte). Die Studenten kamen also mit den drei Jahren aus. Und in den Diskussionen hatte auch niemand je behauptet, die deutschen Apotheker seien schlechter als ihre ausländischen Kollegen. Der Hinweis auf europäische Beschlüsse überzeugte mich nicht: wir hatten ja eine um ein Jahr längere Schulzeit und behaupteten, unsere Abiturienten seien besser vorgebildet als ihre ausländischen Kollegen. Diese These müßte dazu führen, daß wir zu den deutschen Studienjahren jeweils ein weiterführendes Schuljahr addierten. Dann hätten wir damals schon die europäische Norm von vier Jahren Studium für Apotheker erreicht. Aber für die Apothekervereine war die Verlängerung auf acht Semester eine Frage ihres Prestiges. Alle drei Fraktionen hatten in Grußadressen an Vereinstagungen Unterstützung versprochen und sich damit im Kampf um Wählerstimmen festgelegt.

---

[11] Vgl. Stenographische Berichte, 4. Wahlperiode, 151. Sitzung.

Meine Fraktion hörte am 27. März 1968 meine Kampfrede gegen die Verlängerung des Pharmaziestudiums mit freundlichem Lächeln an. Unorthodoxe Reden, im Plenum selten, können stets mit einem Gefühl abstrakter Zustimmung rechnen. Aber der Gesichtsausdruck meiner Fraktionskollegen zeigte mir deutlich, daß die große Mehrheit der Fraktionslinie folgen und gegen mich stimmen würde.

Mit dem Umdruck 378 hatte ich den Antrag gestellt, es bei der bisherigen Studienzeit von sechs Semestern zu belassen, und dafür sogar 24 Unterschriften beschafft.

Der Berichterstatter Wolfgang Stammberger kritisierte mißgelaunt, daß ich mich an den Beratungen des Ausschusses nicht beteiligt hätte. Ich gehörte diesem Ausschuß nicht an und konnte mich auch schon wegen meiner Belastung im Europa-Parlament an dessen Sitzungen nicht beteiligen. Aber wenn das Plenum überhaupt einen Sinn hat, müßte es den Nichtfachleuten die Möglichkeit geben, Argumente des gesunden Menschenverstandes in die Beratung vor der Schlußabstimmung einzuführen. Mein Antrag wurde abgelehnt. Darauf rollte die Maschine der Schlußabstimmung über das Gesetz: „Bei einigen Gegenstimmen und einigen Stimmenthaltungen angenommen". Immerhin ließ mir die Ministerin sagen, sie werde eine Verkürzung des neubeschlossenen Pharmazie-Studiums in Erwägung ziehen, sobald die deutschen Universitäten von Semestern auf Studienjahre übergingen.

Dann ging es um die Tierärzte, deren Ausbildung ebenfalls verlängert werden sollte, mit der gleichen Argumentation. Ich widersprach, aber ich unterlag erneut.

Dagegen errang ich überraschend einen Sieg, als es um die Verlängerung der Ausbildungszeit der medizinisch-technischen Assistenten um ein Jahr ging. Ich hatte wiederum entschieden protestiert, wiederum mit dem Argument, niemand habe sich über unzureichende Ausbildung der amtierenden Assistenten beschwert. Ich erinnere mich noch, wie Kollegen und Kolleginnen, denen ich freundschaftlich verbunden war, mich leidenschaftlich beschworen, doch diesmal zu schweigen. Man mobilisierte technische Assistentinnen in weißen Kitteln mit Spruchbändern, die vor dem Bundestag erschienen und mich herausrufen ließen. Ich fragte die temperamentvollste Sprecherin, eine Dame mittleren Alters, ob sie sich nun als unzureichend ausgebildet, als minder berufstauglich betrachte. Keine Antwort.

Ich ging also mutig ins Plenum, hielt eine lebhafte Rede und wurde auch diesmal spektakulär niedergestimmt. Einige Freunde wollten mich nicht ganz allein in der Kälte stehen lassen und enthielten sich in einem Akt christlichen Mitgefühls der Stimme.

Aber in diesem Falle blieb ich am Ende überraschend Sieger. Der Bundesrat, dessen Zustimmung notwendig war, lehnte nämlich die Verlängerung aus den Gründen, die ich im Plenum vorgetragen hatte, entschieden ab. Die Sache ging in den Vermittlungsausschuß und wurde dort Teil eines Pakets.

Die Länder schlossen sich in anderen Punkten den Vorschlägen des Bundestages an, erhielten aber dafür die Konzession, daß der Bundestag auf die Verlängerung der Ausbildung bei den technischen Assistentinnen verzichtete. So kam das Paket vor den Bundestag, und die Kollegen, die mich kurze Zeit vorher radikal niedergestimmt hatten, schlossen sich diesmal ebenso einhellig meiner Meinung an, viele mir fröhlich zuwinkend — ich hatte immer gute Freunde in allen Fraktionen.

Bildungspolitik ist ein unerschöpfliches Thema. Bei diesen Erinnerungen kann es nur darum gehen, Möglichkeiten und Grenzen der Arbeit eines Abgeordneten deutlich zu machen, der in fremden Arbeitsgebieten „wildert". Dieses Vergehen war mir in Plenarsitzungen mehrmals vorgeworfen worden. Ich will das Thema schließen mit einer Warnung vor der Überschätzung der akademischen Ausbildung. Am 10. März 1971 hatte ich Gelegenheit, dieses Thema im Plenum zu behandeln[12].

Die Ausbildung der Juristen

Als es um die Ausbildung der Juristen ging, hatte ich als gelernter Jurist besonders festen Boden unter den Füßen. Auch in diesem Bereich konnte ich zwar eine Erhöhung der vorgeschriebenen Studienzeit von 6 auf 7 Semester nicht verhindern. Die Professoren hatten einhellig die These vertreten, ein Jurist brauche für den Stoff, den er lernen müsse, mindestens 4 Jahre, nur kompromißweise könne man sich zur Not mit 7 Semestern abfinden. Die Statistik bewies, daß Kandidaten, die sich nach einem Studium von nur 6 Semestern zum Examen meldeten, im Durchschnitt bessere Noten erhielten als diejenigen, die länger studierten. Warum sollte man einem tüchtigen jungen Mann verweigern, sich zu präsentieren, wenn er sich selbst als examensreif beurteilte? Aber das wollte niemand hören.

Mehr Erfolg hatte ich bei der Ausbildung der Referendare. Die Referendarzeit, die in meiner Jugend drei Jahre betragen hatte, war inzwischen auf 3 1/2 Jahre ausgedehnt worden, mit der These, man müsse immer mehr juristische Arbeitsgebiete in die Ausbildung der Referendare einbeziehen, um sie auf ein immer breiteres Spektrum von Berufsmöglichkeiten vorzubereiten. Ich sagte dazu, es sei weder wünschenswert noch auch möglich, einen Juristen auf alle Arbeitsgebiete vorzubereiten, in denen er sich vielleicht eines Tages wiederfinden werde. Dazu konnte ich auf meinen eigenen Werdegang hinweisen. Nicht auf den Stoff komme es an, sondern auf die Methode, die für beliebige Stoffe anwendbar sei. Daraus machte ich dann einen Gesetzentwurf Dichgans und Genossen, der die Referendarzeit verkürzen sollte. Meine Fraktion übernahm diesen Antrag. Die F.D.P. reichte

---

[12] Vgl. Stenographische Berichte, 6. Wahlperiode, 106. Sitzung.

dann unmittelbar darauf einen gleichartigen Antrag ein, und drei Monate später folgte auch die SPD. In der Sache waren also alle Fraktionen einig. Gleichwohl gab es Schwierigkeiten.
Der Antrag auf Verkürzung der Referendarausbildungszeit fiel in die Zuständigkeit des Rechtsausschusses. Der Vorsitzende, Hans Wilhelmi, war meiner Sache wohlgesonnen, sagte mir aber zu meiner Frage nach dem Termin, er könne mir in dieser Legislaturperiode keine Hoffnung mehr machen. Der Ausschuß sei so überlastet, daß er wahrscheinlich auch andere wichtige, wesentlich ältere Anträge werde unerledigt liegen lassen müssen, zu seinem lebhaften Bedauern. Ich habe aber trotzdem die Behandlung noch in der laufenden Legislaturperiode und auch die Verabschiedung in Gesetzesform erreicht, im Grunde nur dadurch, daß ich dem Vorsitzenden auf eine unerträgliche Weise lästig gefallen bin. Kollege Wilhelmi gewann am Ende die Überzeugung, daß weiterer Widerstand ihn mehr Zeit kosten würde als eine kurze Verabschiedung in seinem Ausschuß, und so kam ich hier zu einem vollen Erfolg. Das Gesetz, das die Ausbildungszeit von 3 1/2 auf 2 1/2 Jahre verkürzte, wurde am 18. 8. 1965 verkündet.
Das Thema Ausbildung der Juristen tauchte dann in der folgenden Legislaturperiode noch einmal auf. Ich war inzwischen Berichterstatter für die Ausbildung der Juristen geworden[13].

Außenpolitik

Schon vor meiner Bonner Zeit war ich, aus Anlaß von Aufgaben meines Berufs, häufig im Ausland gewesen, auch in Übersee. Dazu kamen dann von Bonn aus weitere Reisen, einige davon in dem Programm, das der Bundestag für Abgeordnete bereithält. Ich halte diese Reisen, die gelegentlich kritisiert werden, für nützlich. Alle Mitglieder des Bundestages müssen am Ende mitstimmen, wenn es um große außenpolitische Entscheidungen geht. Wer sich dafür interessiert, sollte deshalb Gelegenheit haben, auch von der Welt fremder Länder einiges aus eigener Anschauung kennenzulernen.
Für meine Reisen hatte ich mich stets mit Empfehlungsschreiben aus dem kirchlichen Raum ausgestattet. Mit Respekt und Zustimmung las ich, daß manche dieser Schriftstücke in klassischem Latein formuliert waren. Ich hatte mich gefragt, ob ich nicht einige meiner Fragen vorsichtshalber ebenfalls in Latein formulieren sollte, aber das erwies sich als nicht notwendig.
Ich hatte mir stets einige Fragen in den Landessprachen zurechtgelegt. Englisch, Französisch und Italienisch hatte ich in meiner Berufsarbeit sprechen gelernt. Mit Taxifahrern, mit Arbeitern in Kantinen habe ich aber auch in

---

[13] Eine längere Rede hielt ich dazu im Plenum am 24. 6. 1971; Vgl. Stenographische Berichte, 6. Wahlperiode, 131. Sitzung.

Spanisch, Portugiesisch und Polnisch konversiert, wobei ich außer den Fragen, die ich mir überlegt hatte, drei Sätze flüssig zu formulieren wußte: einen Satz über meine Person, einen Hinweis, daß ich nur sehr wenig von dieser Sprache verstände, und eine Bitte, sehr langsam zu sprechen und die Antwort notfalls zu wiederholen. Mein Bemühen um die fremde Sprache wurde durchweg als freundliche Geste bewertet und lockte oft Amateurdolmetscher herbei.

In Rhodesien hatte ich einmal ein langes Gespräch mit dem schwarzen Vorsteher eines Dorfes, der etwa mein Alter haben mochte.

Eine katholische Schwester, die ich als Kind in Deutschland gekannt hatte, fungierte als Dolmetscherin. Wir saßen auf Holzstühlen europäischer Massenproduktion unter einem riesigen Baum, die weite abendliche Landschaft vor uns. Die Unterhaltung zeigte sehr deutlich, daß der politische Horizont dieses intelligenten und lebhaften Mannes annähernd mit dem Horizont übereinstimmte, den er von seinem Stuhle aus überblicken konnte. Alle Probleme sah er nur unter dem Aspekt des Dorfes, für das er die Verantwortung trug. Was sich in den höheren Ebenen der Politik vollzog, war ihm völlig fremd. Er war auch wenig geneigt, sich mit diesen Problemen aktiv zu beschäftigen, und er hatte im Grunde nur den Wunsch, daß man ihn und sein Dorf in Ruhe ließ.

In Lourenço Marques (so hieß damals die Hauptstadt von Mozambique) habe ich einmal ein Theaterstück gesehen, in dem schwarze Schauspieler temperamentvoll die Vorteile ihres uralten Systems des Brautkaufs hervorhoben. Wenn man die Braut bezahlen müsse, denke man bei der Auswahl seiner Frau intensiver nach als in freiheitlichen Gesellschaften, wo die Erklärung genüge: „Ich liebe Dich". Es habe sich auch gezeigt, daß eine Frau, die man teuer habe bezahlen müssen, vom Mann auch gut behandelt würde, nicht anders als kostbare Stücke des Hausrats. Und es kam zur Sprache, daß die Notwendigkeit, im Falle einer Scheidung den Kaufpreis zurückzuzahlen, die Ehen festige.

Dieses Theaterstück „Os noivos" hat auf mich großen Eindruck gemacht. Es zeigte sich besonders deutlich, wie manche uns fremde Lebensgewohnheiten, die wir spontan verurteilen, den Menschen jener Länder zuweilen ganz anders erscheinen. Diese Problematik habe ich in meiner Schrift „Deutschland und Südafrika" eingehend behandelt.

Über die Notwendigkeit, fremden Ländern Zeit für ihre politische Entwicklung zu geben, habe ich am 20. Januar 1966 im Europäischen Parlament gesprochen, ausklingend in die Frage, ob wir vielleicht eines Tages einen Anschlußantrag eines Ostblockstaates an die Europäischen Gemeinschaften mit der Begründung ablehnen sollten, die dortigen Anschauungen über Demokratie seien anders als die unsrigen?[14]

---

[14] Vgl. Europäisches Parlament, Nr. 28, S. 1289.

Anstöße

Aus der täglichen parlamentarischen Erfahrung heraus habe ich eine Reihe von Anregungen gegeben. Soweit sie damals in die Presse gekommen sind, will ich darüber kurz berichten.

Immer wieder hatte ich mit Skepsis beobachtet, wie rasch oft Gesetze, die auf den Wähler einen günstigen Eindruck machen sollten, durch den Bundestag liefen, und wie hoch die Ausgaben waren, die sich damit verbanden. Über die Deckung dieser Ausgaben wurde dort oft nur sehr beiläufig gesprochen. Dazu machte ich im November 1965 drei Vorschläge:

Der erste Vorschlag ging dahin, im Vorraum zum Plenarsaal des Bundestages eine Tafel anzubringen, aus der der jeweilige Stand der Ausgabeverpflichtungen des Bundes sichtbar gemacht werden sollte, täglich auf den neuesten Stand gebracht. Auf diese Weise wollte ich den Abgeordneten immer wieder optisch deutlich machen, was sie nun alles beschlossen hatten. Die Presse, die diesen Vorschlag freundlich aufnahm, bezeichnete ihn als ein Gegenstück zu den Stachanow-Tafeln, mit deren Hilfe die Machthaber in der DDR, der Sowjetunion und anderen Ostblockstaaten die Leistungen der Belegschaft hochzutreiben sich bemühen.

Der zweite Vorschlag wollte erreichen, die dritte Lesung, das heißt die Verabschiedung aller finanzwirksamen Gesetze, die Mehrausgaben oder Mindereinnahmen von mehr als 10 Millionen DM zur Folge haben würden, zunächst auszusetzen, bis ein Haushaltsplan oder ein Nachtragshaushalt eine Deckung für diesen Betrag vorsehe. Auf diese Weise wollte ich erzwingen, daß das Parlament solche Objekte nicht nur unter dem Aspekt besonderer Wählerwünsche behandelt, sondern sie stets im Gesamtzusammenhang aller finanziellen Verpflichtungen betrachtet.

Zum dritten machte ich den Vorschlag, die Haushaltspläne des Bundes jeweils mit einer Vorschätzung für die kommenden drei Jahre zu verbinden, wiederum im Hinblick auf die Initiativen, die ich bremsen wollte. Oft sind ja bei solchen Initiativen die Ausgaben im ersten Jahr sehr gering. Man muß aber auch die künftigen Belastungen in Betracht ziehen.

Die langfristigen Finanzpläne sind dann in der Tat auch einige Zeit später eingeführt worden, sicher nicht nur auf meine Initiative hin.

Im März 1966 machte ich den Vorschlag, die Verwaltung der Sozialversicherung so umzugestalten, daß jeder Versicherte in allen Bereichen der Sozialversicherung „seinem" Sachbearbeiter gegenübersteht. Für den Versicherten sind im allgemeinen die Träger der Sozialversicherung anonyme Gebilde. Eine verwirrende Fülle von Gesetzen gibt dann oft dem Versicherten das Gefühl, daß er der besseren Gesetzeskenntnis der Sachbearbeiter hilflos ausgeliefert ist.

Mein Vorschlag sollte eine doppelte Wirkung haben: Er sollte zunächst dem Versicherten das Gefühl der Geborgenheit geben, das Gefühl, daß er es mit einem Menschen zu tun hat und nicht nur mit einer Organisation. Dieser

Sachbearbeiter vermag dann auch das, was ihm der Versicherte sagt, richtiger einzuschätzen. Aber wichtiger noch erschien mir eine Rückwirkung auf die Gesetzgebung. Es wird in unserer Zeit kaum möglich sein, die Sozialversicherungsgesetze so zu formulieren, daß jeder Versicherte sie übersieht und versteht. Aber es müßte doch möglich sein, sie mindestens so zu formulieren, daß ein einzelner Sachbearbeiter seinerseits den Gesamtbereich der Versicherungsgesetze zu übersehen vermag. Davon sind wir heute noch weit entfernt. Aber eine Reform in diesem Sinne scheint mir auch heute noch nicht unmöglich. Eine Zeitung schrieb damals dazu, es wäre wirklich des Schweißes der Edlen wert, sich über die Gliederung in den einzelnen Zweigen der Sozialversicherung Gedanken zu machen.

Zur Stärkung des Staatsbewußtseins hatte ich in meinem Buch „Das Unbehagen in der Bundesrepublik" vorgeschlagen, der Bundespräsident möge 200 Staatsräte berufen. Sie sollen keine politischen Entscheidungen treffen können, aber auch nicht nur Repräsentanten des Staates sein. Sie sollten in schwierigen Lagen zusammengerufen werden und dann kraft der menschlichen Substanz, die in einem solchen Gremium sichtbar würde, Einfluß auf die öffentliche Meinung haben.

Als Maßnahme der Berlin-Hilfe, aber zugleich als Maßnahme der Bildungspolitik schlug ich im September 1967 vor, in Berlin eine dritte Universität zu errichten, und zwar am Potsdamer Platz. Die Freie Universität Berlin war nach Dahlem in ein vornehmes Villenviertel geraten, aber ein Villenvorort, meinte ich, sei kein guter Standort für eine Universität. Wir sollten deshalb die Freie Universität nicht beliebig wachsen lassen, sondern sie an eine Stelle bringen, wo sie sich, wenn die Mauer eines Tages verschwände, organisatorisch ohne Schwierigkeiten mit der alten Universität Unter den Linden vereinigen ließe, die man Anfang des vorigen Jahrhunderts völlig richtig ins Zentrum der Stadt gelegt hatte.

In das Thema Bildungspolitik gehörte dann noch ein Vorschlag, im Mai 1967 publiziert, für Studenten im Wehrdienst die Möglichkeit zu geben, in beschränktem Umfange weiterzustudieren. Die Wehrpflichtigen haben ja, wenn die Grundausbildung zu Ende gegangen ist, in vielen Fällen den Charakter einer Bereitschaftsarmee. Wir müssen sie in den Kasernen halten, damit sie, wenn etwas Schlimmes passiert, jederzeit eingesetzt werden können. Aber es ist bekannt, daß sie während dieser Bereitschaftszeit oft nur schwer vernünftig zu beschäftigen sind. Kasernen in Universitätsstädten könnten die Erfordernisse einer solchen Bereitschaft voll sichern und zugleich eine fruchtbare Ausnutzung der Zeit des Wehrdienstes fördern.

DIE TECHNIK DER PARLAMENTARISCHEN ARBEIT

Wer sich nicht für parlamentarische Technik interessiert, mag diesen Abschnitt überschlagen.

Die Geschäftsordnung

Alle Fragen der Geschäftsordnung wurden in den Plenarsitzungen glatt und rasch geregelt.

Der Präsident und die Vizepräsidenten waren erfahrene, liberal gesonnene Männer und Frauen. Sie fühlten sich nicht als Disziplinarvorgesetzte der Abgeordneten. Die Zeiten der ersten Legislaturperiode, in denen es viele Ordnungsrufe gegeben hatte und zeitweise zu Tumulten gekommen war, lagen weit zurück. Damals hatte einmal eine Gruppe von Abgeordneten aus dem Keller einen Besen in den Plenarsaal geschleppt, um ihn einem Redner aufzudrängen. Der Redner hatte gesagt, er würde einen Besen fressen, wenn eine bestimmte Voraussage, für die er sich stark gemacht hatte, nicht eintreffen würde. Man versuchte heiter, ihn zur Erfüllung seines Versprechens zu zwingen.

Den Neulingen der 4. Legislaturperiode schien kaum glaubhaft, daß solche Stories sich jemals ereignet hätten. Wie die Statistik zeigte, war die Zahl der Ordnungsrufe von Legislaturperiode zu Legislaturperiode zurückgegangen.

Es hatte sich auch ein Verfahren eingespielt, das Meinungsverschiedenheiten über Prozeduren bereinigte. Der amtierende Präsident pflegte in solchen Fällen im Plenum einen Vorschlag zu machen. Meist stimmte das Plenum dann sofort zu. Wenn es skeptische Gesichter gab, traten die drei Fraktionsgeschäftsführer zusammen. Sie einigten sich immer in kürzester Zeit, und das wurde dann auch vom Plenum akzeptiert. Ich habe niemals eine Geschäftsordnungsdebatte erlebt, welche die Sachdebatte ungebührlich verzögert hätte, niemals Vorgänge von der Art der gigantischen Geschäftsordnungsdebatten in Hochschulgremien, in denen Steckenpferde geritten oder Sachdebatten willkürlich verzögert werden sollten.

Aber zum Bereich der Geschäftsordnung gehört auch die Frage, welche Abgeordneten im Plenum zu Wort kommen sollen und wie lang. Die Antwort hängt von drei Vorfragen ab:

— Wieviel Sitzungsstunden stehen insgesamt zur Verfügung?
— Wie lang sollen die einzelnen Reden bemessen werden? und
— wie kommen die Rednerlisten zustande?

Juristisch sind das Fragen der Geschäftsordnung. Aber in der politischen Wirklichkeit sind es Fragen der Machtverteilung zwischen den Führern der Fraktionen und dem einzelnen Abgeordneten.

Die Gesamtlänge der Sitzungszeiten binnen eines Jahres schwankt nur wenig. In den sechs Jahren 1973—1978 lag sie zwischen 408 Stunden (1974) und 308 Stunden (1978). Diese Zeit ließe sich nur dann wesentlich verlängern, wenn man die Zahl der Sitzungswochen im Jahr erhöhte. Nach der bisherigen Übung gibt es 22 bis 24 Sitzungswochen im Jahr. Das bedeutet: außerhalb der Ferienzeit bleibt jede dritte bis vierte Woche sitzungsfrei. Nach meinen Erfahrungen benötigen die Abgeordneten diese sitzungsfreien Wochen dringend für die Erhaltung eines gewissen Kontaktes mit ihrem Beruf, aber auch für die politische Arbeit in ihren Wahlkreisen.

In den Sitzungswochen vier Arbeitstage, von Montagmittag bis Freitagmittag. Die Abgeordneten, von denen ja viele große Reisewege haben, wollen am Samstag und Sonntag zu Hause sein, wobei sie noch an diesen Tagen oft bei politischen Veranstaltungen in ihrem Heimatraum erwartet werden. In den verbleibenden vier Tagen muß in Bonn Zeit für das Plenum, für die Ausschüsse und für die Fraktionen vorgesehen werden. Die normale Aufteilung sah dann meist 1 $^1/_2$ Tage für Fraktion einschließlich deren Vorstand und die Arbeitskreise vor, 1 $^1/_2$ Tage für das Plenum und einen Tag für Ausschüsse, mit kleinen Varianten.

Der Bundestag hatte im Anfang gelegentlich auch Nachtsitzungen gehalten. Sie waren seit langem abgeschafft. Je später es in den Abend hineinging, desto weniger konzentriert wurden die Reden. Bei manchen Reden war damals, wie man sich erzählte, der Einfluß des Bundeshaus-Restaurants deutlich sichtbar geworden. Daß von Nachtsitzungen nur selten eine Entlastung zu erwarten ist, habe ich im Europaparlament erlebt, wo es so etwas von Zeit zu Zeit noch gab, nach dem Vorbild westlicher Parlamente. Dann wurde in Straßburg etwa um 22 Uhr eine einstündige Pause eingelegt, und darauf ging es von 23 Uhr bis morgens um 2 Uhr weiter. Der Ertrag war meist sehr mager.

Nun erfordert es eine vernünftige Organisation jeder Debatte, daß die Redner im sog. ersten Durchgang, in dem die drei Fraktionen nacheinander zu Wort kommen, Zeit für eine ausführliche Behandlung der Thematik erhalten. Man kann sie nicht auf Kurzreden verweisen. Die Bestimmung der Geschäftsordnung, die für solche Reden 45 Minuten zuläßt, ist durchaus sinnvoll.

Diese Zeitvorgabe wird oft nicht ausgenutzt, und dieser Verzicht ist eines der Elemente, das die relative Kürze der jährlichen Plenarzeit in der Bundesrepublik überhaupt möglich macht. Aber im Grundsatz muß für den sogenannten ersten Durchgang reichlich Zeit zur Verfügung stehen, damit das Haus über die Meinungen der politischen Kräfte unterrichtet werden kann. Vertreter der Regierung und des Bundesrates können jederzeit das Wort nehmen.

Nun liegt es nahe, daß die antragstellende Fraktion auf die Einwendungen antworten möchte, denen sie begegnet ist, und das führt dann oft zu dem sogenannten zweiten Durchgang, in dem wiederum alle Fraktionen zu Wort kommen, in der vorgegebenen Reihenfolge. Bei Themen großer politischer Bedeutung gibt es dann noch einen dritten Durchgang gleicher Art. Alle Redner dieses Programms sind von ihren Fraktionen benannt. Sie stehen bereits auf der Rednerliste, bevor die Sitzung begonnen hat. In diesen Redeplan dringen oft noch Sprecher der Regierung oder des Bundesrates ein, die nach der Geschäftsordnung jederzeit das Wort beanspruchen können. An großen Tagen 10–12 programmäßige Redner, bevor der Abgeordnete, der als Individualist mitreden möchte, das Wort erhalten kann. In diesem Augenblick ist jedoch das Interesse des Hauses, schon wegen der ermüdenden Wiederholungen, die sich bei einem solchen Ablauf unvermeidlich ergeben, weitgehend erschöpft. Die Geschäftsführer der Fraktionen, die den Ablauf des Tages im Auge behalten, denken an den Zeitplan, den der Ältestenrat anvisiert hatte, und finden, daß er bereits überschritten ist.

Bei meinen ersten Versuchen, aus Interesse an der Sache zu Wort zu kommen, ohne durch Mitgliedschaft in dem zuständigen Ausschuß legitimiert zu sein, erlebte ich Überraschungen. Ich ging zur Tribüne des Präsidiums und wurde auch von dem Schriftführer, der die Rednerliste aufschrieb, bereitwillig notiert. Aber nach einiger Zeit suchte mich dann der Fraktionsgeschäftsführer auf, der mir sehr freundschaftlich gesonnen war, und sagte, die Debatte laufe ohnehin schon viel zu lange. Die Zeit sei überschritten. Er müsse mir nahelegen, auf meine Wortmeldung zu verzichten, jedoch mit dem Versprechen, bei einer späteren Gelegenheit mich auf die Rednertribüne zu bringen. Ich wollte mich nicht unbeliebt machen. Bei einer späteren Gelegenheit erlebte ich sogar, daß der Fraktionsgeschäftsführer mich kurzerhand von der Rednerliste gestrichen hatte. So geschah es am Ende noch einmal bei der großen Debatte über die Ostverträge. Für die Zwänge, unter denen Fraktionsgeschäftsführer arbeiten, hatte ich viel Verständnis. Die Debatten müßten unerträglich ausufern, wenn eine allzu große Zahl von Abgeordneten allzu oft das Wort ergriffe. Deshalb habe ich auch stets vermieden, mir gewaltsam das Wort zu verschaffen, was ich nach der Geschäftsordnung ohne weiteres hätte erreichen können, durch Beharren auf mein verbrieftes Rederecht. Wenn sich jedoch im Plenum deutlich die Stimmung ausbreitet, man habe genug diskutiert, so ist auch das ein politisches Faktum. Wer sich dann doch noch aufs Rednerpult drängt, sieht sich einer Mißstimmung gegenüber, die nicht nur ihm, sondern auch seiner Sache schadet. Ich hatte übrigens keinerlei Anlaß zu behaupten, ich sei zu kurz gekommen. In den Sprechregistern meiner drei Legislaturperioden kommt mein Name 138 mal vor. 54 mal handelte es sich um längere Reden zu Sachproblemen, 84 mal um kürzere Interventionen, Erklärungen, Fragen, Zwischenrufe.

Ich hatte jedoch den Eindruck, daß das Übergewicht der vorher nominierten Fraktionsredner, lauter Fachleute aus den zuständigen Ausschüssen, allzu viele Debatten zu reinen Fachdebatten machten, Debatten über Einzelheiten, die nur Fachleute interessieren konnten, Debatten, welche die Nicht-Fachleute aus dem Saale trieben. Die Farbe, die von Erwägungen des gesunden Menschenverstandes hätte kommen können, etwa im Stile des unvergessenen August Dresbach, fehlte zumeist. Um dem abzuhelfen, schlug ich vor, daß in der Rednerliste diejenigen Abgeordneten die Priorität haben sollten, die sich mit einer Redezeit von 5 Minuten begnügen wollten. Am Ende der Debatte dann noch einmal Erklärungen der Regierung und der Fraktionen zu den Anregungen, die die Debatte gebracht hatte. Dieser mein Vorschlag fand in einzelnen Gesprächen viel Zustimmung. Aber alle Fraktionen lehnten diese Idee mit einer freundlichen Kommentierung meiner guten Absichten als unzweckmäßig ab. Unzweckmäßig, das hieß: sie wollten sich die Bestimmung der Redner weiterhin in erster Linie selbst vorbehalten. Mein Kampf für die 5-Minuten-Rede machte mich rasch bekannt und verschaffte mir Sympathie bei allen jüngeren Mitgliedern aller Fraktionen. Ich unternahm immer neue Vorstöße. Im Jahre 1972 nahm ich meinen Kampf um die Verkürzung der Redezeiten noch einmal auf.[15]

Bei meiner Propaganda für die 5-Minuten-Rede ging es mir nicht allein um Raum für gesunden Menschenverstand. Ich hatte die Hoffnung, daß die Debatten, oft durch das Ablesen überlanger Erklärungen allzu langweilig, lebendiger werden würden. Das müßte automatisch auch die Präsenz im Saal verbessern. Ich habe es erlebt, daß der Saal sich plötzlich füllte, als sich herumsprach, daß einmal ein lebhaftes Wortgefecht in Gang gekommen war. Aber noch mehr ging es mir um die Führungsrolle, die der engagierte Abgeordnete wahrnehmen sollte. Der Abgeordnete sollte an der Spitze des politischen Fortschritts stehen. Politik braucht, nicht anders als Wirtschaft, neue Ideen. Neue Ideen, das sind zunächst immer Ideen von Einzelgängern, dann von Minderheiten. Wer den Fortschritt will, muß Möglichkeiten schaffen, daß neue Ideen an sichtbarer Stelle zum Vorschein kommen können.

Ich hatte Schwierigkeiten gehabt, in Bonn den ersten Ansatz für eine normale Plenarrede zu finden, weil mich die Arbeit im Europäischen Parlament im Anfang voll in Anspruch nahm. Es gab also vorerst keinen Gesetzesantrag, der für mich als Ansatzpunkt für eine Plenarrede in Betracht kam. Aber bei der Debatte über den Bundeshaushalt lassen sich Fragen aller Art zur Sprache bringen, und so meldete ich mich am 9. Januar 1964 erstmals zu Wort, mehr als zwei Jahre nach meinem Eintritt in den Bundestag (in Straßburg hatte ich schon mehrmals im Plenum gesprochen, zum ersten Mal am 27. Juni 1962).

---

[15] Vgl. Stenographische Berichte, 6. Wahlperiode, 168. Sitzung, 2. Februar 1972.

In meiner ersten Bonner Rede ging es um bildungspolitische Bemerkungen, die ich oben erwähnt habe.
Die Idee, den Haushaltsplan als Ansatzpunkt für Plenarreden zu benutzen, war offenbar fruchtbar. Für diese Debatte waren jeweils mehrere Tage vorgesehen, und an die Positionen des Haushaltes ließen sich immer einige Sachfragen anhängen.
Solange ich dem Bundestag angehörte, habe ich dann Jahr für Jahr, von 1964 bis 1972, zum Bundeshaushalt gesprochen. Soweit ich habe feststellen können, bin ich, von einigen Mitgliedern des Haushaltsausschusses abgesehen, der einzige Abgeordnete, der eine solche kontinuierliche Kette von Reden in Haushaltsdebatten vorweisen kann.

Drucksachen und Informationen

Ich habe gelegentlich die Papiere gewogen, die mir die Verwaltung des Bundestages automatisch zuleitete. Dabei ergaben sich Monatsmengen in der Größenordnung von 20 kg. Heute dürfte diese Menge noch größer sein. Es ist unmöglich, einen solchen Berg auch nur flüchtig so durchzusehen, daß man mit einiger Sicherheit alle wesentlichen Punkte herausschält. Aber zu dem automatischen Zufluß, der aus der Druckerei des Bundestages stammt, kommen noch die Denkschriften der Interessenten, aber auch Antworten auf Fragen, die man an Amtsstellen geschickt hat. Dabei ergibt sich immer wieder, daß eine einfache Frage mit der Übersendung eines Bündels von Denkschriften beantwortet wird.
Nun kann die Hauptaufgabe des Abgeordneten ja nicht im Lesen bestehen. Er soll politisch handeln. Nach einigen Monaten der Erprobung muß er sich klar werden, wieviel Zeit er täglich auf das Lesen ansetzen will. Ich hatte mir vorgenommen, dafür täglich etwa eine Stunde zu verwenden. Das ist wenig, und eine solche Beschränkung ist eine von mehreren Komponenten des schlechten Gewissens, unter dem alle Abgeordneten leiden. Man müßte eigentlich sehr viel mehr wissen, um sich richtig verhalten zu können.
Der Abgeordnete soll an der Gesetzgebung nicht nur durch seine Abstimmung teilnehmen. Er soll versuchen, auf den Inhalt dieser Gesetzgebung Einfluß zu nehmen. Das bedeutet: Er muß eigene Vorschläge machen und verfechten, sei es in der Form eigener Gesetzesanträge, sei es in der Form von Abänderungsanträgen, die er im Ausschuß oder auch im Plenum stellt. Es liegt auf der Hand, daß der einzelne Abgeordnete gegenüber der Sachkunde eines riesigen Ministeriums mit zahlreichen Spezialisten zunächst in einer schwachen Position ist. Aber er tut gut daran, sich zunächst einmal an den Fachexperten des Ministeriums zu wenden, um den Stand der amtlichen Überlegungen zu erkunden, die dortigen Vorstellungen über Möglichkeiten und Alternativen, aber auch die zu erwartende Haltung des Ministeriums. Dabei erfährt er dann meistens, daß der Vorschlag, den er sich

ausgedacht hat oder der ihm von einem seiner Wähler zugegangen ist, im Ministerium schon eingehend überlegt worden war und dort auf entschiedene Ablehnung stößt. Er lernt auch, daß es ungemein schwierig ist, im Parlament eine Mehrheit gegen einen Fachminister zustande zu bringen, weil alle Minister dazu neigen, auch die letzte Fachfrage zu einer politischen Vertrauensfrage zu stilisieren und die Führung der Regierungsfraktionen in diesem Sinne zu aktivieren. Die meisten Initiativen dieser Art enden deshalb als Fehlgeburten. Der Abgeordnete verwandelt den ablehnenden Bescheid des Ministeriums in einen höflichen Brief an den Mann, der diesen Vorschlag gemacht hat, und legt die Akte ab.

Aber das Parlament kann seine kostspielige Existenz nur rechtfertigen, wenn die Abgeordneten eigene Überlegungen anstellen und ihre Vorschläge in einer genügenden Anzahl von Fällen auch gegen den Fachminister durchkämpfen. Diesen Kampf müssen sie dann in der Spezialfrage, in der sie ihn aufnehmen wollen, so gründlich vorbereiten, daß sie eine Mehrheit von Kollegen überzeugen können. In dieser Vorbereitung braucht der Abgeordnete Unterstützung. Er kann viele Hilfsquellen anzapfen. Der Wissenschaftliche Dienst des Bundestages, mit hochqualifizierten Fachleuten besetzt, stellt ihm Material zusammen, bis zu Informationen über die Geschichte der Dresdner Oper, wenn er das kurzfristig für eine Intervention in einer Plenardebatte wissen möchte. Oder gar über die Anekdote von Augustus, der einmal von einem Bittsteller gesagt hatte, er käme ihm vor wie ein Mann, der furchtsam einem Elefanten einen Pfennig geben wolle: Ministerialrat Hans Christian Hillner, früher einmal Altphilologe, lieferte in wenigen Stunden die vier Belegstellen aus der klassischen Literatur, in den Originalsprachen.

Die Bibliothek des Deutschen Bundestages ist ausgezeichnet bestückt, und ihre Mitarbeiter helfen nach Kräften.

Aber auch die Fraktionen und die wissenschaftlichen Institute der Parteien unterhalten große Stäbe. Die Referenten der Ministerien erteilen bereitwillig Auskünfte, ebenso die wissenschaftlichen Institute der Universitäten, der Wirtschaft und der Gewerkschaften. Während meiner Parlamentszeit wurden auch neue Planstellen für Assistenten eingerichtet, so daß jeder Abgeordnete sich eine persönliche Hilfskraft aussuchen konnte.

Wer an dem Fleiß von Abgeordneten zweifelt, möge sich im Archiv des Deutschen Bundestages, das der verdienstvolle Oberamtsrat Ernst Butz aufgebaut hat, einmal Gesetzesmaterialien vorlegen lassen, imponierende Bände im Großformat 20 x 30 cm, unterschiedlicher Dicke. 5 cm entsprechen etwa 1 000 Druckseiten.

Zum Gesetz zur Änderung des Deutschen Richtergesetzes vom 10. September 1971 gibt es dort 9 Bände Gesetzesmaterialien. 3 Bände mit zusammen etwa 2400 Seiten Berichte über Beratungen zu dem Gesetz in Bundestag und Bundesrat sowie in den Ausschüssen dieser Körperschaften. Die Plenarsitzungen sind im Wortlaut festgehalten. Der Rechtsausschuß des Bundestages

führt ebenfalls stenografische Protokolle, die den Gang der Meinungsbildung bis in die letzte Einzelheit zeigen.
In Band A 3 fand ich nicht ohne Rührung die Tonbandübertragung des Gesprächs der Redaktion „Rote Robe", eines Bundes junger Juristen progressiv linker Haltung, mit den Berichterstattern des Rechtsausschusses Dr. Friedrich Beermann und Dichgans in Heidelberg am 17. 2. 1971. Darüber wird noch beim Thema „Streitgespräche" zu berichten sein.
Kollege Beermann und ich hatten vorher ähnliche Gespräche in Hamburg geführt, zunächst mit der dortigen Fachschaft, also mit Professoren, Assistenten und Studenten, und dann mit der Reformkommission. Dies alles auf privaten Erkundungsreisen, zusätzlich zu einer großen öffentlichen Anhörung, die der Rechtsausschuß veranstaltete, und zusätzlich zu einer breit gestreuten Fragebogenaktion.
Die Bände A 4–A 8 enthalten die Antworten auf die Fragen sowie sämtliche sonstigen Stellungnahmen, die, angefordert oder nicht, im Bundestag eingegangen sind, sowie Formulierungshilfen der Justizbehörden.
Man kann es kaum ausführlicher machen. Wie die großen Plenardebatten der 131. Sitzung und der 133. Sitzung der 6. Legislaturperiode zeigen, war dieses Material sorgfältig verarbeitet worden.
Seit der siebten Legislaturperiode ist die Gruppe Datenverarbeitung der Bundestagsverwaltung stark ausgebaut worden. Seit dieser Zeit gibt es für jede Periode einen Gesamtband, der die verkündeten Gesetze und anderweitig erledigten Gesetzentwürfe aufführt. Dieser Band zählt für die siebte Periode 730 Seiten. Für jedes Gesetz eine Seite, über den Inhalt höchstens etwa 12 Zeilen, meist weniger. Aus dem Material kann jetzt auch entnommen werden, welche Abgeordneten an welchen Gesetzen mitgewirkt haben, sei es, daß ihr Name mit im Kopf des Gesetzentwurfs steht, sei es als Mitunterzeichner des Textes. Man hat den Eindruck, daß die Arbeitsmenge, die bewältigt werden muß, ständig weiter wächst.

Politikberatung

In fast alle Hilfen und Ratschläge fließen Elemente ein, die aus der Persönlichkeit, der sozialen Lage, auch den Vorurteilen des Gutachters stammen, jenseits eines streng abgegrenzten Bereichs von Sach-Informationen. Die Wissenschaft weiß das und bemüht sich, die subjektiven Elemente möglichst weitgehend auszuschalten. Deshalb hatte ich mir besonders viel von der politischen Wissenschaft erhofft, die an allen deutschen Hochschulen Lehrstühle und Institute besitzt. Aber es zeigte sich, daß sich die hohe Intelligenz, die dort vorhanden ist, nicht ohne weiteres in fruchtbaren Rat verwandeln läßt. Die Professoren der Politwissenschaft liefern vorzügliche Analysen, historische, auch Analysen der jüngsten Vergangenheit. Aber es gibt kaum jemanden, der daraus nun Folgerungen zöge, Folgerungen, die sich in einen Gesetzentwurf eines Abgeordneten nebst Genossen verwandeln ließen.

Besonders deutlich sah ich das bei der Arbeit für mein Buch „Vom Grundgesetz zur Verfassung". Keiner der zahlreichen Juristen, die sich mit Verfassungsfragen beschäftigten, hatte Formulierungen für die Neufassung einiger Artikel des Grundgesetzes geliefert. Das ist das alte Dilemma des Kritikers. Es ist leicht zu sagen, was einem mißfällt. Aber die Formulierung konkreter Vorschläge ist eine andere Sache. Niemand möchte sich festlegen in einer Weise, die ihn späterhin mit Mißerfolgen belasten könnte.

Nur wenige politische Wissenschaftler kennen den politischen Raum so genau, daß sie die utopischen Vorschläge von den noch eben realistischen trennen können. Und das Formulieren von Gesetzen ist eine Kunst, die gelernt sein will, aber, soweit ich sehe, an keiner deutschen Universität gepflegt wird. Und dazu gibt es verbale Schwierigkeiten. Ein beträchtlicher Teil unserer politikwissenschaftlichen Literatur ist so formuliert, daß er den Abgeordneten, der an nüchterne Sprache gewöhnt ist, nicht erreicht.

Die Parlamentarische Gesellschaft, eine Art von Abgeordnetenclub aus allen Parteien, erlebte das, als sie gelegentlich einmal einen Politologen der neuesten Richtung in ihren Räumen sprechen ließ. Schon die Terminologie schreckte die Abgeordneten ab.

Mir lag daran, den Kontakt zwischen Wissenschaft und Politik zu fördern. Bei der Beziehung zwischen Abgeordneten und Professoren ging es im Grunde um die Notwendigkeit eines doppelten Übersetzungsvorgangs. Man mußte zunächst herausfinden, welche Fragen die Abgeordneten hatten, Fragen, bei denen sie eine unabhängige Politikberatung wünschten, über die Möglichkeiten hinaus, die sie im Bundestag und bei den Ministerien fanden. Diese Fragen mußten präzise formuliert werden. Dann mußte man ermitteln, welche Professoren gerade zu dieser Thematik Antworten würden liefern können. Diese Arbeiten bedurften einer Finanzierung. Aber am Ende war dann eine Art Rückübersetzung notwendig. Abgeordnete, überlastet, konnten meist mit einem Gutachten von mehreren hundert Seiten wenig anfangen. Man mußte also jemanden einschalten, der den Kern der Vorschläge möglichst kurz in möglichst einfaches Deutsch verwandelte.

Daß es Möglichkeiten solcher speziellen Darstellung von Problemkreisen gab, ganz zugeschnitten auf den überlasteten Abgeordneten, hatte ich im amerikanischen Kongreß gelernt. Dort sah ich zum Beispiel einen großen Bericht über Stahlfragen, der die gleiche Problematik in vier Schichten behandelte. Eine Zusammenfassung von wenigen Seiten, ausgerichtet auf die wenigen Kernpunkte, als Übersicht für einen völlig unvorbereiteten Leser, mit Verweisungen auf eine nächste Schicht, die den Text auf eine zehnmal längere Darstellung ausdehnte, wiederum mit Verweisungen auf eine dritte Schicht, die das Thema noch ausführlicher behandelte. In einer vierten Schicht waren dann noch 12 Spezialprobleme angefügt, für Parlamentarier, die sich für bestimmte Fragen besonders interessierten. Das alles durch ein exzellentes Verweisungssystem leicht zugänglich gemacht. Der Abgeordnete war also nicht gezwungen, aus einem riesigen Berg die Goldkörner mühsam herauszuklauben, sondern er wurde durch Wegweiser an die Stellen geführt, die er suchte.

Über diese amerikanische Praxis hatte ich seinerzeit den Bundestagspräsidenten von Hassel unterrichtet, und dieser entwickelte daraus dann das Vorsatzblatt, das heute noch auf jeder Bundestagsdrucksache erscheint, damit der Abgeordnete zunächst einmal darüber unterrichtet wird, um was es sich überhaupt handelt.

In meiner Absicht, eine solche Politikberatung zu organisieren, fand ich wirksame Unterstützung bei Wolfgang Burhenne, dem erwähnten Generalsekretär der Interparlamentarischen Arbeitsgemeinschaft.

Ein großes Industrieunternehmen hatte, durch amerikanische Vorbilder angeregt, das Bedürfnis, Geld für politische Zwecke zur Verfügung zu stellen, aber unter keinen Umständen für parteipolitische Finanzierungen. Wolfgang Burhenne brachte damals dann die Zusammenarbeit in der Interparlamentarischen Arbeitsgemeinschaft zur Sprache, die alle Parteien gleichmäßig umfaßt, die Ausrichtung auf den Konsens, und nannte aus dem Arbeitsbereich der Interparlamentarischen Arbeitsgemeinschaft speziell die Thematik Umweltstudien. Hier gab es in weiten Flächen Neuland, auf dem sich keine älteren Vorbilder befanden und wo auch die Referenten der Ministerien noch über keinerlei Erfahrung verfügten. Gerade hier schien also eine neuartige Form von Politikberatung sehr nützlich. So entstand der oben erwähnte Fonds für Umweltstudien, als Verein gegründet, der nur aus acht Mitgliedern bestand, die drei Mitglieder des engeren Vorstandes der Interparlamentarischen Arbeitsgemeinschaft, je ein weiteres Mitglied von jeder der drei Fraktionen, ferner Wolfgang Burhenne und ein Vertreter des Spenders. Dieser Fonds baute eine neuartige Politikberatung auf, durch wissenschaftliche Veröffentlichungen, deren Themen vorher sorgfältig auf die Bedürfnisse der praktischen Politik abgestimmt waren. Er publizierte von 1971 bis 1978, also in sieben Jahren, insgesamt 77 Fachbände, darunter fünf Loseblattsammlungen, die fortgeschrieben werden, einheitlich in grünen Einbänden, eine Reihe, die großes Interesse und in manchen Fällen auch einen beträchtlichen kommerziellen Absatz fand.

Diese Aktion war im ganzen so erfolgreich, daß wir sie auf internationaler Ebene einige Jahre später noch einmal wiederholten. Auf meine Veranlassung legte die Europäische Kulturstiftung, die in Amsterdam residiert, ihr Institut für Europäische Umweltpolitik nach Bonn. Der Aufsichtsrat dieses Institutes wird von Edgar Faure geleitet, bis vor kurzem Präsident der französischen Nationalversammlung. Sein Stellvertreter ist Wolfgang Burhenne. Dieses Institut steht den Politikern in Europa zur Verfügung, und es fanden sich von Anfang an überraschend viele Interessenten für seine Arbeit. Eine Fraktion des belgischen Parlaments, mit dem Regierungsentwurf eines Umweltgesetzes konfrontiert, hatte das Bedürfnis, sich unabhängig beraten zu lassen und wandte sich zu unserer Überraschung an unser neues Institut in Bonn. Nach kurzer Zeit wurde dieses Institut sogar in Verfassungsdiskussionen einbezogen. Es arbeitete sowohl in Frankreich wie auch in Spanien an der Formulierung der neuen Verfassungsbestimmungen über Umweltschutz mit. Der Geschäftsführer dieses Institutes, Dr. Konrad von Moltke, wird in seiner Arbeit ständig von Wolfgang Burhenne unterstützt.

Die Heinzelmännchen

Besonders hilfreich waren die persönlichen Assistenten, die sozusagen als Heinzelmännchen arbeiteten.
Eine große Erleichterung für die Arbeit des Tages: Führen des Terminkalenders, Zusammenstellung der Unterlagen für die vielen Punkte, die in den verschiedenen Sitzungen zu besprechen waren, Gespräche über die Informationen, die noch eingeholt werden mußten, Verabredung von Terminen.
Man konnte sich seinen Assistenten nach Belieben aussuchen. Es gab dort junge Akademiker aller Sparten. Ein Kollege erzählte mir beiläufig, er sei dabei, einen jungen Arzt als politischen Assistenten zu engagieren: Ärzte hätten ein nahes Verhältnis zur Wirklichkeit, an dem es im Bundestag allzu oft fehlte. Ich weiß nicht, was aus diesem Plan geworden ist. Es gab aber auch in diesen Positionen gehobene Sekretärinnen, oft sehr tüchtig, auch bewährte Parteifreunde.
Mein erster Assistent, Georg Müller, war ein junger Jurist, aus einem größeren Handwerksbetrieb einer bayrischen Mittelstadt stammend, der soeben sein 2. Staatsexamen in München ehrenvoll bestanden hatte. Während seines Studiums war er aktiv in der Studentenpolitik tätig gewesen, und dadurch war er mir aufgefallen. Ich hatte ihm seine Tätigkeit in Bonn in schwärzesten Farben geschildert, weil ich die Problematik jeder Assistententätigkeit genau kannte. Aber er war mutig genug anzunehmen. Daß wir beide in Bonn Neulinge waren, kam der Zusammenarbeit zugute. Auch für ihn war in Bonn nichts selbstverständlich, und so setzte er auch bei mir keine Vorkenntnisse voraus.
Er hatte alle Vorzüge der gut ausgebildeten bayerischen Juristen, insbesondere ein Gefühl für die Notwendigkeit großer Präzision und Zuverlässigkeit der Aussagen. Ein Abgeordneter darf nichts Falsches sagen, und davor hat er mich stets bewahrt. Bedächtig im Urteil, mit Wirklichkeit vertraut, hat er die Aspekte, die ich von der Großindustrie her gewohnt war, stets fruchtbar ergänzt.
Wir hatten von vornherein vereinbart, daß seine Tätigkeit auf eine Legislaturperiode beschränkt sein sollte, um ihn vor den Schwierigkeiten zu bewahren, vor denen überalterte Assistenten allzuoft stehen. Nach vier Jah-

ren ging er zu der Verwaltung der Wirtschaftsvereinigung Eisen- und Stahlindustrie nach Düsseldorf, übernahm dort zuerst die Leitung der Delkrederestelle, später die Leitung der Rechtsabteilung.

Sein Nachfolger war Jürgen Kuchenwald, ein Volkswirt, der vorher bei der CDU-Fraktion des Bundestages tätig gewesen war. Er kannte die Verhältnisse im Bundeshaus und in den Bundesministerien genau, auch die Persönlichkeiten, auf die es ankam, und auf diese Weise hat er mir viele Informationen verschafft, auch gute Ratschläge für die Art des Vorgehens gegeben. Nach den vier Jahren, die ich auch mit ihm als Vertragszeit vereinbart hatte, ging er zur Firma Fried. Krupp nach Essen, wo er nach einiger Zeit die Leitung der Planungsabteilung übernahm.

Als ich im Jahre 1969 für meine dritte Legislaturperiode einen neuen Assistenten suchte, waren die Zeiten unruhig geworden. Ich beschloß deshalb, mich nach jemandem umzusehen, der mit der Mentalität der kritischen Jugend vertraut war. Unter den Bewerbern fand sich ein Diplom-Politologe, der soeben sein Examen beim Otto-Suhr-Institut in Berlin abgelegt hatte. Das Otto-Suhr-Institut hatte damals einen traurigen Ruf. Die Wände waren über und über mit revolutionären, meist völlig wirren Parolen beschmiert. Der Institutsleiter erzählte mir beiläufig, er habe es aufgegeben, diese Flächen überstreichen zu lassen. Sie würden immer in kürzester Zeit erneut beschmiert.

Als ich meiner Frau erzählte, ich wollte mir einen der Absolventen dieses Instituts zum Assistenten nehmen, war sie ehrlich erschrocken. Sie meinte, er würde meine Schreibtische aufbrechen und mich vielleicht auch mit Farbeiern bewerfen.

Das war die Vorstellung, die man damals von Absolventen des Otto-Suhr-Instituts hatte. Ich tröstete sie damit, daß ich meinen Schreibtisch ohnehin nicht abzuschließen pflege und daß das Reinigen des Anzuges notfalls aus den Diäten gedeckt werden müßte.

Peter Philipp, ein aus Ostpreußen stammender Pfarrerssohn — der Vater war vor seiner Geburt gefallen —, den ich daraufhin einstellte, erfüllte alle Erwartungen, die ich an einen Mitarbeiter aus der Generation der kritischen Jugend gestellt hatte. Gleich bei unserem ersten Gespräch behandelte er mich, den beinahe 40 Jahre älteren, in einem Ton menschlicher Gleichberechtigung, der mir gefiel. Er war sehr höflich, ging aber von der Auffassung aus, daß seine Meinung zunächst den gleichen Rang haben müsse wie die meinige, und so gab es dann lebhafte Diskussionen. Er widersprach mir oft und hartnäckig, und es gelang mir auch nicht immer, ihn zu überzeugen. Aber wenn die Argumente ausdiskutiert waren, verstand er, daß nunmehr eine Entscheidung getroffen werden müsse, und zwar von mir. Hinter diese Entscheidung hat er sich dann in allen Fällen loyal gestellt, ohne jemals seine ursprünglichen Bedenken gesprächsweise mir oder anderen gegenüber einfließen zu lassen. Die Zusammenarbeit war für mich besonders fruchtbar, weil er niemals den Versuch machte zu erraten, was ich wohl meinen könnte, sondern seine Meinung unabhängig entwickelte, wie wenn er der Abgeordnete gewesen wäre.

Unserer Beziehung kam naturgemäß die Tatsache zugute, daß ich inzwischen acht Jahre parlamentarischer Erfahrung hinter mich gebracht und auch zunehmend skeptischer geworden war.

1972 gelang es ihm, im Vorstandssekretariat bei der Hauptverwaltung der Daimler-Benz AG in Stuttgart eine Position zu finden, wo er inzwischen Abteilungsleiter geworden ist.

Bei den Diskussionen über Parlamentsreform hatte ich vorgeschlagen, jedem Abgeordneten zwei Assistenten zuzubilligen, einen zweiten für die Arbeit im Wahlkreis. Wer einen Wahlkreis selbst erobert hatte, sollte die Möglichkeit haben, seinen zweiten Assistenten dort auszusuchen und einzusetzen. Im übrigen sollten die Stellen für die zweiten Assistenten den Parteien zufallen, zur Betreuung der Wahlkreise, die sie nicht erobert hatten. Die F.D.P. hätte dann für diese zweiten Assistenten jeweils mehrere Wahlkreise zusammenfassen müssen.

Das scheint mir eine vernünftige Ergänzung zu dem Gedanken der Ombudsmänner zu sein, eine Möglichkeit, mit der der Bürger auf eine einfache Weise den Parlamentarier erreicht. Der Gedanke ist aber nicht weiter verfolgt worden.

Grenzen der Hilfe

Viele Möglichkeiten der Hilfe. Jedoch: der engste Querschnitt liegt in der Aufnahme- und Arbeitsfähigkeit des Abgeordneten. Das eigene Nachdenken, die Bildung eines eigenen Urteils, kann ihm niemand abnehmen. Und diese Arbeitskapazität reicht bei weitem nicht aus, dem Abgeordneten das Gefühl zu geben, er sei nun ausreichend unterrichtet und könne mit gutem Gewissen in die nächste Plenarsitzung gehen, die 30 Punkte einer vielfältigen Tagesordnung behandeln will. Der Versuch, in allen Bereichen der Politik eine minimale Unterrichtung zu behalten, welche die Illusion eines eigenen fundierten Urteils geben könnte, ist hoffnungslos. Im Ergebnis könnte man dann nirgendwo mehr ernsthaft mitreden. Jeder Abgeordnete muß sich also auf einen verhältnismäßig schmalen Sektor spezialisieren.

Im übrigen ist er, das wurde schon erwähnt, auf das Vertrauen zu sachverständigen Kollegen angewiesen, deren Gesamthaltung etwa der seinigen entspricht: Kollegen, die sich bei der Vertretung spezieller Interessen der Notwendigkeit einer plausiblen, überzeugenden Gesamtpolitik bewußt sind. Ich hatte im Bundestag rasch Freunde dieser Art gefunden, Freunde aus dem Arbeitnehmerflügel, aber auch der Landwirtschaft, die ich unter vier Augen offen fragen konnte: Wie ist das nun wirklich? Kann ich mich, wenn auch ohne das notwendige Spezialwissen, mit gutem Gewissen an dieser Aktion beteiligen? Und diese Freunde erkundigten sich bei mir dann ebenso nach den Hintergründen von Aktionen aus dem Bereich meiner Fachkenntnisse. Mit diesem System menschlicher Verbindungen auf Gegenseitigkeit bin ich gut gefahren.

Ich schätze, daß ich, soweit es sich um komplizierte Gesetze handelte, nur in etwa 5 % der Fälle aus dem eigenen Informationsstand eine Mitverantwortung für die Regelung übernehmen konnte, die sich aus meiner Abstimmung ergab oder hätte ergeben können. In den übrigen Fällen folgte ich dem Urteil von Kollegen, die ich für vertrauenswürdig hielt.

DER MENSCHLICHE BEREICH

Die Abgeordneten als menschliche Gemeinschaft

Wer in Bonn genügend Einfluß erreichen will, um eine Änderung von Gesetzen in Gang zu bringen und durchzusetzen, muß in Bonn präsent sein, weit über das Mindestmaß hinaus, das sich aus den Anforderungen des Diätengesetzes ergibt. Dieses Gesetz fordert nur eine Einzeichnung in die Listen, die an den sogenannten Präsenztagen in der Vorhalle offenliegen, ferner seine Anwesenheit bei namentlichen Abstimmungen.
Wer politisch wichtige Änderungen erreichen will, muß wesentlich mehr tun. Er muß Kollegen für seine Ansichten gewinnen, und dazu muß er zunächst einmal mit ihnen sprechen. Das ist in einem Parlament mit mehr als 500 Mitgliedern, einer Fraktion mit mehr als 200 Mitgliedern nicht so einfach, wie es aussehen könnte. Alle Abgeordneten sind überlastet. Sie haben Mühe, pünktlich zu den Sitzungen zu kommen. Viele von ihnen müssen den Raum vor dem Ende der Sitzung aus guten Gründen verlassen. Die Terminverpflichtungen sind, wie in anderem Zusammenhang dargelegt, stets weit umfangreicher als die verfügbare Zeit.
In einer Verwaltung kann man einen Kollegen, wenn man etwas mit ihm besprechen will, normalerweise nach einem Anruf kurzfristig aufsuchen. Aber im Parlament gibt es keine Stunden, in denen man einen Abgeordneten mit einiger Wahrscheinlichkeit in seinem Büro antreffen könnte, bereit, mit sich reden zu lassen. Solche Besprechungen muß man verabreden, sei es für ein gemeinsames Frühstück, sei es für das Mittagessen oder für ein abendliches Zusammentreffen in der Parlamentarischen Gesellschaft.
Aber dieses Miteinander setzt voraus, daß man einander einigermaßen kennt. Dazu muß man während der Plenarwochen einen möglichst großen Teil seiner Zeit in Bonn verbringen, in den Fraktionssitzungen bis zum Schluß dableiben und mit dem einen oder anderen einige Worte wechseln. Man muß in den Arbeitskreisen und in der Fraktion mitreden, damit die Zuhörer allmählich einen Begriff von dem neuen Kollegen erhalten. Abgeordnete, die neben den politischen Pflichten noch Berufspflichten haben, Abgeordnete, die wegen wichtiger Besprechungen aus dem Bereich ihres Berufes immer wieder, wenn sie sich irgend freimachen können, sich aus dem Bundeshaus entfernen müssen, haben es, was die persönlichen Kontakte angeht, schwerer als andere, die sich während der Plenarwochen entschlossen auf ständige Anwesenheit im Bonner politischen Raum einstellen, vom Frühstück im Bundeshaus an über einen Arbeitstag hin bis zu irgendwelchen Empfängen am Abend, auslaufend in eine Skatrunde im Keller der Parlamentarischen Gesellschaft. Es gab stets Kollegen, die dann auf eine natürliche Weise fröhliche Kreise um sich hatten, wie etwa Richard Stücklen,

später Präsident des Bundestages. Wer diesen Kontakt pflegen will, muß in den Plenarwochen möglichst auch in Bonn übernachten, selbst wenn er in einer Stunde bei seiner Familie sein könnte.

Nur auf diese Weise läßt sich ein Bekanntheitsgrad, eine Atmosphäre gegenseitigen persönlichen Vertrauens, aufbauen, die einen auf einer solchen Vertrauensbasis beruhenden Einfluß erwarten läßt.

Die menschlichen Verbindungen, oft freundschaftliche Verbindungen, die dabei entstehen, sind sehr reizvoll. Man erfährt beiläufig, daß ein Kollege, den man bis dahin nur als Fachmann für die Fragen eines bestimmten Ausschusses gekannt hat, 10 Jahre seines Lebens in China verbracht hatte. Wenn das Gespräch auf diese Zeit kam, zeigte sich plötzlich eine neue Dimension der Persönlichkeit. Andere Kollegen, die man bis dahin als harte politische Taktiker eingeschätzt hatte, reagieren plötzlich unerwartet positiv auf eine Bemerkung aus dem menschlichen Bereich. Daraus ergibt sich dann ein substanzreiches persönliches Gespräch. Den Kollegen Wilhelm Brese, den ich wegen seiner mutig aufrechten Haltung immer sehr geschätzt habe, konnte ich auf seinem Hof in Niedersachsen besuchen, wo er eine gehoben bäuerliche Bilderbuchexistenz führte. Voll Stolz zeigte er mir seine Felder und seinen Wald. Den Kollegen Heinrich Stooss, früher Landwirtschaftsminister in Stuttgart, besuchte ich auf seinem württembergischen Anwesen, das völlig andere Probleme hatte als der niedersächsische Bauernhof. Und den Baron von Vittinghoff-Schell besuchte ich auf seinem Schloß Kalbeck bei Goch, einem historischen Herrensitz, in dem auch die Schloßkirche ihre alte Funktion in ihrer vollen Bedeutung behalten hatte. Der Baron war führend im Malteserorden tätig; die Baronin begleitete regelmäßig Züge, die kranke Pilger zum Wallfahrtsort Lourdes brachten.

Peter Wilhelm Brand aus Remscheid, ein standfester, wenig auffälliger Kollege, zeigte seine individuell bibliophil gebundene Bibliothek. Er ließ Bücher in Paris binden und benötigte dafür ein besonderes Vorsatzpapier, das nur in der DDR hergestellt wurde und nur mit langen Lieferfristen zu beschaffen war. Die Reihe solcher Geschichten ließe sich fortsetzen.

Menschliche Gemeinschaft: besonders fruchtbar war das Klima in der Parlamentarischen Gesellschaft, die von Anfang an von der Gräfin Elisabeth von Werthern vorbildlich betreut wurde. 1961 hatte die Gesellschaft nur wenige Räume. Aber es gelang der zähen Arbeit der Gräfin, die bei Eugen Gerstenmaier volle Unterstützung fand, Dienststellen, die in ihrem Hause untergebracht waren, zu vertreiben und nach einiger Zeit auch ein Nachbarhaus zu erobern. Sie verstand es, diesem Haus eine Atmosphäre zu geben, in der die Goethe-Zeit noch ein wenig mitschwang. Damals hatten die Grafen Werthern am Hofe des Großherzoges Karl August von Weimar eine bedeutende Rolle gespielt. Sie verstand es, Abgeordneten das Gefühl zu geben, daß sie in einem kultivierten Hause willkommene Gäste seien. Da sie im Laufe ihrer Amtszeit praktisch alle prominenten Leute in Bonn kennengelernt hatte, die Diplomaten eingeschlossen, war sie immer bereit, Verbindungen anzuknüpfen, Bekanntschaften zu vermitteln.

Da mir die Bemühungen um menschliche Beziehungen wichtig schienen, haben meine Frau und ich von Zeit zu Zeit Abendessen in der Parlamentarischen Gesellschaft gegeben, für etwa 10 bis 12 Ehepaare, wobei wir Abgeordnete mit Leuten aus der Wirtschaft und mit Professoren mischten.

Wichtig war mir dabei, auch die Ehefrauen in die Gespräche einzubeziehen. In einigen Fällen zeigte sich, daß ein solcher Abend für Frauen von Kollegen der erste Abend war, an dem sie jemals eine normale Einladung zum Abendessen im kleinen Kreise erhalten hatten, über die seelenlosen Stehempfänge hinaus, in denen sich das politische Leben in Bonn sonst abspielt.

Auch um die weiblichen Mitglieder des Bundestages habe ich mich bemüht. Sie hatten es in der Männergesellschaft, in der sie eine kleine Minderheit bildeten, nicht einfach. Ich versorgte einige von ihnen in langen Plenarsitzungen mit Schokolade. Einmal im Jahr lud ich die Kolleginnen der CDU/CSU-Fraktion zu einem Mittagessen in die Parlamentarische Gesellschaft ein.

Zum Gesamtbild der menschlichen Beziehungen im Bundestag gehören auch die christlichen Morgenfeiern, die damals an jedem Sitzungstag gehalten wurden. Geistliche beider Konfessionen hatten Schrifttexte ausgesucht, die von Abgeordneten, Mitgliedern des Kreises, im Wechsel vorzulesen waren. Vorher und nachher wurden gute alte Kirchenlieder gesungen. Ich hatte Verständnis dafür, daß manche Kollegen, auch kirchlich orientierte, gegen eine solche religiöse Veranstaltung im Bundestag Bedenken hatten und sich zurückhielten. Ich habe diese Bedenken nicht empfunden, sondern meinte, daß auch dieser Lebensraum mit zum Bundestag gehörte, wobei die geringe Zahl der Besucher, meist in der Größenordnung von etwa 10, auch ein Merkzeichen für die relative Bedeutung dieses Lebensraumes sein mochte.

Der Abgeordnete als Ombudsmann

Der Status eines Mitglieds des Deutschen Bundestages, mit eindrucksvollen Briefköpfen ausgerüstet, gibt dem Abgeordneten zuweilen Gelegenheit, in Einzelfällen hilfreich einzugreifen. Neben Eingaben von Querulanten bringt die Post dem Abgeordneten immer wieder Briefe, bei denen er den Eindruck hat, diesen Fall solle man doch noch einmal genauer ansehen. Wenn er dann an die zuständige Behörde schreibt, so führt der amtliche Briefbogen meist dazu, daß der Behördenchef sich unterrichten läßt. Ich habe mehrere Fälle erlebt, in denen daraufhin eine Entscheidung, die ich für unbillig gehalten hatte, geändert wurde, weil die erneute Prüfung doch noch weitere Gesichtspunkte brachte. Dabei machte ich immer wieder die Erfahrung, daß unsere Verwaltungsjuristen durchaus nicht verknöcherte Paragraphenmenschen sind, sondern sich um eine menschlich befriedigende Lösung bemü-

hen. Ein hoher Beamter eines Bonner Ministeriums sagte mir dazu eines Tages, das sei ein schlechter Verwaltungsjurist, der in einem Fall, in dem aus menschlichen Gründen offensichtlich geholfen werden müsse, nicht auch einen Rechtsweg zu diesem Ziel finde.
Aber solche Hilfsmöglichkeiten gibt es auch noch in anderen Konstellationen. Der Sprecher einer progressiven Gruppe, rief mich eines Tages an: er habe gerade den Besuch eines Deserteurs, der bei ihm unterkriechen wolle; darüber möchte er gerne einmal mit mir sprechen. Er kam dann gegen Abend mit dem Deserteur in mein Düsseldorfer Büro. Der Deserteur hatte offenbar die Nerven verloren. Ich riet ihm dringend, zu seiner Einheit zurückzukehren. Er hatte jedoch sichtlich Angst. Darauf rief ich seinen Kommandeur an, der sich als ein sehr verständiger Mann erwies. Er versicherte mir, er würde sich persönlich das Falles annehmen. Darauf gelang es mir und dem Führer der Gruppe, den Deserteur zur Rückkehr zu bewegen. Er wurde auch human aufgenommen, und alles schien gutzugehen. Die Bundeswehr war sogar bereit, ihn zu einem anderen Standort zu versetzen, um ihn näher an seine Braut heranzubringen, von der man einen guten Einfluß erwartete. Aber nach einiger Zeit desertierte er erneut, und diesmal wurde er zu einer Freiheitsstrafe verurteilt. Wir blieben jedoch in Kontakt, auch in der Zeit, in der er die Strafe verbüßte. Er schrieb mir, er wolle später Sozialarbeiter werden und sich um die Eingliederung von Asozialen in unsere Gesellschaft bemühen. Ich hielt das für lobenswert, schrieb ihm jedoch, in diesem Bereich könne nur jemand erfolgreich arbeiten, der zunächst seine eigenen Schwierigkeiten überzeugend gelöst, sich selbst fest in unsere Gesellschaft eingefügt hätte. Aber das fiel ihm, wie sich später zeigte, schwer, und so haben wir den Kontakt verloren.

Die Beziehung zum Wähler

In jeder Demokratie muß sich jede Partei darum bemühen, ihre Ideen und ihre Aktivitäten ihren Wählern plausibel zu machen.
Für den Abgeordneten, der ohnehin überlastet ist, insbesondere, wenn auch sein Beruf noch einiges von ihm erwartet, ist das oft ein mühsames Geschäft: Reisen ins Land hinaus, wo er dann am Ende nicht selten nur einen kleinen Kreis treuer Wähler vorfindet, offensichtlich Leute, die in jedem Falle seine Partei wählen, der sie seit langer Zeit verbunden sind.
Aber trotzdem ist diese Arbeit notwendig. Auch Bürger, die die Versammlung nicht besuchen, lesen in der Zeitung, daß die Partei aktiv geworden ist. Sie hören auch von Besuchern, was sich zugetragen hat. Ich habe verhältnismäßig oft auch in fernen Wahlkreisen gesprochen, auf die Bitte befreundeter Kollegen, die ihren Wählern auch einmal ein anderes Gesicht zeigen wollten. Solche Versammlungen haben mir durchweg Freude gemacht, auch dann, wenn die Besucherzahl gering war. Nicht nur an Abenden, an denen sich

lauter Zustimmung und Wohlwollen zeigte. Zwischenfragen und Zwischenrufe wirken belebend, Buh-Rufe zeigen, daß der Redner einen kritischen Punkt getroffen hat. Organisierte Störaktionen heizen zumeist das Temperament auch des Redners auf und bringen überdies, wie die Erfahrung zeigt, durchweg der CDU/CSU Stimmen. Man merkt bald, wo der Schwerpunkt der Interessen liegt. Die Themen wechseln. Das Thema Notstandsgesetze verschwand, wie erwähnt, nach der Schlußabstimmung schlagartig aus der Diskussion. In solchen Versammlungen kann man den Wählern die Vielfältigkeit der Querbeziehungen deutlich machen.
Es ist leicht zu sagen, für diesen oder jenen Zwecke müsse mehr Geld zur Verfügung gestellt werden. Aber wenn man nicht die Steuern erhöhen will (und das wollen die Wähler im allgemeinen durchaus nicht), muß man dann zugleich sagen, welche anderen Zwecke geringer dotiert werden sollten. An diesem Punkt der Darlegung ruft regelmäßig jemand dazwischen, man solle doch die Ausgaben für die Bundeswehr beschneiden. Die Anwesenden hören dann voller Überraschung, daß der Haushalt des Bundesverteidigungsministeriums fast immer einstimmig angenommen wird. Wenn die Opposition, als politische Maßnahme, dagegenstimmt, beteuert sie stets, das sei nicht gegen die vorgesehenen Ausgaben gerichtet, mit denen man durchaus einverstanden sei. Überdies geben solche Versammlungen schlicht Gelegenheit, Wähler persönlich kennenzulernen, nachher bei einem Glas Bier ihre Sorgen, ihre Geschichten zu hören, menschliche Wirklichkeit zu sehen.

Nachbarschaft

Das ist für den Abgeordneten deshalb so wichtig, weil seine ständige Überlastung ihm die Möglichkeit des zweckfreien Gesprächs, des schlichten menschlichen Kontaktes einengt. Das beginnt schon in der Familie. Weil der Vater so selten zu Hause ist und auch dann allzu oft sichtbar an ungelöste Fragen und kommende Pflichten denkt, entwickelt sich in der Familie leicht eine Neigung, unerfreuliche Dinge von ihm fernzuhalten, etwa Sorgen der Kinder, Dinge, die menschlich wichtig und auf lange Sicht sogar für die politische Arbeit bedeutsam sind. Der überlastete Abgeordnete hat ferner wenig Zeit für einen geselligen Verkehr, bei dem man einfach vergnügt zusammensein will, aber doch immer wieder vielerlei aus der Existenz von Mitbürgern erfährt. Die überfüllten Terminkalender haben oft die Folge, daß er zu einer Veranstaltung verspätet erscheint, vielleicht auch vor deren Ende wieder weggehen muß. Er hört dann zwar einige Argumente, aber er kommt nicht in die menschliche Atmosphäre des Kreises, den er besucht.
Ich habe mich immer bemüht, Kontakt mit menschlicher Wirklichkeit zu suchen. Vom Sozialamt der Stadt Düsseldorf habe ich mir Listen besonders schwieriger sozialer Fälle geben lassen und daraufhin Besuche gemacht; mit Frauen gesprochen, die von ihren Männern erbarmungslos verprügelt wur-

den; denen erwachsene Kinder gewaltsam das Geld abnahmen. Aber auch Frauen, deren einziges Problem die Einsamkeit war, nicht zu überwinden, obwohl sie in Häusern mit vielen Mietern wohnten. Oft ergab sich der Eindruck, daß unser weit ausgebautes System sozialer Versorgung diese Probleme eher verschärft. Jedermann weiß, daß es Renten gibt und daß Sozialhilfe gewährt wird, wenn die Renten nicht ausreichen. Die meisten von uns neigen dazu, auf die ärgerliche Höhe der Abzüge für Steuern und Sozialbeiträge zu sehen und daraus den Schluß zu ziehen, für diese Beiträge müsse ihnen dann die Allgemeinheit auch die menschliche Sorge für die sozialen Fälle abnehmen.

Ich erinnere mich an die Tätigkeit meines Großvaters Peter Kläs, der in meiner Heimatstadt Elberfeld als „Armenpfleger" tätig war. Das sog. „Elberfelder System" war weltberühmt. Es bestand darin, daß man für Wohnbezirke einen „Armenpfleger" bestellte, der die bescheidenen Unterstützungen zu verteilen hatte. Unterstützungen, die unserer heutigen Sozialhilfe entsprachen, im Betrage aber weit darunter. Das Entscheidende war, daß dieser Armenpfleger die Familien, die er zu unterstützen hatte, regelmäßig zu besuchen hatte. Ich wußte, daß mein Großvater, wohlhabender Besitzer einer Eisengroßhandlung, das auch pflichtgemäß tat. Man erwartete damals darüber hinaus von den Armenpflegern, daß sie auch aus eigenen Mitteln etwas zuschossen und auch den einen oder anderen Mitbürger für schwierige Fälle interessierten. Es ging nicht nur um die Zuwendung von Geld, sondern auch um Gespräche mit ungebärdigen Kindern, um Ratschläge aller Art. Sicher hat das patriarchalische System nicht ausgereicht, die Not so zu lindern, wie das erforderlich gewesen wäre. Aber die menschlichen Wirkungen waren wahrscheinlich fruchtbarer als heute.

Und ich verglich auch unser System mit dem System der DDR. Die Kollegin Liselotte Pieser, die auf ihren Reisen immer eine gehbehinderte, an den Rollstuhl gefesselte Nichte mitnimmt, auch bei Reisen in die DDR, erzählte mir, um wieviel hilfsbereiter die Menschen in der DDR sich immer wieder freundlich angeboten hätten, im Unterschied zu der hiesigen Praxis, die solche Fälle nicht unfreundlich, aber doch meist aus neutraler Entfernung betrachtet.

Aber bei den menschlichen Kontakten geht es nicht nur um die sozialen Probleme. Es geht auch darum festzustellen, was diese Menschen eigentlich denken und warum sie dieses oder jenes Verhalten zeigen, bis zum Terrorismus hin.

Streitgespräche mit der Jugend

Deshalb habe ich mich, gegen den Rat der Familie, auch immer wieder Streitgesprächen gestellt, selbst dann, wenn sicher war, daß ich niemanden würde überzeugen können, daß ich nur Beschimpfungen einzustecken hatte.

Die größte Veranstaltung dieser Art war ein Streitgespräch, das ich am 29. 10. 1971 im Auditorium Maximum der Universität Köln mit Ernest Mandel führte. Mandel, in Frankfurt geboren, Trotzkist, Vorsitzender der dritten (trotzkistischen) Internationale, in Brüssel wohnend, genoß wegen seines politischen Engagements große Publizität. In den unruhigen Zeiten beteiligte er sich an gewalttätigen Demonstrationen in Berlin, und er durfte deshalb zeitweise die Bundesrepublik nicht betreten. Er hatte ein dickes Buch „Marxistische Wirtschaftstheorie" geschrieben, das seriöseste, das ich in diesem Bereich gelesen habe. Mir war aufgefallen, daß sich von den 805 Seiten dieses Buches nur 1 1/2 Seiten mit der Frage befaßten, wie denn nun die bessere Welt aussehen sollte, welche die so leidenschaftlich verurteilte kapitalistische Marktwirtschaft ersetzen könnte. Ernest Mandel schlug dazu vor, man solle zunächst einmal das Salz unentgeltlich verteilen, dann das Brot, und dann müsse man weitersehen. Das kam mir etwas mager vor. Meine Einwände gegen seine Theorien faßte ich in einem Aufsatz zusammen „Ernst Mandels bessere Welt", der am 5. Mai 1972 in der „Deutschen Zeitung" erschien.

Ich schrieb an Mandel, ich sei bereit, einen Gesetzentwurf Dichgans und Genossen über die unentgeltliche Verteilung von Salz und Brot einzubringen, wenn er mir deutlich machen könne, daß das wirklich eine Verbesserung wäre. Ich befürchtete, daß bei freier Verteilung von Salz übergroße Mengen im Winter einfach als Streusalz auf die Straßen wandern würden. Ich fürchtete weiter, daß die unentgeltliche Verteilung von Brot die Bauern dazu veranlassen könnte, ihre Schweine in Zukunft mit Brot zu füttern. Mechanismen, die einen solchen Mißbrauch zu verhindern suchten, etwa Salz- und Brotkarten, wären eine solche Belastung, daß vermutlich die Regulierung über den Preis nicht nur die einfachere, sondern auch die menschlichere Lösung wäre.

Ernest Mandel antwortete mir, er sei gern zu einer Diskussion bereit, würde sie aber am liebsten öffentlich führen, und zwar in Köln. Damit erklärte ich mich sofort einverstanden. Da es mir darum ging, möglichst viele Andersmeinende zu erreichen, überließ ich ihm völlig die Vorbereitung. Wir aßen vorher gemeinsam zu Abend und unterhielten uns freundschaftlich. Als wir dann das Auditorium Maximum betraten, in dem sich etwa 1 400 Neugierige eingefunden hatten, bot sich ein malerisches Bild. Junge Mädchen in Phantasiekostümen hatten sich auf den Stufen der Estrade gelagert, so daß wir einige Mühe hatten, den Rednertisch zu erreichen. Ich hatte Ernest Mandel das erste Wort überlassen. Er hielt eine flammend-demagogische Rede mit heftiger Kritik an der Bundesrepublik. Man könne die Arbeitszeit sofort auf die Hälfte verkürzen, wenn man nur die Verschwendung der planlosen kapitalistischen Wirtschaft beseitige. Die Redezeit, die er angegeben hatte, überschritt er gewaltig. Aber es war offensichtlich, daß er das sagte, was die meisten der Anwesenden zu hören wünschten.

Meine Erwiderung begann ich mit der Frage, wie denn eigentlich der bessere glücklichere Zustand aussehen und mit welchen Motivationen die zukünftige Idealgesellschaft in Betrieb gehalten werden sollte; wie man dann Eisenbahnbeamte dazu bringen könne, auch am Pfingstsonntag ihre Züge zu bedienen und der Versuchung zu widerstehen, sich einfach freizunehmen?
Wie solle der dritte Weg aussehen, der zwischen der Scylla des Kapitalismus und der Charybdis sowjetischer Planwirtschaft die Menschheit auf eine humane Weise zu ihrem großen Glück führen sollte? Ich wies darauf hin, daß nach meiner Schätzung an deutschen Universitäten etwa 1 000 Professoren, Assistenten und Doktoranden arbeiteten, die unserem System der Marktwirtschaft sehr kritisch gegenüberstanden. Aber niemand von ihnen habe bisher etwas über eine Alternative publiziert mit konkreten Vorschlägen, wie man unser gegenwärtiges System durch ein anderes ersetzen solle. Ebenso wenig wie Karl Marx, der ja trotz des Drängens seines Freundes Friedrichs Engels das Buch, wie die Zukunft nun eigentlich aussehen solle, niemals geschrieben habe. Und zum Thema der angeblichen kapitalistischen Verschwendung: Es gäbe doch in Westeuropa Länder, in denen ganze Industriezweige verstaatlicht seien. Arbeiteten sie rationeller als die Marktwirtschaft anderer Länder?
Aber es zeigte sich schon bei meinen ersten Sätzen, daß ich offenbar planmäßig niedergeschrien werden sollte, bei manchen Schreiern aus blindem Haß, bei anderen aber auch mit einer Komponente von Gaudi. Ein Zwischenruf: „Den Dichgans sollte man totschlagen." Ich war nicht sicher, ob das Haß oder Gaudi war. In einem Pressebericht, überschrieben „Dichgans in der Löwengrube" hieß es: „Die Löwen in der Grube blieben nicht so zahm wie bei Daniel, nur das gütige Geschick der schlechten Akustik ersparte es Dichgans, all das wahrzunehmen, was da an Hohn und Spott über ihn ausgeschüttet wurde."
Der erste Diskussionsredner, ein streitbarer Student, schlug vor, mir keinerlei Beachtung zu schenken. Ich sei ja so alt, daß ich in jedem Falle bald abkratzen werde. Dieser Satz erregte immerhin einigen Unwillen. Aber dem Leiter der Versammlung, einem jungen Mann, war es nicht möglich, mir Gehör zu verschaffen, und ich weiß auch nicht, ob jemand anders das geschafft hätte. Er brach die Versammlung dann vorzeitig ab.
Ich hatte meiner Frau, die mich mit Sorge fahren ließ, gesagt, Studenten hätten sogar Carlo Schmid mit Tomaten und Eiern beworfen, und auch ich hätte mich dementsprechend angezogen: ich hielte tätliche Angriffe im Nahkampf für unwahrscheinlich. Damit habe ich recht behalten.
Mir ging es darum, optisch zu demonstrieren, daß sich die Anhänger der freiheitlichen Wirtschaft nicht von johlenden Studenten in Mauselöcher jagen lassen. Ich empfand den Abend als sehr anregend, fruchtbar auch für meine Arbeit als Berichterstatter des Rechtsausschusses zum Hochschulrahmengesetz. Als ich sagte, ich werde auch diesen Abend in meinen Bericht

verarbeiten, ging allerdings die Hölle los. Man wollte anscheinend den Abgeordneten daran hindern, über eigene Erfahrungen zu berichten, wenn dieser Bericht nicht den Wünschen der militanten Linken entspräche.

Auf der Straße klang der Abend noch überraschend friedlich aus. Dort erwarteten mich etwa 50 Studenten und Studentinnen, aber keineswegs um mich zu verprügeln. Sie wollte mich aus der Nähe sehen und mich einiges fragen. Dann kam es zu einer beinahe freundschaftliche Diskussion.

Ernest Mandel drückte mir sein Bedauern darüber aus, daß ich so behandelt worden wäre. Er nahm sofort meine Einladung an, einige Wochen später die Diskussion in meinem Hause im kleinsten Kreise fortzusetzen. Das wurde dann ein sehr anregender Abend, an dem unter anderem die Professoren Scheuch und Sachsse teilnahmen. Der Chef der trotzkistischen Internationale erwies sich als ein sehr gebildeter, angenehm höflicher Gesprächspartner. In der Sache brachte das Gespräch keine neuen Gesichtspunkte, aber das war ja auch nicht zu erwarten. Nachdem Mandel dann, wegen seiner leidenschaftlichen Aktivität in Berlin, mit einem Einreiseverbot belegt worden war, habe ich ihn noch mehrfach in Brüssel getroffen.

Krawalle an Universitäten habe ich oft erlebt. Im Jahre 1977 hatte der Präsident der Freien Universität Berlin nach 6 ½jähriger Pause erstmals wieder eine öffentliche Veranstaltung im Auditorium Maximum gewagt mit dem Thema „Recht auf Bildung/Recht auf Arbeit". Das Hauptreferat sollte Peter Glotz (SPD) halten, Wissenschaftssenator in Berlin. Mich hatte man als Sprecher der Arbeitgeber auf das Podium gesetzt. Von den etwa 900 Zuhörern erwiesen sich etwa 100 als militant, entschlossen, die Veranstaltung zu stören. Sie begann mit einem Versuch eines Studenten, den Rektor vom Mikrophon wegzustoßen und die Versammlung in eine Veranstaltung einer revolutionären Gruppe umzufunktionieren. Der Student, der das betrieb, ließ summarisch darüber abstimmen: wer ist dagegen, wer enthält sich? Bevor die Zuhörer auch nur begriffen hatten, über was sie abstimmen sollten, erklärte er seinen Plan für gebilligt. Aber der Rektor ließ sich das nicht gefallen, und es gelang ihm, nach einem Gerangel gegenseitigen Wegstoßens, das Mikrophon wieder zu erobern. Im Laufe des Abends kam auch ich zu Wort, ebenso ständig gestört, wie das bei allen Rednern, auch dem Wissenschaftssenator, geschehen war.

Bemerkenswert war das System der Störungen. Als der Rektor seine einführende Rede hielt, sprang bei irgendeinem Punkt ein Student auf und schrie: „Halt's Maul, Du Sau!" und setzte sich wieder. Man hatte den Eindruck, daß er einen Zeitplan in der Hand hatte, der ihm aufgab, etwa um 20.27 Uhr aufzuspringen und diesen Satz ins Publikum zu rufen.

Zuweilen verlaufen die Auseinandersetzungen auch glimpflicher als die Kölner und Berliner Tumulte. Als ich im Rechtsausschuß des Bundestages zusammen mit dem SPD-Kollegen, dem General a. D. Dr. Friedrich Beermann, zum Berichterstatter für die Novelle zum Richtergesetz ernannt wurde, das die Ausbildung der Juristen reformieren sollte, schlug ich dem Kollegen Beermann, mit dem ich befreundet war, eine gemeinsame Bereisung einiger Universitäten vor, bei der wir auch unsere Frauen mitnehmen wollten. Beermann meinte, dann müsse man in Heidelberg auch die Leute der „Roten Robe" hören, die sich durch stark progressive Vorstellungen über unser Justizwesen einen Namen gemacht hatten. Ich lud die „Rote Robe" in Heidelberg zu einem Glas Wein in den „Europäischen Hof" ein, und sie nahmen, offenbar mit Rücksicht auf Beermann, diese Einladung auch an. Etwa 20 junge Leute waren erschienen. Nachdem ich die Gäste kurz begrüßt hatte, wurde mir die Frage gestellt, ob sie auch ein Statement verlesen dürften, auf das sie sich nachmittags geeinigt hatten. Selbstverständlich war ich einverstanden. Dieses Statement war ein bemerkenswertes Stück Text. Es begann mit massiven Angriffen auf den Abgeordneten Dichgans, der in schlimmer Weise immer wieder für die Interessen der bösen Kapitalisten gekämpft habe. In diesem Ton ging es etwa 20 Minuten. Man hatte den Eindruck, daß der Vorlesende sich nach und nach unbehaglich fühlte. Anscheinend wurde ihm erst beim Ablesen bewußt, daß die Formulierungen dem älteren Gastgeber gegenüber, aber auch gegenüber seiner Frau, ziemlich unfreundlich waren. Nachdem er geendet hatte, breitete sich zunächst ein etwas verlegenes Schweigen aus. Meine Frau rettete die Situation, indem sie ziemlich laut, als ob nichts geschehen sei, mir ihrem Nachbarn redete und sich erkundigte, woher er käme, ob er Geschwister habe, kurz, sie begann ein Gespräch in einem Tone, wie es Großmütter mit erwachsenen Enkeln und deren Freunden zu führen pflegen. Der junge Mann geriet in äußerste Verlegenheit. Auf diese Erwiderung war offenbar niemand gefaßt. Wir haben uns dann über Juristenausbildung unterhalten. Der Abend verlief überraschend freundlich, und am Ende sah es beinahe so aus, wie wenn der eine oder andere der jüngeren Revolutionäre den Damen die Hand küssen würde.

Ich habe immer, wenn sich die Gelegenheit bot, ein Gespräch auch mit Demonstranten gesucht. Als der Neubau des Düsseldorfer Schauspielhauses mit einer Festaufführung des zweiten Faust-Teils eingeweiht wurde, gab es vor den Türen eine lautstarke Demonstration von Studenten, die sich darüber beschwerten, daß sie keine Karten erhalten hatten. Eine solche Vorstellung dürfte nicht den Kapitalisten allein vorbehalten werden. Die Theaterbesucher, in Smoking und großen Abendkleidern, drückten sich verlegen durch Gassen herein, welche die Polizei freihielt. Ich bin dann im Smoking nach draußen gegangen, bis an die Barrikade, die die Polizei aufgerichtet hatte, habe mich vorgestellt und um Verständnis gebeten, daß an diesem ersten Abend nicht alle Wünsche befriedigt werden könnten. Aber das Stück würde noch häufiger gespielt, und sie würden, wenn sie interessiert seien, sicher für die nächsten Vorstellungen Karten kaufen können. Man legte mir dann die Frage vor, warum ich eigentlich eine Karte erhalten hätte und nicht sie. Da ich mich in dem Lärm zunächst nicht verständlich machen konnte, reichte mir einer der Demonstranten sein Megaphon mit der Begründung, man solle doch diesem Kerl auch die Möglichkeit geben, jedenfalls zu sagen, was er sagen möchte (großes Gelächter). Ich habe dann gesagt, ich sei ein langjähriger Abonnent, der die meisten Premieren der letzten Zeit besucht habe, und auf diese Weise sei ich auf die Liste gekommen. Den Demonstranten stellte ich die Gegenfrage, wie oft sie denn im vergangenen Winter in diesem Theater gewesen seien, und bat diejenigen, die das Theater überhaupt im vergangenen Winter einmal besucht hätten, den rechten Arm zu heben. Nur ganz wenige meldeten sich zögernd, und man war nicht einmal sicher, ob sie wirklich das Theater besucht hatten. Erneut große Heiterkeit. Dann kam die Frage: „Wieviel verdienen Sie denn im Jahr?" Ich antwortete: „Viel Geld", was als befriedigend angesehen wurde. Die Stimmung war deutlich entspannt. Eine Studentin fragte mich wieder über Megaphon, ob ich nicht bereit wäre, die Diskussion nach dem Theater auf ihrem Zimmer fortzusetzen. Meine Antwort ging dahin, ich sei in einer gewissen Verlegenheit, weil ich meine Frau mitgebracht hätte. Wiederum großes Gelächter. Die Demonstranten gingen dann friedlich auseinander.

Ein anderes Erlebnis dieser Art bei der Mitgliederversammlung des Bundesverbandes der Deutschen Industrie in Hamburg. Vor der Tür der „Vier Jahreszeiten" hatte die Polizei Barrikaden errichten müssen, durch die sie nur Besucher mit Ausweisen hereinließ. Protest der Demonstranten: Auch sie wollten sich an der Diskussion der Industrie beteiligen. Wiederum ging ich als einziger der Teilnehmer nach draußen, setzte mich neben einige Demonstranten auf eine Steintreppe und sagte, es sei schwierig, sie hereinzulassen, aber es sei ganz legitim, daß sie diskutieren wollten, und dieser Diskussion stände ich auch zur Verfügung. Aber es stellte sich bald heraus, daß es offensichtlich den Demonstranten nur um Lärm und Störung ging. Mein Angebot, zu diskutieren, erbrachte keinerlei Fragen, auf die ich hätte antworten können. Ich habe einige Sätze gesagt und bin dann in das Hotel zurückgekehrt.

Meine Erfahrung geht darin, daß sich auch mit Gegnern gut diskutieren läßt, sobald man einen menschlichen Kontakt hat herstellen können. Ich war einmal aufgefordert worden, vor einer Studentengruppe in Berlin zu sprechen. Aber es waren nur etwa 12 Zuhörer erschienen. Es stellte sich heraus, daß gegnerische Gruppen die Anschläge abgerissen hatten, auf denen mein Erscheinen angekündigt worden war, und dieses Verschwinden aller Informationen hatte offenbar auch die Veranstalter verwirrt. Man entschuldigte sich lebhaft bei mir, aber ich wollte die wenigen, die erschienen waren, offenbar neben Gesinnungsfreunden auch einige Gegner, nicht einfach sitzen lassen und fragte sie, ob ich sie in einer nahegelegenen Gastwirtschaft, die sie sich aussuchen könnten, zu einem Glase Bier einladen dürfte. Ein pragmatischer junger Berliner, der, wie sich später zeigte, politisch keineswegs meiner Meinung war, bemerkte dazu, das werde mich wohl etwas teuer zu stehen kommen. Er wohne aber in der Universität, und der Raum sei auch groß genug, daß wir alle dort sitzen könnten. Er habe auch Bier in seinem

Eisschrank. Ich nahm diese Offerte sofort an und habe dann später das Bier bezahlt, was selbstverständlich akzeptiert wurde. Lebhafte Unterhaltung in einem guten Klima.

Auch in meiner Lohauser Wohnung habe ich gelegentlich solche Diskussionen veranstaltet. In Demonstrationen war ich ins Gespräch mit einem der Führer der Düsseldorfer Anarchistenszene gekommen. Auf dem Schadowplatz in Düsseldorf hatte ich bei einer Demonstration zu Fragen der Ostpolitik von einem Lastwagen herunter, der gerade dort stand, zu den Demonstranten gesprochen, einigermaßen mit Ruhe angehört. Man wußte, daß ich in Sachen Ostpolitik meine eigene Linie vertrat. Nach der Veranstaltung setzte ich das Gespräch mit dem Anarchisten, dem ich schon mehrfach begegnet war, mit einigen Worten fort und fragte ihn, ob ich nicht einmal eine seiner Veranstaltungen besuchen dürfte. Er meinte, sie hausten in Kellern, wo es ziemlich ungemütlich sei. Ich fragte dann, ob er nicht vielleicht einmal mit einigen jungen Leuten nach Lohausen kommen wollte, in meine Wohnung. Er nahm sofort an, und wir einigten uns auf einen Termin. Meine Frau war voller Sorge, was aus unseren Möbeln und unseren Teppichen werden würde, aber ich sagte ihr, ich glaubte nicht, daß die Besucher Schaden anrichten würden. So war es denn auch. Die jungen Leute waren zunächst etwas befangen. Die Gruppe, etwa 20 an der Zahl, bestand allerdings darauf, keine Stühle zu benutzen, sondern sich auf den Teppich zu setzen. Als ich dann anfing, Bier zu holen, hatte ich sofort höfliche und rege Hilfskräfte. Wir haben dann einige Stunden miteinander diskutiert, wiederum naturgemäß ohne jedes sachliche Ergebnis. Ich erinnerte mich an die Streitgespräche, die in früheren Jahrhunderten zuweilen zwischen Christen und Moslems veranstaltet wurden. Wenn man von völlig verschiedenen, aber als unantastbar betrachteten Grundlagen ausgeht, ist kein Konsens zu erwarten. Bei solchen Versuchen kann es nur darum gehen, daß sich beide Seiten von dem guten Willen auch der Gegenseite überzeugen.

Publikationen

Zum Thema der Beziehungen eines Abgeordneten zu seinen Wählern gehören auch seine Publikationen.

Mit journalistischer Arbeit hatte ich früh begonnen. Als Student habe ich der „Bergischen Tageszeitung" Filmkritiken geschrieben. Die Redaktion dieses streitbaren kleinen Zentrumsblattes war schwach besetzt, und die Geldmittel waren beschränkt. So waren Mitarbeiter willkommen, die mit der freien Eintrittskarte als Honorar zufrieden waren. Auf diese Weise kam ich nicht nur häufig ins Kino, sondern ich lernte auch, mir eine Meinung zu bilden und zu begründen, richtig oder falsch. Gelegentlich schrieb ich dort auch wirtschaftspolitische Aufsätze, wobei es allerdings meist nur darum ging,

Berichte von Agenturen auf die verfügbare Länge zu bringen und mit einer attraktiven Überschrift zu versehen.

Ich mußte meinen Text oft selbst in die Setzerei bringen und hatte auch die Korrekturen zu lesen, dazu Gespräche mit dem Metteur, wo der Text zu plazieren sei. Das alles konnte man damals noch in einer kleinen Zeitungsredaktion lernen, in der man jederzeit hörte, ob die Rotationsmaschinen liefen oder nicht; vor der sich in der Mittagszeit die Boten sammelten, die sich dann mit ihren Fahrzeugen, meist umgebauten Kinderwagen, auf den Marsch in die Wohnbezirke der Abonnenten begaben.

Die Sammlung meiner Aufsätze enthält mehr als 300 Nummern. Die Presse rechnete mich zum progressiven Flügel der CDU/CSU. Es zeigte sich unter anderem darin, daß „DIE ZEIT" mir einige Jahre hindurch ihre Spalten für größere Aufsätze öffnete: „Die akademischen Tabus" (16. 10. 1964), „Der Staat und seine Hochschulen" (5. 3. 1965), „Bedingungen der Wiedervereinigung" (25. 2. 1966), „Was ist uns Ulbricht?" (27. 5. 1966), „Regieren, aber wie?" (14. 10. 1966).

Meine beiden ersten Bücher behandelten fachliche Themen: „Die Preisbildung in der Gießerei-Industrie" und „Die Preisbildung in der Eisenwirtschaft" (zwei Auflagen).

Mein erstes politisches Buch galt der Bildungspolitik. Es trug den Titel: „Erst mit 30 im Beruf?" (1965). Die Grundthese: unsere Studienzeiten an Schulen und Hochschulen mit ihrer Weltrekordlänge hielten unsere Jugendlichen viel zu lange auf der Schulbank fest, in Lebensjahren, in denen sie selbständig arbeiten könnten und sollten, in den Jahren zwischen 20 und 30, den überhaupt kreativsten Lebensjahren. Dieses Thema habe ich dann immer wieder behandelt, mit geringem Erfolg, wie ich das im Abschnitt Bildungspolitik dargelegt habe. Aber das Buch fand viel Zustimmung, von Kultusministern bis zu Rudi Dutschke hin.

1968 erschien mein Buch „Das Unbehagen in der Bundesrepublik", das drei Auflagen erlebt hat. Es schildert den Alltag eines Abgeordneten und versucht, durch einige kurze Biographien auch ein Bild von der menschlichen Substanz des Hohen Hauses zu geben. Daneben behandelt es die Technik der Parlamentsarbeit und die Grundzüge meiner politischen Anschauungen in den Bereichen, in denen ich aktiv geworden war.

Das Jahr 1970 brachte die im Abschnitt „Mitbestimmung" erwähnte Schrift „Warum Mitbestimmung und wie?", das Ergebnis einer Diskussion mit Ludwig Rosenberg, Walter Scheel und Helmut Schmidt.

Aus meiner Beschäftigung mit dem Grundgesetz entstand im Jahre 1970 die Arbeit „Vom Grundgesetz zur Verfassung", die sich auch mit der politischen Aktivität des Bundesverfassungsgerichtes auseinandersetzt.

Im Jahre 1974, nach meinem Ausscheiden aus dem Bundestag, folgte dann das Buch „Die Welt verändern — Reform oder Revolution", das ich meinem studierenden Sohn Martin widmete, das Ergebnis vieler Unterhaltungen mit

Studenten über Fragen der Gesellschaftspolitik. Es endet mit einem Wort von Bert Brecht: „Wer noch lebt, sage nicht niemals. Das Sichere ist nicht sicher. So wie es ist, bleibt es nicht."
1979 folgte eine Schrift „Bildung und Selektion", 1980 ein Buch „Montan-Union".
Um Fühlung mit der Juristerei zu halten, habe ich von Zeit zu Zeit Fachaufsätze in der „Neuen Juristischen Wochenschrift" publiziert. Ein Aufsatz „Vom Beruf unserer Zeit zur Gesetzgebung" wurde von der NJM als Leitaufsatz des Heftes für den Gosler Juristentag gedruckt.
Mein Aufsatz „Die Rechtsnatur des mitteldeutschen Regimes" setzte eine grundsätzliche Diskussion über die Rechtsnatur der innerdeutschen Beziehungen in Gang, eine Diskussion, die man bis dahin nach Möglichkeit vermieden hatte. Er brachte mich sogar in die Fußnoten von Lehrbüchern, die höchste Ehre, die einem Amateur widerfahren kann.
Aus meiner beruflichen Tätigkeit entstanden Aufsätze für die Zeitschrift „Stahl und Eisen", darunter größere Aufsätze über „100 Jahre Stahlverbände" und über „25 Jahre Stahl in der Montanunion". Dazu kamen einige Auswertungen russischer Stahlpublikationen.

AUSGANG

Abschied aus dem Bundestag

Im Jahre 1972, als die Vorbereitungen für die Kandidatenlisten der Neuwahl begannen, suchte mich Hans Katzer auf und sagte mir, auch die Arbeitnehmer würden sich einstimmig für meine erneute Plazierung an günstiger Stelle aussprechen; ich könne meine Wiederbenennung als gesichert betrachten. Ich hatte mir jedoch von Anfang an vorgenommen, meine Parlamentstäigkeit nicht wesentlich über meinen 65. Geburtstag hinaus auszudehnen. Nach einigen Überlegungen bin ich bei dieser Meinung geblieben. Damit ging meine Abgeordnetenzeit im Herbst 1972 zu Ende.

Die Fremdbestimmung, die der Terminkalender dem Abgeordneten auferlegt, schlimmer als die Arbeitsplanung im Fließbandprozeß und mit weniger Pausen, das erschien mir nach 11 Jahren unerträglich. Ich wollte mehr Freiheit, meine Zeit selbst zu bestimmen und auf die Punkte zu konzentrieren, die ich für wichtig hielt.

Die Funktion eines Hauptgeschäftsführers der Wirtschaftsvereinigung Eisen- und Stahlindustrie in Düsseldorf, die ich auch während meiner Bonner Tätigkeit beibehalten hatte, konnte ich noch bis Ende 1973 weiterführen, voll beschäftigt.

Dann wurde ich, als Hellmuth Wagner überraschend erkrankte, noch Hauptgeschäftsführer des Bundesverbandes der Deutschen Industrie, bis Ende 1975, eine Tätigkeit, die mich wieder eng an die Wirtschaftspolitik, an die Probleme der Konzertierten Aktion heranführte, auch an die Probleme des neuen Mitbestimmungsrechts, zu denen ich zu vorbereitenden Anhörungen im Deutschen Bundestag eingeladen wurde, diesmal als einer der Sprecher der Industrie.

Meine Arbeit auf dem Gebiet der Bildungspolitik konnte ich auch späterhin noch fortsetzen. Die Bundesvereinigung der Deutschen Arbeitgeberverbände berief mich zum Vorsitzenden ihres Arbeitskreises Hochschule und Wirtschaft, eine Tätigkeit, die mich zu zahlreichen Gesprächen mit Ministern, Rektoren und Professoren führte. Die CDU ließ mich als ständigen Gast im Bundesfachausschuß Kulturpolitik mitarbeiten.

Ich vertrat die deutsche Stahlindustrie noch bis Ende 1978 im Beratenden Ausschuß Kohle und Stahl in Luxemburg, dessen Mitglied ich 1957 geworden war. Dort hatte ich auch den Sitz der deutschen Stahlindustrie in den Unterausschüssen „Markt und Preise" und „Allgemeine Ziele".

Die Europäische Kulturstiftung, in Amsterdam residierend, berief mich zum Vorsitzenden ihres Deutschen Komitees und zum Mitglied des Verwaltungsrates des Bonner Instituts für Europäische Umweltpolitik. Das ergänzte meine

Tätigkeit im Fonds für Umweltstudien, die ich ebenfalls noch weiterführe. Die Aufgaben, die mir verblieben sind, bauen sich langsam ab.

Abschließende Betrachtungen

Meine Arbeit im Bundestag liegt jetzt sieben Jahre zurück. Es war eine reiche und anregende Zeit. Ich habe alle denkbaren Koalitionen erlebt: CDU/CSU/F.D.P.; CDU/CSU/SPD; SPD/F.D.P. Acht Jahre im Regierungslager, drei Jahre auf den Bänken der Opposition.

Ein Abgeordneter, der es weder zum Minister gebracht hat, noch auch zum amtlichen Sprecher seiner Fraktion für ein bestimmtes Fachgebiet, stellt sich bei seinem Ausscheiden die Frage: Welche Chancen hat heute noch ein Abgeordneter, der sich als Einzelgänger versteht?

Eine gute Chance, die Welt zu verändern, haben nur die Parteien, die an der Regierung beteiligt sind. Der Bundeskanzler bestimmt die Richtlinien der Politik. Die Minister haben die hochqualifizierten, zahlenmäßig starken Stäbe der Ministerien und ihrer Verwaltungen hinter sich. Völlig neue Lösungen mit einem spontan überzeugenden Überraschungseffekt sind selten. Im Regelfall liegen alle Ideen, die überhaupt in Betracht kommen, bei den Fachleuten der Ministerien, welche die Vorteile und die Nachteile gegeneinanderstellen und auch zahlenmäßig abschätzen können. Sie bauen das Arsenal der Möglichkeiten auf, in dem der Minister oder auch das Kabinett die politische Entscheidung der Auswahl trifft. Die Vorsitzenden der regierenden Fraktionen und die Leiter ihrer Arbeitskreise sprechen bei dieser Meinungsbildung mit.

Die Kräfte der Opposition können die öffentliche Meinung gegen die Regierung mobilisieren, auch die Regierungsaktionen mit Sachargumenten in der Mitarbeit in den Ausschüssen modifizieren. Aber in der heutigen Lage, in der die Krise des Jahres 1972 tiefe Spuren hinterlassen und zu einer festen Geschlossenheit der Fraktionen geführt hat, bleibt ihr Einfluß gering, soweit sie nicht über den Bundesrat echte Macht ausüben können. Die Opposition befindet sich also in einem frustrierenden Wartestand, und sie konzentriert alle Anstrengungen darauf, an die Macht zu kommen.

In diesem System hat der Abgeordnete des Fußvolks, der nicht als Sprecher einer wahlwichtigen sozialen Gruppe agieren kann, sondern nur mit dem Gewicht der eigenen Argumente, keinen großen Einfluß, auch dann nicht, wenn seine Partei die Regierung trägt.

Wenn er neuartige Ideen vorträgt, kann er Aufmerksamkeit erregen und bekannt werden. Aber die Umwandlung dieser Ideen in Gesetze hat nur dann eine Chance, wenn ein hochgestelltes Mitglied der regierenden Hierarchie die Führung übernimmt.

Ungeachtet der Schwierigkeiten, die jeder Individualist in diesem Bereich zu überwinden hat, möchte ich den Einzelkämpfern Mut machen. Nie werden sie alles erreichen, was sie erreichen wollten. Aber auch Anregungen in Debatten, die zunächst zu keiner Änderung von Gesetzen führen, wirken nicht selten später nach. Ich habe das im Bereich der Mehrwertsteuer, aber auch im Bereich der Bildungspolitik erlebt.

Ich erinnere mich, wie Kurt Frey, damals Generalsekretär der Konferenz der Kultusminister, mir vor vielen Jahren sagte: „Wirklichen Erfolg haben Sie erst dann, wenn etwas im Sinne Ihrer Ziele geschieht, zu einer Zeit, in der man längst vergessen hat, daß die Anregung von Ihnen gekommen ist." Das akzeptiere ich.

Der Einzelkämpfer hat Bedeutung auch für das Bild, das sich der Bürger vom Parlament macht. In weiten Bereichen ist der Bürger außerstande zu verstehen, was sich im einzelnen in Bonn abspielt, welche Bedeutung die vielen taktischen Züge und Gegenzüge haben. Aber Überschriften wie „30 Millionen für die Dresdner Oper?" oder „Vom Recht, Unsinn zu reden" fangen seinen Blick und regen ihn zum Mitdenken an. Sie machen dem Leser deutlich, daß es in Bonn nicht nur Kämpfe um politische Macht gibt, sondern auch eine menschliche Substanz.

In diesem Sinne habe ich mein Instrument im Orchester des Bundestages gespielt, gewiß nicht als erste Geige, aber zuweilen mit einer durchdringend hohen Flöte. Das Mitspielen hat mir Freude gemacht.

AUSWAHLVERZEICHNIS
WEITERER VERÖFFENTLICHUNGEN VON HANS DICHGANS

Die gesetzliche Regelung der Arbeitergewinnbeteiligung unter besonderer Berücksichtigung der ausländischen Gesetzgebung. Elberfeld 1929; Bonn, Diss. 1929

Gewissenskonflikte. Entscheidungen des MdB. In: Die politische Meinung. Bonn. Jg. 9. 1964. H. 96, S. 7–10

Die Aufgaben der Hochschule und die Hochschullehrer. Diskussion der Teilnehmer des 14. Hochschulverbandstages... In: Mitteilungen des Hochschulverbandes. Hamburg. Bd. 12. 1964. Sonderh., S. 135–189

Erst mit dreißig im Beruf? Vorschläge zur Bildungsreform. Stuttgart. 1965.

Bericht im Namen des Wirtschafts- und Finanzausschusses über die zukünftige Tätigkeit der Gemeinschaft auf dem Gebiet der Währungspolitik und die Gründung einer europäischen Münzunion. In: Europäisches Parlament. Sitzungsdokumente 1966–1967. Brüssel. 1966, Dok. 138 S. 1–62

Das Unbehagen in der Bundesrepublik. Ist die Demokratie am Ende? Düsseldorf, Wien, 1968

Der Gegensatz der Generationen. Die außerparlamentarische Opposition. Vortrag vor dem Rhein-Ruhr-Klub in Düsseldorf am 28. Mai 1968. Düsseldorf, 1968

Bericht im Namen des Wirtschaftsausschusses über die Errichtung eines europäischen Kapitalmarkts. In: Europäisches Parlament. Sitzungsdokumente 1969–1970. Brüssel. 1969, Dok. 108 S. 1–30

Biedenkopf, Kurt u. Hans Dichgans, Wirtschaftsordnung ist Rechtsordnung! In: Wirtschaftstag der CDU/CSU. Bonn 1969, S. 30–42

Vom Grundgesetz zur Verfassung. Überlegungen zu einer Gesamtrevision. Düsseldorf 1970

Warum Mitbestimmung und wie? Eine Diskussion (von) Hans Dichgans, Ludwig Rosenberg, Walter Scheel, Helmut Schmidt. Hrsg. u. m. Vorw. u. Anhang vers. von Heiner Radzio. Düsseldorf, 1970

Arbeitspapier zum Hochschulrahmengesetz. In: HPI. Hochschulpolitische Informationen. Köln, Jg. 2, 1971, Nr. 19, S. 4–20

Die Welt verändern. Reform oder Revolution. Düsseldorf, Wien, 1974

Der Bundestag. In: 25 Jahre Grundgesetz. Köln 1974, S. 29–53

Mehr Freiheitsraum für die Abgeordneten. In: Zeitschrift für Parlamentsfragen. Wiesbaden, Jg 7, 1976, H. 1, S. 127–138

Zur Geschichte des Reichskommissars für die Preisbildung. Düsseldorf 1977

Deutschland und Südafrika. Düsseldorf 1977

Bildung und Selektion. Von der Unvermeidbarkeit der Auswahl. Köln 1979

Montanunion. Menschen und Institutionen. Düsseldorf, Wien 1980

Verhandlungen des Deutschen Bundestages. Stenographische Berichte — Plenarprotokolle:

4. Wahlperiode

Zum Bundeshaushalt 1964. Das Verhältnis von Bund und Ländern; Ausgaben für die Wissenschaft, überfällige Hochschulreform. 106. Sitzung, S. 4904 D ff.

Demokratisierung der Europäischen Gemeinschaften. 133. Sitzung, S. 6596 C

Änderung und Ergänzung des Gesetzes zur Förderung der Wirtschaft von Berlin (West) und des Gesetzes über Steuererleichterungen und Arbeitnehmervergünstigungen in Berlin (West). 134. Sitzung, S. 6643 A f.

5. Wahlperiode

Beschränkung bzw. Einteilung der Redezeit. 21. Sitzung, S. 852 D ff.

Zum Bundeshaushalt 1966. Arbeitsbedingungen der Abgeordneten im Bundeshaus. Verfassungsreform. Würdigung des Finanzberichts. 25. Sitzung, S. 1185 C ff.

Änderung des § 85 der Geschäftsordnung des Deutschen Bundestages. 46. Sitzung, S. 2285 C ff.

Zustimmung zur Erhebung der Ergänzungsabgabe. 141. Sitzung, S. 7184 C ff.

Schwerpunktaufgaben in Wissenschaft und Forschung. 152. Sitzung, S. 7811 D ff.

Zur Bundes-Apothekerordnung. 161. Sitzung, S. 8473 A ff.

16. Gesetz zur Änderung des Grundgesetzes. Überlegungen zur organischen Reform des Grundgesetzes. 201. Sitzung, S. 10819 C ff.

Viertes Gesetz zur Änderung des Gesetzes über das Bundesverfassungsgericht. Notwendigkeit zur erneuten Beschäftigung mit der Abgrenzung zwischen Bundesverfassungsgericht und Parlament. 215. Sitzung, S. 11677 A ff.

6. Wahlperiode

Zum Numerus clausus. 25. Sitzung, S. 1083 A ff.

Viertes Gesetz zur Änderung des Gesetzes über das Bundesverfassungsgericht. 38. Sitzung, S. 1905 A ff.

Änderung des Deutschen Richtergesetzes. 131. Sitzung, S. 7645 A ff.

Feststellung des Bundeshaushaltsplans für das Haushaltsjahr 1972. Die Rolle und Bedeutung von Unternehmern in unserem Wirtschaftssystem. Notwendigkeit einer unternehmerfreundlichen Politik; handelspolitische Maßnahmen; währungspolitische Empfehlungen. 144. Sitzung, S. 8301 B ff.

Erörterung der Frage der sogenannten Demokratisierung der Hochschulen. Die Überschätzung der akademischen Ausbildung. 106. Sitzung, S. 6267 D ff.

Bundeshaushalt 1972. Einzelplan 02 — Deutscher Bundestag. Frage der parlamentarischen Zusammenarbeit, fraktionelle Geschlossenheit, Fraktionswechsel; Verhältnis des Bundestages zum Europäischen Parlament. 182. Sitzung, S. 10592 ff.

Johann Cramer

Johann Cramer

Johann Cramer
SPD

Geb. am 29. Juli 1905 in Norden (Ostfriesland); seit 1921 Mitglied der SPD; seit 1924 an sozialdemokratischen Tageszeitungen tätig. 1941–45 Kriegsteilnahme und Gefangenschaft.
Seit April 1947 Lizenzträger der „Nordwestdeutschen Rundschau", zuletzt Verlagsleiter und Chefredakteur.
1948/49 Mitglied des Wirtschaftsrates des Vereinigten Wirtschaftsgebietes; 1949–1953, 1957–1972 Mitglied des Bundestages.
Johann Cramer lebt in Wilhelmshaven.
Das Manuskript entstand auf der Grundlage von Interviews, die Dr. Ernst-Willi Hansen führte.

INHALT

Seite

Einleitung: Jugend – Elternhaus – Ausbildung 261

Persönliche und politische Erinnerungen bis 1946 264
    Parteieintritt und Tätigkeit in der SPD bis 1931 264
    Als politischer Journalist in der Weimarer Republik (1924–1931) . 267
    „Kampfzeit" in Saalfeld (1931–1933) 269
    Unter nationalsozialistischer Herrschaft 272
    Krieg und Gefangenschaft 277

Nachkriegszeit 1946–1949 281
    Aufbau einer neuen Existenz in Ostfriesland 281
    Wiedereintritt in die Politik 284
    Als Abgeordneter des Wirtschaftsrates 285

Als Abgeordneter des Deutschen Bundestages 1949–1972 290
    Bundestagswahlen 290
    Der Abgeordnete und sein Wahlkreis 291
    Die Arbeit in den Bundestagsausschüssen 292
    Fraktionssolidarität und Parteiorganisation des Wahlkreises . . . 295
    Unvergeßliche Erlebnisse und Begegnungen 296
    Auslandsreisen 297

Erfahrung und Vorschläge 301

Resümee 307

Anlage 1: Volksblatt – Beilage zu Nr. 56/1932 308

Anlage 2: Wilhelmshavener Rundschau – 21. Juni 1966 310

Anlage 3: Schreiben des Bundesministers der Verteidigung 313

Auswahlverzeichnis weiterer Veröffentlichungen von Johann Cramer . 314

EINLEITUNG

JUGEND – ELTERNHAUS – AUSBILDUNG

Am 29. Juli 1905 wurde ich in Norden (Ostfriesland) geboren. Obwohl mein Vater ursprünglich ein „Landgebräucher" war, eine Art Gemüsebauer, der über einen kleinen Landbesitz verfügte und dort intensiven Gemüse- und Kartoffelanbau betrieb, habe ich mich stets als Angehöriger der Arbeiterklasse gefühlt. Mein Vater nämlich hatte durch lange Krankheit und den frühen Tod seiner ersten Frau die wirtschaftliche Basis verloren und hatte von seinem 55. Lebensjahr an als Lohnarbeiter arbeiten müssen. Lediglich das Haus hatte er retten können. Die Familie bestand aus den Eltern und insgesamt 7 Geschwistern, davon 3 aus der ersten Ehe meines Vaters. Aus der zweiten Ehe war ich der älteste Sohn.

Der Wochenlohn eines Arbeiters – mein Vater arbeitete in einem Mühlenbetrieb – betrug damals runde 20,– Mark, die in Gestalt eines Goldstückes netto ausgezahlt wurden. Abzüge vom Lohn gab es nicht, die geringen Renten- und Krankenversicherungsbeiträge zahlte der Arbeitgeber allein.

Heute ist es mir ein Rätsel, wie die Mutter mit so wenig Geld die hungrigen Mäuler der Kinder stopfen konnte. Verständlich ist mir jedoch, daß die älteren Geschwister, sobald sie aus der Schule entlassen waren, eine Stellung in fremden Haushaltungen annehmen mußten, damit sie freie Kost und Logis hatten. Mein ältester Bruder hatte das Glück, als Maurerlehrling auch beim Meister wohnen zu dürfen und verpflegt zu werden. Die Familie traf dann nur gelegentlich an Sonn- und Feiertagen zusammen.

Vor allem die Zeit nach dem Ersten Weltkrieg mit Inflation und Arbeitslosigkeit war sehr schwer. Das soziale Sicherheitssystem, das wir heute haben, bestand auch in der Weimarer Republik noch nicht. Ich erinnere mich, daß mein Vater, als er im Rentenalter war, monatlich 27,– RM bezog. Obwohl er keine Miete zu zahlen brauchte, war das ein Betrag, von dem man kaum das Nötigste kaufen konnte. Das bedeutete, daß er bis in seine siebziger Jahre hinein jede Gelegenheit wahrnehmen mußte, um zu der kargen Rente etwas hinzuzuverdienen. So ist mir in Erinnerung, daß er während des Ersten Weltkrieges bei dem Bau von Zeppelinhallen in Hage bei Norden und später bei der Landgewinnung (vom Meer durch Eindeichung abgerungenes Marschland) tätig war.

Mein Vater und seine zweite Frau – meine Mutter – waren politisch nicht aktiv, zählten sich jedoch ganz selbstverständlich zu den Anhängern der SPD. Wenn es zur Wahlurne ging, hatten sie bereits den roten Wahlzettel, die damals noch von den einzelnen Parteien in ihren jeweiligen Farben verteilt wurden, fertig angekreuzt in ihrer Tasche.

Das einschneidendste Erlebnis meiner Kindheit war der Ausbruch des Ersten Weltkrieges, als in den ersten Augusttagen des Jahres 1914 die Väter und Söhne aus meinem engeren Verwandten- und Bekanntenkreise plötzlich in grauen (Infanterie-) und blauen (Marine-) Uniformen erschienen. Ich war damals gerade 9 Jahre alt geworden, aber ich weiß noch genau, wie schmerzhaft das für die betroffenen Familien war. Von Kriegsbegeisterung war nicht allzuviel zu spüren. Wohl war man allgemein der Meinung, daß die Männer bis Weihnachten wieder zu Hause sein würden. Aber der erste Winter verging, ohne daß an Frieden zu denken war. Dafür flatterten selbst in unsere kleine, sonst so friedliche Stadt täglich Nachrichten vom Heldentod in die Häuser. Sie brachten viele Tränen in die Familien, die den Vater oder den Sohn oder gar mehrere Angehörige verloren. Auch die ersten Verwundeten trafen bald ein, unter ihnen auch mein ältester Bruder. Ein Onkel von mir, der Bruder meiner Mutter, fiel „auf dem Felde der Ehre".
Es ist andererseits nicht wahr, daß die Bevölkerung nicht an den Sieg geglaubt hätte. Die anmaßende Parole des Kaisers Wilhelm II. „Hier werden Kriegserklärungen entgegennommen" und „Ich kenne keine Parteien mehr, ich kenne nur noch Deutsche" taten schließlich ihre Wirkung. „Jeder Stoß ein Franzos" und „Jeder Schuß ein Ruß" sowie die Haßgesänge gegen „John Bull" (England) sorgten für die richtige patriotische Gesinnung, die ja auch dazu führte, daß viele weniger begüterte Menschen ihre letzten Ersparnisse in Kriegsanleihen zeichneten und zum Schluß alles verloren.
Täglich flogen über unser Haus die Zeppeline mit ihrer Bombenfracht „gegen Engeland", mitten in der Nacht kehrten sie heim in ihre Hallen. Die Abwehr der Engländer muß damals schwach gewesen sein.
In der Schule wurden statt Religion und Geschichte Berichte von den Kriegsschauplätzen besprochen und die Fähnchen auf den Landkarten weitergesteckt, wenn unsere Truppen im Westen, Osten und Süden Europas auf dem Vormarsch waren.
Gab es schon während der normalen Zeiten wegen des geringen Einkommens der Eltern zu Hause immer nur „Schonkost", so wurde dies während der Kriegsjahre natürlich nur noch schlimmer, besonders in den sogenannten Steckrübenwintern 1916/1917 und 1917/1918. Daher war es selbstverständlich, daß wir mittags in die Suppenküchen geschickt wurden. Aber auch dort gab es nur Eintöpfe und Dörrgemüse. Das Kriegsende wurde von uns allen als Erlösung betrachtet.
Vom sechsten bis zum vierzehnten Lebensjahr besuchte ich die Volksschule in Norden. Nach der Schulentlassung absolvierte ich zunächst eine Bürolehre in der Verwaltung des Landwirtschaftlichen Hauptvereins für Ostfriesland und besuchte gleichzeitig die kaufmännische Handelsschule in Norden. Nebenbei nahm ich an Kursen der Volkshochschule teil, welche in jenen Jahren zunehmende Bedeutung für die öffentliche Bildung gewannen. Vor allem in politischen Fragen versuchte ich mich fortzubilden. So erinnere ich mich z. B. an einen Kurs, der 1921 auf Wangerooge in der alten Kaserne stattfand, vier

Wochen dauerte und staatspolitisches Wissen vermittelte. Gleichzeitig begann ich als 17/18jähriger, für die in Emden erscheinende „Ostfriesische Volkszeitung" Lokalberichte zu verfassen und über Stadtratssitzungen zu berichten.
Nach Abschluß der Lehre fand ich eine Anstellung bei der Ems-Lots-Gesellschaft in Emden. Diese Zeit, die von der zunehmenden Geldentwertung gekennzeichnet war, bedeutete für den jungen Menschen fern von Zuhause eine harte Lehre. Jeden Monat hatte ich eine erhöhte Miete für mein kleines Zimmer aufzubringen, jeden Monat stiegen die Kosten, die für den dringendsten Lebensunterhalt aufgewendet werden mußten, während mein Gehalt sich nur unwesentlich veränderte. Als kleiner Angestellter konnte ich nicht, wie etwa die Lotsen der Gesellschaft, Forderungen nach Lohnerhöhung durchsetzen. Am 30. 4. 1923 schließlich mußte ich die Stelle aufgeben, weil es finanziell einfach nicht mehr ging. Glücklicherweise fand ich sehr rasch eine neue Stellung, diesmal in Norden, wo ich die Kosten für eine eigene Wohnung sparen konnte. Später, als Angestellter des Finanzamtes, gewann ich eine gewisse wirtschaftliche Sicherheit in der Zeit der stärksten Geldentwertung. Dort blieb ich, bis sich nach der Einführung der Rentenmark die wirtschaftliche Situation einigermaßen stabilisierte.
Jene turbulenten Zeiten kann sich die heutige junge Generation gar nicht mehr vorstellen. Die Mark verlor fast stündlich an Wert; was vormittags galt, galt nachmittags nicht mehr. Wir lernten damals nicht nur mit Millionen, sondern mit Milliarden und Billionen rechnen. Die Monatsgehälter im öffentlichen Dienst wurden dekadenweise ausgezahlt, dazwischen gab es mehrere Nachzahlungen. Wenn im Laufe des Vormittags eine Gehaltszahlung erfolgte, rannte jeder nach Hause, damit die Frau oder die Mutter noch schnell einkaufen konnte, denn nach der Mittagspause war das Geld vom Vormittag schon wieder viel weniger wert.
Dieser Zustand dauerte an, bis im Herbst 1923 die Währungsumstellung auf der Basis 1 Billion Reichsmark = 1 Rentenmark erfolgte. Als Währungsgarantie galt die jeweilig zu erwartende Ernte.
Die Inflation war zu Ende, Millionen Bürger hatten ihr Erspartes verloren und standen wieder vor dem Nichts. Wer noch jung genug war, konnte neu beginnen. Die Alten fielen der öffentlichen Wohlfahrt – wie das damals hieß – zur Last. Wenn sie noch ein Haus oder Grundstück besaßen, wurde dieses Eigentum von den Behörden als Sicherheit für die Rückerstattung in Anspruch genommen.

PERSÖNLICHE UND POLITISCHE ERINNERUNGEN BIS 1946

Parteieintritt und Tätigkeit in der SPD bis 1931

Mit 16 Jahren, d. h. im Jahre 1921 hatte ich mich entschlossen, in die SPD einzutreten. Dieser Schritt war nicht durch ein konkretes Ereignis bewirkt worden. Für mich gab es eine Reihe von Gründen, die es ganz natürlich machten, in diese Partei einzutreten. Einmal waren es sicher die Eltern, von denen ich beeinflußt war. Hinzu kam der unmittelbare Eindruck von den wirtschaftlichen Sorgen, die ich nicht nur Zuhause erlebte, sondern auch bei Freunden und Bekannten. Vielleicht mag auch das Erleben der Revolution als Schüler eine Rolle gespielt haben. Obwohl in Norden selbst nichts passierte, bekamen wir doch die Vorgänge in Wilhelmshaven und anderen Teilen des Reiches mit. Wir haben dann als 13jährige auf dem Schulhof „Revolution" gespielt, und ich gehörte dabei stets zu den „Roten". Noch heute stehe ich ein wenig unter dem Eindruck der Ereignisse jener Jahre. Ich habe 1968, also nach 50 Jahren, einmal versucht, die Daten und Materialien der Wilhelmshavener Geschehnisse zusammenzutragen und habe diese in einer kleinen Broschüre veröffentlicht (Der rote November 1918 — Revolution in Wilhelmshaven).

Der stärkste Einfluß jedoch, der den vielleicht nur geahnten Empfindungen den konkreten Weg zur aktiven politischen Betätigung wies, ging wohl von meinem älteren Bruder aus. Dieser war nach der Rückkehr aus dem Krieg als 24jähriger sofort in die SPD eingetreten. Schon bald bekleidete er nahezu alle Ämter, die es auf örtlicher Ebene in der Partei zu besetzen gab. Er wurde Vorsitzender der Partei, Vorsitzender des Gewerkschaftskartells — vergleichbar den heutigen Kreisausschüssen des DGB —, ferner Mitglied des Bürgervorsteherkollegiums (Stadtrat) und Vorsitzender des Bauarbeiterverbandes. Für ihn brachten diese Ämter freilich sehr oft persönliche Nachteile mit sich. Wenn z. B. die Bauarbeiter streikten, war er Streikführer. Da die Unternehmer sich aber nach einer Einigung im allgemeinen weigerten, die „Rädelsführer" wieder einzustellen, ging jeder Streik zu seinen persönlichen Lasten. Dieser Zustand dauerte solange, bis die Bauhütte „Frisia", Emden, eine gewerkschaftseigene Baufirma, ihn in Norden als örtlichen Geschäftsstellenleiter einsetzte. Dies gab ihm die wirtschaftliche Sicherheit, seine politische Arbeit fortzusetzen.

Mein Bruder starb sehr jung mit 28 Jahren. Aus der Tatsache, daß ich später seine Witwe heiratete, die mir bis zu ihrem Tode 1975 eine treue Weggefährtin war, mag man ersehen, wie stark der innere Gleichklang zwischen ihm und mir war.

Ich wurde also im Februar 1921 jüngstes Mitglied der SPD in Norden. Recht schnell übernahm ich Funktionen in der örtlichen Partei: Jahrelang sammelte ich als Kassierer die Beiträge ein, wurde Mitglied des örtlichen Parteivorstandes, Schriftführer und anderes. Stets verteilte ich bei Wahlkämpfen Flugblätter und klebte Plakate. Das war damals nicht so einfach und gefahrlos wie heute. Es war verboten, Plakate an nicht amtlich zugelassenen Stellen wie Häuserfronten, Bretterwänden, Telefonmasten usw. anzukleben. Deshalb geschah solche Wahlarbeit während der Nachtstunden. Besonders gefährlich war diese Arbeit auf den Dörfern, die wir mitbetreuen mußten, weil dort die Genossen fehlten. Wenn man hier die Scheunentore der Bauern mit unseren Wahlaufrufen „verschönte", lief man Gefahr, von bissigen Hunden vertrieben zu werden. Eine lustige Episode ist mir noch in Erinnerung aus meiner Emdener Zeit. Wir hatten die Nacht durchgeklebt und waren mit der Arbeit fertig. Unsere Kleisterpötte und die Pinsel hatten wir versteckt. Unsere blauen Arbeitskittel unter dem Arm, betrachteten wir unser Werk auf einem abschließenden Rundgang. So traf uns eine Polizeistreife, die uns unsere Missetaten auf den Kopf zusagte. Obwohl wir alles abstritten und die Unschuldigen spielten, mußten wir mit zur Polizeiwache, wo unsere Personalien festgestellt wurden. Die Folge waren für jeden von uns ein Strafmandat über 7,– Mark. Wir machten uns ein Vergnügen daraus, diesen Betrag in wöchentlichen Raten von 50 Pfennig bei der Stadtkasse abzustottern.

Ich habe also – wenn man so will – die Parteiarbeit „von der Pike auf" gelernt. Meine Absicht war, später einmal Parteisekretär zu werden, weil ich mir dachte, in dieser Eigenschaft der Partei am besten dienen zu können. Ich bin es nicht geworden, habe der Partei aber auf anderen Gebieten mein Leben lang gedient und es trotz größter Opfer, die dabei zu bringen waren, niemals bereut.

Besonders intensiv habe ich mich anfangs in der Jugendarbeit betätigt. 1922 gründete ich mit anderen Genossen eine Jugendgruppe, die sich „Jugendbund der freien Gewerkschaften" nannte. Dies war ein örtlicher Verband, wir hatten keine Verbindung etwa zur deutschen Gewerkschaftsjugend oder zu anderen Verbänden. Freilich traten wir bald in Kontakt zur kommunistischen Jugend in Emden und der SPD-nahestehenden Arbeiterjugend in Emden und Wilhelmshaven. Die Auseinandersetzung über die Frage, welchem zentralen Verband wir uns anschließen sollten, wurde schließlich mit dem mehrheitlichen Beschluß zugunsten der Arbeiterjugend beendet, die sich im September 1922 mit den Jugendverbänden der USPD zur Sozialistischen Arbeiterjugend (SAJ) zusammenschloß. Ich wurde dann zum ersten Vorsitzenden der SAJ in Norden, später in Emden, und schließlich auch zum Vorsitzenden des Unterbezirks Ostfriesland gewählt.

Eng mit der Parteitätigkeit verbunden war meine Tätigkeit in der Gewerkschaft. Die Gewerkschaften in der Weimarer Zeit waren im Gegensatz zu der heutigen Einheitsgewerkschaft stärker parteiorientiert. Es gab die freien Gewerkschaften, die „gelben" und die „blauen" Gewerkschaften. Die letzteren waren die christlichen und die Hirsch-Dunckerschen Verbände, die mehr

rechts orientiert waren. Die freien Gewerkschaften waren nach Berufen unterteilt (Metallarbeiter, Bauarbeiter, Zimmerer, Holzarbeiter, Buchdrucker, Schuhmacher, Eisenbahner, Postler usw.). Zusammengefaßt waren alle diese Einzelgewerkschaften örtlich im Ortskartell der freien Gewerkschaften und auf Reichsebene im Allgemeinen Deutschen Gewerkschaftsbund (ADGB).
Die Angestellten hatten ihre eigenen Gewerkschaften. Die freie Angestelltengewerkschaft nannte sich Zentralverband der Angestellten (ZdA), die technischen Angestellten und Beamten waren im Bund technischer Angestellten und Beamten (Butab), die Werkmeister auch für sich organisiert. Zusammengefaßt waren die Angestelltenverbände in der Arbeitsgemeinschaft freier Angestelltenverbände (AfA).
Auch in der Gewerkschaft habe ich mich nicht gescheut, die Verantwortung zu übernehmen, die mir übertragen wurde. Während meiner Zeit in Emden (bis 1931) war ich örtlicher Vorsitzender des Zentralverbandes der Angestellten und später des sog. „AfA-Kartells".
Außer in der Partei-, Jugend- und Gewerkschaftsbewegung habe ich mich selbstverständlich auch bei den Arbeitersportlern und den Arbeitersängern aktiv betätigt. Das gehörte früher dazu, wenn man ein richtiger Sozialdemokrat sein wollte, und das wollte ich.
Im Gegensatz zur heutigen Juso-Generation gab es damals unter den jungen Sozialdemokraten nur wenige reine Theoretiker oder gar Utopisten. Sie machten der Partei auch keine Schwierigkeiten nach außen, sondern vertraten ihre von der Meinung älterer Genossen auch oft abweichenden Auffassungen in parteiinternen Diskussionen. Sie bemühten sich, durch ständige Beschäftigung mit sozialistischer Literatur, z. B. durch Arbeitsgemeinschaften zum Studium des Kommunistischen Manifestes, eine theoretische Grundlage zu finden, waren aber nicht wirklichkeitsfremd. In der Partei nahmen sie im Gegensatz zu heute schon in verhältnismäßig jungen Jahren verantwortungsvolle Posten ein. Das kam wohl daher, daß die aus dem 1. Weltkrieg zurückgekehrten jungen Männer das Leben mehr von der praktischen Seite her nahmen.
Ich habe mich in den folgenden Jahren bis 1933 nie danach gedrängt, über die Funktionen innerhalb der Partei hinaus Mandate in öffentlichen Gremien zu bekleiden. Dazu fühlte ich mich in jenen Jahren wohl auch noch zu jung. Hinzu kam, daß ich im Alter von 26 Jahren Emden verließ und daß ich mir in Saalfeld/Saale erst wieder eine neue Basis schaffen mußte. Als die Nazi-Machthaber mir jede politische Arbeit unmöglich machten, war ich schließlich noch keine 28 Jahre alt. Im übrigen genügte es mir, journalistisch für unsere sozialistischen Ideen tätig zu sein, daneben aber in den Organisationen aktiv mitzuarbeiten.

Als politischer Journalist in der Weimarer Republik (1924—1931)

Im Dezember 1924 ging der langgehegte Wunsch, im journalistischen Bereich zu arbeiten, in Erfüllung. Die „Ostfriesische Volkszeitung", bei der ich früher schon als freier Mitarbeiter über lokale Ereignisse berichtet hatte, bot mir eine feste Anstellung an, nachdem sie mir auf meine Bewerbung ein Jahr zuvor noch dringend geraten hatte, doch meinen relativ sicheren Posten beim Finanzamt nicht aufzugeben. Obwohl ich eigentlich als Verlagskaufmann eingestellt worden war, erhielt ich zugleich redaktionelle Verantwortung, indem mir die Gestaltung des lokalen Teils für Emden und Umgebung übertragen wurde.

Die „Ostfriesische Volkszeitung" war in gewisser Hinsicht typisch für einen großen Teil der SPD-Zeitungen in der Weimarer Republik. Sie war 1919 gegründet worden von Emdener Parteigenossen, die alle ihren persönlichen finanziellen Beitrag dazu geleistet hatten. Ich erinnere mich noch gut an das kleine Büchlein, in dem fein säuberlich Namen und Betrag jedes einzelnen Genossen enthalten waren. Die „Volkszeitung" erhielt die Matern für den überregionalen Teil vom SPD-Blatt „Volkswille" in Münster, um die Herstellungskosten in Grenzen zu halten. Ich zeichnete nur für den regionalen Teil verantwortlich. Diese Praxis war in der Zeit der Weimarer Republik in der SPD-Presse weit verbreitet. Nur so erklärt sich, daß der parteieigene Verlag „Konzentration" im März 1921 allein 144 Partei-Tageszeitungen herausgab, von denen 12 Kopfblätter waren[1].

Das Unangenehme an dem Maternbezug aus dem katholischen Münster war jedoch, daß der „Volkswille" in seinem politischen Teil täglich gegen die Zentrumspartei polemisierte, die bei uns in Emden so gut wie keine Bedeutung hatte. Im Gegenteil, die wenigen katholischen Lehrer standen mit uns zusammen im Reichsbanner „Schwarz-Rot-Gold" gegen den aufkommenden Nationalsozialismus.

Unsere Zeitung — wenn man so will, eine ausgesprochene Arbeiterzeitung — mußte sich in Emden gegen drei bürgerliche Tageszeitungen behaupten. Da dies auf die Dauer bei etwas mehr als 30 000 Einwohnern nicht möglich war, stellten wir im Jahre 1926 unser Erscheinen auf zwei Ausgaben wöchentlich um. Sie nannte sich von dieser Zeit an „Volksbote", ihr Verbreitungsgebiet war ganz Ostfriesland. In dieser Form konnte sich der „Volksbote" bis zum Jahre 1933 wirtschaftlich behaupten, nicht zuletzt dank der Unterstützung der Gewerkschaft, deren Mitglieder z. T. verpflichtet wurden, sie zu abonnieren — wie zum Beispiel im Kreis Leer. Chefredakteur war der Reichstagsabgeordnete Hermann Tempel, der 1925 an Stelle von Stelling, Osnabrück, neben Alfred Henke (Bremen) und Oskar Hünlich (Wilhelms-

---

[1] Franz Osterroth und Dieter Schuster, Chronik der deutschen Sozialdemokratie. Hannover 1963, S. 259 f.

haven) als dritter Abgeordneter in den Deutschen Reichstag für den Wahlkreis 14 Weser-Ems (Bremen, Oldenburg, Osnabrück, Ostfriesland) einzog.

Hermann Tempel war mit 35 Jahren einer der jüngsten Reichstagsabgeordneten. Von Beruf Volksschullehrer in Leer arbeitete er für die Zeitung vollständig ohne Gehalt. Er war Junggeselle und hatte keine Familie zu unterhalten. Neben den Leitartikeln und den politischen Nachrichten, die er uns täglich aus Berlin, wenn dort Sitzungen waren, zukommen ließ, kam auch jedes Mal ein von ihm zensiertes, d. h. mit Korrektur versehenes Exemplar der letzten Ausgabe zurück. So habe ich gelernt, auf die Einhaltung grammatikalischer Regeln und richtige Anordnung von Satzzeichen zu achten— eine gute Schule für einen angehenden Zeitungsmacher. Interessant an Hermann Tempel war, daß er sich ein paar Jahre, bevor er seine parlamentarische Laufbahn einschlug, noch nicht zutraute, öffentliche Reden zu halten. Wir Jüngeren ermunterten ihn schließlich dazu, und später war er einer der mitreißendsten Redner auf der politischen Bühne, der überall verlangt wurde. Am 25. 6. 1933 endete mit der Auflösung des Reichstages seine parlamentarische Tätigkeit.

Hermann Tempel emigrierte 1933 nach Holland, wo er 1940 von der Gestapo aufgespürt und verhaftet wurde. Nach 2jähriger Haft wieder in „Freiheit", verstarb er am 27. 11. 1944 in Oldenburg als 55jähriger, gesundheitlich völlig ruiniert.

Während meiner Zeit an der „Volkszeitung" und am „Volksboten" sammelte ich meine ersten wertvollen Erfahrungen im Umgang mit der Sprache wie auch im Verkehr mit den Behörden. Wir alle waren damals stark beeindruckt und beeinflußt von der bissigen Satire, die Ossietzky, Tucholsky u. a. in der Weltbühne publizierten. Natürlich wirkte sich das auf den eigenen Stil aus, und manchmal schoß man auch ein wenig über das Ziel hinaus. So erinnere ich mich an einen Prozeß, den der seinerzeit berüchtigte antisemitische Pfarrer von Borkum, Münchmeyer, wegen Verleumdung gegen mich angestrengt hatte. Zwar wurde seine Klage abgewiesen, die hannoversche Landeskirche erreichte jedoch als Nebenkläger, daß ich zu einer Strafe von 100,— RM verurteilt wurde, weil ich diese mit einer etwas unbedachten Äußerungen angeblich verunglimpft hatte. Solche Erfahrungen freilich stärkten das Bewußtsein für sorgfältige Formulierungen und bereiteten mich auf die Zeit vor, in der massive Kritik nicht mehr möglich war.

Nach siebenjähriger Tätigkeit an der Zeitung in Emden wuchs in mir allmählich das Bedürfnis, mich zu verändern. Ich nahm ein Angebot aus Saalfeld in Thüringen an, dort als stellvertretender Geschäftsführer in das „Volksblatt" einzutreten. Wie in Emden, so bin ich auch in Saalfeld gar nicht in der mir eigentlich zugedachten Funktion tätig gewesen, weil ich sofort die Redaktionsleitung übernehmen mußte. Dies ergab sich daraus, daß der bis dahin tätig gewesene Chefredakteur Will Schaber sich kurz nach meiner Ankunft in Saalfeld der sogenannten „Sozialistischen Arbeiterpartei"

(SAP) angeschlossen hatte. Die SAP war nach parteiinternen Auseinandersetzungen von den aus der SPD ausgeschiedenen Max Seydewitz und Dr. Kurt Rosenfeld als Splittergruppe am 2. Oktober 1931 gegründet worden. Schaber war infolgedessen als Chefredakteur einer auf der Parteilinie liegenden Zeitung nicht mehr tragbar, er wurde dann auch Chefredakteur der SAZ (Sozialistische Arbeiterzeitung).
Ich übernahm 1931 nicht nur die Redaktion des „Volksblattes", sondern engagierte mich zugleich auch sehr deutlich gegen die SAP. Nahezu jeden Abend trat ich als Diskussionsredner gegen Schaber auf. Es entwickelte sich so etwas wie eine Intimfeindschaft. Er erschien in allen Veranstaltungen, die von uns organisiert waren, und ich fehlte nicht, wenn die SAP Versammlungen veranstaltete.
Das Saalfelder „Volksblatt" hatte ein großes Verbreitungsgebiet, nämlich die Kreise und Städte Saalfeld, Rudolstadt, Pössneck sowie die preussische Enklave Ziegenrück. Die Auflage betrug m. W. etwa 12 000 Exemplare, die wirtschaftliche Grundlage war gut. Die Redaktionsarbeit begann frühmorgens schon kurz nach 6.00 Uhr, dann mußten die letzten „Meldungen" von WTB (Wolfs-Telegrafen-Büro) vom Hörfunk aufgenommen werden. Um das zu tun, mußte man stenografieren können. Diese „Letzten Meldungen" wurden um 7.00 Uhr durch Boten an verschiedenen Stellen der Stadt in Aushängekästen angeheftet. Die politischen Seiten der Zeitung kamen gegen Mittag per Expreß aus Berlin, so daß von uns nur die Lokalteile und die Anzeigenseiten hinzugefügt wurden.

„Kampfzeit" in Saalfeld (1931–1933)

Meine Jahre in Saalfeld fielen in die Zeit der schweren inneren Auseinandersetzungen in Deutschland auf dem Höhepunkt der politischen und wirtschaftlichen Krise der Weimarer Republik. Die Form der Auseinandersetzung damals ist heute kaum noch vorstellbar: offener Terror und Gewalt gegen den Andersdenkenden durch die Nazis, aber auch durch die Kommunisten waren an der Tagesordnung. Stuhlbeine ersetzten geistige Argumente.

Ich selbst habe den Kampf gegen die Nationalsozialisten auf drei Ebenen geführt. Einmal habe ich bis zuletzt als Journalist immer wieder auf die drohende Gefahr hingewiesen. Über die Deutlichkeit, mit der unsere Zeitung in den letzten Monaten berichtete, mag der Auszug aus einem Artikel, den ich anläßlich eines Besuchs Hitlers in Blankenburg im Jahre 1932 schrieb, Zeugnis ablegen[2].

---

[2] Vgl. Anlage 1.

Neben der journalistischen Arbeit betätigte ich mich auch als Redner für die Partei in öffentlichen Veranstaltungen. Da ich einen guten Ruf als Diskussionsteilnehmer genoß, wurde ich immer dann beauftragt, für die Partei aufzutreten, wenn kein prominentes Mitglied aus dem Landtag oder dem Reichstag zur Verfügung stand. Die Durchführung solcher Veranstaltungen war in der damaligen Atmosphäre keineswegs leicht. Immer mußten wir damit rechnen, daß SA-Trupps unsere Kundgebungen zu sprengen versuchten. Andererseits gingen auch wir in die Veranstaltungen des Gegners, um sie — wie man heute sagt — umzufunktionieren. Dies geschah Anfang der Zwanzigerjahre vor allem in Versammlungen der Deutschnationalen, der Deutschen Volkspartei und der Völkischen Freiheitsbewegung, später zunehmend auch bei den Nazis. Ich kann mich noch gut an eine Versammlung der NSDAP im Jahre 1931 erinnern:

Es war noch in Ostfriesland in Westrhauderfehn. Es sprach der Gauredner Herzog der NSDAP. Die Versammlung umfaßte etwa 500 Personen. Wir kamen nur mit gut einem Dutzend eigener Anhänger in den bereits überfüllten Saal hinein. Ich war 26jährig und wagte es trotz der drohenden Haltung einer vor der Bühne aufgestellten SA-Formation und einer starken Polizeimannschaft, die hinter der Bühne versteckt war, den Gauredner einen gemeinen Lügner und Verleumder zu nennen und dies auch zu begründen. Daß ich diese Versammlung mit heilen Gliedern verlassen konnte, wundert mich heute noch.

Ein anderes Erlebnis hatte ich in Thüringen in der Gemeinde Unterwirbach. Als meine Versammlung zu Ende war, standen draußen eine Menge SA-Leute und bildeten Spalier. Daß diese Horden bewaffnet waren, war allgemein bekannt. Im Geleit einer eigenen Schutzgruppe gelangten wir quer über die Felder den etwa 6 km langen Weg nach Hause zurück.

Das waren nur zwei Beispiele von vielen Einzelfällen. Mit Kommunisten hatte ich ähnliche Erlebnisse. Sie im einzelnen zu schildern, würde zu weit führen. Nur eine Erkenntnis habe ich aus jener Zeit gezogen, nämlich daß Kommunisten für uns nie Kampfgefährten für die Sache der Arbeiterschaft sein können. Diese Auffassung habe ich bis heute nicht geändert.

Hier nun lag die dritte Ebene meines Kampfes. Als junger Mensch war ich in den Auseinandersetzungen der Zwanziger Jahre zu der Einsicht gelangt, daß Gewalt gegen die Republik mit Gewalt gegen ihre Gegner beantwortet werden mußte. Ich hatte mich deshalb schon in Emden dem „Reichsbanner" angeschlossen. Das „Reichsbanner Schwarz-Rot-Gold — Bund der Frontsoldaten" war am 22. Februar 1924 in Magdeburg gegründet worden. Ziel dieser Organisation, die auch über bewaffnete „Schutzformationen" verfügte (Schufo), war es, alle auf dem Boden der Weimarer Verfassung stehenden Kriegsteilnehmer zum Schutz der Republik und ihrer Einrichtungen zusammenzufassen. Vor allem aus Angehörigen der SPD und der DDP rekrutierten sich die Mitglieder des Reichsbanners, das bald auch ungediente Männer aufnahm. Auch das Zentrum war — wenn auch in wesentlich geringerem Maße — vertreten. Ihre militärische Ausbildung erhielten die Mitglieder durch Beamte der Polizei. Waffen und Ausrüstung mußten wir aus eigenen Mitteln bezahlen.

Ich bekleidete seit 1932 im Reichsbanner die Funktion eines Kreisleiters, d. h. ich war Vorgesetzter sämtlicher Reichsbannerabteilungen der Kreise Saalfeld, Rudolstadt und Ziegenrück.

Wir Reichsbanner-Mitglieder hatten uns innerlich auf die gewaltsame Auseinandersetzung mit den SA-Verbänden vorbereitet. Wir rechneten damit, daß wir im Ernstfall mit der thüringischen Polizei gegen die Nazis kämpfen würden. In den letzten Monaten vor der „Machtergreifung" kamen wir beinahe jede Nacht zu Gruppen zusammen und bewachten unsere „Objekte", d. h. das Verlagsgebäude der Parteizeitung und das Turnerheim vor der Stadt. Die im Turnerheim bereitstehende Gruppe sollte bei einem SA-Angriff auf das Verlagsgebäude von außen Entsatz bringen und genauso im umgekehrten Falle einen Angriff auf das Turnerheim die Gruppe aus dem Verlagsgebäude. Statt des Kampfes aber kam eines nachts im Januar 1933 der Befehl „von oben", alles zurückzuziehen. Dies war wohl die Konsequenz der Reichsbannerführung aus der Tatsache, daß die thüringische Polizei inzwischen von einem nationalsozialistischen Innenminister geführt wurde, daß also ein Zusammengehen mit der Polizei nicht mehr denkbar war. Uns aber traf der Befehl schwer! Wie begossene Pudel sind wir auf Schleichwegen nach Hause gegangen, weil wir wußten, daß SA-Trupps uns auflauerten. Wir versteckten unsere Waffen und Uniformen; selbstverständlich verschwanden dann auch sämtliche Mitgliederlisten und sonstige Aufzeichnungen. Für uns junge Menschen war dieser kampflose Rückzug ein ganz bitterer Moment. Sicher hätten wir wohl kaum eine Chance gegen die Nazis gehabt — das ist im Nachhinein noch deutlicher zu sehen als damals. Es wäre uns aber eine blutige Auseinandersetzung lieber gewesen als dieses stille Davonschleichen.

Ähnlich war die Stimmung in der Partei unmittelbar nach dem 30. Januar. Man sah „zähneknirschend" den Vorgängen zu, blieb aber untätig. Unter den Mitgliedern unseres Ortsverbandes herrschte große Enttäuschung, daß alles so widerstandslos hingenommen wurde. Freilich war auch bald niemand mehr da, der die Initiative hätte ergreifen können. Die wenigen örtlichen Führer waren bald in „Schutzhaft" genommen worden und die Kassen beschlagnahmt, so daß auch die Mittel fehlten, einen Generalstreik auszurufen. Im Gegensatz zu meiner Auffassung damals bin ich allerdings heute der Meinung, daß dies wohl angesichts der hohen Arbeitslosigkeit aussichtslos gewesen wäre.

Die Zurückhaltung der SPD-Führung nach der Machtergreifung wurde häufig damit begründet, daß die Organisation gerettet werden müsse. In der Tat waren viele Genossen der Meinung, die Nazizeit würde bald vorübergehen und man müsse nur diese Phase überstehen. Ich habe diese Meinung nie geteilt. Ich habe auch später der Zustimmung vieler meiner Freunde zur Einführung der Wehrpflicht nicht beipflichten können, die sich davon die endgültige Überwindung der Wirtschaftskrise versprachen. Für mich war deutlich, daß dieser Schritt unmittelbar auf den Krieg hinführte.

Unter nationalsozialistischer Herrschaft

Mit dem Antritt der Regierung Hitler war das Ende unserer Zeitung abzusehen. Es kündigte sich schon an, als das „Volksblatt" im Februar 1933 zunächst für vier Wochen verboten wurde. Als das Verbot dann sofort verlängert wurde, waren Moritz Luther, der damalige Geschäftsführer, und ich uns sicher, daß die Zeitung nicht mehr erscheinen würde. Wir beschlossen deshalb, von der „Konzentration", der Dachgesellschaft sämtlicher sozialdemokratischer Zeitungen in Deutschland, die bis dahin noch unangetastet geblieben war, den Druckereibetrieb des „Volksblattes" zu pachten und stellten eine neue Zeitung unter dem Namen „Neue Presse" her, die einen parteiunabhängigen neutralen Kurs steuerte. Natürlich waren unsere Möglichkeiten begrenzt, da unsere politische Einstellung bekannt war. Ich erinnere mich an ein Ereignis, in dem dies besonders deutlich wurde.
Als ich in der ersten Sitzung des Stadtrates als Berichterstatter erschien, wurde ich vom Nazi-Bürgermeister dreimal hintereinander aufgefordert, den Sitzungssaal zu verlassen. Erst als Polizeibeamte auf dem Plan erschienen, um mich mit Gewalt hinauszubefördern, verließ ich die ungastliche Stätte. Allerdings konnte ich am nächsten Tag meinen Lesern keinen Ratsbericht präsentieren, dafür aber einen flammenden Protest gegen den Hinauswurf. Erfreulich war dagegen, daß wir hinsichtlich des Verkaufs der „Neuen Presse" keinerlei Probleme hatten. Treue Leser des „Volksblattes" bezogen nun die neue Zeitung.
Dieses kurze Zwischenspiel dauerte indessen nicht sehr lange. Nachdem noch am Vortage in der Hoffnung, sich mit den Nazis zu arrangieren, zahlreiche prominente Gewerkschaftsführer mit der NSBO in Reih' und Glied zum Tag der Arbeit aufmarschiert waren – ich gehörte allerdings nicht zu ihnen, denn ich gab mich keinen Illusionen hin – wurden am 2. Mai in ganz Deutschland schlagartig die Gewerkschaftshäuser und die Redaktion linksstehender Zeitungen besetzt. Gegner des Nationalsozialismus wurden wie ich in sog. „Schutzhaft" genommen. Wovor man uns zu schützen gedachte, ist mir nie klar geworden. Außer durch die Nazis fühlte ich mich durch niemanden bedroht. Da mir aus meiner journalistischen Tätigkeit kein strafrechtlicher Vorwurf gemacht werden konnte, versuchte der „Kommissar", der mich vernahm, mir aus einer längst erledigten Angelegenheit einen Strick zu drehen. Im Jahre 1932 war ein leitender Funktionär des Metall-

arbeiterverbandes überführt worden, einen größeren Geldbetrag unterschlagen zu haben. Der Kommissar vermutete nun, daß das Geld seinerzeit für Waffenkäufe des Reichsbanners verwendet worden sei und erhoffte sich von mir als ehemaligem Kreisleiter darüber Auskünfte. Da dies nicht so war — unsere Waffen hatten wir privat finanziert — konnte ich ihm auch nichts darüber sagen, und als er merkte, daß er bei meinen Vernehmungen nicht weiterkam, ließ er mich durch einige SA-Leute ins Polizeigefängnis abführen. Typisch für die damaligen Methoden erscheint mir, daß er schließlich von allen unseren Genossen nur noch den ältesten, der weit über siebzig Jahre alt war, täglich verhörte und schließlich von ihm alle möglichen Aussagen bekam, die mit der Wirklichkeit nicht viel zu tun hatten. Dieser Mann wurde bald krankheitshalber entlassen, wir anderen nach etwa 14 Tagen.

Offenbar verlor der Kommissar auch bald das Interesse an dieser Angelegenheit. Er war inzwischen mit der kommissarischen Leitung der enteigneten Konsumbetriebe beauftragt worden und vollauf beschäftigt, sich einzuarbeiten. Die Unterschlagungs-Angelegenheit ließ man auf sich beruhen. Es gab für ihn Wichtigeres zu tun: Als ehemaliger Persil-Reisender bestellte er bei seiner Firma erst einmal einen Waggon Persil!

Im Saalfelder Stadtgefängnis wurden wir durch den dortigen Aufseher Schlegel als Menschen gut behandelt. Wenn wir im Gemeinschaftsraum Skat spielten, ließ er oft wie aus Versehen eine Zigarre auf dem Tisch liegen, die der Gewinner bekam. Nur als wir allzulaut aus unseren Zellen unsere Kampflieder erklingen ließen, die auf der Straße zu hören waren, mußte er auf höhere Anweisung uns einige Vergünstigungen, wie Zeitungsbezug oder eigenes Mittagessen, das unsere Frauen für uns ablieferten, entziehen. Die Frau eines Mit-Schutzhäftlings war so raffiniert, in den sonntäglichen Klößen Kassiber einzuschmuggeln. Auf kleinsten Zetteln war mit allerkleinster Schrift alles für uns Wissenswerte über die politische Entwicklung verzeichnet. Sie rief dann ihrem Mann, der am Zellenfenster stand, von der Straße aus zu: „Iß heute mit Verstand!"

In dieser, aber nur in dieser Zeit, habe ich die Kommunisten, die mit mir gemeinsam einsaßen, von einer besseren Seite kennengelernt. Wenn diese Stimmung nur angehalten hätte!

Beruflich stand ich vor dem Nichts. Kurz nach meiner Entlassung aus der Haft beschlagnahmten die Nazis unseren Druckereibetrieb für ihre eigenen Zwecke. Dennoch versuchten wir, die „Neue Presse" wieder erscheinen zu lassen. Wir ließen sie in Jena in einer befreundeten Druckerei herstellen. Als auch diese Druckerei beschlagnahmt wurde, wichen wir nach Erfurt aus, später nach Nordhausen im Harz. Schließlich aber konnten wir gegen den Boykott, der mittlerweile gegen das Blatt verhängt worden war, nichts mehr ausrichten: Beamte durften unsere Zeitung nicht abonnieren, Geschäftsleute durften in ihr nicht inserieren. So waren wir gezwungen, im September 1933 das Erscheinen endgültig einzustellen. Die verbliebenen Abonnenten „verkauften" wir für 1,– RM pro Stück an den Nordhausener Verlag. (Den damaligen Chefredakteur aus Nordhausen, Gustav Schnittger, traf ich 1947 in Oldenburg wieder als Pressechef der dortigen Regierung.)

Damit war die letzte Möglichkeit, eine freie Zeitung zu machen, vorbei. Ich hätte zwar die Gelegenheit gehabt, noch eine zeitlang im Verlagswesen zu arbeiten, doch widerstrebte es mir, mich von den Nazis als Werkzeug gebrauchen zu lassen. Als wenige Tage nach der Beschlagnahme unserer Druckerei in Saalfeld der kommissarische Geschäftsführer meinem Kompagnon Luther und mir das Angebot machte, im kaufmännischen Bereich weiterzuarbeiten, erklärte ich ihm, bis vorgestern wohl noch gewußt zu haben, was dort zu tun sei, inzwischen aber alles vergessen zu haben.

Wir verdienten in der folgenden Zeit unseren Lebensunterhalt recht und schlecht damit, Visitenkarten, Glückwunschkarten usw. bei einem Kollegen, der eine kleine Druckerei betrieb, herstellen zu lassen und mit einem kleinen Aufschlag zu verkaufen. Da in Saalfeld selbst niemand wagte, mit uns zusammenzuarbeiten, mußten wir unsere Kunden vor allem in der Umgebung auf dem Lande suchen. Wir waren manchmal stundenlang mit dem Fahrrad unterwegs, um einige wenige Bestellungen zu erhalten.

Wenn wir finanziell trotzdem diese Zeit einigermaßen überstanden, so ist das nicht zuletzt meiner Frau Dini zu verdanken, die mir Zeit ihres Lebens (sie verstarb plötzlich am 10. August 1975) eine treue Lebens- und Kampfgefährtin war. Sie scheute sich nicht, in dieser Zeit als Arbeiterin in eine Großdruckerei zu gehen, um unseren Lebensunterhalt sicherzustellen.

Obwohl weder Moritz Luther noch ich gelernte Drucker oder Setzer waren, hatten wir nach der Beschlagnahme der Druckerei in Saalfeld begonnen, uns eine eigene kleine Druckerei in einem Gemüseladen einzurichten. Ab September konnten wir dort selbst unsere kleinen Druckaufträge erledigen. In den kommenden Monaten spezialisierten wir uns dann auf sog. Akzidenzen: Briefbögen, Rechnungsformulare usw. für kleine Unternehmen. Da unsere Druckerei nicht auf dem technisch höchsten Stand war, gab es bisweilen kuriose Begebenheiten. So erinnere ich mich, wie ich krampfhaft versuchte, den Auftraggebern einzureden, daß waagerechte Linien, die wir nicht drucken konnten, im Zeitalter der Maschinenschrift nicht mehr sinnvoll seien.

Es dauerte einige Jahre, bis wir einen festen Stamm von Abnehmern gefunden hatten, vor allem kleine Handwerksbetriebe, von denen es im thüringischen Raum sehr viele gab. Erst dann konnte ich auch meine Frau wieder in den eigenen Betrieb holen.

In den Jahren vor dem Kriege gelangten wir sogar zu einem gewissen Wohlstand, der es Luther und mir erlaubte, ein Haus in Saalfeld zu bauen. Diese Möglichkeit ergab sich, als wir uns auf die Produktion von Schuheinlagen umstellten. Diese Marktlücke war von einem Kollegen beobachtet worden, der gesehen hatte, daß man hier einen großen Bedarf decken konnte. Wir hatten bald eine große Nachfrage nicht nur im zivilen Bereich, auch Soldaten kauften bald unsere Einlegesohlen für die Knobelbecher. Insofern kann ich mich sogar zu den „Kriegsgewinnlern" zählen!

Von dem Haus in Saalfeld gehört mir formal auch heute noch die eine Hälfte, während man Moritz Luther, der bald nach dem Kriege mit den kommunistischen Machthabern in Konflikt geriet und zu 25 Jahren Zuchthaus verurteilt wurde, seinen Anteil abnahm. Luther ist inzwischen gestorben, ebenfalls seine Frau.

Im persönlichen Bereich bildeten die Jahre nach 1933 — so grotesk es vielleicht klingen mag — die schönste Zeit meines Lebens. Man hatte Zeit füreinander und für die Familie und stand nicht ständig unter der Spannung des politischen Kampfes. Man hatte aber auch Zeit, sich weiterzubilden und Neues hinzuzulernen. Ich besuchte in jenen Jahren zahlreiche Kurse an der Volkshochschule, lernte dort u. a. Englisch, was mir später in der Gefangenschaft noch von Nutzen sein sollte.

Als Drucksachenvertreter bereiste ich das Gebiet um Saalfeld herum bis weit nach Bayern hinein. Oft habe ich so in Bayern mein Brot verdient, in Preußen (Enklave) gekauft und in Thüringen verspeist. Als Einlegesohlenverkäufer habe ich jedoch weitere Teile der deutschen Heimat kennengelernt (Sachsen mit den Großstädten Dresden, Chemnitz, Leipzig, Glauchau, Plauen, Annaberg, ferner die Rheinpfalz, Karlsruhe, Frankfurt, Hamburg, Bremen und viele andere). Als Hitler den Krieg begann, war ich gerade in Klingenthal (Erzgebirge), wo die Grenze mit Betonpfeilern versperrt worden war. Der 2. Weltkrieg überraschte mich auf einer Tour in Österreich (Bezirk Linz). Nur mit Mühe und Not erwischte ich an den Tankstellen genug Benzin, um nach Hause zurückzukommen.

In politischer Hinsicht war während der sogenannten Machtergreifung durch die Nazis und in der Folgezeit herzlich wenig zu machen, denn unserer Partei war jede Aktivität verboten und die Gewerkschaften und sonstigen Arbeiterorganisationen, auch auf kulturellem Gebiet, waren „gleichgeschaltet". Was uns verblieb, waren heimliche Treffs mit Freunden und Bekannten in deren Wohnungen oder Gartenlauben. Auch Flugblätter wurden von Hand zu Hand weitergereicht. Wer dabei erwischt wurde, kam für eine Weile in eines der neueingerichteten KZ's. Später wurden solche Fälle noch schlimmer geahndet. Die geringsten Vergehen (ein böses Wort gegen Hitler oder einen seiner Trabanten genügte) führten zum Hochverratsverfahren mit hohen Zuchthausstrafen und meist anschließender KZ-Haft. Viele meiner politischen Freunde haben diese Zeiten nicht überstanden. Manche sind noch in den letzten Kriegstagen umgebracht worden. Ich habe insofern „Glück" gehabt, als man mich nach den Maitagen 1933 in Ruhe ließ.

Meine Tochter, die damals die Volksschule in Saalfeld besuchte, hatte wegen der Gesinnung ihres Vaters in der Schule sehr zu leiden. Sie bekam manche Ohrfeige, weil sie den Hitlergruß der Lehrer nicht erwiderte. Mein Sohn, der 9 Jahre jünger war, durfte von unserer politischen Einstellung und unseren politischen Gesprächen nichts wissen, weil die Gefahr bestand, daß er uns durch Weitererzählen in Gefahr gebracht hätte.

Ein lustiges Erlebnis kommt mir dabei in Erinnerung. Zu jeder Festlichkeit wie z. B. an Geburtstagen kam unser Freundeskreis in unserer Wohnung zusammen. Dabei wurde dann eine humorbeladene Zeitung, genannt „Saalfelder Nachteule" herausgegeben und laut verlesen, Lieder wurden gesungen und getanzt. Es ging also sehr lustig zu. Am anderen Tag erschien bei uns die Kriminalpolizei, machte Haussuchung und beschlagnahmte die „Saalfelder Nachteule". Man hatte uns angezeigt, eine verbotene Geheimversammlung veranstaltet zu haben. Geschehen ist allerdings daraufhin nichts. Ein anderes Erlebnis: Haussuchungen waren bei uns an der Tagesordnung. Einmal durchstöberten sie meinen Bücherschrank. Sie wollten unbedingt etwas Belastendes mitnehmen. Ich gab ihnen ein paar alte Hefte „Arbeiter-Jugend" und „Arbeiter-Wohlfahrt" mit. Einige Broschüren mit schwer auszusprechenden Titeln ließen sie zurück, weil ich verlangte, daß sie mir den Empfang schriftlich bescheinigen sollten. Auch fand man eines Tages in meinem Nachttisch eine Pistole. Meiner Behauptung, ich besäße einen Waffenschein, der jedoch zwecks Verlängerung auf der Polizeiwache sei, wurde Glauben geschenkt. Ich habe meinen Waffenschein nie wieder erhalten, aber die Pistole hätten die SA-Schergen bei einem zweiten Besuch auch nicht wiedergefunden.

Eine andere Haussuchung verlief nicht ganz so negativ für eine SA-Gruppe. Die „Roten Falken" hatten bei uns ihr ganzes Inventar (Klavier, Bibliothek, Spielsachen, Kaspertheater) sichergestellt. Gründlich wie unsere Freunde waren, hatte der Vorsitzende eine genaue Liste davon angelegt mit Angabe unserer Adresse. Als bei ihm gesucht wurde, fand man diese Liste fein säuberlich aufbewahrt. Es blieb uns nichts anderes übrig, als das Kaspertheater auszuliefern. Klavier, Bibliothek und Spiele konnten wir retten.

Solange es noch Wahlen in Deutschland nach dem 30. Januar 1933 gab, haben meine Frau und ich stets gegen das Hitlerregime gestimmt, d. h. bis zum 26. 3. 1933 für die SPD und später mit einem entschiedenen Nein. Auch das war gefährlich, denn von den wenigen Neinsagern in den jeweiligen Wahllokalen wußte man sehr genau, wer die Betreffenden waren. Man brauchte nur darauf zu achten, wer bei festlichen Anlässen keine Hakenkreuzfahne heraussteckte, oder wer seine Briefe nicht mit „Heil Hitler", sondern bestenfalls „Mit deutschem Gruß" zeichnete. Bekannt war auch der sogenannte „Deutsche Blick", d. h. man sah sich erst um, ob jemand in der Nähe war, wenn man einem Bekannten etwas anvertraute, das „staatsgefährdend" sein konnte.

Die „Kristallnacht" (9. auf 10. November 1938) habe ich in einer sächsischen Kleinstadt erlebt, in der ich mich auf Geschäftsreise befand. Dort klirrten in jener Nacht die großen Schaufenster jüdischer Geschäfte. Am nächsten Morgen fehlten nicht nur die in Scherben gegangenen kostbaren Scheiben, sondern auch noch viele von den wertvollen Sachen, die in den Schaufenstern ausgestellt gewesen waren. Die Vandalen hatten sie gestohlen.

Ich bin nach dem Kriege immer sehr skeptisch gewesen, wenn jemand beteuerte, er habe nicht gewußt, was während der Nazi-Herrschaft in Deutschland geschah. Gewußt haben es wohl die meisten, oder hätten es zumindest wissen können, wenn sie es gewollt hätten. Verhindern können hätte man wohl nichts, wie ich auch aus eigener Erfahrung wußte. Aber die meisten hätten mindestens von der Existenz der KZ's und der Zwangsarbeiterlager sowie der Judenvernichtung wissen müssen. Doch sie verdrängten es, um ihr Gewissen nicht zu belasten oder um ihre eigene Existenz nicht zu gefährden.

Krieg und Gefangenschaft

Am 3. Oktober 1941 wurde ich eingezogen. Bis dahin war es mir gelungen, mich zurückstellen zu lassen, wobei dies weniger der Tatsache zu verdanken war, daß Moritz Luther als Feldwebel d. R. im zuständigen Erfassungsamt saß, sondern eher dem Umstand, daß aus mir unbekannten Gründen mein Jahrgang (1905) erst im Mai 1941 gemustert wurde, während die Jahrgänge davor und danach schon früher an die Reihe gekommen waren. Ich kam zu den Kraftfahrern und habe im Laufe der 3 1/2 Jahre Dienst in Polen, Rußland und Italien getan. Dabei war es wohl einem glücklichen Umstand zu verdanken, daß ich nie auf Menschen schießen mußte, weil ich als Rechnungsführer in höheren Stäben tätig war.

Trotzdem habe ich das Kriegsverdienstkreuz mit Schwertern bekommen, und zwar am 20. April 1945, acht Tage bevor für uns in Italien der Krieg endgültig zu Ende war. Begründung: Ohne mich hätte die Truppe den Krieg nicht überstehen können, da ich immer für pünktliche Wehrsoldzahlung und prompte Verpflegung gesorgt hätte. Typisch für jene Zeit war die Rede, die der NSFO (Nationalsozialistischer Führungs-Offizier) dabei hielt:

„Wir werden den Krieg gewinnen, und wir müssen den Krieg gewinnen. Wir werden ihn gewinnen, weil der Führer uns das versprochen hat, und wir müssen gewinnen, weil sonst die Geschichte ihren Sinn verloren hätte". Genau acht Tage später — es war in den Dolomiten — ergaben wir uns den Amerikanern, die uns ein paar Wochen später den Engländern übergaben.

Ich habe weder in Rußland noch in Polen oder anderswo an kriegerischen Kampfhandlungen teilnehmen müssen, abgesehen von einigen gefährlichen Meldegängeraufträgen. Aber ich habe auf unseren Fahrten quer durch Rußland — ich war bei Truppenverlegungen auch Kraftfahrer — genug Leichen und Pferdekadaver gesehen. Manche Soldaten und auch Pferde haben die Vor- und Rückmärsche in den mörderischen Wintern Rußlands nicht überstanden und waren am Wege liegen geblieben, verhungert, entkräftet und schließlich erfroren.

Das Schrecklichste aller Erlebnisse kam jedoch, als wir im Mai 1943 zur sogenannten Partisanenbekämpfung von Lublin aus an den Bug herangeschafft wurden und dort die Gegend nach pro-sowjetischen Partisanen durchkämmen sollten. Wie sich später herausstellte, war dies aber nur ein Vorwand. In Wirklichkeit waren wir dazu eingesetzt, um die Ausrottung eines jüdischen Gettos abzuschirmen. In Malorita, einem Dorf jenseits des Bugs auf ukrainischer Seite, waren etwa 3 000 Juden aus der ganzen Gegend zusammengetrieben worden, in der Hauptsache Frauen und Kinder sowie alte nicht mehr arbeitsfähige Männer. Man hatte ihnen erklärt, dies geschehe aus Gründen der besseren Verpflegung. Ich war dort einem Stützpunkt als Meldefahrer zugeteilt.

An einem Maiabend gegen 19.00 Uhr kam ein SS-Einsatzkommando ins Dorf. Es nannte sich selbst „Mordkommando". Die Befehle höre ich noch heute: „Mordkommando stillgestanden", „Mordkommando Gewehr über" usw. Während dieser Zeit wurden die jüdischen Menschen aus ihren Hütten in der mit Stacheldraht eingezäunten Dorfhälfte (in der anderen Hälfte wohnten Ukrainer) auf einen freien Platz hinausgetrieben. Eine Kolonne junger Menschen, die auf dem Flugplatz für die Deutschen beschäftigt war, wurde auf dem Heimweg angehalten, mit einem endlos langen Strick um den Hals einer an den anderen zusammengebunden und ebenfalls auf den Sammelplatz geführt. Von dort wurden erst die Männer in einer langen Kolonne etwa 5 Kilometer aus dem Dorf herausgeführt. Dort hatten ukrainische Hilfspolizisten am Tage bereits riesige Gräben ausgehoben. In diese Erdlöcher mußten sich die unglückseligen Opfer hineinlegen, um dann von den SS-Schergen mit Genickschuß getötet zu werden. Die Frauen und Kinder hatte man in der Zwischenzeit „beruhigt" mit dem Versprechen, sie würden am Leben bleiben. Die Männer habe man erschießen müssen, weil sie Beziehungen zu den Partisanen unterhielten.

Im Morgengrauen des folgenden Tages wurden jedoch auch die Frauen und Kinder und die alten, nicht mehr gehfähigen Männer auf Lastwagen geladen und zur Richtstätte befördert. Sie erlitten dasselbe Schicksal. Über 3 000 unschuldige Menschen mußten ihr Leben lassen wegen einer wahnsinnigen Rassenidee.

Ich habe damals über diese Erlebnisse nicht reden dürfen. Für uns aber, die wir Augen- und Ohrenzeugen waren, war dies der Höhepunkt der Unmenschlichkeit.

Als ich am Morgen nach jener schreckensreichen Nacht einige der von ihrem blutigen Handwerk zurückkehrende SS-Leute fragte, ob ihnen jetzt das Frühstück noch schmecken würde, erhielt ich zur Antwort: „Das sind wir gewohnt, heute hier — morgen dort. Immer dasselbe."

Während meiner Militärzeit wurde ich zweimal vor das Kriegsgericht zitiert, freilich nicht aus politischen Gründen, sondern aus dienstlichen. Das erste Mal wegen „Gefährdung der Truppengesundheit". Als wir nämlich gegen Weihnachten 1942 vom polnischen Lublin in den Kaukasus verlegt werden sollten, hatte ich als „Kammerbulle" allen Offizieren und Mannschaften empfohlen, bei mir Winterbekleidung und die in der Heimat speziell für die Rußlandtruppen gesammelten Pelzwesten etc. zu empfangen. Doch man nahm wegen des noch milden Winterwetters in Polen und des vermuteten Kaukasus keine Winterausrüstung, sondern verlud sie in Waggons, um sie so mitzunehmen. Wir kamen aber nicht in den Kaukasus, sondern blieben am Asowschen Meer liegen, weil der Stalingrad-Rückmarsch uns den Weg versperrte. Der Januar 1943 in Rußland war kalt, einige Offiziere erlitten in ihren dünnen Stiefeln Frostschäden an den Füßen. Dafür sollte ich verantwortlich gemacht werden. Da ich mich einwandfrei verhalten hatte, mußte das Verfahren eingestellt werden. Das zweite Mal war es wegen einer alten Ardie-Beiwagenmaschine, die mein ganzer Stolz gewesen war. Ihr war während eines Rückzuges aus dem Donezbecken im Schneegestöber die Kardanwelle gebrochen. Obwohl ich mich durch Schlamm und Flußläufe abschleppen ließ, ging die Maschine am Ende doch noch verloren, weil durch mehrmaliges Aufprallen auf die schleppenden Fahrzeuge auch noch Lenker und Vorderrad verbogen wurden. Zum Glück hatte ich Offiziere als einwandfreie Zeugen die bestätigen konnten, daß ich mir alle Mühe gegeben hatte, das lädierte Fahrzeug bis diesseits des Dnjepr zu retten. Dieses Verfahren wurde tatsächlich durch zwei Instanzen durchgezogen, endete jedoch beide Male mit einem Freispruch für mich.

Ich war auch selbst als Beisitzer einige Male Mitglied eines Kriegsgerichtes. In einem Fall konnte ich dazu beitragen, daß ein junger Mann, der wegen Wachvergehen und Selbstverstümmelung angeklagt war, dem Todesurteil entging.

In Italien geriet ich im Mai 1945 in amerikanische Gefangenschaft. Wir waren angeblich keine POW's (Prisoners of War), sondern SEP's (Surrendered Enemy Personal), was eine besondere, und zwar bessere Behandlung gegenüber den POW's, den normalen Kriegsgefangenen bedeuten sollte. Aber in den Lagern gab es keinen Unterschied zwischen SEP's und POW's. Wir wollten das auch gar nicht. Wir wollten nur schnell nach Hause zu unseren Familien, denn Frau und Kinder hatten fast ein Jahr lang kein Lebenszeichen von uns und wir umgekehrt auch keines von ihnen erhalten. Doch Thüringen, meine damalige Heimat, war inzwischen von den Amerikanern an die Russen übergeben worden. Die Engländer erklärten uns, daß es gar keinen Sinn habe, uns zu entlassen, denn die Sowjets würden uns wieder einkassieren. Das geschah wohl auch in der Praxis mit entlassenen Kriegsgefangenen. So verblieb ich bis Ende Mai 1946 in Italien, bis ich den Nachweis erbringen konnte, daß sich meine Familie im Westen befand.

Den Sommer und Herbst 1945 verbrachten wir in den Kriegsgefangenenlagern an der Adria unter freiem Himmel, etwa 180 000 Mann in 15 Camps. Zum Winter gab es allerdings für je 16 Mann ein großes amerikanisches Zelt, das eigentlich nur für 8 Mann gedacht war. Als die kältere Jahreszeit kam, wurde ich mit noch 48 Kameraden als Arbeitskommando in das 59. British

General Hospital in Bologna verlegt. Dort war ich zunächst als Cleaner eingesetzt und mußte die langen Flure der ehemaligen Ingenieurschule schrubben, dann wurde ich stretcher-bearer (Krankenträger). Als die Engländer merkten, daß ich ein wenig Englisch und daneben Italienisch sprach, wurde ich als „reception clerk" eingesetzt und gelegentlich von den Ärzten des Hospitals als Dolmetscher verwendet, wenn Patienten kamen, die kein Wort Englisch verstanden. Während dieser Zeit hatte ich reichlich Zeit und Gelegenheit, meine Sprachkenntnisse zu erweitern, was mir im späteren Leben sehr zustatten gekommen ist. So überstand ich alles, abgesehen von der drückenden Trennung von der Familie, verhältnismäßig gut, bis ich im Juli 1946 entlassen wurde.

Ich hatte die feste Absicht, mit meiner Familie wieder nach Thüringen zu gehen. Dort hatte ich mir eine Existenz aufgebaut, dort hatte ich ein Zuhause und einen festen Freundeskreis. Aber es kam ganz anders.

NACHKRIEGSZEIT 1946–1949

Aufbau einer neuen Existenz in Ostfriesland

Mitte Juli 1946 wurde ich aus der Gefangenschaft in die britische Besatzungszone entlassen. Ich ging zunächst nach Norden, obwohl meine Beziehungen dorthin nach den vielen Jahren der Abwesenheit nahezu völlig abgebrochen waren. Aber dort wohnte noch eine verwitwete Schwester von mir, die uns notdürftig Unterkunft gewährte. Kurz nach meiner Ankunft trat das Arbeitsamt in Emden mit dem Angebot an mich heran, eine Stelle zu übernehmen, in der ich die Zusammenarbeit mit den Engländern in Fragen der Arbeitskräfteverteilung durchzuführen hatte. Man hatte den einzigen Angestellten, der Englisch sprach, wegen seiner Mitgliedschaft in der NSDAP entlassen müssen. Ich ließ mich überreden, wollte aber nur bis zum Frühjahr 1947 bleiben, weil ich noch immer die feste Absicht hatte, nach Thüringen überzusiedeln. Drei bis vier Monate arbeitete ich in Emden, dann kamen die alten Genossen aus meiner Heimatstadt Norden und forderten mich auf, die Leitung des dortigen Kreiswirtschaftsamtes zu übernehmen, weil der bisherige Leiter, der Genosse Georg Peters, Landrat werden sollte. Das Kreiswirtschaftsamt hatte die Aufgabe, Bezugsscheine für Textilien, Schuhe, Haushaltsgeräte usw. auszugeben. Ich übernahm das Amt, betrachtete aber auch dies als Provisorium.

In der Sowjetischen Besatzungszone hatte mittlerweile im Sommer 1946 die Zwangsvereinigung zwischen der KPD und der SPD stattgefunden. Viele meiner Genossen in Thüringen hatten sich gegen diese Vereinigung ausgesprochen, und so kam es, daß sie kurze Zeit nach Beendigung des Hitler-Regimes von neuen Machthabern wiederum verfolgt wurden. Versteckten Andeutungen in ihren Briefen war zu entnehmen, daß es für mich nicht ratsam sei, nach Thüringen zu kommen.

Auch meine Frau war mit der neuen Administration in Konflikt geraten. Sie war vom SPD-Kreisverein Saalfeld als Delegierte zu dem Vereinigungsparteitag in Gotha gewählt worden. Dort sollte die Zwangsehe zwischen SPD und KPD im thüringischen Bereich vollzogen werden. Sie war auf dieser Konferenz nicht erschienen, weil sie richtig vorhersah, daß die Kommunisten die Sozialdemokraten nur solange neben sich dulden würden, wie man sie brauchte. Was sie erwartete, trat 1949 auch prompt ein.

Viele Mitglieder der früheren SPD mußten ihren damaligen Optimismus und ihre Gutgläubigkeit mit langen Zuchthausstrafen büßen. Fast alle meine früheren Genossen, die bis dahin treu und brav bei dem Aufbau der neuen Partei und der Verwaltung mitgewirkt hatten, wurden aus ihren Stellungen entlassen und anschließend eingesperrt. Das russische Tribunal, vor das sie dann gestellt wurden, verurteilte sie samt und sonders, ohne Rücksicht auf

Stellung und Alter, pauschal zu 25 Jahren Zuchthaus, von denen sie alle mindestens 7 Jahre verbüßen mußten. Nur wenige konnten sich durch Flucht in den Westen rechtzeitig absetzen, wie der mir aus der Nazivorzeit sehr gut bekannte Prof. Dr. Hermann Brill. Der jetzige Ministerialdirektor Hermann Kreutzer, der aus Saalfeld stammt und später in Berlin als Flüchtlingsamtsleiter, danach als Ministerialdirektor im Gesamtdeutschen Ministerium während der Ministerzeit Herbert Wehners und jetzt wieder in Berlin in der Berliner Vertretung Bonns tätig ist, wurde zusammen mit seiner Braut und seinem Vater ebenfalls verhaftet und verurteilt. Sein Fall war besonders typisch, da er bis dahin einer der eifrigsten Mitarbeiter der SED gewesen war.
Als fadenscheiniger Grund für die Verurteilung wurde z. B. „Konspiration mit dem Westen" oder „Verstoß gegen Kontrollratsgesetze" angegeben. Auch mein Kompagnon Moritz Luther, der vorher sogar hauptamtlich stellvertretender Landrat gewesen war, gehörte zu den Betroffenen. Mit seiner Verurteilung wurde sein gesamtes Vermögen, vor allem der Anteil an dem Haus, das wir zusammen in Saalfeld besaßen, „zu Gunsten des Volkes" eingezogen.
Diese Entwicklung hatte meine Frau wohl vorausgesehen und sich deshalb entschieden gegen die Zwangsvereinigung ausgesprochen. Nachdem sie drei Aufforderungen des russischen Stadtkommandanten nicht nachgekommen war, deshalb zu einem Gespräch in die Kommandantur zu kommen, hatten ihr wohlmeinende Genossen den Rat gegeben, in den Westen zu fliehen. So hatte sie im März 1946, ausgerüstet mit nur einem Rucksack, in Begleitung unserer beiden Kinder den bisherigen Wohnort verlassen. Nach meiner Entlassung aus der Kriegsgefangenschaft trafen wir dann am 8. Juli 1946 in Norden wieder zusammen.
Anfangs hatten wir immer noch nicht die Hoffnung aufgegeben, nach Hause zurückzukehren. Diese Hoffnung zerschlug sich jedoch endgültig mit der weiteren Entwicklung in der SBZ.
Im Dezember 1946 kam aus Hannover von Fritz Heine, der im Büro der Sozialdemokratischen Partei unter Dr. Kurt Schumacher unter anderem für Pressefragen zuständig war, die Nachricht, daß die britische Militärregierung den Sozialdemokraten im Bezirk Weser-Ems die Lizenz zur Herausgabe einer Zeitung erteilen wollte. Er bat den Bezirksvorstand der SPD um die Nennung von Lizenzträgern. Gewünscht wurden Fachleute, die durch das Dritte Reich nicht kompromittiert waren. Drei Namen wurden für den Bezirk Oldenburg Weser-Ems vorgeschlagen: Der frühere Reichstagsabgeordnete Oskar Hünlich (Wilhelmshaven), Hans Wunderlich (Osnabrück) und ich für Ostfriesland.
Die Produktion der Zeitung lief am 1. 4. 1947 unter dem Namen „Nordwestdeutsche Rundschau" an. Das in einer Auflage von rd. 116 000 gelieferte Blatt deckte den gesamten Bereich zwischen Nordsee und Teutoburger Wald sowie Weser und Ems ab. Ich war innerhalb der Zeitung anfangs verant-

wortlich für die Leitung der lokalen Teile der insgesamt 13 Bezirksausgaben. Als im Jahre 1952 der damalige Geschäftsführer Fritz Lücke krankheitshalber aufgeben mußte, übernahm ich die Geschäfts- und Verlagsleitung, wobei meine erste Aufgabe darin bestand, den Verwaltungs- und Redaktionsapparat auf ein wirtschaftlich vertretbares Maß zurückzuschrauben. Das war keine angenehme Aufgabe, aber sie mußte erfüllt werden. Durch die Hereinnahme eines umfangreichen laufenden Druckauftrages gelang es mir außerdem, den Druckereibetrieb und damit auch das Zeitungsunternehmen nach einer schweren Übergangszeit wieder auf gesunde Beine zu stellen. Als dann im Jahre 1954 Oskar Hünlich aus der Redaktion ausschied, übernahm ich auch noch die Leitung der Gesamtredaktion. Allerdings bezogen wir damals bereits den politischen und allgemeinen Teil der Zeitung in Matern von der „Hannoverschen Presse". Am 31. 7. 1970 schied ich wegen Erreichung der Altersgrenze aus diesen meinen Funktionen aus.

Unsere Zeitung mußte auf Grund der Anweisungen der britischen Militärregierung als deutlich erkennbare Parteizeitung erscheinen. Diese Militärregierung verfolgte eine keineswegs geradlinige Pressepolitik. Während sie anfangs nur sogenannte „Gruppenzeitungen" lizenzierte, bei denen von jeder Partei einschließlich der KPD je ein Vertreter der Redaktion angehören mußte, die wechselweise die Leitartikel verfaßten (ebenso war es in der amerikanisch besetzten Zone), ging sie später — wie in unserem Falle — dazu über, sogenannte „parteinahe Zeitungen" zu genehmigen. Wir hatten gegen diese Pressepolitik der Briten erhebliche Vorbehalte, denn sie führte dazu, daß die Zeitungen während der papierknappen Zeit mehr ihres Volumens als ihres Inhalts wegen gekauft wurden und daß — was noch gravierender war — infolge ihrer „Parteinähe" örtliche Parteifunktionäre immer wieder versuchten, aus der Zeitung ein reines Parteiorgan zu machen, was einem großen Teil der Leser mißfiel. Uns Redakteuren wäre eine „Volkszeitung" lieber gewesen, die jeden hätte ansprechen und doch eine SPD-nahe Position vertreten können. So kam es, daß unsere Auflage im September 1949, als der Lizenzzwang aufgehoben wurde, stark zurückging, hatte sie doch plötzlich gegen 23 Konkurrenzblätter zu bestehen. Das waren die sogenannten Heimatblätter, die z. T. während des Dritten Reiches auch gleichgeschaltet waren und nun unter alten Titeln wieder aus dem vorübergehenden Schlaf erweckt wurden.

Dieser Übergang von Lizenzpflicht zur lizenzfreien Pressepolitik war für die Lizenzzeitungen ein schwerer wirtschaftlicher Schlag, da sie während der Vorwährungsreformzeit keine Möglichkeit gehabt hatten, sich eigene Druckereigebäude, Maschinen und Papiervorräte anzuschaffen, während die Verleger der Heimatzeitungen über alle erforderlichen Einrichtungen verfügten.

Wiedereintritt in die Politik

Als ich im Juli 1946 nach Norden beziehungsweise Emden kam, wollte ich in der Partei zunächst keine Funktionen übernehmen, weil ich hoffte, bald nach Thüringen zu gehen. Ich half zwar im Landtags-Wahlkampf 1947 mit, organisierte auch die ersten Versammlungen und wirkte überhaupt beim Aufbau regionaler Parteigruppen mit, betrachtete aber alles als eine Zwischenstation. Erst die Übernahme der Lizenz stellte eine gewisse Vorentscheidung für die Zukunft dar. Da sich ja meine Familie inzwischen auch in Norden befand, waren damit wohl die Brücken nach Thüringen abgebrochen.
Die Versammlungen waren damals meist überfüllt, auch auf dem Lande. Die Menschen waren wißbegierig und an allen politischen Tagesfragen sehr stark interessiert. Vor allem interessierte die Frage, was die Sozialdemokraten tun würden, wenn sie in einem zukünftigen Staat ohne besatzungsrechtliche Vorbehalte schalten und walten konnten. Immer wurde, vor allem von jüngeren Menschen, die Frage nach der Verwirklichung des sozialistischen Gedankengutes gestellt. Was ist Sozialismus? Genügt die Vergesellschaftung der Produktionsmittel, wie Karl Marx sie einst gefordert hatte, um die Lage der arbeitenden Menschen zu verbessern? Ich gebe zu, die Antwort ist mir nie leicht geworden. Selbst noch verstrickt in den Marx'schen Lehren des vergangenen Jahrhunderts, aber schon genügend vertraut mit den Erkenntnissen der Gegenwart sowie in Kenntnis der Vorgänge im anderen Teil Deutschlands, blieb mir nichts anderes übrig, als eine neue Gesellschaft in ständig sich verbessernden sozialen Verhältnissen zu fordern. Das Genossenschaftswesen war z. B. für mich ein Teil sozialistischer Gemeinschaft. Im übrigen versuchte ich, den Zuhörern immer wieder klarzumachen, daß nur eine starke politische und gewerkschaftlich organisierte Arbeiterschaft die sozialen Verhältnisse im zähen Kampfe schrittweise verbessern könne.
Schließlich waren damals die menschlichen Schicksale der einzelnen und damit die tagespolitischen Probleme wichtiger als alle theoretischen Erörterungen. Wichtig war vor allem, das Flüchtlingsproblem zu lösen und den hunderttausenden von Vertriebenen Wohnung und Arbeit zu verschaffen. Zu verwalten gab es kaum etwas anderes als den Mangel auf allen Gebieten des täglichen Lebens, angefangen von der Ernährung bis zur Bekleidung.
Der Eintritt in die Parteiarbeit stellte für mich eine Fortsetzung meiner früheren Tätigkeit dar. Wie vor 1933 habe ich auch nach dem Kriege nie den Ehrgeiz gehabt, ein Mandat anzustreben. Ich war ausgefüllt von meiner Tätigkeit als Journalist und Redakteur einer sozialdemokratischen Zeitung. Daneben hielt ich die Arbeit innerhalb der Partei für ungeheuer wichtig. Daß ich dann im Februar 1948 zum Abgeordneten des bizonalen Wirtschaftsrates gewählt wurde, ergab sich eher zufällig.

Als Abgeordneter des Wirtschaftsrates

Im Mai 1947 wurde zur Koordinierung gemeinsamer Aufgaben in der britischen und amerikanischen Besatzungszone der „Wirtschaftsrat für das Vereinigte Wirtschaftsgebiet" mit dem Sitz in Frankfurt/M. eingerichtet. Der Wirtschaftsrat war eine Art Parlament der beiden Besatzungszonen, das anfangs aus 52, nach Reorganisation der gesamten Verwaltung Anfang 1948 aus 104 Abgeordneten bestand. Es hatte auf Vorschlag des Exekutivrates der zu den beiden Zonen gehörenden Länder die Direktoren der bizonalen Verwaltungen zu wählen. Es waren dies die

  Verwaltung für Wirtschaft,
  Verwaltung für Arbeit,
  Verwaltung für Ernährung, Landwirtschaft und Forsten,
  Verwaltung für Verkehr,
  Verwaltung für das Post- und Fernmeldewesen,
  Verwaltung für Finanzen.

Die Leiter dieser Verwaltungen nannten sich Direktoren, an deren Spitze als Oberdirektor der frühere Staatssekretär Dr. Hermann Pünder stand. Wenn die Besatzungsmächte den Schwächsten zum Vorsitzenden der Verwaltungen machen wollten, so hatten sie in Pünder gerade den Richtigen getroffen. Er selbst nannte sich gelegentlich bei öffentlichen Diskussionen, denen er keineswegs gewachsen war, den „Bürovorsteher". Bezeichnend war, daß alle Direktoren dem bürgerlichen Lager angehörten und kein Sozialdemokrat darunter war[3].
Die Mitglieder des Wirtschaftsrates wurden von den im Jahre 1947 gewählten Mitgliedern der Landtage der Länder in der US- und der britischen Zone gewählt, durften aber nicht bereits Landtagsabgeordnete sein. Dabei richtete sich die Auswahl der Mandate für die Parteien nach dem bei den Landtagswahlen erreichten Ergebnis. Als Anfang 1948 die Zahl der Abgeordneten des Wirtschaftsrates verdoppelt wurde, nominierte mich meine Partei, und ich wurde vom Landtag bestätigt.
Die Arbeitsbedingungen des Wirtschaftsrates waren außerordentlich ungünstig. Dazu gehörten nicht nur die geringe finanzielle Entschädigung der Abgeordneten — wir erhielten monatlich 200,— RM/DM Diäten, von denen 20 % an die Fraktion abgeführt wurden, und 25,— RM/DM Sitzungsgeld — sondern auch die ungünstigen räumlichen Gegebenheiten.
Für die Abgeordneten gab es keine Arbeitsräume, auch keine Schreibhilfen. Alles mußte improvisiert werden. Die einzige Erleichterung war das kosten-

---

[3] Zum Wahlvorgang vgl. Tilmann Punch: „Das bizonale Interregnum". Die Geschichte des Vereinigten Wirtschaftsgebietes 1946—1949, Waiblingen 1966, S. 147—152.

los zur Verfügung stehende Telefon, wichtig für die Verbindung mit dem Wahlkreis.
Anfangs war die Unterbringung der Abgeordneten in Frankfurter Hotels preiswert, doch gab es dort weder etwas zu essen noch zu trinken. Besondere Köstlichkeiten waren nur für Schwarzhändler und für Lieferanten von „Mangelwaren" (Fensterglas, Gardinenstoffe usw.) zu haben. Die Abgeordneten wurden im „Börsenkeller" meist mit Eintopf und Muckefuck (Ersatzkaffee) gegen Markenabgabe abgespeist. Im letzten Halbjahr der Lebenszeit des Wirtschaftsrates wurden die Abgeordneten aus ihren preiswerten Hotels zwangsweise ausquartiert und in Hotels mit Übernachtungspreisen von 16,— DM und mehr für ein Bett in Doppelzimmern untergebracht. Wenn der „Schlafkollege" nicht kam, durfte man den ganzen Zimmerpreis allein bezahlen, was zu Differenzen mit der Verwaltung führte, die erst nach langem Sträuben den Mehrpreis ersetzte. Wohlgemerkt: die Tagesspesen betrugen 25,— DM. Einzig und allein die Versorgung mit Benzinmarken war ausreichend für den Fall, daß man damals schon einen fahrbaren Untersatz besaß. Ich bekam meinen Wagen, den ich aus der Februar-Zuteilung des Jahres 1948 lt. Bezugsschein bekommen sollte, einige Tage nach der Währungsreform, als mein dafür angespartes Geld entwertet war. So wie mir erging es zahlreichen Abgeordneten. Ein den Automobilwerken angedrohter Prozeß erschien aussichtslos. Letzten Endes entsprach es ja dem der Wirtschaft von Professor Erhard empfohlenem Rezept, die Waren bis nach dem Tage X zurückzubehalten.
Die Währungsreform am 20. Juni 1948 traf die Mitglieder des Wirtschaftsrates ebenso wie die übrigen Bürger im Lande zwar nicht unerwartet, aber trotzdem überraschend. Die Besatzungsmächte hatten den Termin des Geldumtausches streng geheim gehalten. Am 18. Juni 1948 durften die Abgeordneten zur Erledigung persönlicher Angelegenheiten in ihre Heimatorte fahren. Damit war jedem bewußt gemacht worden, was ihn zu Hause erwartete. Am darauffolgenden Montag waren wir alle gleich arm oder reich — 40,— DM Barvermögen — bis auf die Sachwertbesitzer.
Präsident des Wirtschaftsrates war Dr. Erich Köhler (1892 in Erfurt geboren, zuletzt Fraktionsvorsitzender der CDU im Hessischen Landtag). Köhler war ein stets konzilianter Mann, er führte das Amt des Präsidenten souverän. Im Hotel Monopol unterhielt er ein kleines Weinlager, ab und an erhielten Gruppen von Abgeordneten von ihm Gutscheine und konnten dann gemeinsam einige Gläschen von dem damals besonders köstlichen Naß genießen.
Den Vorsitz in der SPD-Fraktion des Wirtschaftsrates führte Erwin Schoettle, Geschäftsführer war Herbert Kriedemann. Im Gegensatz zum späteren Bundestag waren die 40 Abgeordneten der SPD-Fraktion (dazu ebenfalls 40 der CDU, der Rest bis 102 Abgeordneten entfielen auf Zentrum, KPD, WAV) intensiv an allen Gesetzgebungsarbeiten beteiligt. Damals war es noch möglich, daß alle Vorlagen und Gesetzentwürfe in der Fraktion Buchstabe für

Buchstabe, mit Komma und Semikolon eingehend durchberaten wurden. Ein Spezialistentum konnte s. Zt. nicht aufkommen. Allerdings gab es für die verschiedenen Sachgebiete einzelne Genossen, die als besonders sachverständig galten, z. B. Gerhard Kreyssig für Wirtschaftsfragen, Kriedemann für Landwirtschaft, Schoettle für Haushaltsfragen und Willi Richter für Sozialpolitik. Diese Art der parlamentarischen Zusammenarbeit war sehr fruchtbringend.

Im Mittelpunkt unserer Tätigkeit im Wirtschaftsrat standen weniger grundsätzliche „politische" Auseinandersetzungen, als vielmehr die Bewältigung der drängenden wirtschaftlichen und verkehrstechnischen Probleme: Die Versorgung der Bevölkerung mußte sichergestellt werden, die Zwangsbewirtschaftung war zu organisieren und das Wirtschaftsstrafrecht mußte neu gefaßt werden. Darüberhinaus aber wurden in diesem Gremium bereits Weichen für die spätere Entwicklung der Bundesrepublik gestellt. Ich denke hier vor allem an sozialpolitische Maßnahmen, wie etwa das Sozialversicherungsanpassungsgesetz vom 17. Juni bzw. 10. August 1949, welches die Mindestrenten (50,– DM für Rentner, 40,– DM für Witwen) einführte, zu denen bis zur Rentenreform 1957 jeweils Teuerungszuschläge kamen. Gleichzeitig wurde mit dem Unrecht Schluß gemacht, daß bis dahin Arbeiter-Witwen erst dann Hinterbliebenen-Rente erhielten, wenn sie 65 Jahre alt oder mindestens zu $2/3 \%$ erwerbsunfähig waren, während Angestellten-Witwen ungeachtet ihres Alters bzw. ihrer Erwerbsfähigkeit Rente beziehen konnten.

Dieses Gesetz, das ich für eine große soziale Verbesserung dieser Zeit halte, war erfreulicherweise unter den Parteien nicht umstritten. Alle Gesetze, die der Wirtschaftsrat verabschiedete, bedurften der Zustimmung der alliierten Militärkommissionen – wie übrigens auch noch während der ersten Legislaturperiode des Bundestages. Auch dadurch sind wesentliche Vorentscheidungen für die Zukunft getroffen worden. Die Rundfunkhoheit der Bundesländer etwa geht auf das direkte Einwirken der Alliierten zurück. Eine Reihe von Gesetzen, die der Wirtschaftsrat und der Länderrat bereits verabschiedet hatten, wurden in der ersten Hälfte des Jahres 1949 von den Alliierten auch deshalb nicht genehmigt, weil sie die Entscheidung den Organen der künftigen Bundesrepublik überlassen wollten. Dazu gehörten u. a. das Gesetz über die Preise eingeführter Güter – das Einfuhrpreisgesetz – und das Gesetz zur Errichtung einer Importausgleichsstelle für Einfuhrgüter der Land- und Ernährungswirtschaft.

Eine der spektakulärsten Entscheidungen des Wirtschaftsrates, von der wir noch heute betroffen werden, war die Festlegung der provisorischen Hauptstadt für die zu gründende Bundesrepublik. Ich gehörte dem Ausschuß an, der die Probleme der Unterbringung künftiger Bundesorgane sowohl in Frankfurt als auch in Bonn zu prüfen hatte. Beide Städte hatten bereits Vorbereitungen dafür getroffen: In Frankfurt war eine Kongreßhalle im Bau, außerdem waren genügend Gebäude für die Unterbringung der Ministerien vorhanden. Dagegen hatte Bonn das vom Parlamentarischen Rat bis dahin benutzte Pädagogische Hochschulgebäude für die Unterbringung des Parlaments und zahlreiche Villen sowie ehemalige Kasernen für die Ministerien anzubieten. Das Angebot Bonns wurde noch durch Versprechungen des nordrhein-westfälischen Staatssekretärs Wandersleb im Hinblick auf ausreichende Unterbringungsmöglichkeiten ergänzt, die sich später als unrealistisch herausstellten.

Die Haltung der Parteien in der Hauptstadtfrage war nicht eindeutig. Die Trennungslinie verlief quer durch die Parteien. Die Entscheidung zugunsten Bonns fiel schließlich nicht nur aus rein sachlichen, sondern auch aus lokalen und konfessionellen Gründen. Es machte damals der Ausspruch Adenauers die Runde: „Es läßt sicher besser im Schatten des Kölner Domes regieren als im freiheitlich gesonnenen Frankfurt im Anblick der Paulskirche".

Nach meiner persönlichen Meinung und der vieler politischer Freunde waren freilich die Frankfurter nicht ganz unschuldig daran, daß ihnen die Hauptstadtwürde verloren ging. Während die Abgeordneten bis zu jenem Zeitpunkt in Frankfurts Mauern nicht gerade fürsorglich behandelt wurden, wußte man dem Hauptstadtausschuß auf seinen Inspektionsreisen in Bezug auf Gastronomie nicht genug potemkinsche Dörfer vorzugaukeln. Der damalige bayerische WAV-Abgeordnete Loritz hatte sich das Vergnügen gemacht, die von den Gastwirten und Hoteliers in Frankfurt und Umgebung von uns verlangten Preise für Speis und Trank mit denen auf den gedruckt au128 liegenden Preislisten zu vergleichen, und war dabei mit uns zu dem Schluß gekommen, daß es plötzlich über Nacht gewaltige Preisstürze gegeben haben muß.

Die Probleme, die uns Deutsche in den Jahren 1947/48 bedrückten, waren gewiß überall ähnlich. Einzelne Gebiete jedoch, wie etwa mein Heimatwahlkreis Wilhelmshaven/Friesland, standen vor besonderen Schwierigkeiten, weil es dort nicht ohne weiteres möglich war, an die Vorkriegssituation anzuknüpfen. Bis 1945 war in Wilhelmshaven das gesamte Leben weitgehend von der Kriegsmarine bestimmt gewesen. Das Reich war alleiniger Arbeitgeber in der Werftindustrie und im Rahmen der Zulieferindustrie für Rüstungsbedarf. Es genügte daher nicht, das frühere Wirtschaftsleben wieder in Gang zu setzen, sondern bedurfte grundlegender Veränderungen der örtlichen Infrastruktur, insbesondere neuer Arbeitsplätze, um den rund 22 000 Arbeitslosen, die der Arbeitsamtsbezirk Wilhelmshaven 1948 aufwies, Stellen vermitteln zu können. Schon auf der Ebene des Frankfurter Wirtschaftsrates versuchte ich die Aufmerksamkeit der Zentralbehörden auf diese Probleme zu lenken, indem ich z. B. versuchte, Aufträge der Bahn und der Post nach Wilhelmshaven zu ziehen, um die Etablierung einer Nachfolgeindustrie zu ermöglichen.

Insgesamt kann man wohl sagen, daß der Wirtschaftsrat seine unmittelbare Aufgabe der „Mangelverwaltung" unter den gegebenen Umständen durch--

aus erfüllt hat. Darüberhinaus aber sehe ich seine große Bedeutung für die spätere deutsche Geschichte auch darin, daß hier erstmals seit 1933 auf zentraler Ebene ein Gremium geschaffen wurde, in dem demokratische Entscheidungsprozesse stattfanden. Der Wirtschaftsrat stellte damit gewissermaßen die „Schule der deutschen Parlamentarier" dar.

ALS ABGEORDNETER DES DEUTSCHEN BUNDESTAGES
1949—1972

Bundestagswahlen

Bei der Wahl zum ersten Deutschen Bundestag stellte meine Mitgliedschaft im bizonalen Wirtschaftsrat einen erheblichen Vorteil dar. Es war bekannt, daß ich „der Mann" in Frankfurt gewesen war, der für das wirtschaftliche Notstandsgebiet Wilhelmshaven einiges erreicht hatte. Innerhalb der Partei gab es keinen Konkurrenten, und auch die anderen Parteien hatten keinen Kandidaten aufgestellt, der ähnliche Erfahrungen und Erfolge aufzuweisen hatte. Ich erhielt von insgesamt 126 709 Stimmen 32,6 % (rund 41 500) im Wahlkreis Wilhelmshaven-Friesland, in der Stadt Wilhelmshaven dicht gefolgt von dem Zweitplazierten. Dieser war nicht der Kandidat der CDU, die weit abgeschlagen war, sondern er gehörte der DRP (Deutsche Reichspartei) an, die damals in Niedersachsen noch einen recht hohen Stimmenanteil für sich verbuchen konnte (8,1 %).

Anders sah die Bundestagswahl 1953 aus. Ich wurde zwar im Wahlkreis nominiert, ließ mich jedoch auf der Landesliste nicht absichern. Bei der Aufstellung der Landesliste nämlich hatte es der Bezirks-Parteivorstand auf Veranlassung des Parteivorstandes in Bonn durchgesetzt, daß an dritter Stelle, die sonst mir zugefallen wäre, aus taktischen Gründen ein führender Gewerkschaftsvertreter plaziert wurde. Ich war über diese Maßnahme ein wenig verärgert und verzichtete infolgedessen völlig auf eine Absicherung, weil ich davon überzeugt war, daß ich mir den Wahlkreis aus eigener Kraft holen könnte. Freilich wußte ich damals noch nicht, daß die CDU mir in dem Admiral a. D. Heye einen Konkurrenten stellte, der für viele Wilhelmshavener Bürger ausgesprochen attraktiv war. Gerade in der Auseinandersetzung um die Frage der Wiederbewaffnung in Westdeutschland, die von der SPD damals entschieden abgelehnt wurde, kam Heye bei großen Teilen der Bevölkerung, die an eine Wiedererrichtung der Garnison in Wilhelmshaven wirtschaftliche Hoffnungen knüpften, gut an. In der nächsten Bundestagswahl war ich klüger und ließ mich auf der Landesliste absichern.

1961 gelang es mir dann, Heye den Wahlkreis wieder abzunehmen. Ich setzte mich im Bundestag dafür ein, daß er Wehrbeauftragter wurde, nicht etwa, um auf diese Weise einen lästigen Konkurrenten wegzuloben, sondern ganz einfach, weil ich ihn für dieses Amt sehr geeignet hielt. Wichtig war vor allem, daß er von den Soldaten akzeptiert wurde, und über das dazu erforderliche Vertrauenspotential verfügte er. Auch in wehrpolitischen Fragen, die mich als Mitglied des Verteidigungsausschusses öfter betrafen, stimmte ich oft mit ihm überein. So hielt ich ebenso wie er die Ausrüstung der Bundesmarine mit sog. „großen Pötten" für unsinnig, da diese in der Ostsee nicht zu gebrauchen wären.

Nach der Neueinteilung der Wahlkreise vor der Bundestagswahl 1965, die für die SPD in meinem Wahlkreis sehr ungünstig ausfiel, hatte ich wieder einen sehr prominenten Gegner. Felix v. Eckhardt, der Pressesprecher der Bundesregierung, führte zwar keinen sehr intensiven Wahlkampf, erzielte jedoch die Stimmenmehrheit, so daß ich wieder über die Liste in den Bundestag einrücken mußte.
In der Wahl von 1969, die zur Bildung der sozialliberalen Bundesregierung führte, gelang es mir jedoch wieder, das Direktmandat zu erhalten. Schon zu dieser Wahl hatte ich eigentlich nicht mehr kandidieren wollen. Ich bin immer der Meinung gewesen, daß man aufhören sollte, wenn man noch kann und nicht solange warten, bis man von seinen Freunden dazu gedrängt wird. Es war damals kein Nachfolger vorhanden, der das Vertrauen des Parteibezirks besaß. Als dann vor der Wahl von 1972 der Staatssekretär im Bundesarbeitsministerium Dr. Herbert Ehrenberg einen direkten Wahlkreis suchte, habe ich zu seinen Gunsten auf eine erneute Kandidatur verzichtet.

Der Abgeordnete und sein Wahlkreis

Obwohl ich nicht in allen Wahlen als direkter Abgeordneter gewählt wurde, habe ich mich in Bonn stets als Politiker gefühlt, der die Interessen seines Wahlkreises zu vertreten hatte. Auch bei den Bürgern Wilhelmshavens, die mich auch in der Zeit von 1953 bis 1957 immer noch als „Herr Abgeordneter" ansprachen, wurde ich wohl als solcher gesehen. Es war mir immer eine gewisse Genugtuung, daß ich bei allen Bundestagswahlen mehr Erststimmen erhielt, als Zweitstimmen für die Partei abgegeben wurden.
Meine Tätigkeit bewegte sich — so versuche ich es immer zu umschreiben — zwischen dem „30-Pfennig Beitrag" für die Rentenversicherung und dem 30-Millionenkredit für die Industrie. Es ist aber kein Geheimnis, daß mir oft der „Pfennig-Beitrag" der wichtigere war. Die Bezeichnung „Vater der Rentner", die auf mich gemünzt wurde, weil ich oft auch unbürokratische Schritte wählte, um den Benachteiligten unserer Gesellschaft zu helfen, bedeutete mir mindestens ebenso viel wie das Große Bundesverdienstkreuz und der Stern zum Bundesverdienstkreuz, die mir der Bundespräsident in den Jahren 1969 beziehungsweise 1972 verlieh. Auch heute noch ist ein großer Teil meiner Sprechstunden damit ausgefüllt, denjenigen mit Rat und Tat zur Seite zu stehen, die sich in persönlichen Schwierigkeiten an mich wenden.
Die Verantwortung gegenüber dem Wahlkreis schlug sich aber nicht nur im Beistand für den einzelnen nieder. Es galt, Mittel und Wege zu finden, die Infrastruktur dieser Region, die bis 1945 ausschließlich von der Kriegsmarine bestimmt wurde, soweit zu verbessern, daß sie aus eigener Kraft lebensfähig wurde. Zahlreiche Anfragen im Bundestag zeugen davon, wie

sehr ich bemüht war, die Aufmerksamkeit des Bundes auf unsere wirtschaftlichen Probleme zu lenken. So habe ich mich im ersten Bundestag eingesetzt für die Vergabe von Krediten für die Werftindustrie an der Unterweser (178. Sitzung) und habe einen, dann einstimmig gebilligten, Antrag zur Bereinigung der Eigentumsverhältnisse an den bundeseigenen Verkehrsunternehmen in Wilhelmshaven vorgelegt (192. Sitzung). Ich habe vergleichsweise geringfügig erscheinende Probleme wie die Paketbeförderung von Aurich nach Westerloog (2. Bundestag, 96. Sitzung) oder den Zustand der Nordostmole der ehemaligen Hafeneinfahrt in Wilhelmshaven (5. Bundestag, 107. Sitzung) zum Gegenstand kleiner Anfragen im Bundestag gemacht und wieder und wieder darauf gedrängt, daß die spezifischen Probleme meines Wahlkreises in Bonn berücksichtigt wurden (z. B. auch 4. Bundestag 106. und 109. Sitzung).

Mit Bundes- und Landeshilfe ist inzwischen eine vielversprechende Industrie am Tiefen Wasser der Jade entstanden, die es verhindern wird, daß ähnliche Zeiten wie nach 1918 und 1945, als alles wirtschafliche Leben in Wilhelmshaven erstarb, auftreten. Die Parole „Dennoch Wilhelmshaven" hat Wunder gewirkt.

Auch heute spielt die Bundesmarine eine nicht unwesentliche Rolle im Leben der Stadt Wilhelmshaven. Dazu muß angemerkt werden, daß die Einstellung der Bevölkerung zu Fragen der Marine und ihrer Ausrüstung immer ein wenig zwiespältig gewesen ist. In der Mehrheit sozialdemokratisch eingestellt, war man gegen jede Art von Militarismus und seine Auswirkungen im Hinblick auf die Rüstung. Andererseits lebte man seit der Gründung Wilhelmshavens im Jahre 1869 von der Kaiserlichen Marine, später der Reichsmarine und nach 1956 — wenn auch jetzt nur teilweise — von der Bundesmarine. Wilhelmshavens Reichstagsabgeordneter Oskar Hünlich mußte 1929 im Reichstag gegen den Bau der Panzerkreuzer stimmen, bei der Auftragsvergabe nach beschlossenem Bau mußte er jedoch dafür sorgen, daß die Schiffe in Wilhelmshaven von Wilhelmshavener Sozialdemokraten gebaut wurden. Daher stammt der Spottname „Kaiserliche Werftsozialdemokraten"! Ganz ähnlich erging es mir, der ich im Jahre 1953 mit der Parole „ohne uns" in den Wahlkampf gezogen war und später dafür sorgen mußte, daß meine sozialdemokratischen Genossen bei der Marine und auf dem Marine-Arsenal wieder eine Anstellung fanden, schon allein, damit ihre früheren Dienstjahre Anrechnung finden konnten.

Die Arbeit in den Bundestagsausschüssen

Nacheinander bzw. gleichzeitig gehörte ich während der Zeit meiner Zugehörigkeit zum Deutschen Bundestag folgenden Ausschüssen an: Post, Haushalt, Außenhandel, Verkehr, ab 1957 Verteidigung. Wie es fast allen Abgeordneten ergeht, so erging es auch mir. Erst im Laufe der Zeit lernte ich ein-

sehen, daß man nicht Hans Dampf in allen Gassen sein kann, sondern sich auf einen oder zwei Ausschüsse beschränken soll, wenn man erfolgreiche Arbeit leisten will.
In den ersten Jahren (1949–1953) war ich Vorsitzender des Ausschusses für das Post- und Fernmeldewesen. In dieser Eigenschaft habe ich durchgesetzt, daß an den Ausschußsitzungen Vertreter des Zentralbetriebsrates teilnehmen konnten. Unter meinem Vorsitz wurde auch das Postvermögensgesetz verabschiedet. Hierbei zeigte sich, daß die Besatzungsmächte auch noch nach Gründung der Bundesrepublik Einfluß auf die Gesetzgebung nahmen. Mir ist noch gut in Erinnerung, daß die Besatzungsmächte entgegen den Absichten der Bundesregierung und des Ausschusses nicht zulassen wollten, daß das Rundfunkvermögen in das Eigentum des Bundes überführt wurde. Es mußte in das Gesetz die Bestimmung aufgenommen werden, daß darüber in einem besonderen Gesetz verfügt werden solle. Wir mußten s. Zt. extra mit unseren Gesetzentwürfen auf den Petersberg zu den Hohen Kommissaren, die uns ihren Standpunkt klarmachten, nach dem wir uns dann zu richten hatten.
Als Sprecher der Fraktion zum Haushalt des Bundesministers für das Post- und Fernmeldewesen hatte ich alljährlich den Einzelplan zu kritisieren, wozu sich reichlich Gelegenheit bot. Der Schluß meiner Rede beinhaltete regelmäßig den Antrag, das Gehalt des Bundespostministers zu streichen. Zur Debatte stand nämlich nicht der Wirtschaftsplan der Bundespost, sondern lediglich die Positionen der Gehälter für Minister und Staatssekretäre. Bei einer solchen Debatte bot Bundespostminister Stücklen mir an, mir seine Familie zu schicken, falls ihm tatsächlich das Gehalt gestrichen würde.
Als im Jahre 1965 die Telefongebühren über das notwendige Maß hinaus erhöht werden sollten, um das Postdefizit zu decken, wurde auf meine Veranlassung der Bundestag aus den Sommerferien zu einer Sondersitzung gerufen. Die CDU/CSU-Mehrheit beschloß trotzdem die Erhöhung.
Die Mitarbeit im Haushaltsausschuß ist zweifellos die interessanteste Tätigkeit, läuft hier doch alles zusammen an gesetzgeberischer Arbeit, was kassenwirksam ist. Das betrifft sowohl die Personalausgaben, die soziale Gesetzgebung, wirtschaftliche Förderungsmaßnahmen als auch die innere und äußere Sicherheit. Trotzdem entschloß ich mich nach meiner Wiederwahl im Jahre 1957, auf diesen Ausschuß zu verzichten. Dafür widmete ich mich mehr der Arbeit im Ausschuß für Verteidigung. Schließlich war ich das meinem Wahlkreis schuldig, in dem fast jede Stadt Militär beherbergte: Wilhelmshaven Marine, Jever, Wittmund und Aurich Luftwaffe, Varel Panzertruppen, darüber hinaus an vielen kleinen Orten Flakstellungen. Besonders wichtig war das Marinearsenal in Wilhelmshaven mit mehr als 3 000 Zivilbeschäftigten. Zu den Problemen der Uniformierten, kamen noch die an allen Orten vorhandenen Zivilbeschäftigten mit ihren eigenen Sorgen. Für alle diese Gruppen war ich eine Vertrauensperson, an die man sich mit seinen persönlichen Sorgen und Nöten wenden konnte. Meine Sorge im

Verteidigungsausschuß galt insbesondere den Schiffsbesatzungen, wobei ich mich mit eigenen Augen davon überzeugen konnte — ich fuhr öfters mit großen oder kleinen Einheiten in Seemanöver —, daß ihre Unterbringung an Bord fast menschenunwürdig war.

Das gleiche galt, als es darum ging, mich für die Sicherheit der Soldaten einzusetzen. Anlässe waren zum Beispiel der Untergang des U-Hai, der Tod des Oberleutnants Arndt und die Affäre Nagold. In der Luftfahrt war nach der Beschaffung der Starfighter das Problem der Schleudersitze, die erst nach Einschalten des Verteidigungsausschusses durch die besseren Martin-Baker-Sitze ausgewechselt wurden. Für die Schiffsbesatzungen wurden im Laufe der Jahre Landquartiere geschaffen, in die sie gehen konnten, sobald ihre Schiffe in den Heimathafen zurückgekehrt waren. Das bedeutete eine wesentliche Verbesserung der Lebensbedingungen der Matrosen.

Eine Plage für die Zivilbevölkerung war und ist der Fluglärm in der Nähe der Start- und Landebahnen der Militärflugplätze in meinem Wahlkreis. Jahrelange Bemühungen führten im Jahre 1966/67 zum „Fluglärmgesetz". Doch sind bis zum heutigen Tage die Landesbehörden mit ihren Aus- und Durchführungsbestimmungen sowie mit der Festlegung der Lärmschutzzonen nicht vorangekommen, so daß die lärmgeplagte Bevölkerung immer noch auf Erleichterungen wartet.

Wie ich oben bereits erwähnte, war ich mit Admiral a. D. Heye der Meinung, daß die Bundesmarine zur Ausführung ihres Auftrages nicht so viel große sondern mehr kleinere und mittlere Schiffseinheiten benötigt, vor allem um die Zu- und Ausgänge der Ostsee zu sichern. Im Juni 1966 habe ich meine Auffassung über die Notwendigkeit der Aufstellung eines den modernen Anforderungen gerecht werdenden Marine-Schiffbau-Programms in einem Artikel in der „Wilhelmshavener Rundschau" dargelegt und davon einen Sonderdruck an alle Fraktionsmitglieder verteilen lassen. Dieser Artikel wurde in Marinekreisen stark beachtet[4].

Meine Mitgliedschaft im Verteidigungsausschuß brachte es mit sich, daß mein Name im Februar 1965 durch die Schlagzeilen der deutschen Presse ging. Am 21. Januar 1965 hatte der damalige Bundesverteidigungsminister von Hassel im Bundestag erklärt, daß ein Mitglied des Ausschusses während einer Sitzung, in der die Entscheidung über die Beschaffung des neuen Transportflugzeuges für die Bundeswehr gefallen war, Kontakte mit dem Vertreter der amerikanischen Flugzeugfirma Lockheed unterhalten habe, deren Modell C-130 Hercules damals in Konkurrenz zur C. 160 Transall stand. Auf Befragen nannte er später meinen Namen. Ich bin dieser völlig aus der Luft gegriffenen Behauptung sofort entgegengetreten und habe schließlich erreichen können, daß sich der Minister nach einigen Ausfluchtversuchen in einem persönlichen Handschreiben entschuldigte[5].

---

[4] Vgl. Anlage 2.
[5] Vgl. Anlage 3.

Fraktionssolidarität und Parteiorganisation des Wahlkreises

Die SPD-Fraktion des Deutschen Bundestages hat sich während der Zeit meiner Zugehörigkeit als bemerkenswert geschlossen erwiesen. Wohl gab es von Anfang an Gruppierungen unter den Abgeordneten, die sich auf Grund unterschiedlicher Interessengebundenheit bildeten, es war aber zumindest bis zu den Wahlen von 1965 immer möglich, zu Kompromissen zu gelangen, die ein einheitliches Handeln ermöglichten. Erst mit dem Nachrücken jüngerer Abgeordneter aus der Generation, die das Dritte Reich nicht mehr bewußt erlebt hatten nach den Bundestagswahlen 1961 und — noch deutlicher — 1965 setzte die Formierung ideologisch bestimmter „linker" und „rechter" Flügel ein, welche durch Äußerungen in der Öffentlichkeit die Geschlossenheit der Fraktion gefährdeten. Ich persönlich habe mich stets bemüht, eine Mittlerstellung zwischen diesen beiden Flügeln einzunehmen.

Dabei hat mir sehr geholfen, daß die Gegensätze zwischen „linken" und „rechten" Sozialdemokraten in der Parteiorganisation meines Wahlkreises nie eine große Rolle gespielt haben. Ich kann im nachhinein mit Befriedigung feststellen, daß ich zu keiner Zeit von dort aus in eine bestimmte Richtung gedrängt wurde, und daß ich nie in den Konflikt geraten bin, mich bei Abstimmungen im Bundestag zwischen unterschiedlichen Auffassungen der örtlichen Parteileitung und der Fraktion entscheiden zu müssen. Nur zweimal während der ganzen Zeit meiner bundesparlamentarischen Tätigkeit gab es Meinungsverschiedenheiten zwischen einem Teil der parteipolitischen Anhänger im Lande und mir. Das war einmal bei der jahrelangen Beratung und der schließlichen Verabschiedung der Notstandsgesetze. Ich hielt diese Gesetze für notwendig insbesondere wegen ihres Vorsorgecharakters, aber auch zum Schutze der freiheitlichen Grundordnung. Dahingegen betrachteten große Teile der Wählerschaft diese Gesetze als ein Instrument eben zur Unterdrückung der Freiheit des einzelnen und zur Beseitigung des Streikrechtes. Da alle diese Befürchtungen nicht eingetreten sind, hat man mir nachträglich in meiner Einstellung recht gegeben.

Zum anderen war es 1966 in der Frage der Koalitionsbildung mit der CDU, also die Frage der Großen Koalition. Selbst ein grundsätzlicher Gegner Großer Koalitionen, hielt ich jedoch die damalige Situation für die SPD als gegeben, ihre Regierungsfähigkeit zu beweisen. Auch in dieser Hinsicht gab es gegensätzliche Auffassungen. Doch hat sich auch hier die Richtigkeit meiner Einstellung erwiesen, denn ohne die Beteiligung an der Großen Koalition hätte es niemals eine sozial-liberale Regierung im Jahre 1969 gegeben. Es ist für mich eine große Genugtuung gewesen, nach 18jähriger Oppositionszeit im Bundestag noch drei Jahre sozial-liberale Regierungszeit miterleben zu dürfen.

Wie das Godesberger Programm die SPD in bürgerlichen Kreisen akzeptabel machte, so hat die Große Koalition sie „ministrabel" gemacht.

Unvergeßliche Erlebnisse und Begegnungen

Im Leben eines Abgeordneten gibt es ebenso wie bei jedem Menschen Begebenheiten, die ihm unvergeßlich bleiben. So wird mir z. B. jener Apriltag des Jahres 1972, als durch die Überläufer aus der F.D.P. die sozial-liberale Koalition geschwächt war und die CDU/CSU ihre Stunde wieder für gekommen hielt, immer gegenwärtig sein. Als wir glaubten, daß die Renegaten die Früchte ihres Verrats schon im Sack hatten, fiel die Stimmung in der Fraktion auf Null. Tränen standen in den Augen mancher Genossinnen und Genossen. Doch Jubel brauste auf, als sich beim Auszählen der Abstimmung über den konstruktiven Mißtrauensantrag die Niederlage des Herrn Rainer Barzel ergab.

Dieser Tag ist mir in ebenso frischer Erinnerung wie jene Nacht, als die Kontroverse zwischen Adenauer und Kurt Schumacher mit dessen Zwischenruf „Kanzler der Alliierten" endete. Die ganze Nacht hindurch liefen die beschwichtigenden Verhandlungen zwischen den Fraktionsführungen, die erst am nächsten Vormittag gegen 11.00 Uhr eine befriedigende Lösung fanden. Präsident Köhler mußte daraufhin seinen voreilig ausgesprochenen Ausschluß Kurt Schumachers von mehreren Sitzungstagen zurücknehmen, was ihm wenig später seinen Präsidentenstuhl kostete. Er, der den Frankfurter Wirtschaftsrat glatt und ohne Affären gelenkt und geleitet hatte, war nicht mehr der richtige Mann für das wesentlich lebhaftere Bonner Parlament.

Wenn ich von Kurt Schumacher spreche, so fühle ich mich verpflichtet, über die Persönlichkeit dieses großen deutschen Sozialdemokraten einige Bemerkungen zu machen. Er hat auf mich einen sehr großen Einfluß ausgeübt. Ich habe ihn vom ersten Tag an miterlebt, seitdem ich wieder hier war. Das erste Mal sah ich ihn auf einer Veranstaltung in Emden und seitdem verlor ich ihn nicht wieder aus den Augen. Ab 1949 war ich dann bis zu seinem Tode fast täglich mit ihm zusammen.

Schumacher war ein Mann, der seinen Willen durchsetzen konnte. Er ließ in Fraktionssitzungen alle reden, aber dann setzte er ein, schlagartig, und überzeugte die Fraktion.

Schumacher galt zu seiner Zeit im positiven Sinne als der einzige deutsche Nationalist. Als erster deutscher Politiker ist er nach dem Krieg wieder ins Ausland gefahren, um für deutsche Interessen zu werben.

Auch im Hinblick auf den deutschen Verteidigungsbeitrag verlangte Schumacher den ganzen Schritt, d. h. kein Verbleiben im Vorzimmer, sondern – wenn überhaupt – dann Aufnahme der Bundesrepublik in die Atlantische Verteidigungsgemeinschaft.

Herbert Wehner, der große „Stratege" der deutschen Nachkriegspolitik ist dagegen ein ganz anderer Charakter als es Schumacher war. Seine Stärke liegt darin, ein einheitliches Vorgehen der Fraktion zu erreichen. Was Wehner sagt, gilt in der Fraktion, auch wenn es nicht unbedingt überzeugt.

Schumacher dagegen besaß die Fähigkeit, dem einzelnen Abgeordneten die Notwendigkeit bestimmter Schritte einsichtig zu machen.

Beeindruckend war – in seiner Weise – auch Konrad Adenauer. Er saß manchmal während der Debatten auf der Regierungsbank und schien zu schlafen. Dann aber meldete er sich zu Wort und ging detailliert auf die vorherigen Beiträge ein. Dabei schreckte er bei seiner Argumentation vor Verdrehungen und Unwahrheiten nicht zurück. Er gab sie später sogar zu.

Nachhaltigen Eindruck als politischer Gegner hat auf mich im ersten Bundestag auch der Abgeordnete Heinz Renner hinterlassen. Er war zweifellos das intelligenteste Mitglied der KPD-Fraktion, neben dem die anderen Mandatsträger wie etwa Reimann nur als „Rüpel" erschienen. Seine Diskussionen mit Adenauer bildeten Höhepunkte der Debatten in der Legislaturperiode 1949–1953.

Auslandsreisen

Zu den bleibenden Erinnerungen meiner Zeit als Abgeordneter gehören auch eine Reihe von Reisen, die mich ins europäische Ausland und in die Vereinigten Staaten von Amerika führten. Zu diesen Reisen möchte ich eine Vorbemerkung machen: In der Öffentlichkeit wird zuweilen die „Reiselust" von Abgeordneten des Bundestages kritisiert. Angeblich unternehmen die Ausschüsse teure Vergnügungsfahrten, zu denen manchmal sogar Familienmitglieder eingeladen werden. Mir scheint, daß auf diese Weise die Aufgaben des Bundestages, Anregungen im Ausland zu suchen, um zu einer optimalen Gestaltung eigener Vorhaben zu gelangen und die Probleme anderer Staaten kennenzulernen, um die eigene Politik daraufhin einstellen zu können, nicht richtig gewürdigt werden. Es handelt sich bei diesen Reisen oft um überaus anstrengende Unternehmungen, die zum Teil sogar von den Abgeordneten aus der eigenen Tasche finanziert werden.

Die Reisen, die ich mit verschiedenen Ausschüssen des Bundestages unternahm, zeitigten im allgemeinen sehr konkrete Ergebnisse für die praktische Politik. So stellten wir zum Beispiel während eines Aufenthaltes mit einer Delegation des Verkehrsausschusses in Kopenhagen fest, daß dort die Öffentlichkeitsarbeit der DDR sehr viel intensiver geführt wurde als die der Bundesrepublik. Diese Erfahrung führte zu einer Verbesserung unserer Werbung im Ausland. Von besonderem Interesse für mich als Norddeutscher war die Tatsache, daß in den nordeuropäischen Ländern anscheinend nur der Schwarzwald als deutsches Erholungs- und Reisegebiet attraktiv war, während Norddeutschland und die Nordseeinseln für die Dänen, Norweger, Schweden und Engländer offenbar gar nicht existierten. Auch hier konnte eine Verbesserung erreicht werden, die sich für den Fremdenverkehr in den Urlaubsgebieten an Nord- und Ostsee auszahlen wird.

Besuche beim Oberkommando der Nato in Europa (SHAPE) mit Delegationen des Verteidigungsausschusses in Paris (später Brüssel) und bei anderen Kommandobehörden und Verbänden der NATO gaben die Gelegenheit zur Diskussion mit führenden Militärs der westlichen Allianz und offenbarten uns die Probleme etwa im Bereich des Kommunikationswesens und der Standardisierung von Ausrüstung und Waffen. Solche Erfahrungen schlugen sich konkret nieder, wenn es später im Verteidigungsausschuß galt, Entscheidungen für die Einführung neuer Systeme zu treffen. Besonders aufschlußreich in dieser Hinsicht war auch der Besuch einer Delegation des Verteidigungsausschusses in den USA anläßlich der Übernahme der ersten drei von insgesamt 88 bestellten RF-4E Phantom Maschinen durch die Luftwaffe. Bei dieser Gelegenheit lernten wir einen großen Teil der amerikanischen Flugzeugbau- und Zulieferindustrie kennen und erfuhren, wie abhängig diese Industrie von ausländischen Militäraufträgen — also auch von unseren Aufträgen — ist und daß Zehntausende von Arbeitern brotlos werden, wenn Anschlußaufträge ausbleiben. Hier wurde ganz deutlich, daß im militärischen Beschaffungswesen nicht ausschließlich militärfachliche Gesichtspunkte eine Rolle spielen können.

Nicht meiner Eigenschaft als Bundestagsabgeordneter, sondern als Bezirksvorsitzender der SPD verdanke ich die Einladung zu einer Reise, die mich im Jahre 1962 zu einem 45tägigen Aufenthalt in die Vereinigten Staaten führte: „Im Land der unbegrenzten Möglichkeiten", so habe ich die Artikelserie überschrieben, die über diese Reise quer durch das Land „from Coast to Coast" berichtete. Als Gast der Regierung der Vereinigten Staaten und als VIP (Very Important Person) standen mir alle Türen offen. Mit einem vom State Department präzis ausgearbeiteten Reiseprogramm und begleitet von einem deutsch-sprachigen Professor konnte ich Land und Leute des vielgepriesenen Wunderlandes kennenlernen. Gestaunt habe ich, wie es durch ein einfaches Telefongespräch von Washington aus möglich war, Verabredungen und Treffs über Tausende von Kilometern, z. B. Florida oder San Francisco, zu arrangieren.

Selbst mit Leuten, die ich gerne besuchen wollte, die aber (noch) kein Telefon besaßen, weil erst kurz vorher nach Florida verzogen, war „über Nacht" Verbindung hergestellt.

Bewundert habe ich die amerikanische Gastfreundschaft, besonders das System der Sponsorship. In jeder Stadt gibt es eine Anzahl angesehener Familien, die ihre Ehre darin sehen, einen ausländischen Gast für einige Tage zu betreuen. Leider gibt es so etwas bei uns in Deutschland nicht, wäre aber nachahmenswert.

Wie mir später Amerikaner, selbst der General-Gouverneur in Bremen, nach Vorführungen meiner Dias erklärten, habe ich in jenen 45 Tagen mehr von ihrem Lande gesehen als sie in ihrem ganzen Leben.

Mir kam es darauf an, die sozialen Verhältnisse — die Gewerkschaften, die Sozialversicherung — und die kommunalen Verhältnisse — sowohl in Großstädten wie New York, Los Angeles und San Franzisco, als auch in Klein- und Mittelstädten –, ferner die Verkehrsverhältnisse und die kommunale Infrastruktur kennenzulernen. Ich war in Hollywood, sah das Walt-Disney-Land, die Rocky Mountains und die Rodeo-Spiele in Phoenix (Arizona) sowie vieles andere Interessante.

Da ich insbesondere auch an Verteidigungsfragen interessiert war, ließ ich mir das Strategic Air-Command, jene Drei-Stockwerke tief in die Erde gelassene Kommandostelle zeigen und dort speziell das Nachrichtenwesen der US-Armee erklären. Bis auf das Fotografierverbot schien es dort keine militärische Geheimnisse zu geben. Sogar das Alarmsystem, dem alle Stützpunkte der Armee zu Lande, zu Wasser und in der Luft angeschlossen sind, konnte ich ausprobieren. Auch war es mir möglich, das rote Telefon, das die direkte Verbindung zum Präsidentensitz herstellt, zu benutzen und einige Worte hineinzusprechen, die soviel wie „Wir machen eine Leitungsprobe" bedeuteten. Im Pentagon war ich ebenfalls und wurde dort genauso freimütig informiert. Schließlich war für mich bedeutsam der Besuch in der größten U-Boot-Basis der Welt New London auf den atomangetriebenen U-Booten „Skate" und „Nautilus", die ihre historische Nordpol-Unterquerung bereits hinter sich hatten.

Die Automobilfabrik Ford sowie das Automobil-Museum der General Motors (Opel) in „Detroit" ließ ich natürlich nicht aus.

An besonderen Ehrungen brachte ich mit nach Hause: Die Ehrenbürgerschaft der Stadt Parsons (Kansas), die Ehrenbürgerschaft von Boy's Town in Nebraska (einer kleinen Stadt mit eigener Schule, Kirche usw., wo Kinder aus zerbrochenen Künstlerehen bis zum Berufsabschluß bzw. zum Studium untergebracht sind) sowie den Goldenen Schlüssel der Stadt Detroit.

Den Höhepunkt dieser Reise bildete zweifellos die Teilnahme an der von ca. 300 000 Menschen besuchten großen Kundgebung in der Universitätsstadt Berkely (San Franzisco), wo John F. Kennedy die Doktorwürde erhielt. Mich beeindruckte dabei sehr, wie die Amerikaner mit den gegendemonstrierenden Studenten, die Plakate wie „Kennedy stinkt" trugen, fertig wurden. Sie wurden einfach in eine Ecke des Universitätsgebäudes hineingedrängt, wo weder Kennedy sie zu sehen bekam noch sie ihn sehen konnten.

Ein weiterer Höhepunkt für mich war die Teilnahme an einer Pressekonferenz, die Dean Rusk, der Außenminister Kennedy's, in Washington abhielt und auf der er ein erneutes Bekenntnis zu den Interessen Amerikas an der Verteidigung ihrer „Basisrechte" an Berlin zum Ausdruck brachte.

Aufschlußreich für mich war auch ein längeres Gespräch mit dem demokratischen Senator Henry M. Jackson, dem einflußreichen Außenpolitiker. Ein Patentrezept für die Lösung Amerika berührender Weltprobleme besaß er auch nicht, jedoch bekannte er sich freimütig zu dem Willen seines Landes, die Freiheit der Welt mit allen verfügbaren Mitteln zu verteidigen.

Daß die schwarze Bevölkerung trotz aller öffentlicher Dementis diskriminiert wird, blieb mir nicht verschlossen. „Auch ein Neger kann Präsident der USA werden, aber er wird es nicht" heißt eine oft zu hörende Erklärung. Nur als Soldat gilt ein Schwarzer genausoviel wie ein Weißer, sonst aber nicht.

Die staatliche Sozialversicherung in Amerika befand sich damals erst in den Anfängen, die meisten Arbeitnehmer waren auf die Altersversorgung durch Großbetriebe oder Gewerkschaft angewiesen. „In Amerika lebt sich's besser, in Deutschland stirbt's sich besser", dürfte nicht ganz von der Hand zu weisen sein.

Alles in allem war das eines der größten Erlebnisse meines Lebens.

ERFAHRUNGEN UND VORSCHLÄGE

Wenn ich nachstehend einige Erfahrungen aus meiner politischen Tätigkeit der letzten dreißig Jahre wiedergeben soll, so muß ich zuvor betonen, daß ich — wie wohl auch in den bisherigen Ausführungen deutlich geworden ist — nie ein großer Theoretiker war und es auch heute nicht bin. Zwar habe ich mich vor allem in der Jugend intensiv mit den Klassikern des Sozialismus auseinandergesetzt, habe aber dieses Wissen vorwiegend benutzt, um vorhandene Auffassungen zu untermauern. Die Theorie bot mir in erster Linie das Handwerkzeug, um politische Ziele zu verwirklichen. Daß darüber hinaus entscheidende Einflüsse auf mich eingewirkt haben, glaube ich nicht. Wenn man die Alternative Ideologe-Pragmatiker aufstellen würde, wäre ich daher sicher der zweiten Kategorie zuzuordnen.

Unter diesem Gesichtspunkt sind auch einige Überlegungen zu verstehen, die ich hinsichtlich der parlamentarischen Arbeit im Bundestag angestellt habe.

Wahlrecht:

Auf Grund der negativen Erfahrungen von Weimar haben die Väter des Grundgesetzes unser Wahlrecht so gestaltet, daß dabei eine Mischung von Verhältnis- und Mehrheitswahlrecht geschaffen wurde, wobei der Stimmenanteil einer Partei alleine ausschlaggebend für die Sitzverteilung im Bundestag ist. Ich glaube, daß dieses Wahlrecht für die Bundesrepublik richtig ist. Ein Mehrheitswahlsystem würde in absehbarer Zeit zu einem Zweiparteienparlament führen, in der eine dritte Partei keinen Platz mehr hätte. Dies könnte zwar die Schaffung eindeutiger Regierungsmehrheiten begünstigen und die Notwendigkeit, Kompromisse mit einem Koalitionspartner zu schließen ausschalten. Es würde aber zugleich — so fürchte ich — bedeuten, daß sich nie eine sozialdemokratische Regierung bilden könnte. Dies war wohl auch das Ziel der CDU/CSU, als sie in den Jahren der Großen Koalition das Mehrheitswahlrecht durchsetzen wollte. Ich konnte nie begreifen, daß es auch in unseren Reihen Befürworter einer solchen Änderung gab.

Mit dem Anspruch des Bundestages, Repräsentativorgan der gesamten Bevölkerung zu sein, wäre es wohl auch kaum in Einklang zu bringen, wenn evtl. die Hälfte aller Stimmen unter den Tisch fallen würde.

Mir scheint, daß mit der Einführung der Fünf-Prozent-Klausel eine Lösung gefunden wurde, welche die Repräsentationsfunktion des Parlamentes und seine Funktion, Regierungsmehrheiten zustande zu bringen, optimal verbindet. Eine andere Frage ist, ob nicht eine Reform in Richtung auf ein reines Verhältniswahlsystem unter Beibehaltung der Fünf-Prozent-Klausel angebracht ist. Die mangelnden Kenntnisse der Wähler über die Bedeutung der Erst- und Zweitstimme auf ihrem Wahlzettel — wie sie sich zuletzt vor der Bundestagswahl 1976 zeigten — führt zur Verunsicherung. Auf die Zweiteilung sollte daher verzichtet werden.

Arbeitsweise und Organisation des Bundestages:

Im allgemeinen kann man sagen, daß der Bundestag effektiv arbeitet. Die oft erhobene Klage, daß die Bundestagssitzungen nur ungenügend besucht sind, berücksichtigt nicht, daß die eigentliche Arbeit der Abgeordneten sich in den Ausschüssen abspielt, in denen allein sinnvoll gearbeitet werden kann, weil dort die Fachleute im kleinen Kreis Probleme intensiv beraten können. Allerdings gibt es m. E. zwei Einrichtungen des Bundestages, die ziemlich wirkungslos sind. Es handelt sich dabei um den Petitionsausschuß und um die Parlamentarischen Untersuchungsausschüsse.
Was den Petitionsausschuß anlangt, so fehlt ihm die Möglichkeit, selbst gesetzliche Regelungen vorzuschlagen (das „Initiativrecht"). Ohne diese Kompetenz ist der Ausschuß nicht in der Lage, eigene Vorstellungen zu entwickeln. Zu den Untersuchungsausschüssen ist zu sagen, daß hier das Dilemma in ihrer Zusammensetzung besteht. Diese Gremien, die in erster Linie als kritische Organe gegenüber der Regierung funktionieren sollen, werden entsprechend der Sitzverteilung im Bundestag besetzt, so daß in ihnen also die Parteien dominieren, die die Regierung stellen. Fast alle Untersuchungsausschüsse, die in der Geschichte des Bundestages gebildet wurden, nahmen deshalb ein ähnliches Ende wie das berühmte Hornberger Schießen. Es sollten Überlegungen angestellt werden, wie diese beiden Institutionen sinnvoller arbeiten können.
In diesem Zusammenhang müßte man vielleicht auch überlegen, ob das Gesetzgebungsverfahren nicht verkürzt werden kann. Mir scheint, daß bei der intensiven Beratung in den Ausschüssen künftig auf eine dritte Lesung im Plenum des Bundestages verzichtet werden kann.

Der Abgeordnete und die Bürokratie:

In den letzten Jahren wird in der Diskussion immer wieder die Gefahr einer allzu starken Abhängigkeit der Abgeordneten von der Bürokratie betont. Ich habe während meiner Abgeordnetenzeit stets sehr intensive Beziehungen zur Bürokratie gehabt. Das resultierte zum einen aus meiner Tätigkeit als Vorsitzender des Postausschusses, zum anderen daraus, daß mein Wahlkreis auf Grund des umfangreichen bundeseigenen Grundbesitzes immer auf die besondere Zusammenarbeit mit dem Bund angewiesen war. Wilhelmshaven galt sprichwörtlich sogar als „Kind des Bundes".
In viele Verhandlungen, die zwischen der Stadt Wilhelmshaven und der Bundesvermögensverwaltung zu führen waren, um ehemaliges Reichsvermögen ziviler Nutzung zuzuführen, wurde ich eingeschaltet. Wenn man

weiß, daß fast alle öffentlichen Einrichtungen der ehemaligen Reichsmarinestadt wie Krankenhäuser, Wasserwerke, Verkehrsbetriebe und Badeanstalten, ja sogar tausende von Wohnungen dem Reichsfiskus gehörten, während die Stadt selbst über keinerlei kommunale Ausstattung verfügte, wird man sich einigermaßen vorstellen können, daß dazu eine entgegenkommende, die beiderseitigen Interessen ausgleichende Verwaltung erforderlich war. Das Reichsvermögensgesetz war dabei eine bedeutsame Hilfe. Auf Grund dieses Gesetzes wurden die ehemaligen reichseigenen Hafengebiete je nach Interessenlage auf Bund, Land und Stadt Wilhelmshaven aufgeteilt. Daran mitgewirkt zu haben, ist mein besonderer Stolz.

Eine Stadt wie Wilhelmshaven, eine im Krieg zerstörte Stadt und lange Jahre Notstandsgebiet, brauchte eine einsichtsvolle Bürokratie mit ihrer Hilfestellung bei Industrieansiedlungen zum Zwecke der Arbeitsbeschaffung. Ich glaube sagen zu können, daß ich diese notwendige Einsicht immer angetroffen habe. Bei der parlamentarischen Arbeit habe ich von den Beamten stets alle Auskünfte erhalten, die ich wünschte. Selbstverständlich war es notwendig, sich selbst in die Materie einzuarbeiten. Es kann aber nicht Aufgabe der politisch Verantwortlichen sein, zu sehr in die Regelung der Details einzugreifen, sondern die „große Linie" festzulegen.

Ich persönlich habe immer Wert darauf gelegt, Stimmen von den unmittelbar Betroffenen zu hören. Dies galt insbesondere für meine Tätigkeit im Verteidigungsausschuß. Allerengste Verbindung mit der Truppe, sowohl mit deren Führung als auch mit der Basis bis hinunter zur Kompanie bzw. zur kleinsten Schiffseinheit war mir stets die beste Informationsquelle.

Für die Gesetzgebungsarbeit benötigt der Abgeordnete allerdings bessere Informationsquellen als ihm in den bisherigen Legislaturperioden zur Verfügung standen. Zwar ist seit 1965 insofern ein wesentlicher Wandel eingetreten, als den Abgeordneten die Wissenschaftliche Abteilung und das Archiv zur Verfügung stehen und vor allem dadurch, daß jedem ein persönlicher Assistent bzw. eine eigene Schreibkraft finanziert wird. Trotzdem ist er bei der Beratung der Gesetze meist auf das Material angewiesen, was er sich selbst aus den betreffenden Ministerien zusätzlich zu den offiziellen Unterlagen beschafft. Als Berichterstatter zu einzelnen Vorlagen standen die Beamten mir jederzeit bereitwillig zur Verfügung. Betonen möchte ich allerdings, daß es bei der Vielzahl von Gesetzen, die alljährlich verabschiedet werden, keinem Abgeordneten möglich ist, sich mit der Materie so eingehend zu befassen, daß er frei vom Mitwirken Sachverständiger entscheiden kann, es sei denn, daß er selbst auf dem betreffenden Gebiet über genügend Sachwissen verfügt. Anders wird es aber bei der Zusammensetzung unserer Parlamente, ob auf Bundes- oder Landesebene, nicht möglich sein.

Wirtschaftliche Stellung der Abgeordneten:
Wichtige Voraussetzung politischer Tätigkeit als Abgeordneter ist die wirtschaftliche Unabhängigkeit. Dies ist heute oft bei jungen Abgeordneten

nicht gegeben. Sie sind darauf angewiesen, wiedergewählt zu werden. Ich meine auch, daß sie mehr Lebenserfahrung haben sollten und daß sie im Beruf gestanden haben sollten, damit sie wirtschaftlich abgesichert sind und nicht zu abhängig von der Partei werden.

Ich war auch immer ein Gegner der Abgeordnetenpension. Ein Abgeordneter muß m. E. bereit sein, nach 4 Jahren in seinen früheren Beruf zurückzugehen. Deshalb muß er während der Zeit der Zugehörigkeit zum Parlament seine Sozialversicherung aufrecht erhalten, damit er genau wie jeder andere Mensch für das Alter abgesichert ist. Die Diäten des Abgeordneten sollten so hoch bemessen sein, daß er auf Nebeneinnahmen etwa durch eine Beratertätigkeit nicht angewiesen ist. Seine Unabhängigkeit kann er nur bewahren, wenn er über ein Einkommen verfügt, das ihn unbeeinflußbar macht. Ich bin aber der Meinung, daß ein Abgeordneter niemals in ein beamtenähnliches Verhältnis kommen darf. Insofern sehe ich der vom Bundesverfassungsgericht gewünschten Neuregelung der Diäten mit Steuerpflicht mit großer Skepsis entgegen. Man schafft so den Typ des Berufspolitikers, der nicht wünschenswert sein sollte.

In diesem Zusammenhang muß ich anmerken, daß mir die Zusammensetzung des Bundestages zu wenig dem Querschnitt der Bevölkerung zu entsprechen scheint. Das Beamtentum überwiegt zu stark gegenüber den anderen Bevölkerungsschichten. Das ist insofern ein Nachteil, als dadurch unter Umständen zuviel fiskalisches Denken in die Gesetzgebung hineingebracht wird. Was dagegen den oft beklagten Mangel an Arbeitern unter den Abgeordneten betrifft, so bin ich eher der Meinung, daß dies in erster Linie eine optische Verzerrung ist. Aus dem Handbuch des Deutschen Bundestages geht nur selten hervor, daß Parlamentarier aus der Arbeiterschicht stammen, weil diese sich im allgemeinen weiter qualifiziert haben und ihre letzte Berufsbezeichnung angeben.

Bundeswehr:

Obwohl wir Sozialdemokraten uns seit 1953 sehr viel Mühe gegeben haben, ein gutes Verhältnis zur Bundeswehr und ihren Angehörigen herzustellen, ist uns dies doch nicht recht gelungen. Dabei haben wir uns nachweisbar mehr um die sozialen Belange der Soldaten gekümmert als die anderen Bundestagsparteien. Auch bei der Bewilligung der Mittel für die Erstausrüstung und Ergänzung mit Waffen und Gerät haben wir uns nicht gesträubt. Die Kontakte unserer Abgeordneten zur Truppe waren besser, unser Bemühen um die Grundsätze der Inneren Führung intensiver als die der CDU/CSU. Trotzdem gelang es uns nicht, stärkeren Einfluß auf die Offizierskreise zu erlangen. Schuld daran ist nicht nur die Tatsache, daß wir vor der sogenannten Wiederbewaffnung der Bundesrepublik den „Ohne uns"-Standpunkt allzulange aufrechterhielten, sondern natürlich auch, daß bis zum Jahre 1967 nur CDU-Minister und CDU-Staatssekretäre den Auf- und Ausbau der Bun-

deswehr, vor allem in personeller Hinsicht bis in die höchsten Führungsstellen hinauf bewerkstelligten.
Was die Integration der Uniformträger in die Gemeinschaft der gesamten Bürgerschaft betrifft, so muß ich allerdings sagen, daß es auf diesem Gebiet keine Schwierigkeiten mehr gibt.
Persönlich bedaure ich, daß die politisch auf unserer Linie liegende Jugend so wenig Neigung gefunden hat, in die Bundeswehr als Offiziersanwärter einzutreten. Hier macht unsere Jugend denselben psychologischen Fehler wie wir ihn in unserer eigenen Jugend gemacht haben, als der Genosse Noske die arbeitende Jugend zum Eintritt in die Reichswehr aufforderte und wir diesen Ruf mißachteten. Die Folge war, daß die Reichswehrführung, als es 1933 darauf ankam, die republikanische demokratische Staatsform zu schützen, negativ reagierte. Nachdem die Bundeswehr jetzt bessere dienstzeitbegleitende und dienstzeitanschließende Berufsausbildung und Aufstieg von Mannschaftsdienstgraden nicht nur zum Fachoffizier, sondern auch zum Truppenoffizier anbietet, mag der Dienst in ihr ja wohl attraktiver werden. Politisch wäre dies sehr zu begrüßen.

Diktatur des Finanzministers:

Bei der Gesetzgebung über die Kriegsversorgung im 1. Deutschen Bundestag war entscheidend, wieviel Geld der Bundesfinanzminister dafür zur Verfügung stellen wollte. Dr. Fritz Schäffer, der damalige Finanzminister im ersten Kabinett Adenauers, schrieb dem Bundestag die genaue Summe vor, in deren Grenzen die Kriegsopferversorgung geregelt werden müßte. So kam es, daß die damals beschlossene und auch heute noch unverändert weiter geltende gesetzliche Regelung für alle Kriegsbeschädigten und deren Hinterbliebenen eine vom sonstigen Einkommen unabhängige Grundrente vorsah, während die Ausgleichsrente eine zusätzliche vom Einkommen bzw. Vermögen abhängige Leistung darstellt. Ob diese Regelung als gerecht empfunden wurde im Sinne der Losung „Der Dank des Vaterlandes ist euch gewiß", ist eine andere Sache.
Zur gleichen Zeit füllte Fritz Schäffer seinen Juliusturm mit so eingesparten Geldern auf, den die Besatzungsmächte ihm später auf sehr elegante Weise leerten.

131er Regelung:

Die durch das Grundgesetz dem Bund auferlegte Regelung der „Rechtsverhältnisse von Personen einschließlich der Flüchtlinge und Vertriebenen, die am 8. Mai 1945 im öffentlichen Dienst standen, aus anderen als beamten- oder tarifrechtlichen Gründen ausgeschieden sind oder nicht ihrer früheren Stellung entsprechend verwendet werden", fiel dagegen weit großzügiger aus und wurde später noch mehrfach geändert.

Politisch Verfolgte:

In Verbindung mit der Regelung der Verhältnisse der 131er bestand unsere Fraktion darauf, daß auch eine befriedigende Lösung der Wiedergutmachung nationalsozialistischen Unrechts getroffen werde. Größere Widerstände gab es im Parlament nicht. Parallel zur allgemeinen Wiedergutmachung wurde für den öffentlichen Dienst ein besonderes Gesetz verabschiedet, desgleichen für die Wiedergutmachung in der gesetzlichen Sozialversicherung. So konnte erreicht werden, daß die vom Nazismus Verfolgten nachträglich (abgewertet) entschädigt wurden und daß ihre Altersversorgung verbessert werden konnte.

Lastenausgleich:

Die Gesetzgebung über den Lastenausgleich hat wohl die größte Zahl von Novellen und Durchführungsverordnungen mit sich gebracht. Alles in allem kann wohl gesagt werden, daß das Parlament sich mit diesem Problem große Mühe gemacht hat, um die durch Krieg und Kriegsfolgen entstandenen Vermögensschäden so weit wie nur irgend möglich unter den Geschädigten und Nichtgeschädigten auszugleichen. Allerdings wurde dafür ein großer Verwaltungsaufwand, u. a. die Gründung einer besonderen Lastenausgleichsbank, erforderlich.

RESÜMEE

Die Geschicke der Bundesrepublik wurden während langer Jahre meiner Mitgliedschaft im Bundestag von der Tatsache bestimmt, daß die CDU/CSU oder eine von ihr geführte Koalition die Parlamentsmehrheit besaß und die Regierung stellte. Ich habe in diesen Jahren die Erfahrung gemacht, daß die Union diese Konstellation konsequent nutzte, um auf allen Gebieten der Außen- und Innenpolitik ihre Vorstellungen durchzusetzen, ohne den Versuch einer Einigung mit dem politischen Gegner zu machen, obwohl die Sozialdemokratie zahlreiche Angebote zur Kooperation vorgelegt hatte (um nur einige wenige zu nennen: etwa den Deutschlandplan Herbert Wehners von 1959, oder nach der Übernahme der Regierungsverantwortung durch die sozialliberale Koalition das Angebot, an der Aushandlung der Ostverträge mitzuwirken).
Eine sozialdemokratische Regierung hätte zweifellos andere Schwerpunkte gesetzt, sowohl in der Außenpolitik als auch in der Gestaltung der deutschen Innenpolitik. Wenn ich rückschauend ein Ziel nennen soll, das die Sozialdemokraten immer anstrebten und das wir nicht verwirklichen konnten, so ist es vor allem eine grundlegende, jede Spekulation unterbindende Bodenreform. Dies wurde gleich nach Gründung der Bundesrepublik versäumt. Ein weiteres gravierendes Versäumnis sehe ich – und hierin ist auch die Mehrheit meiner eigenen Fraktion nicht zu einer Initiative zu bewegen gewesen – darin, daß nicht rechtzeitig eine zeitgemäße Reform des Berufsbeamtentums erfolgt ist. Beide Problemkomplexe, Bodenreform und Reform des Beamtentums, werden in der Politik der nächsten Jahre angepackt werden müssen. Es wird für die sozialliberale Koalition nicht einfach sein, diese Lösungen nachzuholen.

ANLAGE 1
VOLKSBLATT — BEILAGE ZU NR. 56 [1932]

Die Parade der Autobesitzer-Partei.

Adolf der Trommler in Bad Blankenburg. — Für 10 Mark durfte man Adolf in der Nähe ansehen. — Das „arme Volk" der 50 Pfg.-Eintrittskosten durfte sich in den Ecken herumdrücken.

J. C. Das kleine Städtchen im Thüringerwald Bad Blankenburg erlebte am Sonnabend seinen „großen" Tag. Seit Tagen schwelgte das Herz der braven Spießer im Überschwang nationaler Gefühle. Die bürgerliche Presse sorgte zu ihrem Teil dafür, daß die richtige Stimmung zum Einzug des großen Olaf — alias Gendarm von Rappelsdorf — alias Regierungsrat von Braunschweig — erzeugt wurde. Im einzelnen wurde der staunenden Mitwelt unterbreitet, wer auf der Bühne Platz nehmen solle und daß Adolf Hitler höchstpersönlich von einem kleinen Podest vor der Bühne aus zu seinen Gläubigen sprechen werde.
Etwa 6 000 Spießerseelen aus dem ganzen Thüringer Lande, teilweise sogar aus Sachsen, waren herbeigeeilt.
> In mehr als 300 Wagen, über drei Viertel Privatautos, darunter die neuesten und modernsten Typen, waren die „Arbeiter" der famosen „sozialitischen" Partei erschienen.

Direkt vor dem Rednerstand durften die begüterten Klassen gegen ein Eintrittsgeld von 10 Mark die Kunde vom dritten Reich vernehmen aus des Olafs Munde, während sich die Proleten für 50 Pfg. in den Ecken herumdrücken durften, um auch noch einige Brocken der Heilslehre zu erhaschen. Doch Adolf bereitete seinen in höchster Ekstase befindlichen Anhängern eine Enttäuschung über die andere und stellte deren Geduld auf eine harte Probe. Zunächst erschien er überhaupt nicht. „Er kommt!" ging von Zeit zu Zeit ein Raunen durch den Saal. Aber immer wieder war es nur ein des bereits angesetzter Applaus unwürdiger Spießer oder ein Wurstjunge, die zur Tür hereinkamen.
> Erst gegen 9.45 Uhr erschien „Er", mit wildem Gebrüll und hysterischem Geschrei begrüßt.

Doch wiederum eine Enttäuschung für die Spießerseelen, vor allem für die jungen und alten Hitleriken: Er trägt ja gar kein braunes Hemd!
Bis zum Eintreffen des Olafs mußten eine Kapelle mit ihren nationalen Klängen und der Hauptmann G ö r i n g die sensationslüsterne Meute bändigen. Mit großem Stimmenaufwand ließ Hauptmann G ö r i n g eine seiner blutrünstigen Reden vom Stapel, die von Verleumdungen und Drohungen nur so strotzen. Wir wollen, so führte er aus, daß an der Spitze des Reiches nicht ein Reichskanzler steht, sondern der Reichspräsident soll vielmehr

seine ganze Persönlichkeit in sein Amt hineinlegen. Wir pfeifen auf die Repräsentation, wir wollen die Führung haben. Die Nationalsozialisten würden mit Terror und brutaler Gewalt unterdrückt, verkündete im Brustton der Überzeugung dieser Anhänger der faschistischen Gewaltlehre. Die Vertreter des heutigen Systems bezeichnete er ein ums andere Mal als
> Strolche und „Rotburschen",

die sich vor der Verantwortung fürchten. Sie sollen von den Nazis bis aufs Hemd ausgezogen und nackt dem Volke vorgestellt werden. Hindenburg machte er dadurch lächerlich und verächtlich, indem er ihn als einen Mann schilderte, der im Film gezeigt wird, wie er Vögel füttert und kleinen Kindern die Patschhändchen drückt. An der Spitze des Reiches wollen die Nazis einen jungen Mann (der Schwerindustrie), nicht einen Greis. Auf seinen reinen Händen trage Adolf Hitler die heilige Flamme des Glaubens an ein neues Deutschland.

Dann betrat H i t l e r selbst das Podium. Wenn er so oft als
> die große, hohle Trommel

bezeichnet wird, dann ist damit nicht zuviel gesagt. „Er" hielt eine völlig zusammenhanglose und zu nichts verpflichtende Rede, die aber trotzdem — oder gerade deswegen — begeisterten Beifall bei seinem Anhang fand. Hitler empfahl sich selbst als den besten Kandidaten zur Reichspräsidentenwahl. Er habe 13 Jahre für die Freiheit (!) gekämpft und es als seine Pflicht angesehen, selbst gegen Hindenburg zu kandidieren, und zwar aus eigenem Entschluß und freiem Willen. „Ihr habt uns gelernt, was Macht alles schaffen kann", meinte er. Der Schluß seiner Rede war
> eine üble Lobhudelei auf sich selbst und seine angeblichen Leistungen.

Über die erschobene und erschlichene Staatsbürgerschaft und seine Desertation verlor der Herr Regierungsrat kein Wort. —

*

Der Spuk von Blankenburg ist vorbei. Das Dritte Reich ist einstweilen wieder auf Lastautos, in Privatwagen und Sonderzügen auf die Dörfer verfrachtet worden. Geblieben ist der ernsthafte Wille der Arbeiterschaft, diesen politischen Kindsköpfen und Hasardeuren nicht die Macht in die Hände zu geben. Am kommenden Mittwoch wird die Arbeiterschaft im gleichen Saale zu einer machtvollen Gegenkundgebung gegen nationalsozialistische Großschnauzigkeit aufmarschieren. Es spricht u. a. Professor Mario de Corsi, der italienische Emigrant. Die beste Antwort auf alle Schaumschlägerei Hitlers wird sein, wenn alle Arbeiter bei dieser Gelegenheit ihr Bekenntnis zur Republik und Demokratie ablegen.

ANLAGE 2
WILHELMSHAVENER RUNDSCHAU — 21. JUNI 1966

Marine-Schiffbau tut not!

Von MdB Johann Cramer, Mitglied des Verteidigungsausschusses.

Der Verteidigungsausschuß des Deutschen Bundestages beschäftigt sich gegenwärtig in Bonn mit dem Marinebauprogramm, soweit es den Schiffbau betrifft. Zwar ist der Haushaltsplan des Verteidigungsministeriums für das Jahr 1966 vom Bundestag ohne vorherige Einschaltung des Verteidigungsausschusses bereits verabschiedet, weil dieser Ausschuß sich mehrere Monate lang mit dem Starfighter-Problem beschäftigen mußte und der Haushaltsausschuß wegen der gebotenen Eile auf die Mitwirkung des Fachausschusses verzichtete. Bei einem 17,5-Milliarden-Haushalt ist das eine sehr bedenkliche Prozedur, denn außer der rein finanziellen Frage der Aufbringung der Mittel stehen ja auch zahlreiche Fachfragen zur Debatte. Schließlich war die Bundesregierung daran nicht unschuldig, da sie wegen der noch durchzuführenden Streichungen am Haushaltsplanentwurf auf Grund des Haushaltssicherungsgesetzes den Etat viel zu spät einbrachte.

Für den Schiffbau der Bundesmarine spielt die verspätete Beratung jedoch keine entscheidende Rolle, weil im Haushalt 1966 keine neuen Ansätze für den Schiffbau außer für die Fortführung früher beschlossener Neubauten enthalten sind. Es bleibt also bei dem bereits bekannten Neubauprogramm das insbesondere den Bau von weiteren Zerstörern, Korvetten, Fregatten, Schnell- und U-Booten vorsieht.

Die Bundesmarine ist bei dem Auf- und Ausbau der Bundeswehr nicht gerade bevorzugt worden, eher kann man von einer Vernachlässigung reden. Wenn sie im Anfang mehr Admirale als Schiffe hatte, so hat sich dieses Verhältnis zwar inzwischen wesentlich geändert, doch hat sie längst noch nicht den Stand erreicht, den sie ihrer Aufgabenstellung entsprechend haben müßte.

Die Sicherung der Ostsee

Gerade aber ihre Aufgabenstellung ist das ungeklärte Problem. Innerhalb der NATO ist ihr die Sicherung der Ostsee und deren Zugänge zugedacht. Es würde den Rahmen dieser Betrachtungen sprengen, wollte man die strategischen und taktischen Möglichkeiten dieses Auftrages kritisch untersuchen. Fest steht allerdings heute schon, daß für die Bundesmarine auch andere Aufgaben innerhalb der Gesamt-NATO-Streitkräfte erteilt werden können.

Dies bedeutet aber eine Verschiebung der Schiffstypen zugunsten größerer Einheiten mit entsprechender Ausstattung an Waffen und Gerät.

Die modernen Fernlenkraketen, die auf Schiffs-, Luft- und Landziele gerichtet werden können, können nur auf Schiffen entsprechender Größen angebracht werden. Deshalb plant Bonn für die kommenden Jahre zusätzlich den Bau von zehn Korvetten (1500 t), von denen die ersten drei bis vier Stück mit einem Kostenaufwand von 120 Millionen DM pro Schiff in Auftrag gegeben werden sollen. Sie sind insbesondere für die Ostsee bestimmt.

Der Zerstörerbau

Daneben läuft das Zerstörerbauprogramm weiter. In den ersten Jahren verfügte die Bundesmarine bekanntlich nur über die aus amerikanischen II.-Weltkriegs-Beständen überlassenen sechs Leihzerstörer, die natürlicherweise heutigen Ansprüchen nicht mehr genügen, und zwar nicht nur wegen der völlig unmöglichen Unterbringung der Besatzung, die zudem infolge Fehlens von Landquartieren ihre ganze mehrjährige Dienstzeit an Bord verbringen muß.
Eine Vorbeiplanung war auch der Bau des neuen deutschen Zerstörertyps, der sogenannten Hamburg-Klasse. Ihre Beschränkung auf 3000 t verbietet die nachträgliche Bestückung mit der neuen amerikanischen Fernlenkrakete, so daß die Bundesmarine gezwungen war, sich daneben aus dem amerikanischen Bauprogramm zunächst drei Zerstörer der sogenannten Adams-Klasse, das Stück zu 200 Millionen DM, zu beschaffen. Weitere drei Schiffe dieses Typs sollen später in Lizenz auf deutschen Werften nachgebaut werden.
Mit den Fregatten, von denen die „Köln" und „Emden" schon in Dienst gestellt sind, scheint die Bundesmarine nicht ganz zufriedengestellt zu sein, denn sie läßt schon jetzt stärkere Maschinen einbauen. Umbauten bald nach der Indienststellung von Schiffen sind bei der Bundesmarine übrigens keine Seltenheit.

Atomarer U-Boot-Antrieb

Den größten Reinfall aller Zeiten erlebte die Marine jedoch mit dem Bau von U-Booten, von denen die drei ersten unbrauchbar waren, weil zu ihrem Bau Stahl verwendet worden war, der zwar amagnetisch, aber nicht korrosionsfest war und daher von Salzwasser zerfressen wurde. Man baut jetzt wieder mit konventionellem Stahl. Ein neues Problem taucht bezüglich des Antriebes der U-Boote auf. Modern und in jeder Hinsicht zweckmäßig ist der atomare Antrieb, er erfordert aber eine größere Tonnage. Während unsere bisherigen U-Boote nur eine Wasserverdrängung von 350 t haben, ist für den atomaren Antrieb eine solche von 1000 t erforderlich.

Raketentragende S-Boote

Schließlich denkt man auch an den Bau von raketentragenden Schnellbooten, die bisher auch nur konventionell ausgestattet waren.

Alles in allem erfordert die Modernisierung der Bundesmarine mehrere Milliarden DM, deren Aufbringung nur innerhalb einer langfristigen Haushaltsplanung möglich ist. Das hat wiederum den Vorteil, daß die einzelnen Schiffstypen dem jeweiligen Stand der Technik und den militärischen Notwendigkeiten angepaßt werden können.

Die Beschränkung auf gewisse Größen sowohl bei den Zerstörern als auch bei den U-Booten ist der Bundesrepublik durch WEU-Beschlüsse auferlegt, ihre Überschreitung ist jeweils genehmigungspflichtig.

Bleibt nur noch festzustellen, daß, bezogen auf den Ostseeraum, gegenüber der von sowjetischer Seite verfügbaren Feuerkraft ein Verhältnis von 6 : 1 zugunsten der Sowjets besteht, was sicherlich nicht für eine Aggressionsgefahr durch die Bundesmarine spricht.

Zum Schluß sei die Hoffnung ausgesprochen, daß das deutsche Schiffbauprogramm in verstärktem Maße auf deutschen Werften abgewickelt wird. Durch die Verpflichtung der Bundesregierung, innerhalb von zwei Jahren für insgesamt 5,4 Milliarden DM Waffenkäufe in den USA zu tätigen, sollte die eigene Schiffbauindustrie nicht mehr als unbedingt unvermeidbar geschädigt werden. Schließlich brauchen auch unsere Konstrukteure und Schiffbauer Gelegenheiten, ihre Erfahrungen zu vermehren und eigene Pläne zu verwirklichen.

ANLAGE 3
SCHREIBEN DES BUNDESMINISTERS DER VERTEIDIGUNG

Der Bundesminister der Verteidigung
                                      Oberstdorf, den 19. Februar 1965

An das
Mitglied des Deutschen Bundestages
Herrn Johann Cramer
53 Bonn
Bundeshaus

Sehr geehrter Herr Abgeordneter Cramer!

Ihren Brief vom 4. Februar 1965 habe ich erhalten. Ich habe auch Kenntnis von dem Schreiben, das Sie am 17. Februar 1965 an Herrn Staatssekretär Gumbel gerichtet haben.
Ich bin bereit, Ihrem Wunsch zu entsprechen. Meine Äußerung vom 21. Januar 1965 gegenüber Ihrem Fraktionsvorsitzenden, Herrn Abgeordneten Erler, daß während der entscheidenden Sitzung des Verteidigungsausschusses über das Flugzeugmuster TRANSALL die Lobby der Konkurrenzfirma Kontakt mit Ihnen gehabt hätte, halte ich nicht mehr aufrecht. Ich nehme sie mit dem Ausdruck des Bedauerns zurück.

                              Mit freundlichen Grüßen
                                    Ihr
                                von Hassel

AUSWAHLVERZEICHNIS
WEITERER VERÖFFENTLICHUNGEN VON JOHANN CRAMER

Der rote November 1918 — Revolution in Wilhelmshaven. Wilhelmshaven 1968

Verhandlungen des Deutschen Bundestages. Stenographische Berichte — Plenarprotokolle:

1. Wahlperiode

Bundeshaushalt 1950. Haushalt des Bundesministeriums für das Post- und Fernmeldewesen — Stellungnahme. 129. Sitzung, S. 4937 C ff.

Parteipolitische Propaganda auf Kosten der Bundespost. 247. Sitzung, S. 11798 C ff.

3. Wahlperiode

Zum Bundeshaushalt 1960. Geschäftsbereich des Bundesministers für das Post- und Fernmeldewesen. 110. Sitzung, S. 6145 B f.

Geschäftsbereich des Bundesministers für Verteidigung. 110. Sitzung, S. 6130 A f.

4. Wahlperiode

Änderung des Wehrsoldgesetzes. 30. Sitzung, S. 1299 A f.

Zum Bundeshaushalt 1963. Geschäftsbereich des Bundesministers für Verkehr. 75. Sitzung, S. 3607 C f.

Geschäftsbereich des Bundesministers für das Post- und Fernmeldewesen. 75. Sitzung, S. 3621 A f.

Bundeshaushalt 1964. Geschäftsbereich des Bundesministers für das Post- und Fernmeldewesen. 123. Sitzung, S. 5890 A ff.

Änderung des Postverwaltungsgesetzes. 150. Sitzung, S. 7406 B ff.

Erklärung nach § 36 der Geschäftsordnung des Deutschen Bundestages. Kontroverse mit Bundesverteidigungsminister von Hassel. 159. Sitzung, S. 7834 D f.; 167. Sitzung. S. 8332 B

Bundeshaushalt 1965. Geschäftsbereich des Bundesministers für das Post- und Fernmeldewesen. 166. Sitzung, S. 8291 D ff.

Emilie Kiep-Altenloh

Dr. Emilie
Kiep-Altenloh
F.D.P.

Geb. am 30. Juli 1888 in Voerde (Ennepetal); Studium der Nationalökonomie und Jura in Heidelberg, München, Kiel und Wien; Tätigkeiten auf dem Gebiet der Sozialpolitik und Organisation u. a. Gründung und Leitung eines Anstalten-Verbandes, später Paritätischer Wohlfahrtsverband, und Gründung der Blindenführhundschule. 1930 Mitglied des Reichstages, 1946 Mitbegründerin der F.D.P. in Hamburg; 1949—57 Mitglied der Hamburger Bürgerschaft, 1954—57 Senator für Sozialbehörde; seit 1957 Präses der Gefängnisbehörde und der Behörde für Ernährung und Landwirtschaft.
1961—65 Mitglied des Bundestages.
Frau Kiep-Altenloh lebt in Hamburg.
Das Manuskript entstand auf der Grundlage von Interviews, die Dr. Ernst-Willi Hansen führte.

INHALT

	Seite
Emilie Kiep-Altenloh — Politik als Aufgabe	321
Vorbemerkung	321
Jugend, Elternhaus, Studium	321
Während des Ersten Weltkrieges	323
Soziale Tätigkeit 1918–1933	327
Als Kommunalpolitikerin in Altona und Abgeordnete des Deutschen Reichstages	329
Im „Dritten Reich"	331
Wieder in der Politik	334
Im Deutschen Bundestag	337
Parteitätigkeit	339
Betrachtungen	340
Auswahlverzeichnis weiterer Veröffentlichungen von Emilie Kiep-Altenloh	344

EMILIE KIEP-ALTENLOH – POLITIK ALS AUFGABE

Vorbemerkung

Wer – so wie ich – das Glück hat, zu erleben, daß der Senat der Stadt, in der man jahrelang politisch tätig war, zu seinem 90jährigen Geburtstag einen Empfang gibt, bei dem auch das Staatsoberhaupt persönlich gratuliert, wird oft danach gefragt, welche Motive ihn dazu bewogen haben, sich intensiv – und offenbar erfolgreich – mit öffentlichen Angelegenheiten zu beschäftigen. Persönlicher Ehrgeiz oder der Wunsch, konkrete politische Ziele durchzusetzen, werden dann häufig vermutet.

Ich kann dann immer nur antworten, daß ich mich nie danach gedrängt habe, politische Funktionen zu übernehmen. Es hat sich vielmehr alles aus mehr oder weniger zufälligen Konstellationen ergeben. Und wenn ich ein Amt übernahm, so habe ich es stets getan, weil ich darum gebeten wurde, nicht, weil ich es anstrebte.

Allerdings habe ich mich dann immer bemüht, dieses Amt mit meiner ganzen Kraft auszufüllen. Und meine Stärke liegt vielleicht darin, daß ich niemals daran zweifelte, mich in eine Aufgabe einarbeiten zu können. Ich habe immer über ein genügend großes Selbstbewußtsein verfügt, das es mir ermöglichte, auch ungewohnte Dinge anzupacken.

Jugend, Elternhaus, Studium

Ich stamme aus einem westfälischen Bauern- und Schmiedegeschlecht, das seit mehreren hundert Jahren in der alten Grafschaft Mark ansässig ist. Meine Vorfahren bewirtschafteten ursprünglich einen Bauernhof im heutigen Ennepetal, aber nebenbei betrieben sie eine „Schmitte", eine Schmiede. Die kleinen Gebäude auf vielen Bauernhöfen erinnern noch an die Zeit, in der Bauernwirtschaft und Kleineisenverarbeitung gemeinsam betrieben wurden, denn die Bauernstellen brachten alleine infolge steiniger Böden und vieler Hanglagen kaum genügend Ertrag, um eine große Familie zu ernähren.

Nachdem im Jahre 1825 die Gebrüder Altenloh das Patent zur maschinellen Herstellung von Schrauben erhalten hatten, verlegten sie den Betrieb an eine Energiequelle, die Ennepe, und dort entstand durch Zusammenarbeit mit dem Hammerwerk Brink die Firma Altenloh-Brink, die noch heute besteht und die zweitgrößte Schraubenfabrik der Bundesrepublik ist.

Darüber hinaus wurde durch die Großmutter noch ein Anteil an einem Puddling-Werk in die Familie eingebracht, so daß man wohl sagen kann, daß meine Eltern und Großeltern über einen gewissen Wohlstand verfügten.

Über Geld wurde in meiner Jugend nie gesprochen, selbst dann nicht, als wirtschaftliche Krisen auch unsere Familie erfaßten.

Für meinen Vater, der Brauer werden wollte, errichtete meine Großmutter eine Brauerei, die dieser dann betrieb. Das Puddling-Werk verwaltete er nebenher in einigen Stunden Büroarbeit täglich.

Diese materiellen Verhältnisse waren u. a. eine Voraussetzung dafür, daß ich einen für ein Mädchen in der damaligen Zeit recht ungewöhnlichen Ausbildungsweg einschlagen konnte. Nach dem Grundschulunterricht in einer einklassigen Volksschule erhielt ich Privatunterricht und wurde eine zeitlang auf ein Internat in Lausanne geschickt. Die letzten Jahre vor dem Abitur belegte ich dann Gymnasialkurse im damaligen Elberfeld, das heute ein Teil von Wuppertal ist.

Unmittelbar politisch bin ich von meinem Elternhaus kaum beeinflußt worden. Es mag jedoch sein, daß sich eine gewisse liberale Einstellung meiner Eltern, die auch unserer Erziehung zugrunde lag, auf mein politisches Selbstverständnis niedergeschlagen hat. Mein Vater war Anhänger von Eugen Richter, dem linksliberalen Führer der Fortschrittspartei (später „Freisinnige Partei") im Reichstag und im preußischen Abgeordnetenhaus, der als einer der schärfsten Gegner Bismarcks galt. Meine Schwester und ich wuchsen in großer Freiheit auf. Es gab kaum etwas, was uns auf dem heimatlichen Gefilde verboten war; wir kletterten wie Jungen auf Bäumen herum und lernten frühzeitig den Umgang mit Tieren. Vor allem auf diese Erfahrungen ist es wohl zurückzuführen, daß ich mein Leben lang Tiere gern gehabt habe. Reiten machte mir Spaß. Als Angehörige des Reitvereins Schwelm habe ich sogar später nicht ganz erfolglos an Turnieren teilgenommen. In Altona waren mein Mann und ich mit die ersten Mitglieder des Flottbeker Reitervereins. Das war in den Zwanziger Jahren.

Nach der Schulzeit mußte ich mich entscheiden, welches Studium ich ergreifen sollte. Es ist bezeichnend für die Freiheit, in der ich aufwuchs, daß meine Mutter — mein Vater starb 1904 — die Entscheidung darüber alleine mir überließ. Ich wußte allerdings zunächst nur, was ich nicht studieren wollte: Ganz gewiß wollte ich nicht Mediziner werden, und auch der Lehrerberuf schien mir nicht attraktiv zu sein. So blieben eigentlich von den üblichen Studiengängen nur Volkswirtschaft und Jura.

Und beides interessierte mich, ohne daß ich damit schon konkrete berufliche Absichten verbinden konnte. Vor allem die Kenntnisse aus dem Jura-Studium haben mir dann später sehr genützt. Denn im Umgang mit den Behörden war mir sowohl bei der beruflichen und ehrenamtlichen Tätigkeit als auch bei der Arbeit als Politiker immer sehr hilfreich, daß ich juristische Kenntnisse hatte.

Seit 1909 habe ich in Heidelberg, München, Kiel und Wien und schließlich wieder in Heidelberg studiert. Dort beendete ich bei Alfred Weber im Juli 1913 mit einer Dissertation über die Soziologie des Kinos mein Studium.

Es war für mich eine besondere Freude zu erleben, daß diese Arbeit ein Jahr vor meinem 90. Geburtstage erneut als Faksimile-Druck verlegt wurde[1]. Besonders eindrucksvoll war für mich das Semester in Wien, der alten Kaiserstadt, die seinerzeit noch das Zentrum des österreichisch-ungarischen Vielvölkerstaates bildete. Ich habe dort viele interessante Menschen kennengelernt. U. a. studierte ich bei Prof. Böhm-Bawerk, dem Mitbegründer und hervorragenden Vertreter der sogenannten „Grenznutzenschule", welcher auch zeitweise Finanzminister der k.u.k. Monarchie war. Ich hörte u. a. auch bei dem bekannten Volkswirtschaftler Philipovich.

Wien bot zahlreiche interessante Aspekte für eine junge Studentin, die sich den architektonischen und kulturellen Reizen der Stadt nicht verschloß. Sonntags verbrachte ich viele Stunden in den Museen. Aber auch im Winter hatte Wien seine angenehmen Seiten, denn man konnte in der näheren Umgebung herrlich Skifahren. Diese Sportart wurde neben dem Reiten für lange Jahre zu meiner liebsten Freizeitbeschäftigung.

Natürlich habe ich es nicht unterlassen, mir auch das politische Zentrum dieser Metropole anzusehen, die Nationalversammlung. Das Ganze erschien mir ausgesprochen kurios: Auf der Rednertribüne wechselten ständig die Sprachen; Deutsch, slawische Sprachen, Ungarisch und Italienisch lösten einander ab. Und im Plenum saßen Abgeordnete, die häufig nur eine Sprache verstanden. So kam es, — da ja keine Übersetzungen mitgeteilt wurden — daß nur wenige wußten, worum die Verhandlungen sich gerade drehten.

Von Wien aus habe ich auch eine sehr interessante Reise auf den Balkan in das damalige Serbien und nach Montenegro gemacht. Dabei begleitete mich eine Freundin, die ich aus Heidelberg kannte und die sehr begütert war. Als sie hörte, daß ich an die Adria reisen wollte, hatte sie sich kurzfristig entschlossen, mit mir zu reisen, und wir haben gemeinsam viele schöne Erlebnisse gehabt.

Während des Ersten Weltkrieges

Kurze Zeit nachdem ich mein Studium beendet hatte, begann der Erste Weltkrieg. Ich hatte in der Zwischenzeit an der Vorbereitung einer Ausstellung in Düsseldorf mitgewirkt, war aber beruflich noch nicht festgelegt. Viele junge Frauen in meinem Alter meldeten sich damals für die Krankenpflege oder ähnliche Dienste. Auch meine Schwester wurde Rote-Kreuz-Schwester. Mir lagen solche Aufgaben nicht. Ich fragte deshalb beim Landrat meines

---

[1] Emilie Altenloh, Zur Soziologie des Kinos, Die Kino-Unternehmungen und die sozialen Schichten ihrer Besucher, Jena 1914 (= Schriften zur Soziologie der Kultur 3), Photomech. Ndr. Hamburg 1977.

Heimatkreises Schwelm an, ob er eine sinnvolle Verwendung für mich hätte. Dieser war angesichts der vielen eingezogenen Beamten hocherfreut, jemanden zu haben, der evtl. im Verwaltungsbereich einzusetzen war. Vor allem für die Organisation der Arbeitskräfte im Krieg fehlte eine Kraft. Er fragte, ob ich mir das zutraue, und ich antwortete — wie auch später immer wieder, wenn neue Aufgaben an mich herangetragen wurden: „... mal sehen!".

Also baute ich mit einer Schreibkraft ein kleines Arbeitsamt in Schwelm auf, das zunächst den Einsatz der Arbeiter des Kreises, die aus der „nicht kriegswichtigen" Industrie zunächst freigestellt worden waren, zum Deichen an der Nordseeküste zu organisieren hatte. Es dauerte jedoch nicht lange, dann strömten alle diese Arbeiter wieder zurück und mußten sinnvoll in den Produktionsprozeß eingegliedert werden, da die Fabriken in steigendem Maße für die Kriegsaufgaben benötigt wurden.

Im Winter 1914/1915 trat der Landrat mit einer neuen Aufgabe an mich heran. Er berichtete, daß aus Berlin die Weisung gekommen sei, die Rationierung von Brot und Mehl durchzuführen, und fragte wieder, ob ich mir wohl zutraue, dies für den Kreis Schwelm zu organisieren. Wieder entwortete ich: „... mal sehen!"

Die Rationierung von Lebensmitteln war in Berlin in keiner Weise vorbereitet worden. Weder gab es Lebensmittelkarten, noch bestanden Vorstellungen über eine Organisation. Nichts war auf dem zivilen Sektor damals geplant. Ich setzte mich deshalb zunächst einmal mit den örtlichen Getreidegroßhändlern zusammen und beratschlagte, wie das Problem anzugehen sei. Diese empfahlen mir, zwei Waggons Mehl, die gerade zur Verfügung standen, zu kaufen und damit einen gewissen Vorrat sicherzustellen, den sie mir dann später abnehmen würden. Ohne überhaupt „befugt" zu sein — ein Begriff, der mir erst sehr viel später in meiner Behördentätigkeit klar wurde — und ohne daß mir irgendwelche Geldmittel zur Verfügung standen, bin ich diesem Vorschlag gefolgt. Ich mußte diese Entscheidung allein treffen, da der Landrat in diesen Tagen nicht zu erreichen war. Er war deshalb auch sehr verblüfft, als er von meinem Handel hörte. Dieser sollte sich aber später als sehr günstig erweisen, denn der Vorrat war unersetzlich, als wegen der Übergangsschwierigkeiten eine zeitlang die Getreidezuteilung stockte. Entsprechend meinem Vorschlag wurden die Mehlvorräte nicht an zentraler Stelle in Schwelm eingelagert, sondern den ansässigen Getreidegroßhändlern zur Lagerung übergeben. Diese gaben dann das Getreide gegen eine geringe Gewinnmarge an die örtlichen Bäckereien ab. Dieses System hat sich als außerordentlich sinnvoll erwiesen, denn in den Nachbarstädten, in denen der Versorgungsprozeß zentral organisiert wurde, klappte es längst nicht so gut. Vom Kreislebensmittelamt, das ich inzwischen auf die Beine gestellt hatte, organisierte ich so in der zweiten Hälfte des Krieges die Versorgung der Bevölkerung mit weiteren Lebensmitteln. Dazu gehörte u. a. auch die Verteilung der Milch, die ich auf Grund der gemischten ländlich-industriellen

Struktur meiner Heimat so organisierte, daß ein Bauer jeweils seine unmittelbaren Nachbarn zu versorgen hatte. Das war ungewöhnlich, aber nur so konnten die kleinen Mengen von einzelnen Kühen, deren jede uns bei der Versorgung angerechnet wurde, erfaßt werden. Es blieb nicht aus, daß es dabei bisweilen zu Auseinandersetzungen mit Bauern kam, die ihre Erzeugnisse nicht abliefern wollten. Manchmal nahmen diese recht kuriose Formen an. Als etwa ein Bauer unter dem Vorwand, seine Kühe gäben wenig Milch, die Abgabe verweigerte, ordnete ich die Beschlagnahme als Schlachtvieh an. Wie schnell erschien er beleidigt mit erhobenen Fäusten in meinem Büro und erklärte plötzlich, daß seine Kühe beste Milchkühe seien!

Schwierig gestalteten sich auch die zusätzlichen Zuteilungen von Lebensmittelkarten für Schwerarbeitende. Immer wieder erschienen kleine Gruppen und versuchten mir zu erklären, wie schwer ihre Arbeit als Dreher, Fräser, Stanzer, Schlosser und schließlich Schmied sei. Für alle langten aber die verfügbaren Mengen nicht. Um eine sachliche Einteilung zu erreichen, ging ich für einige Wochen als Arbeiterin in einen Betrieb und ließ mich dort in den verschiedensten Abteilungen beschäftigen. Danach waren keine Widersprüche mehr möglich; in Schwelm wurden die Zulagen nach meinen Erfahrungen verteilt.

Der Erfolg meiner Bemühungen als Leiterin des Kreislebensmittelamtes hatte sich bis nach Berlin herumgesprochen. Ich hatte Systeme erdacht, die auch im Ministerium in Berlin als vorbildlich bewertet wurden, und man war so auf mich aufmerksam geworden. Noch bekannter wurde ich im Ministerium durch einen Vorgang, der sich 1916 zutrug.

Die trotz der relativ günstigen Lage auch in Schwelm immer knapper werdende Versorgung hatte dazu geführt, daß in einer Fabrik in Gevelsberg (einem Nachbarort von Schwelm) die Beschäftigten die Arbeit niedergelegt hatten und einen Protestmarsch zum Landratsamt durchführten. Als diese ca. 80—100 aufgebrachten Menschen empört vor meinem Amte erschienen, bat ich sie, eine dreiköpfige Delegation auszuwählen, um mit mir zu verhandeln. Diesen drei Arbeitern stellte ich die Aufgabe, ihrerseits mit den vorhandenen Lebensmittelvorräten eine bessere Versorgung der Bevölkerung zu berechnen. Sie kamen buchstäblich ins Schwitzen, als sie die Rechnung durchführten.

Natürlich fanden sie keine bessere Möglichkeit. Und ich sehe sie noch heute vor mir, wie sie mich beim Fortgehen fragten: „Ja, aber wie sollen wir das den anderen sagen?"

Nach einigen Tagen kam eine Einladung aus Gevelsberg. Der Landrat und ich sollten in einer Versammlung der Arbeiter über die Versorgungslage sprechen. Ohne eine Verbesserung könnten sie nicht mehr arbeiten, erklärten die Arbeiter. In einem Saal, der mit ca. 100 Arbeitern gefüllt war, sagte zunächst der Landrat einige Worte. Dann sprach ich. Ich äußerte Verständnis für die Forderungen der hungrigen Arbeiter, ich appellierte aber an ihr Verantwortungsgefühl, indem ich sie bat, sich die Folgen eines Streikes zu überdenken. Leidtragende seien ihre Brüder und Söhne in den Schützengräben, die nicht auf einen angreifenden Feind zurückschießen könnten, weil die Munition infolge der Arbeitsniederlegung nicht produziert werde. Ich habe dies ganz einfach und ohne Pathos gesagt, habe aber meine ganze psychische Kraft aufbringen müssen, um mich verständlich zu machen. Und ich merkte, wie die Aufmerksamkeit immer stärker wurde. Als ich meine Rede beendet hatte, war es ganz still im Saale. Ich war physisch und psychisch erledigt. Plötzlich standen beinahe alle Zuhörer auf und begannen das Deutschlandlied zu singen.

Dieser Vorgang wurde dem Ministerium in Berlin gemeldet, und einige Tage später erhielt der Landrat die Aufforderung, mich zu bewegen, eine Aufgabe in Berlin zu übernehmen. Man stellte sich dort wohl vor, daß ich ebenso wie in Gevelsberg auch vor anderen Arbeiterversammlungen sprechen sollte, um diese wieder zur Ruhe zu bringen. Ich lehnte aber ab, denn mir war klar, daß man das, was man einmal unter Aufbietung der äußersten Kraft mit Menschen, deren Art ich kannte, geschafft hatte, nicht jeden Tag anderswo würde erreichen können.

In einem Schreiben an das Ministerium, in dem ich dem Landrat bescheinigte, er hätte sein möglichstes getan, um mich zur Annahme des Angebotes zu bewegen, teilte ich meine negative Entscheidung mit.

Ich habe bis wenige Monate vor Kriegsende die Versorgung der Bevölkerung in Schwelm geleitet. War die Verteilung der Lebensmittel organisiert, lief alles in geordneter Form. Schließlich machte sich auch bei mir der Nahrungsmangel so sehr bemerkbar, daß ich mich erholen mußte. Denn ich konnte ja in meiner Funktion nicht – wie es viele Menschen gemacht haben – über den Schwarzen Markt meine Ernährung verbessern. Ich ging deshalb zu meiner Mutter, die – tatkräftig, wie sie war –, nachdem die Brauerei wegen der zu geringen Zuteilung von Braumalz hatte geschlossen werden müssen, in Oberreichenbach in der Pfalz eine Mineralquelle übernommen hatte. Dort erholte ich mich bald, denn die Ernährungslage war infolge bestimmter Umstände recht gut. Das entlegene Dorf war nämlich ein beliebtes Ziel für Hamsterer, die dort durch illegale Einkäufe ihre knappe Lebensmittelzuteilung verbessern wollten. Viele dieser Einkäufer wurden von der Polizei angehalten und da die beschlagnahmten Lebensmittel verbraucht werden mußten, hatte der Gemeindevorstand beschlossen, diese an die Einwohner zu verteilen, die keine Selbstversorger waren. Dazu gehörten auch meine Mutter und ich.

In Oberreichenbach erlebte ich auch das Ende des Krieges. Ich erinnere mich noch gut daran, wie ich eines Nachts durch die ungewohnte Stille aufwachte, denn normalerweise hörte man in der Ferne immer den Geschützdonner von der Front. Um zu erfahren, was dies bedeutete, ging ich anderen Morgens mehrere Kilometer in die nächste Ortschaft, wo sich ein Telefon befand. Dort erfuhr ich die Nachricht: „Waffenstillstand"!

Soziale Tätigkeit 1918—1933

Nach dem Ersten Weltkrieg suchte der Oberpräsident in Kiel jemanden, der mit Hilfe eines erheblichen Vermögens, welches aus der Lebensmittelbewirtschaftung während des Krieges übrig geblieben war, die Sozialarbeit in Schleswig-Holstein (damals noch preußische Provinz) aufbauen sollte. Bis dahin waren es nur die vaterländischen Frauenvereine gewesen, die sich einzelnen fürsorgerischen Aufgaben auf ehrenamtlicher Basis gewidmet hatten. Es gab aber keine zusammenfassende Sozialarbeit, es gab keine Säuglingsberatung, keine Tuberkulosefürsorge und außer der Armenfürsorge keine allgemeine Fürsorge. Dies sollte nun anders werden.

Auf Grund des guten Rufes, den mir die Tätigkeit während des Krieges in Berlin eingebracht hatte, trat die Kieler Verwaltung an mich heran und bot mir die Aufgabe an.

So kam ich am 5. Februar 1919 nach Kiel und übernahm dort die Leitung des Provinzialwohlfahrtsamtes Schleswig-Holstein. Die folgenden Jahre waren eine wunderbare, produktive Zeit. Zwischen dem Oberpräsidialrat — dem ich direkt unterstellt war — und mir entwickelte sich nach kurzer Einarbeitungszeit eine sehr verständnisvolle Zusammenarbeit, die mir eine selbständige Arbeit ermöglichte.

Für den Aufbau einer Wohlfahrtsorganisation gab es kaum Vorbilder. Lediglich in Düsseldorf hatte Gertrud Bäumer während des Krieges eine solche Organisation geschaffen, die aber auf einen ländlich strukturierten Raum, wie ihn Schleswig-Holstein darstellte, nicht übertragen werden konnte. So mußte ich weitgehend eine eigene Konzeption entwickeln.

Dabei schien es mir sinnvoll, das Wohlfahrtswesen dezentralisiert aufzubauen. Dazu mußte zunächst in jedem Kreis eine ausgebildete Fürsorgerin angestellt werden, die eigenverantwortlich eine regionale Organisation aufbauen sollte. Dann mußte geprüft werden, wie diese Region optimal versorgt werden konnte. So entstanden also überall in Schleswig-Holstein Kreiswohlfahrtsämter, und ich reiste von einem zum anderen, um mit den Leitern die notwendigen Maßnahmen abzusprechen. Dabei kam es mir unter anderem darauf an, die bestehenden vaterländischen Frauenvereine in die Wohlfahrtspflege zu integrieren, ohne ihre Selbständigkeit anzutasten.

Schon sehr früh habe ich mich dann dem Ausbau von Genesungsheimen und Kindererholungsheimen zugewandt. Als ich die Arbeit in Kiel übernahm, wurde mir u. a. ein Hotel auf Amrum zur Betreuung übergeben, das in staatlichen Besitz gelangt war. Es wurde schon als Kindererholungsheim unter der Leitung einer Kinderschwester genutzt.

Mir schien dies jedoch nicht ausreichend zu sein. Wenn etwas Sinnvolles aus diesem Heim gemacht werden sollte, so mußte man zunächst die Betreuung der Kinder verbessern, indem neben einer Schwester auch eine Jugendleiterin und ein Arzt sowie weitere geschulte Kräfte für die Insassen des Heimes zur Verfügung standen. In diesem Sinne organisierte ich das

Heim, und wir hatten bald einen solchen Zuspruch, daß wir die Kinder gar nicht alle aufnehmen konnten. Deshalb setzte ich mich mit den Leitern anderer Kinderheime zusammen und versuchte, mit ihnen gemeinsam ein Konzept zu entwickeln. Dabei kamen wir zu dem Ergebnis, daß drei unterschiedliche Arten von Heimen eingerichtet werden mußten, die jeweils spezifischen Bedürfnissen Rechnung trugen: Heilstätten, Genesungsheime und einfache Erholungsheime, die dazu dienen sollten, die unterernährten Kinder erst einmal satt zu machen. Für jeden Heim„typ" wurden genaue Anforderungen festgelegt, die den Bedürfnissen der Kinder entsprachen. Die Vorsitzenden der Heimträgervereine — zumeist Lehrer — zogen wunderbar mit, und auf diese Weise entstand im Jahre 1922 die Arbeitsgemeinschaft des „Anstalten-Verbandes".

Über den „Anstalten-Verband" bin ich dann später zum Gründungsmitglied des Paritätischen Wohlfahrtsverbandes geworden, der 1925 in Berlin entstand. Als ich hörte, daß dort die Organisationen, die sich im Bereich der Sozialfürsorge betätigten, ihre Arbeit koordinieren wollten, dachte ich zunächst daran, daß sich hier die Möglichkeit bot, neue Geldquellen für meine Arbeit in den Kinderheimen zu erschließen. Ich fuhr deshalb zur Gründungsversammlung in Berlin, und da ich immerhin eine Reihe von Heimen „mitbrachte", wählte man mich gleich in den Reichsvorstand. Zugleich übernahm ich die Leitung des Landes-Verbandes Schleswig-Holstein.

Auf Grund meiner Kieler Tätigkeit traf ich auch mit Ernst Kantorowicz zusammen, dem späteren Professor für Geschichte. Im Jahre 1923 veröffentlichte ich mit ihm zusammen ein Buch unter dem Titel „Leitfaden für Jugendämter und Jugendschöffen in der Jugendgerichtshilfe" (Meldorf 1923).

Die Zeit in Kiel war für mich nicht nur in beruflicher Hinsicht eine ungeheuer beglückende Zeit. Auch privat war sie für mich ein entscheidender Einschnitt in mein Leben, denn ich lernte damals meinen Mann kennen. Er war Diplomingenieur auf einer Kieler Werft. Ich bin überzeugt davon, daß diese Begegnung auch mein Leben als Politikerin weitgehend erst ermöglicht hat, denn obwohl er anfangs mein politisches Engagement wohl nicht so gerne sah, gewährte er mir doch jede Unterstützung. Und später, in den Jahren nach 1950, hatte ich den Eindruck, daß er sogar ein wenig stolz auf seine Frau war. Im September 1923 heirateten wir. Nach damaligem Recht war eine Beschäftigung im öffentlichen Dienst für verheiratete Frauen nicht möglich. Ich schied deshalb aus dem Staatsdienst aus und zog mit meinem Mann nach Altona, als dieser das günstige Angebot einer Hamburger Firma annahm.

Ich mußte mich an das Leben in Altona, wo wir seitdem in unserem Haus wohnen, erst gewöhnen. Denn im Grunde war ich ja ein Landmensch. Deshalb blieb ich auch nach Schleswig-Holstein orientiert, und es war für mich gar nicht einfach, mich als Hamburgerin zu verstehen, als Altona nach dem Groß-Hamburg-Gesetz von 1937 eingemeindet wurde. Zunächst aber blieb die Verbindung mit dem Norden auch dadurch gewährleistet, daß ich weiterhin in den karitativen Verbänden Schleswig-Holsteins, vor allem im Paritätischen Wohlfahrtsverband, tätig war.

Als Kommunalpolitikerin in Altona und Abgeordnete des Deutschen Reichstages

Als Staatsangestellte hatte ich es nicht für richtig gehalten, mich parteipolitisch zu betätigen. Ich bin auch heute sehr skeptisch, ob es gut ist, daß ein so großer Anteil von Abgeordneten des Deutschen Bundestages und anderer Parlamente aus Staatsdienern besteht. Ich war damals so konsequent, diese Lebenshaltung auch zu praktizieren. Dies war keineswegs eine parteifeindliche Einstellung, sondern das Resultat aus der Überlegung, daß der Beamte im Interesse des Gemeinwesens handeln sollte und nicht im Dienste einzelner Parteiinteressen.
Schon in meiner Kieler Zeit hatten aber die Frauenverbände des öfteren versucht, mich zur Kandidatur für kommunale Volksvertretungen zu bewegen. Als nun im Jahre 1928 Reichstagswahlen stattfanden, wurde ich wieder gedrängt zu kandidieren.
Ich ließ mich schließlich breitschlagen und wurde von der Deutschen Demokratischen Partei auf die Liste für den Wahlkreis Schleswig-Holstein gesetzt, freilich noch ohne dieser Partei offiziell anzugehören.
Es war vor allem der damalige Vorsitzende der DDP in Altona, Jes Juhl, der mich dazu bewog, in die Partei einzutreten. Denn wenn ich schon kandidierte, so meinte er, dann müßte ich doch Parteimitglied sein. Nun bot sich die DDP nicht nur deshalb an, weil ihr viele Frauenverbände sehr nahestanden. Denn die liberalen Parteien haben den Frauen ja in sehr viel stärkerem Maße als konservative Parteien und Sozialdemokraten eine gleichberechtigte Rolle in der Politik eingeräumt. Die DDP erschien mir auch deshalb als politische Heimat, weil sie als Sammelbecken des nicht-sozialistischen und nicht-konservativen liberalen Bildungsbürgertums galt.
Die Wahl erbrachte für die DDP 5,7 % der Stimmen in Schleswig-Holstein. Dies bedeutete, daß Theodor Tantzen für unsere Partei in den Reichstag einzog.
Ich hingegen widmete mich nun der Arbeit in der Partei und wurde auch sehr bald in den Vorstand des Ortsverbandes Altona gewählt. Auf diese Weise gewann ich die Möglichkeit, meine politischen Vorstellungen mit einigem Gewicht zu vertreten. Bei den Stadtverordnetenwahlen von 1929 wurde ich in das Altonaer Parlament gewählt und blieb dessen Mitglied, bis die NSDAP alles gleichschaltete.
In dieser Zeit lernte ich u. a. Max Brauer (SPD) kennen, der von 1919 bis 1933 Bürgermeister bzw. Oberbürgermeister von Altona war.
In der Altonaer Stadtverordnetenversammlung bestanden immer recht knappe Mehrheiten, und Brauers SPD war darauf angewiesen, mit Stimmen

aus der DDP zu regieren. Oft waren es sehr knappe Entscheidungen. Ich kann mich noch gut an einen Fall erinnern. Es ging um die Sanierung einer Altonaer Privatbank, die in den Jahren der Wirtschaftskrise in Liquiditätsschwierigkeiten geraten war. Ich war grundsätzlich der Ansicht, daß öffentliche Gelder nicht eingesetzt werden sollten, um privaten Unternehmungen aus der Krise zu helfen, und hatte deshalb die Absicht, gegen den Vorschlag des Altonaer Magistrats zu stimmen. Da bat mich Brauer in sein Arbeitszimmer und versuchte mich vom Nutzen der Angelegenheit zu überzeugen. Fast eine Stunde hat er mich bearbeitet, bis ich schließlich überredet war.

Am 9. Mai 1930 rückte ich als Nachfolger für Theodor Tantzen, der infolge des Zusammenschlusses der DDP mit dem Jungdeutschen Orden zur Deutschen Staatspartei sein Mandat niedergelegt hatte, in den Reichstag nach. Dort vertrat ich zusammen mit vier Abgeordneten der SPD, dreien der DNVP, zweien der DVP und einem kommunistischen Vertreter die Interessen des Wahlkreises Schleswig-Holstein bis zu den Neuwahlen im September 1930. Ich habe als Neuling vor dem Plenum nicht das Wort ergriffen, sondern mich darauf beschränkt, in der Fraktion mitzuarbeiten.

Bei den Wahlen vom September 1930 gelang es der DDP (oder Deutschen Staatspartei, wie sie sich seit Juli 1930 nannte) nicht mehr, ein Mandat im Wahlkreis Schleswig-Holstein zu erringen. Es war dies die denkwürdige Wahl, in der Brüning hoffte, eine breitere Basis für seine Politik zu gewinnen, stattdessen aber der Durchbruch der Nationalsozialisten von einer im Reichstag unbedeutenden Gruppe zur zweitgrößten Fraktion erfolgte. Ihre Abgeordnetenzahl stieg von 12 auf 107. Die DStP verlor zwar nur fünf von ihren 25 Mandaten, aber der Verfall der Mittelparteien war allzu deutlich. Noch heute ist mir dieser Tag in lebhafter Erinnerung, den ich in Berlin erlebte. Als ich in den Sitzungssaal des Reichstages blickte, stand dort ein Mann in brauner Uniform, der heftig gestikulierend um einige Sitzreihen herumlief und immer wieder aufgeregt rief: „Dies ist alles für uns; alles freilassen! Dies ist alles für uns!"

Während meiner Zeit als Reichstagsabgeordnete lernte ich auch die damals führenden Persönlichkeiten der DDP, Koch (Weser) und Theodor Heuss, kennen. Aber die Zeit war doch zu kurz, um tiefe Eindrücke zu hinterlassen. Mir scheint, daß die Arbeit dieses letzten noch aus einer eindeutig die Republik bejahenden Mehrheit zusammengesetzten Reichstages sich nur wenig von dem unterschied, was ich später im Bundestag erlebte. Natürlich spielten aber 1930 die Kommunisten eine große Rolle. Und dabei fand ich es immer ausgesprochen kurios, daß dort während der Fraktionssitzungen in den Besprechungsräumen die weiblichen Abgeordneten häufig auf dem Schoß ihrer männlichen Genossen saßen.

Ich muß allerdings sagen, daß ich mit den Kommunisten im Altonaer Stadtparlament immer gut ausgekommen bin. Im Gegensatz zum Reichstag, wo sie die totale Konfrontation suchten, haben sie dort stets konstruktiv an der Lösung von Problemen mitgewirkt.

Im „Dritten Reich"

Mein Konflikt mit dem Dritten Reich setzte wenige Monate nach der Machtergreifung ein, als die NSDAP die Absetzung des 1. Vorsitzenden des Paritätischen Wohlfahrtsvereins Schleswig-Holstein, Dr. Spiegel, betrieb, der Jude war. Während mir noch kurz zuvor die Partei-Leitung versichert hatte, daß gegen Juden mit Kriegsauszeichnungen keine Schritte unternommen würden, rief dieser eines Tages bei mir an und teilte mit, daß die Belästigungen und Bedrohungen durch die Partei immer unerträglicher würden. Sein Bruder sei bereits nachts vor der Haustür erschossen worden.
Als ich mich in der NSDAP-Ortsleitung für Spiegel einsetzen wollte, begrüßte mich der Dienststellenleiter mit den Worten: „Ich weiß schon, was Sie wollen. Der Jude muß raus!" Die folgende Auseinandersetzung nahm dann sehr heftige Formen an, und auch ich nahm darin kein Blatt vor den Mund. Es war klar, daß damit auch meine öffentliche Tätigkeit beendet war. Wenige Tage später übersandten mir die Vereine, in denen ich Funktionen bekleidete, die Schreiben der NSDAP-Parteileitung Berlin, in denen es gleichlautend hieß: „Sollte Frau Dr. Kiep-Altenloh noch bei Ihnen tätig sein, so ist sie als untragbar umgehend zu entfernen." Der Paritätische Wohlfahrtsverband wurde sogar aufgelöst. Auf diese Weise verlor ich alle meine Funktionen; dies war besonders schmerzlich, weil es ja z. T. Vereine waren, die ich selbst ins Leben gerufen und aufgebaut hatte.
Obwohl mir durch den Ausschluß aus diesen Organisationen meine berufliche Existenz entzogen worden war, resignierte ich nicht. Ich hatte schon während der Fahrt von dem denkwürdigen Gespräch mit dem Parteileiter nach Hause überlegt, was ich künftig tun könnte. Und dabei war mir der Gedanke gekommen, daß ich meine Grundkenntnisse noch einmal auffrischen könnte. Ich besorgte mir ein Vorlesungsverzeichnis der Hamburger Universität und blätterte darin herum. Dabei fiel mir das „Institut für Umweltforschung" Jakob von Uexkülls auf. In totaler Fehldeutung dieser Bezeichnung hielt ich das Institut für eine Einrichtung, die sich mit soziologischen Problemen beschäftigte.
Ich ging also in das Institut, das sich in einem Gebäude im Zoologischen Garten befand — schon das hätte mich stutzig machen müssen. Im Vorzimmer hingen an den Wänden Bilder und Schnittzeichnungen von Tieren, und da ging mir endlich ein Licht auf. Ich war im Begriff, wieder zu gehen, als plötzlich die Tür aufging und Prof. v. Uexküll auf mich zukam. Der Irrtum war mir schrecklich peinlich, und ich erklärte ihm stotternd, daß ich hier wohl völlig verkehrt sei.

Trotzdem bat er mich herein, und wir unterhielten uns eine ganze Stunde. Dabei fragte er dann auch, ob ich mich denn garnicht für Tiere interessiere. Dies konnte ich nun nicht behaupten, denn abgesehen davon, daß ich ja auf dem Lande in stetem Kontakt zu Tieren aufgewachsen war, hatte ich während meines Studiums in Wien sogar ein zoologisches Vollkolleg besucht. Also forderte er mich auf, es doch mal zu versuchen.
Prof. Jakob Johann von Uexküll war neben Max Weber, den ich in Heidelberg flüchtig kennengelernt hatte, einer der Menschen, die mich am tiefsten beeindruckt haben. Neben der persönlichen Ausstrahlung, die er besaß, war vor allem seine völlige Unabhängigkeit und die Art, wie er sich mitteilte, bewundernswert. Uexküll erschloß mir eine ganz neue Welt, die ich fasziniert betrat.
Bald hatte ich mich so intensiv darin eingearbeitet, daß ich eigene Forschungen betrieb. Ich nahm an Kollegien teil und studierte noch zwei Semester am Zoologischen Institut, um meine Kenntnisse zu erweitern. In einigen wissenschaftlichen Zeitschriften veröffentlichte ich in den Vierziger Jahren die Ergebnisse meiner Versuche mit Hunden[2].
Uexküll ging im Jahre 1940 nach Italien, und sein Assistent F. Brock führte das Institut in seinem Auftrage weiter.
Freilich ging seit Kriegsbeginn der Studienbetrieb am Institut für Umweltforschung stark zurück. Die Zahl der Studenten und Doktoranden verringerte sich ständig, und eines Tages wurde auch F. Brock zum Militär eingezogen. So saß ich ziemlich alleine da und hatte – ohne daß ich dazu von der Universität in irgendeiner Weise beauftragt war – nur einen Gedanken: Das Uexküllsche Institut durfte nicht eingehen! Kurzerhand übernahm ich die Leitung des Institutes, und nachdem ich dort ein Semester recht und schlecht improvisiert hatte, wies mich die Universitätsverwaltung in die verwaiste Assistentenstelle ein. Ich hielt dann auch Veranstaltungen ab. Mir war klar, daß die einzige Chance, das Uexküll-Institut zu retten, darin bestand, etwas „Kriegswichtiges" zu tun. Nur dann konnte seine Existenz vor den Augen der braunen Machthaber legitimiert werden. Der Schlüssel dazu schien mir in dem Ausbau des Instituts zu einer Schule für Blindenführhunde zu liegen, die nach dem Uexküllschen System ausgebildet wurden. Denn leider war ja auf Grund der schrecklichen Kriegsverluste der Bedarf an Blindenhunden in den Kriegsjahren ungeheuer angewachsen.
In der Tat erwies sich diese Spekulation als sinnvoll, denn als eines Tages die Nazis das Institut schließen wollten, konnte ich auf dessen „kriegswichtigen" Charakter verweisen. Noch heute sehe ich die verdatterten Gesichter der beiden Braununiformierten, denen ich dies kurz und bündig mitteilte.

---

[2] Vgl. u. a. E. Kiep-Altenloh, Die Ausbildung von Blindenführhunden, in: Grenzgebiete der Medizin, 1. Jg. (1948), S. 57–59.

Der Verein für Blinde, mit dem ich Kontakt aufgenommen hatte, war von der Idee, eine Blindenführhundschule einzurichten, begeistert. Allerdings konnte die Universität einen solchen kommerziellen Handel mit Hunden nicht machen, und so gründete ich die „Jakob von Uexküll-Stiftung zur Ausbildung von Blindenführhunden". Diese Stiftung sollte den Erwerb und Verkauf der Hunde übernehmen und die Ausbildung betreiben. Sie wurde formal der Gesundheitsbehörde angegliedert und neben dem Institut geführt, aber der enge Zusammenhang zwischen Institut und Stiftung wurde schon durch meine Person gewährleistet.

Als wir mit der konkreten Ausbildung begannen, standen mir nur ein Institutsdiener zur Verfügung sowie zwei Hunde, mit denen wir die Ausbildung beginnen konnten. Bald kam Ruth Godefroy aus der bekannten Hamburger Kaufmannsfamilie dazu, und nachdem anfängliche Schwierigkeiten beseitigt waren, hatte ich schließlich neun Ausbilder.

Ich habe die Jakob von Uexküll-Stiftung zur Ausbildung von Blindenführhunden bis weit in die Nachkriegszeit — bis 1949 — geleitet.

1945 verlegten wir die Ausbildung in eine ehemalige Kaserne in Jenfeld, in der vorher Wehrmachthunde ausgebildet worden waren. Lebhaft sind mir noch die langen Fahrten von Altona durch die zerbombte Stadt in Erinnerung, die oft wegen des Zusammenbruchs des öffentlichen Verkehrswesens durch längere Fußmärsche unterbrochen waren. Lediglich die S-Bahn verkehrte bis in die letzten Kriegstage einigermaßen. Überhaupt — die Bombennächte: Von unserem Haus in Altona hatten wir einen guten Überblick über die Elbe und die Industriegebiete im Hafen.

Ich stand oft auf der Terrasse und beobachtete, wie die alliierten Bomber mit Leuchtzeichen die von den nachfliegenden Flugzeugen zu bombardierenden Ziele markierten. Angst hatte ich eigentlich nicht dabei, da mich das Geschehen am Himmel faszinierte, und ich bin auch wegen der unerträglichen Enge nie in den Luftschutzkeller gegangen.

Eines Morgens lagen allerdings über 20 ausgebrannte Brandbombenhülsen um das Haus herum, und auf der Weide jenseits der Langelohstraße waren 2 Riesenbombentrichter entstanden, die sich bald mit Wasser füllten.

Die Nachkriegsjahre waren gekennzeichnet durch erhebliche Einschränkungen im materiellen Bereich. Denn solange ich noch von der Universität mein Assistentengehalt bezogen hatten, deckte der Erlös für die verkauften Hunde die Kosten für das Personal der Stiftung. Nach dem Kriege aber entfiel dieses Gehalt, und der Geldmangel wurde immer stärker. Ich versuchte, bei den großen Unternehmern Hamburgs Spenden aufzutreiben, die größte Spende, an die ich mich erinnern kann, war die von Reemtsma in Höhe von DM 1 000,—.

Auch mein Mann konnte wenig zur Unterstützung der Stiftung beitragen, denn er fand in der Zeit der Besatzung durch die englische Armee, als fast alle Wirtschaftszweige ruhten, zunächst keine Stellung.

Wieder in der Politik

In der Zeit unmittelbar nach Kriegsende begegnete mir eines Tages einer der früheren SPD-Abgeordneten von Altona. Er erzählte mir, daß die Sozialdemokraten jetzt die Partei in Hamburg neugegründet hätten. Dies veranlaßte mich, alte Parteifreunde aufzusuchen und mit ihnen über die Zukunft zu sprechen, denn es war mir 1945/46 vollkommen klar, daß ich auch künftig wieder politisch arbeiten würde und daß die liberale Partei wieder aufgebaut werden müßte. In dieser Zeit besuchte mich auch Max Brauer. Er war aus den USA zurückgekehrt, um sich am Neuaufbau Deutschlands zu beteiligen.

Mit den früheren DDP-Mitgliedern Johannes Büll und Christian Koch und einem weiteren, dessen Namen ich vergessen habe, begannen wir deshalb in Altona, recht ungezielt politisch zu arbeiten. Da hörten wir, daß Willi Max Rademacher in Hamburg bereits einen größeren Kreis um sich gesammelt hatte und daß er die Neugründung einer liberalen Partei anstrebte. Am 20. September 1945 sollte die Gründungsversammlung stattfinden. Ich brachte also mein kleines Häuflein von Gesinnungsfreunden mit in den Saal des Curio-Hauses.

Von den 98 Männern und Frauen, die sich zur Gründung der „Partei Freier Demokraten in Hamburg" eingefunden hatten, waren 65 Angehörige des „Bundes Freies Hamburg", die sich bereits in den letzten Maitagen zusammengeschlossen hatten, um den Wiederaufbau in einem „guthamburgischen" Geist — wie es in ihrem Programm hieß — aufzunehmen. Dennoch wurde ich in den Gründungsvorstand gewählt.

In der neuen liberalen Partei fanden sich vor allem solche Leute, die vor dem Krieg in der DDP, der DVP und anderen bürgerlichen Parteien gewirkt hatten. Dennoch bestand eigentlich von vornherein ein sehr guter Zusammenhalt. Der Gegensatz zwischen dem früheren national-liberalen Flügel und dem demokratischen Flügel des deutschen Liberalismus, der ja seit der Spaltung der Partei unter Bismarck bestand, machte sich kaum bemerkbar.

Das erste Programm der Hamburger Freien Demokraten forderte unter anderem „Wiederherstellung der Gewissens-, Presse-, Rede-, Versammlungs- und Bekenntnisfreiheit". Es forderte weiter „Sicherstellung der Versorgung mit Lebensmitteln und lebensnotwendigen Gegenständen des täglichen Bedarfs", „Wiederherstellung der freien Wirtschaft" und „Errichtung eines sozialen Staates, der den schaffenden Menschen von der Sorge vor Arbeitslosigkeit, Krankheit und Alter freihält und sich tatkräftig aller Opfer des Krieges annimmt".

„Letztes, höchstes Ziel der Partei Freier Demokraten", hieß es in diesem Programm, „ist, Deutschland im Geiste der Völkerversöhnung wieder einzugliedern in die Gemeinschaft der Nationen, es wieder teilnehmen zu lassen am internationalen Austausch wirtschaftlicher und kultureller Güter zum Wohl der Menschheit".

In der Bürgerschaftswahl von 1946, der ersten freien Wahl in Hamburg nach dem Kriege, erzielte die F.D.P. 18,2 % der Stimmen. Auf Grund des nach britischem Vorbild eingeführten Mehrheitswahlrechtes gewann die Partei jedoch nur sieben Mandate in der Bürgerschaft, während die SPD bei einem Stimmenanteil von 43,1 % auf 83 der 110 Bürgerschaftsmandate kam. Der Senat wurde aus einer Koalition von SPD und F.D.P. unter Leitung von Max Brauer gebildet.

Oberstes parteipolitisches Ziel der Hamburger F.D.P. für die zweite Bürgerschaftswahl mußte es sein, eine Änderung des Mehrheitswahlrechtes zu erreichen, das die größte Partei unverhältnismäßig begünstigte. Deshalb schloß die Partei sich zu den Wahlen 1949 mit der CDU im „Vaterstädtischen Bund Hamburg (VBH)" zusammen. Es gelang auch, 40 Sitze zu erringen, von denen 17 auf die F.D.P. entfielen (zu denen auch ich gehörte). Aber an der absoluten Mehrheit der SPD war nicht zu rütteln. 1950 wurde ich zur Vizepräsidentin der Bürgerschaft gewählt. Es war nicht nur die Folge der Auseinandersetzungen im Wahlkampf, daß nach der Zweiten Bürgerschaftswahl die F.D.P.-Mitglieder der Bürgerschaft in die Opposition gingen. Es bestanden auch eine Reihe von sachlichen Differenzen, u. a. in der Schulpolitik der SPD, die es uns unmöglich machten, die Koalition aus der Zeit zwischen 1946 bis 1949 fortzusetzen. Für mich war es vor allem die Frage des Städte- und Wohnungsbaus, die mich in Gegensatz zur SPD brachte.

Brauer hatte die Vorstellung, Hamburg auch in architektonischer Sicht wieder zu einer Weltstadt zu machen. Die Brücken sollten neu errichtet werden, die Straßen sollten ausgebaut und die öffentlichen Gebäude wiederhergestellt werden. Für mich war das heller Wahnsinn. Die Menschen lebten noch in Nissenhütten, und das Geld sollte für Repräsentation ausgegeben werden. In den Etatberatungen für das Jahr 1953 habe ich deshalb jeden Punkt ausgesucht, den ich für überflüssig hielt, und die Streichung beantragt, um Mittel für den Wohnungsbau freizumachen. Hartnäckig stellte ich immer wieder den Streichungsantrag, obwohl ich jedesmal überstimmt wurde. Schließlich meldete ich mich zu Worte und hielt eine Rede, in der ich die folgenden Überlegungen äußerte:

> „Wir wollen im nächsten Jahr die Gartenbauausstellung machen, und ich hoffe nur, daß Ihre optimistischen Erwartungen sich erfüllen, Herr Bürgermeister, wonach wir 6 1/2 Millionen DM für Eintrittskarten, wie die Optimisten meinen, erlösen werden. Ich will es hoffen. Aber ich glaube, hinter dieser Blumenpracht, hinter dieser Schönheit der Gärten, die wir den ausländischen Besuchern da vorstellen würden, müssen wir dann einen Bretterzaun machen vor unseren Elendsquartieren und mit Sperrbezirk bezeichnen."

Die SPD-Fraktion, die ohnehin durch meine ständigen Streichungsanträge verärgert war, war über diese Worte derart empört, daß das Protokoll

„Tumultartige Unruhen bei der SPD" verzeichnet. Brauer rief: „Demagogie!"
Die Sitzung mußte wenig später unterbrochen werden.
Der erneute Anlauf der Oppositionsparteien CDU, DP und F.D.P., bei den Bürgerschaftswahlen von 1953 den SPD-Senat durch den „Hamburg-Block (HB)" abzulösen, hatte Erfolg. Von den 62 Mandaten, die der HB erzielte, wurden 18 durch F.D.P.-Mitglieder besetzt.
In dem neugebildeten Senat unter Sieveking stellte die F.D.P. 5 von 15 Mitgliedern. Mir wurde die Leitung der Sozialbehörde, später dann auch das Ressort Jugendamt und Jugendhilfe übertragen.
Ich muß gestehen, daß die Zusammenarbeit mit der CDU im Senat bisweilen sehr unerfreulich war. Sieveking mußte einen zu ungleichen Personenkreis zusammenhalten. Die F.D.P.-Senatoren wußten häufig nicht, ob die Senatsmitglieder von DP und CDU nicht schon morgen die Beschlüsse von heute wieder ändern würden.
Immerhin konnte in dieser Legislaturperiode die Wahlrechtsänderung durchgeführt wurde. Damit war ein wesentliches Ziel des Hamburg-Blocks erreicht worden.
Es war abzusehen, daß der HB die Legislaturperiode nicht überdauern würde. Die ehemals vereinigten Parteien kandidierten daher bei den Wahlen 1957 wieder für sich.
Die SPD erhielt erwartungsgemäß mit 69 Mandaten die absolute Mehrheit. Auf meine Partei entfielen 10 Sitze. Da die Sozialdemokraten der F.D.P. ein Koalitionsangebot gemacht hatten und sich beide Parteien auf ein sachliches Programm mit liberaler Basis geeinigt hatten, blieben die Freien Demokraten auch in dem neuen Senat vertreten. Ich übernahm als Präses die Behörde für Erziehung und Landwirtschaft und die Gefängnisbehörde.
An Einzelheiten aus dieser für mich sehr schönen Zeit als Senatorin in Hamburg kann ich mich kaum erinnern — sie würden auch den Rahmen dieser Erinnerungen sprengen. Ein Ereignis will ich jedoch kurz erwähnen, das den vielen Anekdoten über den ersten Bundespräsidenten, Theodor Heuss, eine weitere hinzufügt: Es ist bekannt, daß das Protokoll der Hansestadt Hamburg ganz besonders streng ist; so gibt es etwa bei Empfängen bestimmte Zeremonien, die sich direkt nach dem Rang des Besuchers richten. Als Heuß bei einem Staatsbesuch dieses Zeremoniell hatte über sich ergehen lassen, war dessen Bonner Protokollchef davon so beeindruckt, daß er ihm vorschlug, dies auch dort „zu machen". Die Antwort von Heuß war nicht nur schlagfertig, sondern sie ließ auch erkennen, wie gut er das Wesen dieses hanseatischen Zeremoniells erkannt hatte: „Mein Lieber", sagte er, „so etwas kann man nicht machen, das muß man haben."

Im Deutschen Bundestag

Das Jahr 1961 brachte für mich einen Wechsel in meiner politischen Arbeit, denn ich wurde in den Deutschen Bundestag gewählt. Dies war im Grunde von mir gar nicht beabsichtigt. Denn ich hatte mich bei der Aufstellung der Landesliste in der sicheren Erwartung, daß die F.D.P. in Hamburg nicht mehr als zwei Bundestagsmandate gewinnen würde, auf Platz drei der Landesliste wählen lassen, weil meine Parteifreunde mir als Senatorin eine gewisse Anziehungskraft zutrauten. Freilich wurde dies die Wahl, in der die F.D.P. mit der Forderung nach einer CDU-geführten Bundesregierung ohne Adenauer ihr bisher bestes Bundestagswahlergebnis mit 12,8 % der Stimmen erreichte. In Hamburg lag sie sogar mit 15,7 % noch über dem Bundesdurchschnitt.

Als ich abends mit meinem Mann die ersten Ergebnisse im Radio hörte, sah dieser mich an: „Das geht schief", sagte er, „du wirst in den Bundestag müssen!"

Gewiß hätte ich auf das Mandat verzichten und es dem auf der Landesliste meiner Partei nachfolgenden Kandidaten überlassen können. Denn immerhin war ich inzwischen 73 Jahre alt und hatte in Hamburg eine interessante Aufgabe. Doch dies wäre meines Erachtens nicht korrekt im Sinne des Wählers gewesen. Ich legte also mein Senatorenamt nieder und ging für vier Jahre nach Bonn.

Die Arbeit als Bundestagsabgeordnete bedeutete für mich persönlich zunächst einmal eine große Umstellung. Ich war gewohnt, ein großes Büro mit Vorzimmer und Sachbearbeiter zu leiten. Nun teilte ich mir mit meiner Kollegin Frau Flitz aus Wilhelmshaven ein Arbeitszimmer und hatte keinerlei Hilfskräfte zur Verfügung. Für mich, die ich mich stets bemüht hatte, mir in allen Dingen, über die ich politisch mitzuentscheiden hatte, eine gewisse Sachkompetenz anzueignen, war dieser Zustand recht unbefriedigend. Ich litt darunter, daß ich als Bundestagsabgeordnete in starkem Maße abhängig wurde von Informationen, die mir zugänglich gemacht – oder vorenthalten – wurden. Geradezu verhängisvoll empfand ich die Abhängigkeit von der Ministerialbürokratie, der der einzelne Abgeordnete ausgeliefert war. Ich kann mich noch gut daran erinnern, wie wütend ich seinerzeit war, als ich über eine Novelle zum Lastenausgleichsgesetz abstimmen sollte, ohne je den Gesetzentwurf gesehen zu haben.

Derartige Mängel sind mit der Einführung des wissenschaftlichen Dienstes des Bundestages inzwischen zumindest gemildert, wenngleich wohl immer noch das Übergewicht des Spezialisten bleibt, das dem Prinzip des selbständig entscheidenen Abgeordneten zu widersprechen scheint. Freilich glaube ich gar nicht einmal, daß dies eine ernsthafte Gefahr für unser parlamentarisches System ist. Denn was die Arbeitsteilung in der eigenen Fraktion anbelangt, so ist durch eine gemeinsame Grundeinstellung und durch die offene Diskussion im Rahmen der Fraktion ein hohes Maß an demokratischer Entscheidungsfindung gewährleistet. Und in bezug auf den Einfluß von Spezialisten der Interessenverbände zeigt m. E. die Erfahrung, daß bisher stets der politische Entscheidungsträger souverän entschieden hat, auch gegen die Interessen der Lobby.

Eine Entscheidung von großer Bedeutung für die politische Entwicklung der Bundesrepublik fiel gleich zu Beginn meiner Mitgliedschaft in der F.D.P.-Fraktion des Bundestages: der Beschluß der Parteiführung und der Fraktion, entgegen der Wahlaussage dann doch noch zwei Jahre lang eine Regierung unter Adenauer zu unterstützen, bevor Erhard die Regierungsführung übernehmen würde. Diese Entscheidung hat der F.D.P. das Attribut des „Umfallens" beschert, das sie dann jahrelang mit sich herumschleppen mußte. Gewiß war dies eine problematische Entscheidung, aber man kann nicht sagen, daß sich die Fraktion diese leicht gemacht hätte. Es hat sehr viele, auch heftige Diskussionen in den Gremien der Partei gegeben, man ist aber schließlich doch zu einer einheitlichen, geschlossenen Position gekommen.

Bei den Beratungen über diese Frage — und dann später immer wieder — hat mich die Fraktionsführung durch Thomas Dehler besonders beeindruckt. Dehler gehörte zu jenen Menschen, die die Gabe haben zu führen, aber dennoch nicht zu steuern und zu gängeln. Ich denke immer noch gerne daran, wie offen die Diskussionen in der Fraktionssitzung waren und wie es dennoch immer wieder gelang, einheitliche Positionen zu finden.

Ich habe mich in meiner persönlichen Arbeit in den vier Bonner Jahren u. a. mit den Problemen der Rückkehr von Evakuierten, der Heimkehrer oder der innerdeutschen Frage beschäftigt. Besonders aber interessierten mich zwei Problemkreise, das war einmal die Wohnungswirtschaft und zum anderen die Trinkwasserversorgung.

Um mit dem letzteren zu beginnen: Ich war Mitglied des Ausschusses für Atomenergie und Wasserwirtschaft. Dieser Ausschuß beschäftigte sich schon zu Beginn der sechziger Jahre mit den Problemen des Umweltschutzes, deren Bedeutung erst in den letzten Jahren in das volle Bewußtsein der Öffentlichkeit gerückt ist. Ich glaube sagen zu können, daß sich mir viele der heute so heftig diskutierten Fragen schon damals stellten, und deshalb reizte mich die Mitarbeit in diesem Ausschuß. Wir haben eine Reihe von wesentlichen Entscheidungen — etwa auch im Hinblick auf den Lärmschutz — vorbereitet.

Ganz besonders aber hat mich das Problem der Wohnungswirtschaft beschäftigt, das mir ja aus meiner Hamburger Arbeit bereits vertraut war. Im Mittelpunkt der Diskussion im 4. Deutschen Bundestag stand die Frage der Aufhebung der Wohnraumzwangsbewirtschaftung. Dabei habe ich mich vor allem dafür eingesetzt, daß die von mir als notwendig erachtete marktwirtschaftliche Regelung des Wohnungsmarktes nicht zu Lasten der sozial Schwächeren ging. Die Wohnbeihilfe ist in dieser Legislaturperiode beschlossen worden.

Gerade zu dem zuletzt genannten Themenkreis habe ich verschiedene Male im Bundestag gesprochen. Ich habe diese Reden sehr intensiv vorbereitet, aber nie fertige Manuskripte verlesen, denn es schien mir notwendig zu sein, aus der Situation heraus zu formulieren und improvisieren zu können. Und ich denke, daß es mir durchaus gelungen ist, sachlich zu argumentieren und zu überzeugen. Der Geschäftsführer der F.D.P.-Fraktion berichtete mir einmal, daß Adenauer sich immer in den Plenarsaal rufen ließ, wenn ich sprach.
Überhaupt schien Adenauer — wie er mir einmal sagte — der Ansicht zu sein, daß ich „in der verkehrten Partei" sei und eher zur CDU gehörte. Aber damit mißdeutete er wohl mein Bemühen, auch in kontroversen Fragen konsensfähige Beschlüsse herbeizuführen.

Parteitätigkeit

Nach Ablauf der Legislaturperiode 1961/65 habe ich mich — mittlerweile 78 Jahre alt — nicht mehr zu politischen Ämtern delegieren lassen. Immerhin hatte ich noch genügend Aufgaben zu bewältigen, u. a. als Vorstandsmitglied des Kuratoriums Unteilbares Deutschland und als Parteimitglied. Ich habe großen Wert darauf gelegt, dort auch nach dem offiziellen Rücktritt aus der Politik nicht nur eine repräsentative Rolle zu spielen, sondern meinen Einfluß zu bewahren. Dies habe ich eindeutig klargestellt, als mich die Hamburger F.D.P. im Jahre 1972 zu ihrer Ehrenvorsitzenden wählte. Ich habe deshalb auch gerne den Vorsitz in dem Arbeitskreis Allermöhe übernommen, um die Haltung der Hamburger F.D.P. zu der von der regierenden SPD geplanten Trabantenstadt im Südosten Hamburgs zu beeinflussen. Dennoch will ich nicht als politische Besserwisserin verstanden werden. Auf den für die F.D.P. katastrophalen Ausgang der Bürgerschaftswahlen 1978 hätte ich zweifellos anders reagiert als der damalige Parteivorstand. Ich habe Helga Schuchardt den Rat gegeben, sofort zurückzutreten. Aber ich akzeptierte dann den Beschluß der Landesdelegierten, diese Niederlage gemeinsam mit dem Vorstand zu überwinden, dem ja vor und nach der Wahl erneut das Vertrauen ausgesprochen worden war.
Wenn ich meine Parteitätigkeit in der Rückschau betrachte, so muß ich gestehen, daß es nicht immer ganz einfach war, aber für die Partei habe ich mich eingesetzt, soviel ich konnte. Dabei ist mir oft deutlich geworden, daß ich eigentlich kein guter Werber war. Einzelne Menschen anzusprechen und zum Eintritt in die F.D.P. zu werben, gelang mir nur selten. Dagegen glaube ich, daß ich ein ganz guter Redner war und in größeren Versammlungen meine Vorstellungen überzeugend vertreten konnte.
Den Kurswechsel der F.D.P., der sich zwischen 1968 und 1972 besonders im gesellschaftspolitischen Bereich zeigte und sich in der Bildung der Sozialliberalen Koalition niedergeschlagen hat, habe ich als notwendigen Entwick-

lungsprozeß der liberalen Partei in der Bundesrepublik betrachtet. Ich habe ja auch durch meine Mitgliedschaft in verschiedenen Parteigremien an diesem Prozeß mitgewirkt und konnte meine Vorstellungen in die Beschlüsse einbringen.

Betrachtungen

Wer viele Jahre im öffentlichen Leben Verantwortung getragen hat, sammelt Erfahrungen, die sich nicht unmittelbar in der politischen Tätigkeit niederschlagen, die einen aber immer wieder beschäftigen. Für mich gibt es zwei solcher Bereiche, das ist zum einen die Entwicklung des Verhältnisses zwischen Staat und Bürger in Deutschland und zum anderen die Rolle der Frau in der Politik.

Bürger und Staat

Seit ich das politische Leben in Deutschland mit Bewußtsein betrachte, ist die Entwicklung des Verhältnisses zwischen Staat und Bürger gekennzeichnet von einer zunehmenden Übernahme von Aufgaben durch den Staat. Der Erste Weltkrieg und die Weimarer Republik haben Aufgaben mit sich gebracht, die nur durch staatliche Initiative zu lösen waren. Wollte man die Kriegsschäden beseitigen und wollte man das Prinzip der Demokratie ernst nehmen, dann mußten soziale Ungerechtigkeiten abgebaut und eine umfassende Sozialgesetzgebung durchgeführt werden. Dies konnte nur im Wege staatlicher Initiative erfolgen.

Noch vielfältiger wurden diese Aufgaben nach dem Zweiten Weltkrieg. Hier muß vor allem der komplizierte Vorgang des Lastenausgleichs genannt werden, der viel dazu beitrug, in der Bundesrepublik Deutschland den sozialen Frieden herzustellen, der die Voraussetzung für den Wiederaufbau nach 1945 bildete.

Derartige staatliche Eingriffe in das Gemeinwesen waren notwendig und sinnvoll, weil diese Aufgaben nicht anders zu lösen waren. Dennoch bin ich der Auffassung, daß wir inzwischen an eine Grenze gestoßen sind, die es notwendig macht, die allzu expansive Rolle des modernen Staates zu überdenken. Die Bevölkerung hat sich vielleicht nicht zuletzt auf Grund dieser o. a. Erfolge in der Sozialpolitik daran gewöhnt, bei allen auftretenden Schwierigkeiten nach staatlicher Initiative zu rufen. Dieser Ruf, der naturgemäß von den Sozialdemokraten am ehesten aufgenommen wird, ist zwar verständlich, er darf aber nicht dazu führen, daß jegliche persönliche Initiative des Bürgers verschüttet wird. Vor allem diejenigen Instanzen unserer Gesellschaft, die noch überschaubar sind, etwa die Kommunen, müssen wieder die Kompetenzen in jenen Angelegenheiten bekommen, die nur von dort überschaubar sind.

Eine weitere Gefahr für die Zukunft unseres politischen Systems scheint mir in einer „Überdemokratisierung" zu liegen. Dieser Begriff muß erläutert werden, um nicht mißverstanden zu werden: Die Tendenz, die ich oben ansprach, besteht in dem Ruf der Bevölkerung nach staatlicher Initiative. Eine andere Tendenz, die gewissermaßen gegenläufig zu dieser ist, besteht in dem Anspruch der Bürger, in alle Dinge bis ins letzte mitreden zu wollen. Und dieser Anspruch wird auch von jenen Politikern, die an dem politisch mündigen Bürger interessiert sind, unterstützt.

Nur — hier ergibt sich die Gefahr, daß der Politiker sich abhängig macht von sehr schnell sich wandelnden Wählermeinungen, die nicht repräsentativ für die Bevölkerung sind und die keine Verantwortung tragen. Der heutige Durchschnittswähler ist — zumindest bei Bundestags- und Landtagswahlen — ausgesprochen überfordert, weil er die komplizierten Probleme gar nicht durchschauen kann. Bestenfalls bei den Kommunalwahlen kann er noch mitreden. Hinzu kommt, daß die Wahlentscheidung ja bekanntermaßen häufig von Faktoren abhängig ist, die politisch kaum rational sind. So denke ich, daß das Fernsehen und die Presse einen sehr bedenklichen Einfluß auf die Wahlergebnisse haben, und dies widerspricht letztlich dem Prinzip unserer Demokratie. Deshalb muß das Repräsentationsprinzip, das von der Auffassung ausgeht, daß der für 4 Jahre gewählte Abgeordnete allein seinem Gewissen verantwortlich ist, erhalten bleiben. Natürlich erfordert dieses Prinzip hinreichend unabhängige Abgeordnete. Ich habe — trotz mancher Krisenzeiten, in die auch meine Familie geriet — immer das Glück gehabt, wirtschaftlich einigermaßen unabhängig zu sein. Darüber hinaus verfügte ich über ein so starkes Selbstbewußtsein, daß ich in meinen Entscheidungen immer unabhängig war. Dies scheint mir eine ganz wichtige Voraussetzung für eine politische Leistung zu sein.

Trotz vieler gegenteiliger Äußerungen wird Politik meiner Ansicht nach auch heute noch weitgehend von schöpferischen Persönlichkeiten bestimmt. Es waren nicht die politischen Strukturen, die etwa die Ära Adenauer bestimmt haben, sondern in erster Linie die gestaltende Kraft, mit der dieser Politiker im Rahmen seines Entscheidungsrahmens politische Ziele durchzusetzen vermochte. Hier nun setzt meine Skepsis ein. Ich weiß nicht, ob wir nicht versuchen, manchmal zu demokratisch zu sein und dadurch solche schöpferischen Persönlichkeiten lahmzulegen. Angesichts der historischen Erfahrungen der letzten fünfzig Jahre, in denen allzu gläubiges Vertrauen in politische Persönlichkeiten mit Katastrophen endete, mag die Skepsis der heutigen Jugend gegenüber solchen gestaltenden Persönlichkeiten in der Politik und gegenüber Idealen, Vorbildern usw. verständlich sein. Der Hang zum permanenten Zweifel, zur ständigen Infragestellung, scheint mir aber verhängnisvoll, denn er zerstört jene Basis des Vertrauens, das zwischen Politiker und Bürger notwendig ist, um eine repräsentative Demokratie funktionieren zu lassen.

Die Frau in der Politik

Ich bekomme von verschiedenen Seiten häufig Aufsätze und Bücher zugesandt, die sich mit der Rolle der Frau in der deutschen Politik beschäftigen. Und ich werde oft nach meinen Erfahrungen zu diesem Thema gefragt. Dann muß ich zur Verwunderung der Fragesteller immer wieder antworten, daß ich eigentlich nur positive Eindrücke in dieser Beziehung habe. Ich kann nur sagen, daß „die Männer mich getragen" haben. Sie waren es schließlich, die mich aufgestellt und gewählt haben, alleine die Frauen bzw. sozialen Verbände wären dafür keine ausreichende Basis gewesen.

Ich habe deshalb auch stets ein sehr zwiespältiges Verhältnis zur sogenannten „Frauenbewegung" und zu ihrem Kampf um mehr Gleichberechtigung gehabt. Ich weiß wohl zu schätzen, daß die Voraussetzungen für die politische Betätigung der Frau von den großen Gestalten der deutschen Frauenbewegung geschaffen wurden. Für meine Generation aber schien es mir wichtiger, daß — wie meine Freundin Liselotte Funcke in ihrer Rede anläßlich meines 90jährigen Geburtstages richtig feststellte — dieser Prozeß sich entwickeln müsse und daß der beste Weg zu gleichen Chancen und Aufgaben die Bewährung erst einzelner und dann immer mehr Frauen im Alltag sei, um Vorurteile und damit Schranken abzubauen.

In diesem Sinne habe ich mich strikt geweigert, dieser Bewegung beizutreten. Als mich eines Tages zwei Damen der „Frauenbewegung" aufsuchten, versuchte ich, diesen meine Auffassung klar zu machen, daß jede Frau von den Männern in der Politik akzeptiert wird, wenn sie eine entsprechende Leistung erbringt. Ich schlug den beiden vor, sich — statt ihre Aktivitäten in der Vereinsarbeit zu verschwenden — in ein Spezialgebiet einzuarbeiten und auf diese Weise eine Fachkompetenz zu erwerben, die ihnen die Anerkennung auch der männlichen Politiker einbringt. Eine der beiden, Frau Teuffert, ist diesem Rat gefolgt und hat später eine gewisse Rolle in der Kommunalpolitik gespielt.

Ich kann also nicht behaupten, daß mir Schwierigkeiten daraus erwachsen sind, daß ich als Frau in der Politik tätig war. Vielleicht ist sogar eher das Gegenteil richtig, denn bisweilen hatte ich den Eindruck, daß man mir besonders freundlich entgegentrat. Dies gilt nicht nur für meine Partei, die in dieser Frage ohnehin sehr viel offener ist als die beiden anderen großen Bundestagsparteien, sondern auch für den Umgang mit Vorgesetzten und Untergebenen.

Wichtiger als theoretische Forderungen nach Emanzipation und Gleichberechtigung erscheint mir in der „Frauenfrage" die Schaffung von Möglichkeiten zur konkreten Verbesserung z. B. im Hinblick auf die psychologische Situation von Frauen, die in den modernen Siedlungen in einer Gettosituation leben, oder in der Mutterschaftsgesetzgebung usw. Ich habe während meiner Zeit als Bundestagsabgeordnete in diesem Sinne Stellung zur Enquete der Bundesregierung über die Situation der Frau in Beruf, Familie und Ge-

sellschaft bezogen. Ich habe darauf hingewiesen, daß es nicht die Aufgabe des Parlaments sein könne, „ein Buch ‚Die Frau in allen Lebenslagen' (zu) veröffentlichen, sondern einige gezielte Fragen gründlich vorprüfen zu lassen, um dann Gesetze zu machen, die wirklich den Gegebenheiten der Zeit entsprechen".
Vielleicht habe ich auch in dieser Rede meine Auffassung über die Rolle des Parlaments deutlicher als sonst formuliert. Ich sagte damals: „Wir wollen uns einmal ganz klar machen: wir (= nämlich das Parlament) sind dazu da, gute Gesetze zu machen, die das Leben in seinen äußeren Voraussetzungen ... erleichtern. Darauf wollen wir uns konzentrieren ..."

AUSWAHLVERZEICHNIS
WEITERER VERÖFFENTLICHUNGEN VON EMILIE KIEP-ALTENLOH

Emilie Altenloh, Zur Soziologie des Kinos. Die Kinounternehmungen und die sozialen Schichten ihrer Besucher. Schriften zur Soziologie und Kultur Bd. 3, Jena 1914. Fotomechanischer Neudruck, Hamburg 1977

Ernst Kantorowicz und Emilie Altenloh, Leitfaden für Jugendämter und Jugendschöffen in der Jugendgerichtshilfe. Meldorf 1923

Emilie Kiep-Altenloh, Die Ausbildung von Blindenführhunden. In: Grenzgebiete der Medizin. 1. Jahrgang (1948), S. 57—59

Emilie Kiep-Altenloh, Das nicht besetzte Plenum. Gedanken und Vorschläge. In: Freie Demokratische Korrespondenz. 1964, Nr. 24, 13. März 1964

Verhandlungen des Deutschen Bundestages. Stenographische Berichte — Plenarprotokolle:

4. Wahlperiode

Zur Lebensmittelgesetzgebung. 54. Sitzung, S. 2366 B f.

Enquete über die Situation der Frau in Beruf, Familie und Gesellschaft. 72. Sitzung, S. 3333 D ff.

Bundeshaushalt 1963. Geschäftsbereich des Bundesministers für Wohnungswesen, Städtebau und Raumordnung. 75. Sitzung, S. 3647 C ff.

Änderung von Fristen des Gesetzes über den Abbau der Wohnungszwangswirtschaft und über ein soziales Miet- und Wohnrecht. 82. Sitzung, S. 3991 A ff.

Wohnbeihilfen. Eintreten für eine weitere Förderung des sozialen Wohnungsbaus. 82. Sitzung, S. 4001 C f.

Zum Verbraucherschutz. 98. Sitzung, S. 4542 C ff.

Bundeshaushalt 1964. Geschäftsbereich des Bundesministers für Wohnungswesen, Städtebau und Raumordnung. 122. Sitzung, S. 5808 D f.

Bundeshaushalt 1965. Geschäftsbereich des Bundesministers für Wohnungsbau, Städtebau und Raumordnung. 167. Sitzung, S. 8382 C ff.

Wohnungsraumbewirtschaftung in den weißen Kreisen. Bejahung von Mieterhöhungen im Rahmen der Angemessenheits-Verordnung. 185. Sitzung, S. 9288 D ff.

Wohnungsbau. Verstärkte Eigentumsbildung im Wohnungsbau und Sicherung der Zweckbestimmung von Sozialwohnungen. 194. Sitzung S. 9895 A f.

Register

Abs, Hermann Josef 137
Adenauer, Konrad 37, 67, 72, 73, 74, 76, 95, 111, 112, 116, 122, 123, 124, 134, 135, 136, 137, 138, 139, 140, 141, 142, 143, 144, 145, 146, 148, 149, 151, 153, 154, 157, 159, 174, 180, 187, 197, 199, 288, 296 f., 305, 337 ff., 341
Aigner, Heinrich 167
Apel, Hans 124, 168
Aquin, Thomas von 111
Arco-Valley, Anton Graf von 17
Arnold, Gottfried 201
Auer, Erhard 16, 17, 18, 23, 24, 25, 28, 47, 49, 50

Baade, Fritz 29
Bäumer, Gertrud 327
Bals, Hans 71
Barzel, Rainer 77, 192, 193, 296
Bauer, Gustav Adolf 53
Baumgartner, Josef 65
Becker, Curt 201
Beermann, Friedrich 227, 242, 243
Behrendt, Heinz 154
Beimler, Hans 29, 59
Berg, Fritz 137, 156
Berger, Rupert 61, 62
Bergner, Elisabeth 97
Berkhan, Karl 68
Besold, Anton 174
Beyer, Lucie 174
Birrenbach, Kurt 112, 192, 197
Bismarck, Fürst Otto von 121, 139, 322, 334
Blank, Theodor 201
Blomberg, Werner von 33, 47
Böckenförde, Ernst-Wolfgang 110

Böhm-Bawerk, Prof. 323
Bohm-Schuch, Clara 37
Brand, Peter Wilhelm 235
Brandt, Willy 76, 77, 141, 142, 155, 156, 190
Brauer, Max 329 f., 334 ff.
Braun, Otto 27, 31, 53, 135
Brecht, Arnold 36, 37
Brecht, Bertolt 247
Breidbach, Ferdinand 201
Breitscheid, Rudolf 29, 33, 42, 45, 46, 49
Brentano, Heinrich von 145, 165
Brese, Wilhelm 235
Brill, Hermann 282
Brion, Friederike 162
Brock, F. 332
Brüning, Heinrich 26, 29, 31, 35, 38, 46, 55, 93, 330
Büll, Johannes 334
Bülow, Bernhard von 163
Burhenne, Wolfgang E. 203, 204, 229

Carls, Hans 94
Carstens, Karl 77, 90
Casati, Alessandro 164
Charpentier, René 163
Corsi, Mario de 309
Cramer, Dini 274
Crispien, Arthur 49
Crummenerl, Siegmund 43, 52

Damm, Karl 71
Dehler, Thomas 77, 90, 123, 338
Deist, Heinrich 165, 167, 168
Dessauer, Friedrich 39

Dinkelbach, Heinrich 198
Dittmann, Wilhelm 24, 29
Dollfuß, Engelbert 57, 58
Dollinger, Werner 68, 174
Draeger, Heinrich 71
Dresbach, August 121, 174, 224
Dufhues, Josef Hermann 145
Dutschke, Rudi 246

Ebert, Friedrich 18, 26, 54, 55
Eckermann, Johann Peter 138
Eckhardt, Felix von 291
Ehmke, Horst 191
Ehrenberg, Herbert 291
Eisner, Kurt 16, 17, 18
Elsner, Ilse 168
Engelbert, Fritz von 105
Engelmann, Bernt 44
Engels, Friedrich 241
Epp, Ritter von 49
Erhard, Ludwig 76, 113, 123, 137, 138, 141, 144, 145, 146, 147, 148, 149, 150, 151, 152, 156, 157, 168, 177, 197, 200, 286, 338
Erler, Fritz 68, 313
Etzel, Franz 118, 144, 145, 177

Faure, Edgar 170, 171, 229
Feder, Gottfried 21, 22
Fischböck, Hans 102
Flick, Friedrich 105
Flitz, Hedi 337
Fohrmann, Jean 164
Fontane, Theodor 161
Frenzel, Kurt 61, 65
Frey, Kurt 250
Frick, Wilhelm 33, 35, 37, 41, 42, 44, 56
Friedensburg, Ferdinand 136
Friedrich, Otto A. 148
Friesenhahn, Ernst 97
Fugger von Glött, Josef-Ernst Fürst 203
Fugmann, Bruno 107
Funcke, Liselotte 174, 342
Furler, Hans 172

Gaulle, Charles de 138, 139, 171
Gayl, Wilhelm Freiherr von 46
Geiger, Willy 209

Genscher, Hans Dietrich 77, 191
Gerstenmaier, Eugen 117, 122, 124, 131, 132, 133, 134, 165, 213, 235
Gessler, Otto 26
Gleißberg, Gerhard 65
Globke, Hans 139
Glotz, Peter 242
Godefroy, Ruth 333
Goebbels, Josef 31
Göppert, Heinrich 97
Goerdeler, Carl 52
Göring, Hermann 35, 36, 37, 38, 39, 40, 41, 44, 308
Goethe, Johann Wolfgang von 138, 162, 189
Goldschagg, Edmund 64
Graf, Oskar Maria 24, 57, 64
Grashey, Hellmut 69
Grass, Günter 185
Groener, Wilhelm 25, 46
Grolmann, Helmuth von 70
Gruhl, Herbert 201, 204
Grzesinski, Albert 49
Gscheidle, Kurt 73
Guardini, Romano 94
Guttenberg, Karl Theodor Freiherr von und zu 74, 77

Haack, Dieter 77, 78
Haas, Christian Albrecht 66
Hartmann, Hans 57
Hartwig, Theodor 58
Hassel, Kai-Uwe von 68, 69, 75, 77, 133, 134, 145, 229, 294, 313 f.
Haug, Heinrich 62, 63
Heine, Fritz 65, 282
Heinemann, Gustav 76, 155, 158, 159, 160
Heinig, Kurt 52
Heisenberg, Werner 131
Held, Heinrich 20, 49
Hellberg, Franz 136
Henke, Alfred 267
Henle, Günther 111
Hermann, Carl Hans 45, 46
Hermes, Andreas 37, 136
Herold, Karl 69
Hertz, Paul 29, 43, 58
Heuss, Theodor 141, 157, 330, 336
Heye, Hellmuth 70, 290, 294
Heyl, Cornelius Freiherr von 119
Hilferding, Rudolf 29, 49
Hiller, Kurt 44

Hillner, Hans Christian 226
Hindenburg, Paul von 32, 34, 35, 37, 46, 54, 309
Hirsch, Martin 205
Hitler, Adolf 21, 22, 28, 29, 32, 33, 34, 35, 37, 38, 39, 40, 42, 43, 44, 46, 51, 55, 57, 61, 73, 77, 100, 135, 157, 163, 269, 272, 275, 308 f.
Högg, Clemens 23, 48, 61
Hoegner, Wilhelm 28, 29, 30, 33, 38, 41, 49, 50, 52, 57, 63, 64
Höltermann, Karl 37
Hoepfner-Wetzel, Erna 175
Huber, Ernst Rudolf 97
Hünlich, Oskar 267, 282 f., 292
Hugenberg, Alfred 32, 33, 36, 39 46
Husserl, Edmund 95

Jackson, Henry M. 299
Jaeger, Richard 68, 208
Imle, Wolfgang 174
Johnen, Wilhelm 115
Joos, Joseph 38, 39
Juhl, Jes 329
Iven, Hans 71

Kaas, Ludwig 34, 38, 41, 46
Kahr, Gustav Ritter von 21
Kanitz, Graf 108
Kantorowicz, Ernst 328
Kantorowicz, Hermann 95
Kapfinger, Johann E. 63
Kattenstroth, Ludwig 201
Katzer, Hans 145, 201, 248
Kaufmann, Karl 41
Kayser, Theo 108
Keil, Georg 24, 49
Kennedy, John F. 70, 299
Keuning, Dietrich 69
Kiesinger, Kurt Georg 72, 73, 153, 154, 184
Kläs, Peter 239
Klee, Marie Elisabeth 119
Kleinmann, Wilhelm 102
Klönne, Moritz 107, 147
Knoeringen, Waldemar von 50, 57, 58, 59
Koch, Christian 334
Koch, Gerhard 174
Koch-Weser, Erich 330

Köhler, Erich 286, 296
Könen, Willi 69
Komminek, Boleslaw 188, 193
Kopf, Hermann 72, 118
Kreutzer, Hermann 282
Kreyssig, Gerhard 287
Kriedemann, Herbert 286 f.
Krone, Heinrich 145
Kuchenwald, Jürgen 231

Leber, Georg 155
Leber, Julius 24, 25, 29, 38
Leipart, Theodor 46
Lenel, Otto 95
Lenz, Carl Otto 206, 208, 211
Leuschner, Wilhelm 50
Levi, Paul 24
Lex, Max-Joseph Ritter von 41
Ley, Robert 37, 42
Lipinski, Richard 52
List, Friedrich 157
Löbe, Paul 29, 41, 44, 49, 51, 52
Loritz, Alfred 63, 288
Ludendorff, Erich 21
Lübke, Heinrich 73, 155, 157, 158
Lücke, Fritz 283
Lücke, Paul 193
Lücker, Hans August 163
Luther, Hans 62
Luther, Moritz 272, 274 f., 277, 282

Maier, Reinhold 41
Mandel, Ernest 240, 242
Mann, Thomas 138
Martin, Berthold 212
Marx, Franz 73
Marx, Karl 241, 284
Marx, Werner 191
Matthöfer, Hans 73
Mayer, Paul 66
Meis, Hans 174
Meller, Toni 119
Menthon, François de 165
Merkatz, Joachim von 165
Meyers, Franz 96, 152
Mick, Josef 201
Mickiewicz, Adam 189
Mierendorf, Carlo 29
Mikat, Paul 192
Mischnick, Wolfgang 193

Möller, Alex 174
Moersch, Karl 211
Müller, Georg 230
Müller, Hermann 20, 23, 24, 31, 53
Münchmeyer, Alwin 268
Mussolini, Benito 163

Nau, Alfred 65
Naumann, Wilhelm 61
Neuberger, Josef 208
Nölting, Erik 146
Noske, Gustav 26, 55, 305

Ollenhauer, Erich 43, 76, 165
Ollesch, Alfred 71
Ossietzky, Carl von 268

Papen, Franz von 27, 28, 32, 33, 36, 39, 46
Paul, Ernst 75
Peters, Georg 281
Petersen, Peter 71, 187, 189, 191, 194
Pferdmenges, Robert 141, 174
Pflimlin, Pierre 162
Pfulf, Antonie 51
Philipp, Gerhard 116
Philipp, Peter 231
Pieser, Liselotte 239
Piffl, Friedrich 102
Pilsudski, Josef 99
Platz, Hermann 96
Poehler, Heinz 70
Poensgen, Ernst 105
Poher, Alain 167
Pohle, Wolfgang 111, 112
Probst, Wilhelm 70
Pünder, Hermann 164, 285

Rademacher, Willi Max 334
Radzio, Heiner 199
Reichman, Walter von 47
Reimann, Max 297
Renner, Heinz 297
Reynaud, Paul 164
Richter, Eugen 322
Richter, Klaus 71

Richter, Willi 287
Röchling, Hermann 105
Roedern, Graf von 62
Röhm, Ernst 101
Rommerskirchen, Josef 70, 71
Rosenberg, Ludwig 199, 200, 246
Rosenfeld, Kurt 269
Rothemund, Helmut 78
Rupprecht, Kronprinz 49
Rusk, Dean 299
Russe, Hermann Josef 201

Sachsse, Hans 93, 242
Sangnier, Marc 96
Schaber, Willi 268
Schacht, Hjalmar 32
Schäfer, Friedrich 76, 108, 211
Schäffer, Fritz 137, 305
Scheel, Walter 77, 190, 192, 199, 200, 246
Scheidemann, Philipp 29, 53
Scheuch, Erwin 242
Schiefer, Gustav 50
Schlageter, Albert Leo 94
Schleicher, Kurt von 32, 33, 45, 46, 47
Schlieker, Willy 179
Schmid, Carlo 76, 90, 241
Schmidt, Helmut 73, 199, 200, 246
Schmidt, Max H. 105, 106
Schmidt, Otto 174, 176, 203, 205, 206
Schmidt-Köpenick, Georg 41
Schmitt, Carl 95
Schmitt-Vockenhausen, Hermann 76
Schmücker, Kurt 150
Schneppenhorst, Ernst 44
Schnez, Albert 69
Schnittger, Gustav 274
Schoettle, Erwin 35, 76, 205, 286 f.
Schopenhauer, Arthur 96
Schramm, Percy 213
Schroeder, Christa 201
Schröder, Gerhard 68, 71, 77, 155
Schröder, Luise 37
Schuchardt, Helga 339
Schumacher, Kurt 22, 24, 25, 29, 30, 31, 32, 35, 37, 38, 39, 52, 56, 60, 64, 66, 282, 296 f.
Schwerin, Claudius Freiherr von 95
Seeckt, Hans von 26, 55
Seldte, Franz 32
Seuffert, Walter 174
Severing, Carl 24, 25, 27, 29, 31, 32, 38
Seydewitz, Max 269

Sieveking, Kurt 336
Simon, Georg 19, 23, 24, 48
Sohl, Hans Günther 105, 112, 113
Sollmann, Wilhelm 43
Spaak, Paul-Henri 164
Spiegel, Dr. 331
Stammberger, Wolfgang 215
Stampfer, Friedrich 32, 43, 52, 65, 66
Stauding, Hans 29
Stein, Gustav 117, 158, 195
Stein, Karl Freiherr vom und zum 108
Stelling, Johannes 52, 53, 267
Stenzel, Hugo 66
Storch, Anton 161, 162
Stoss, Heinrich 235
Strasser, Gregor 31, 33
Strauß, Franz Josef 68, 73, 77, 122, 123, 165, 191, 192
Stresemann, Gustav 55, 113
Strobel, Käte 66
Stücklen, Richard 75, 77, 234, 235, 293

Tantzen, Theodor 329 f.
Teitgen, Pierre-Henri 164
Tempel, Hermann 267 f.
Teuffert, Elsa 342
Thalmann, Ernst 29
Thomas, Wendelin 18
Toussaint, Hans 174
Trettner, Heinz 69
Tucholsky, Kurt 268

Uexküll, Jakob von 331 ff.
Ulbricht, Walter 246
Ulrich, Fritz 48
Unland, Hermann Josef 201

Varelmann, Franz 201
Vittinghoff-Schell, Felix Freiherr von 235
Vixseboxse, G. 164
Vogel, Hans 43, 49
Vogel, Jochen 77

Wagner, Hellmuth 248
Wagner, Josef 103
Wallraff, Hermann Josef 111
Wandersleb, Hermann 288
Weber, Alfred 322
Weber, Max 332
Wehner, Herbert 69, 76, 122, 123, 154, 156, 157, 158, 168, 282, 296, 307
Wehrenalp, Erwin von 199
Weizsäcker, Carl Friedrich von 213
Weizsäcker, Richard von 155, 201
Wels, Otto 32, 37, 39, 40, 43, 49, 52, 58
Wernthaler, Karl 47
Werthern, Elisabeth Gräfin von 235
Westrick, Ludger 147, 148, 149, 151
Wiechert, Ernst 157
Wild, Alfons 20
Wilhelm II., Kaiser 262
Wilhelmi, Hans 217
Wimmer, Thomas 24, 25
Wirth, Joseph 22, 93
Wissell, Rudolf 29
Wolf, Erika 201
Wunderlich, Hans 282

Zangen, Wilhelm 105
Zimmermann, Friedrich 68
Zuckmayer, Carl 97